Eine Arbeitsgemeinschaft der Verlage

Böhlau Verlag · Wien · Köln · Weimar
Verlag Barbara Budrich · Opladen · Toronto
facultas.wuv · Wien
Wilhelm Fink · München
A. Francke Verlag · Tübingen und Basel
Haupt Verlag · Bern
Verlag Julius Klinkhardt · Bad Heilbrunn
Mohr Siebeck · Tübingen
Nomos Verlagsgesellschaft · Baden-Baden
Ernst Reinhardt Verlag · München · Basel
Ferdinand Schöningh · Paderborn · München · Wien · Zürich
Eugen Ulmer Verlag · Stuttgart
UVK Verlagsgesellschaft · Konstanz, mit UVK / Lucius · München
Vandenhoeck & Ruprecht · Göttingen · Bristol
vdf Hochschulverlag AG an der ETH Zürich

Holger Arndt

Methodik des Wirtschaftsunterrichts

Verlag Barbara Budrich
Opladen & Toronto 2013

Bibliografische Information der Deutschen Nationalbibliothek
Die Deutsche Nationalbibliothek verzeichnet diese Publikation in der Deutschen
Nationalbibliografie; detaillierte bibliografische Daten sind im Internet über
http://dnb.d-nb.de abrufbar.

Gedruckt auf säurefreiem und alterungsbeständigem Papier.

© 2013 Verlag Barbara Budrich, Opladen & Toronto
Verlags-ISBN 978-3-8474-0207-7
www.budrich-verlag.de

UTB-Bandnr. 8520
UTB-ISBN   978-3-8252-8520-3

Satz: Ulrike Weingärtner, Gründau
Umschlaggestaltung: Atelier Reichert, Stuttgart
Druck: Books on Demand, Norderstedt
Printed in Germany

Vorwort

Für den Wirtschaftsunterricht sind zahlreiche Methoden verfügbar, die aktivierende, abwechslungsreiche und kompetenzfördernde Lehr-Lernprozesse ermöglichen. Mithilfe eines breiten Methodenrepertoires können Lehrkräfte flexibel auf die jeweiligen Rahmenbedingungen eingehen und ihr Unterrichtshandeln optimal an den verfolgten Lernzielen und den Bedürfnissen der Lerngruppe ausrichten. Insofern ist das Kennen und Beherrschen fachspezifischer Methoden eine zentrale Voraussetzung kompetenten Unterrichtshandelns.

Bei der Auseinandersetzung mit Methoden ist nach Ansicht des Autors auf ein ausgewogenes Verhältnis von theoretischer Orientierung und praxisbezogener Ausrichtung zu achten. Lediglich theoretisch erworbenes Wissen wird nur schwer seinen Niederschlag in der Unterrichtspraxis finden. Reine Praxisbeispiele hingegen können ohne theoretische Verortung kaum verallgemeinert und dekontextualisiert werden, so dass ihr Anwendungsspektrum sehr eingeschränkt bleibt. Erfolgversprechend ist vielmehr, sich auf Basis theoretischer Kenntnisse mit Praxisbeispielen auseinanderzusetzen und letztere auch kritisch vor dem Hintergrund des theoretischen Kenntnisstands zu reflektieren.

Diesen Überlegungen entsprechend beginnt das Buch mit einem ausführlicheren Kapitel zu den *theoretischen Grundlagen* methodischen Handelns. Darin werden zentrale Begriffe, Konzepte und Theorien erörtert, die einen Rahmen für die späteren Methodendarstellungen geben. Da bei den Ausführungen der einzelnen Methoden durchgängig Bezug auf die theoretischen Ausführungen genommen wird, sollten diese nach Möglichkeit zuerst gelesen werden. Die Darstellung der einzelnen Methoden ist hingegen modular aufgebaut. Entsprechend sind die Kapitel in Kombination mit den theoretischen Grundlagen jeweils aus sich selbst heraus verständlich, so dass sie in beliebiger Reihenfolge gelesen werden können. Eine kleine Einschränkung dieser Freiheit ergibt sich jedoch aufgrund des allgemeinen Charakters der *Projektmethode* (Kapitel 2) und des Konzepts des *forschenden Lernens* (Kapitel 3). Ausführungen in diesen Kapiteln sind auch für die anderen Methoden relevant, insbesondere weil viele Methoden als Projekt bzw. Forschungsprojekt umsetzbar sind. Das vierte Kapitel ist dem *spielerischen Lernen* gewidmet. Hierbei werden neben komplexen Simulationsspielen auch zahlreiche kleinere Spiele vorgestellt, die als Mikromethode als Teileelemente in den Unterrichtsprozess integrierbar sind. Die dort erörterten theoretischen Inhalte bieten eine gute Grundlage für die in den Folgekapiteln diskutierten simulativen Methoden *Rollenspiel*, *Planspiel*, *Fallstudie* und *System Dynamics*. Anschließend werden in den Kapiteln neun bis zwölf mit *Schülerfirma*, *Expertengespräch*, *Erkundung* und *Betriebspraktika* wichtige Methoden der Realbegegnung erörtert. Bei der *Leittextmethode*, *Webquests* und der *Zukunftswerkstatt* (Kapitel 13–15) erschließen sich die Lernenden die Sachverhalte weniger über simulierten oder unmittelbaren Zugang zum Gegenstandsfeld, sondern primär über Textquellen, strukturierte Arbeitsaufträge und mittels kreativen Nachdenkens. Kapitel 16 stellt ausgewählte *Mikromethoden* vor, die sich als Teileelemente in den Lehr-Lernprozess integrieren lassen. Das Buch schließt mit einem Kapitel zum *Schülerfeedback*, das den Lehrkräften eine Methode vorstellt, mit dessen Hilfe sie ihr Unterrichtshandeln reflektieren und verbessern können.

Neben der bereits angesprochenen engen Verzahnung von Theorie und Praxis, die sich auch im Aufbau der einzelnen Kapitel niederschlägt, stellen die begleitenden Materialien die zentralen Herausstellungsmerkmale dieses Buchs dar:

Hierzu gehört zunächst die Website *www.wirtschaft-methodik.de*, die den Lesern erheblichen Zusatznutzen bietet. Dort finden sich zu den einzelnen Kapiteln zahlreiche Angebote:

Unterrichtsvideos zur Veranschaulichung der Methoden im Einsatz.

- Screencasts, die komplexere Sachverhalte bei der Softwarebedienung (z.B. bei statistischen Analysen mit Excel im Rahmen des forschenden Lernens oder beim komplexen Simulationsspiel SimCity) anschaulich darstellen.
- Interaktive Aufgaben zur intensiven Auseinandersetzung mit den behandelten Inhalten.
- Links zu verwandten bzw. vertiefenden Themen. Diese sind zwar auch im Buch angegeben. Auf der Website sind sie jedoch sowohl anklickbar als auch aktueller und zahlreicher.
- Materialien der Praxisbeispiele zum Download in veränderbaren Formaten (Powersim-, Excel-, Word- und PowerPoint-Dateien), wodurch sie leicht für die spezifischen Bedürfnisse der Leser anpassbar sind und in deren Unterricht verwendet werden können.

Darüber hinaus sind auf der Website *www.wirtschaft-lernen.de* einige Tools kostenlos zur Verfügung gestellt, welche die Arbeit mit einzelnen vorgestellten Methoden unterstützen. So gibt es einen Generator, mit dessen Hilfe *Onlinefragebögen* erstellt und ausgewertet werden können, was u.a. im Rahmen des forschenden Lernens mit großem Gewinn einsetzbar ist. Des Weiteren findet sich dort ein *Webquestgenerator*, mit dem Webquests erstellt und online verfügbar gemacht werden können. Ebenfalls ist auf dieser Website die Software platziert, mit deren Hilfe *Onlineschülerfeedbacks nach der OPUS-Methode* durchführbar sind.

Für ihre Unterstützung bei der Erstellung dieses Buchs möchte ich mich bedanken bei Frau Alexandra Wierer, die das Beispiel der Projektmethode eingebracht hat. Frau Katharina Kühn übernahm die Formatierung des Buchs und erstellte zahlreiche Grafiken.

Die Leser können zur Weiterentwicklung des Buchs und der Begleitwebsite beitragen, indem sie mir in dem entsprechenden Feedbackformular auf der Website Rückmeldungen geben oder mir verwendbare Materialien wie Unterrichtsbeispiele und Videos zukommen lassen.

Holger Arndt   Nürnberg, März 2013

Inhalt

Abbildungs- und Tabellenverzeichnis

Abbildungen

Tabellen

1. Theoretische Grundlagen

1.1 Was ist unter „Methodik" zu verstehen? – Eine begriffliche Annäherung

In der Pädagogik wird unter dem Begriff „Methodik" die Wissenschaft des planmäßigen Vorgehens beim Unterrichten verstanden. Eine Unterrichtsmethode strukturiert den Lernprozess des Schülers; es handelt sich dabei um die Gesamtheit der Formen, Verfahren und Techniken, mit denen sich Lehrer und Schüler Inhalte und Kompetenzen aneignen.

Diese knappen Ausführungen verschleiern ein wenig, dass sich zahlreiche Definitionen des Begriffs finden lassen, was insbesondere in der Vielschichtigkeit des Sachverhalts und der teilweise schwierigen Abgrenzung zu anderen Gegenstandsfeldern der Erziehungswissenschaft begründet liegt. Ein in diesem Zusammenhang relevanter Begriff ist der der Didaktik.

In Anlehnung beispielsweise an Klafki findet sich häufig die Abgrenzung zum Didaktikbegriff dahingehend, dass im Rahmen der Didaktik Fragen nach den Zielen und Inhalten untersucht werden, während die Unterrichtsorganisation Gegenstand der Methodik ist. Anders formuliert: Bei der Didaktik geht es um das „wozu" und „was", bei der Methodik um das „wie".

Im Rahmen der bildungstheoretischen Didaktik (Vertreter u.a. Klafki und Spranger, vgl. 1.5.1) wird ein Primat der Didaktik gegenüber der Methodik postuliert, was dem Gedanken folgt, dass zunächst Ziele und Inhalte festgelegt werden müssen (didaktische Fragen), um auf dieser Basis die unterrichtliche Umsetzung zu planen (methodische Fragen). Bei der lerntheoretischen Didaktik wird eine stärkere Interdependenz verschiedener Aspekte (Ziele, Inhalte, Methoden, Medien, Voraussetzungen) gesehen, die sich gegenseitig beeinflussen. Entsprechend besteht kein hierarchisches Verhältnis von Didaktik und Methodik, so dass aufgrund der Interdependenz der Planungsprozess eher zirkulär bzw. spiralförmig als linear wahrgenommen wird (vgl. 1.5.1).

In jedem Fall lässt sich aus beiden Positionen ableiten, dass methodische Entscheidungen keinesfalls isoliert von den Zielen und Inhalten getroffen werden können, weswegen gleich einige Ausführungen zu den Zielen des Fachs folgen (vgl. 1.2). Darüber hinaus sind bei methodischen Überlegungen die situativen Rahmenbedingungen zu berücksichtigen, beispielsweise die Zusammensetzung der Klasse hinsichtlich Anzahl oder Vorkenntnissen, aber auch die verfügbare Zeit.

Angesichts der Vielschichtigkeit methodischen Handelns ist der Erwerb entsprechender Kompetenzen durch Lehrkräfte recht anspruchsvoll. Der Aufbau dieser Kompetenzen erfolgt in der Regel durch praktisches Handeln auf theoretischer Basis, das wiederum theoriegeleitet reflektiert wird. Die theoretischen Grundlagen bestehen zunächst aus detaillierten Kenntnissen zu einzelnen Methoden wie z.B. deren Eignung zum Erreichen spezieller Ziele oder zum Vermitteln bestimmter Inhalte, aber auch die benötigten Lernvoraussetzungen der Schüler, spezifische Vor- und Nachteile oder (Variations-)Möglichkeiten des Einsatzes im Unterricht. Diesen Fragen wird bei den behandelten Methoden jeweils nachgegangen.

Unabhängig von den spezifischen Methoden bedarf es jedoch zusätzlich allgemeinerer Orientierungen, beispielsweise im Hinblick auf zentrale Theorien, Prinzipien und Begrifflichkeiten. Derlei wird im Rahmen dieses Kapitels erarbeitet, gleich nach Ausführungen zu Lernzielen und zu Möglichkeiten der Lernerfolgskontrolle.

1.2 Ziele des Wirtschaftsunterrichts

1.2.1 Varianten von Lernzielen

Wie oben dargestellt, stehen methodische Entscheidungen in engem Zusammenhang zu den verfolgten Zielen und den zu vermittelnden Inhalten, weswegen eine intensivere Auseinandersetzung mit Zielen des Wirtschaftsunterrichts geboten scheint.
Ziele sind für die Zukunft angestrebte Zustände oder Prozesse. Sie stellen den notwendigen Hintergrund für Entscheidungen dar indem sie Tätigkeiten und Entscheidungen einen Bezugsrahmen geben. Sind die Ziele messbar, ermöglichen sie auch durch einen Soll/Ist-Vergleich die Kontrolle, inwiefern sie erreicht wurden.
   In Unterrichtssituationen sind Lernziele relevant. Sie beschreiben die angestrebten Veränderungen, insbesondere im Hinblick auf Wissen, Fähigkeiten, Fertigkeiten und Werte, die sich bei Lernenden durch den Lernprozess ergeben sollen.[1]
Die Vielzahl an möglichen Lernzielen lässt sich anhand verschiedener Kriterien systematisieren. Nachstehend werden die Klassifikationskriterien des Abstraktionsniveaus, des Fachbezugs, der Lernbereiche und der Lernzielebenen erläutert und auf das Fach Wirtschaft bezogen.

1.2.1.1 Lernziele nach dem Abstraktionsniveau

Im Hinblick auf die Reichweite bzw. das Abstraktionsniveau hat die von Möller vorgeschlagene Einteilung in Richt-, Grob- und Feinziele weite Verbreitung gefunden (vgl. Möller 1973). Wenn auch nicht von Möller angeführt, findet sich als noch abstraktere Zielvariante häufig auch der Begriff des *Leitziels*, der i.d.R. keinen unmittelbaren Fachbezug aufweist und die obersten Bildungsziele umfasst, die meist in Landesverfassungen und Schulgesetzen aufgeführt sind. Beispiele solcher Leitziele sind für Bayern u.a. „Ehrfurcht vor Gott, Achtung vor religiöser Überzeugung und vor der Würde des Menschen, Selbstbeherrschung, Verantwortungsgefühl und Verantwortungsfreudigkeit, Hilfsbereitschaft und Aufgeschlossenheit für alles Wahre, Gute und Schöne und Verantwortungsbewusstsein für Natur und Umwelt" (Art. 131 Abs. 2, BayVerf).

Auch *Richtziele* haben einen allgemeinen Charakter und beziehen sich beispielsweise auf das ganze Fach oder einen Jahrgang. Sie finden sich in Lehrplänen meist bei der Beschrei-

---

[1] Gelegentlich wird stattdessen der Begriff des Lehrziels verwendet. Hierdurch soll verdeutlicht werden, dass es sich um Ziele der Lehrkraft handelt und die der Schüler davon erheblich divergieren können. Weiterhin suggeriere der Lernzielbegriff eine Verfügungsgewalt über die Lernprozesse der Schüler, was der Wirklichkeit nur bedingt entspreche (vgl. Brezinka 1974; Rumpf 1976).

bung des Fachs oder einer Jahrgangsstufe. Für das Fach „Wirtschaft und Recht" an bayerischen Gymnasien führt der Lehrplan z.B. auf:

- die Fähigkeit, Entscheidungen treffen wirtschaftliche und rechtliche Sachverhalte zu beurteilen, ökonomische Entscheidungen verantwortungsbewusst zu treffen und aktiv am gesellschaftlichen und politischen Leben teilzunehmen
  ...
- verdeutlicht den Jugendlichen, dass es bei vielen Entscheidungen letztlich um ein Abwägen von Aufwand und Nutzen geht. Dabei sollen sie über die individuelle und kurzfristige Betrachtung hinaus auch globale, langfristige sowie immaterielle Aspekte der ökonomischen Entscheidung bedenken.
  ...
- mit Zahlen, Fachtexten und Graphiken arbeiten: Informationen beschaffen, auswerten, aufbereiten, argumentieren, präsentieren
- Lösungsstrategien entwickeln und rationale Entscheidungen treffen: bewerten, beurteilen, entscheiden
- in Modellen denken: zusammenfassen, vereinfachen, strukturieren, anwenden
- vernetzt denken: komplexe Einflussfaktoren erfassen, Zusammenhänge herstellen
- Arbeit organisieren: Arbeitsabläufe analysieren, strukturieren, evaluieren (Bayerisches Staatsministerium für Unterricht und Kultus 2003, S. WR1f.).

Grobziele geben an, was in einzelnen Stunden oder Unterrichtseinheiten zu erreichen ist. Je nach curricularem Konzept sind sie bei den Lernzielen der einzelnen Jahrgangsstufen in den Lehrplänen aufgeführt oder werden von den Lehrkräften selbst festgelegt. Hier ein Beispiel aus der zehnten Klasse des Fachs „Wirtschaft und Recht" zu der Unterrichtseinheit „Unternehmen und private Haushalte auf dem Markt":

- Die Schüler erkennen, wie das ökonomische Handeln durch den Markt gelenkt und koordiniert wird und wenden das Marktmodell auf aktuelle Problemstellungen an.
- Zusammentreffen von Angebot und Nachfrage auf dem Markt, graphische Darstellung des Gleichgewichtspreises
- Veränderungen von Angebot und Nachfrage sowie des Gleichgewichtspreises
- Anwenden des Marktmodells zur Analyse des Marktgeschehens, Börse als Beispiel eines vollkommenen Marktes; Börsenkurse als Beispiel der Preisbildung, (Bayerisches Staatsministerium für Unterricht und Kultus 2003, S. WR10.1).

Feinziele sind so konkret, dass sie Teilziele einzelner Unterrichtsstunden abzubilden vermögen. Sie werden den Lehrkräften grundsätzlich nicht (z.B. in Lehrplänen) vorgegeben, sondern sind von ihnen selbst festzulegen und zu begründen. Hierdurch ist eine hinreichende Flexibilität gegeben, so dass sowohl die Präferenzen der Lehrenden und Lernenden als auch aktuelle Fragestellungen und weitere Rahmenbedingungen angemessen für die Unterrichtsplanung berücksichtigt werden können. Feinziele stehen meist in unmittelbarem Zusammenhang zu Grobzielen. Bei der Formulierung von Feinlernzielen sind folgende Inhalte gebräuchlich:

- Das Wort „*soll*" bringt den Zielcharakter deutlich zum Ausdruck. Dies wäre zwar auch für abstrakte Zieltypen zu verwenden, wird dort jedoch nicht stringent umgesetzt.
- Eine *Verhaltenskomponente* mit einem Verb, das auf beobachtbares Verhalten der Schüler schließen lässt. Hierdurch sollen die Feinlernziele operationalisiert werden, so dass sich feststellen lässt, ob das Feinlernziel erreicht wurde. Die Forderung nach operationalisierbaren Lernzielen ist jedoch nicht unumstritten und insbesondere bei komplexen oder nicht-kognitiven Lernzielen (vgl. 1.2.1.3) häufig kaum praktikabel umsetzbar.

- Die *Inhaltskomponente* gibt den Gegenstand an, auf den sich die in der Verhaltens-komponente angegebene Schüleraktivität bezieht (vgl. Euler & Hahn 2007).

Zur Verdeutlichung folgen einige Feinlernziele zum Groblernziel „Die Schüler sollen mit Hilfe betriebswirtschaftlich relevanter Kriterien eine qualifizierte Entscheidung bzgl. der Intra-Mediaselektion treffen":

Die Schüler sollen...

- aus der Notwendigkeit eines Vergleichs von Werbeträgern den Sinn von Kenngrößen (Inhaltskomponente) ableiten (Verhaltenskomponente).
- den quantitativen und qualitativen Tausenderpreis (Inhaltskomponente) berechnen (Verhaltenskomponente).
- erklären (Verhaltenskomponente), dass der qualitative Tausenderpreis aufgrund seines Zielgruppenbezugs die wichtigere Kenngröße ist (Inhaltskomponente).
- erläutern (Verhaltenskomponente), dass eine qualifizierte Werbeträgerentscheidung neben Kennziffern auch das Image bzw. die Glaubwürdigkeit des Werbeträgers be-rücksichtigt (Inhaltskomponente).

Zu der Unterscheidung in Leit-, Richt-, Grob- und Feinlernziele ist relativierend anzumer-ken, dass diese nicht durchgängig trennscharf voneinander abgrenzbar sind. So ist der Ab-straktionsgrad von Lernzielen eher ein stetiges als ein diskretes Merkmal. Folglich sollten die unterschiedlichen Lernziele eher als Kontinuum denn als sich deutlich voneinander unterscheidende Zieltypen gedacht werden. Wenngleich das Möller'sche Klassifikations-schema deswegen nicht dogmatisch angewendet werden sollte, gibt diese Lernzieleintei-lung dennoch pragmatisch einen Überblick über den Abstraktionsgrad von Lernzielen und über ihr Verhältnis zueinander.

1.2.1.2 Lernziele nach dem Fachbezug

Lernziele lassen sich auch nach dem Fachbezug unterscheiden. Allgemeine Lernziele sind in unterschiedlichen Fächern verfolgbar, z.B. Fähigkeit zum kritischen und selbstständigen Denken, zur Beschaffung und Bewertung von Informationen oder zum selbstständigen Urteilen und Handeln. Fachspezifische Lernziele hingegen weisen einen klaren Fachbezug auf.

Die Unterscheidung in allgemeine und fachspezifische Lernziele erscheint zwar trivial, sensibilisiert die Lehrkräfte jedoch dafür, dass sie in ihrem Unterricht auch solche Ziele – evtl. in Abstimmung mit Kollegen – anstreben sollten, die über die spezifischen Ziele ihres Faches hinausreichen.

1.2.1.3 Lernziele nach dem Lernzielbereich

Zur Sensibilisierung bzgl. des breiten Spektrums von Lernzielen sind auch Klassifikationen nach dem Lernzielbereich hilfreich. So finden sich neben den im Wirtschaftsunterricht dominierenden kognitiven Lernzielen auch affektive und psychomotorische Lernziele.[2]

---

2   Neben diesen drei weit verbreiteten Typen finden sich vereinzelt weitere Lernzielbereiche, z.B. für das Sozialverhalten oder im historisch-politischen Bereich (vgl. Becker 1997). Weiterhin ist relativierend anzu-merken, dass diese klassische Unterscheidung nach Lernzielbereichen angesichts der zunehmenden Verbrei-

Für den Bereich der kognitiven Lernziele hat die Taxonomie von Bloom (1972) weite Verbreitung erfahren. Hierbei unterscheidet er sechs Stufen zunehmenden Anspruchsniveaus und unterstellt, dass die höheren Lernziele das Beherrschen der einfacheren Lernziele voraussetzen.[3] Die sechs Stufen im Einzelnen:

- Wissen: Der Lernende kann einen Sachverhalt wiedergeben, beispielsweise Gesetze, Formeln, Definitionen oder Kriterien. Im Zusammenhang mit der Formulierung von (Fein-)Lernzielen kommen bei diesem Anspruchsniveau Verben wie „aufsagen", „nennen", „wiedergeben" oder „definieren" zur Anwendung.
  Beispiel: Die Lernenden sollen die Formel zur Ermittlung der optimalen Bestellmenge wiedergeben.
- Verständnis: Verständnis geht über die bloße Reproduktion erinnerten Wissens dahingehend hinaus, dass es kognitiv durchdrungen und mit Bedeutung versehen ist. Nachstehende Formulierungen deuten auf dieses Anforderungsniveau hin: „in eigenen Worten wiedergeben", „beschreiben", „erklären", „klassifizieren", „unterscheiden", „gegenüberstellen".
  Beispiel: Die Lernenden sollen den Zusammenhang der Elemente der Bestellmengenformel erklären.
- Anwendung: Die Lernenden sind in der Lage, ihr Wissen zur Problemlösung zu verwenden und es auf neue Situationen zu transferieren. Typische Verben zur Beschreibung von Lernzielen dieser Anforderungsstufe sind „berechnen", „anwenden", „bedienen", „lösen" und „bedienen".
  Beispiel: Die Lernenden sollen die optimale Bestellmenge anhand der Bestellmengenformel berechnen.
- Analyse: Die Lernenden sind in der Lage, komplexe Probleme oder Sachverhalte in Einzelteile zu zerlegen, um auf dieser Basis deren Struktur zu erfassen. Dies kommt beispielsweise durch Begriffe wie „kategorisieren", „analysieren", „klassifizieren", „unterscheiden", „differenzieren" zum Ausdruck.
  Beispiel: Die Lernenden sollen die einzelnen Elemente der Bestellmengenformel im Hinblick auf ihre Auswirkung auf die zu ermittelnde Bestellmenge unterscheiden.
- Synthese: Hierbei gestaltet der Lernende auf Basis mehrerer Elemente etwas Neues, z.B. eine Struktur, ein Konzept, ein Schema oder ein Produkt. Dieses Anspruchsniveau lässt sich mit „aufbauen", „ausdenken", „herleiten", „entwickeln", „erfinden", „konzipieren", „generieren", „hervorbringen", „kombinieren", „kreieren", „planen" oder „zusammenfassen" ausdrücken.
  Beispiel: Die Schüler sollen die Bestellmengenformel auf Basis zweier Teilformeln (zur Ermittlung der jährlichen Bestellkosten und der Lagerhaltungskosten) mit Hilfe der Differentialrechnung herleiten.
- Evaluation: Die Schüler sind in der Lage, Gegenstände, Sachverhalte, Problemlösungen etc. anhand geeigneter Kriterien differenziert zu bewerten und mit Alternativen zu kontrastieren. Derlei lässt sich mit Verben wie „beurteilen", „bewerten", „einschätzen", „evaluieren", „kritisieren" oder „rechtfertigen" formulieren.

---

tung des Kompetenzbegriffs an Bedeutung verliert. Bei Kompetenzen wird von einem kognitiven und zumindest einem motivationalen, emotionalen Aspekt ausgegangen (vgl. 1.2.3).

3 Diese Annahme ist zunächst plausibel, aber nicht uneingeschränkt gültig. So lässt sich beispielsweise die optimale Bestellmenge unter Anwendung der entsprechenden Formel korrekt berechnen, ohne dass die Formel selbst verstanden worden sein muss.

Beispiel: Die Lernenden sollen die Bestellmengenformel im Hinblick auf ihre Eignung zum Einsatz in der Unternehmenspraxis bewerten.

Diese Stufung wirkt zunächst überzeugend und praktikabel. Gleichwohl ist zu berücksichtigen, dass Verben wie „erklären", „erläutern", „verstehen" sehr vage sind und nur bedingt Rückschlüsse auf die Komplexität oder Schwierigkeit des zu erwartenden Verhaltens erlauben. Außerdem wird an der Bloom'schen Taxonomie kritisiert, dass ihre einzelnen Stufen nicht klar und eindeutig voneinander unterscheidbar sind und dass sie aufgrund ihres hohen Differenzierungsgrads unpraktikabel sei (vgl. z.B. Becker 1997). Vor diesem Hintergrund erscheint die Taxonomie des Deutschen Bildungsrats (1970) besser handhabbar, da sie sich auf vier Stufen beschränkt, die weitgehend den Bloom'schen Stufen entsprechen:

Deutscher Bildungsrat	Bloom
Reproduktion	Wissen
Reorganisation	Verständnis
Transfer	Anwendung
	Analyse
Problemlösung	Synthese
	Evaluation

Tabelle 1: Vergleich der Taxonomie nach Bloom mit der des Deutschen Bildungsrats

In den letzten Jahren erfährt die Taxonomie von Anderson und Krathwohl (2001) zunehmende Bedeutung. Sie basiert ebenfalls auf der Bloom'schen Taxonomie, unterscheidet jedoch grundlegend zwischen Wissensart und Komplexität, wodurch eine differenziertere Beschreibung des Lernziels ermöglicht wird. Die kognitiven Anforderungen werden in der Tabelle von links nach rechts anspruchsvoller. Bei der Wissensdimension steigt der Abstraktionsgrad, wobei Überschneidungen im Einzelfall möglich sind. Diese Klassifikation ist kein gestuftes Entwicklungsmodell. So muss weder auf der Ebene kognitiver Prozesse noch bei der Wissensdimension zwingend ein vorgelagertes Element erreicht sein, um ein späteres Lernziel anzustreben. Vielmehr dient dieses Modell der systematischen Analyse des Anspruchsniveaus von Lernzielen und Aufgaben.

Wissens-dimension	Dimension kognitiver Prozesse					
	Erinnern/ Wissen	Verstehen	Anwenden	Analysieren	Bewerten	Entwickeln
Faktenwissen						
Konzeptuelles Wissen						
Prozesswis-sen						
Meta-kognitives Wissen						

Tabelle 2: Taxonomie nach Anderson und Krathwohl (Anderson & Krathwohl 2001, S. 28)

Neben dem kognitiven Bereich wurden auch die affektiven Lernziele mit folgenden Stufen hierarchisch strukturiert:

- Aufmerksam werden, beachten
- Antworten, reagieren
- Werten
- Strukturierter Aufbau eines Wertesystems
- Ausrichten des Verhaltens auf Basis einer Wertestruktur und Entwicklung einer Weltanschauung (vgl. Krathwohl, Bloom & Masia 1964).

Nachstehende Taxonomie von Lernzielen für den psychomotorischen Bereich wurde von Dave (1970) entwickelt:

- Imitation
- Manipulation
- Präzision
- Handlungsgliederung
- Naturalisierung

Zwar wurden die Lernzieltaxonomien für den affektiven und den psychomotorischen Bereich kaum in der Wirtschaftsdidaktik aufgegriffen, aber immerhin sensibilisieren sie die Lehrenden für die entsprechenden Bereiche, so dass auch sie stärker für den Unterricht berücksichtigt werden können. Die Sensibilisierung ist ebenfalls für die kognitiven Lernziele bedeutsam, da Lehrkräfte insbesondere für anspruchsvollere Lernzielstufen (jenseits des bloßen Wissens) aufmerksam gemacht werden und ihren Unterricht entsprechend vielschichtiger zu gestalten vermögen. Darüber hinaus helfen Lernzieltaxonomien beim Abgleich des Anforderungsniveaus in Leistungsüberprüfungen im Verhältnis zu den Unterrichtszielen. Ist der Unterricht etwa stark auf die Stufen der Anwendung oder Problemlösung ausgerichtet, sollte die Klausur nicht lediglich auf der Reproduktions- bzw. Wissensebene operieren (vgl. Becker 1997).

1.2.2 Begründung und Legitimation von Lernzielen

Ziele und Inhalte sind zentral für die Gestaltung des Unterrichts. Professionelle Lehrkräfte orientieren sich im Hinblick auf Ziel- und Inhaltsvorgaben primär an Lehrplänen und Bildungsstandards. Vor diesem Hintergrund sind die dort fixierten Vorgaben äußerst bedeutsam für den Unterricht und damit auch hochgradig kontrovers, da mit ihnen bestimmte Vorstellungen über das Selbstverständnis des Fachs, über Unterrichtskonzepte (vgl. 1.5.2) und Bildungsideale einhergehen. Entsprechend stellt sich die Frage, wie die Vorgabe von Lernzielen begründbar ist, wofür sich mehrere – miteinander kombinierbare – Ansätze anbieten (vgl. Reetz 2003):

- Zunächst ist denkbar, Ziele und Inhalte des Wirtschaftsunterrichts aus obersten Normen abzuleiten, die gesellschaftlich weitgehend unstrittig sind wie beispielsweise Menschenwürde, Selbstbestimmung oder Freiheit. Konkretere Ziele lassen sich daraus allerdings nicht logisch stringent ableiten, so dass bei den zugehörigen Unterzielen jeweils neuer Legitimationsbedarf besteht.

- Alternativ besteht die Möglichkeit, bei der Zieldefinition die Vorstellungen zum Bildungsideal einfließen zu lassen (Bildungs- bzw. Persönlichkeitsprinzip). Gleichwohl ist an dieser Stelle eine Konsensfindung schwieriger als bei den oben erwähnten Normen. Mag das Ideal der Mündigkeit derzeit weitgehend unumstritten sein, gilt dies für andere Idealvorstellungen weniger, was beispielsweise bei kritisch-emanzipatorischen, aufklärerischen, konservativ-affirmativen, sozialistischen, utilitaristischen, christlichen oder humanistischen Wertvorstellungen mit ihren zugehörigen Bildungsidealen der Fall ist. Grundsätzlich fließen Vorstellungen des jeweils dominierenden Bildungsideals, das den historischen und gesellschaftlichen Rahmenbedingungen entspringt, in die Setzungen der Ziele und Inhalte ein.
- Für die Wirtschaftsdidaktik bedeutsam ist in diesem Zusammenhang vor allem das Modell der bildungstheoretischen Didaktik. Hierbei werden materiale Bildungstheorien, die sich auf Gegenstände und Inhalte beziehen, und formale Bildungstheorien, die am Subjekt ansetzen und auf dessen Kräfte- bzw. Kompetenzentwicklung ausgerichtet sind, miteinander in Einklang gebracht. Auf Basis Klafkis kategorialer Bildung (vgl. 1.5.1) haben Wirtschaftsdidaktiker mehrere Kategoriensysteme entwickelt, die auch für die Auswahl von Inhalten verwendbar sind (vgl. 1.5.2.3).
- Scheinbar naheliegend ist für die Festlegung der Ziele und Inhalte die Orientierung an den wissenschaftlichen Bezugsdisziplinen (Wissenschaftsprinzip). So ist denkbar, die Inhalte und Methoden der Wirtschaftswissenschaften in didaktisch reduzierter Form auf den Wirtschaftsunterricht zu übertragen. Begründen ließe sich ein solches Vorgehen durch die Annahme, dass die entsprechende Disziplin die bedeutsamen Fragestellungen angemessen untersucht und dies auch für das Unterrichtsfach relevant sei. Allerdings findet sich auf wissenschaftlicher Ebene zu vielen Fragen kein inhaltlicher und teilweise auch kein methodischer Konsens,[4] so dass ein Rückgriff auf die Wissenschaft keine unumstrittenen Ziel- und Inhaltsentscheidungen zu begründen vermag. Verschärft wird die Problematik durch die im Bereich des Wirtschaftsunterrichts strittige Frage, welche Wissenschaftsdisziplinen als Bezugspunkte gelten sollten. Naheliegend sind zunächst die Wirtschaftswissenschaften, wobei für den Wirtschaftsunterricht an allgemeinbildenden Schulen die Volkswirtschaftslehre bedeutsamer sein und für berufsbildende Schulen die Betriebswirtschaftslehre priorisiert werden dürfte. Je nach Verständnis der ökonomischen Bildung und der zugehörigen Konzepte (vgl. insbesondere 1.5.2.7) haben einzelne Autoren jedoch äußerst weitreichende Vorstellungen über die relevanten Bezugsdisziplinen und schließen u.a. die Soziologie, die Politikwissenschaft, die Geschichtswissenschaft, die Rechtswissenschaft, die Philosophie und die Psychologie (vgl. Hedtke 2011). Selbst bei weniger extremen Positionen stellt sich die Frage, welche Erkenntnisse und Methoden der Bezugsdisziplin(en) für den Wirtschaftsunterricht bedeutsam sind.
- Grundsätzlich sollten Ziele und Inhalte für das (spätere) Leben des Menschen nützlich sein, weswegen der Bestimmung bedeutsamer Lebenssituationen (Situationsprinzip) eine zentrale Aufgabe bei der Setzung von Zielen zukommen kann (vgl. 1.5.2.6). Gleichwohl ist die Identifikation bildungsrelevanter Lebenssituationen wiederum kontrovers, was beispielsweise an der Situation der Unternehmensgründung festgemacht werden kann. Von dieser Lebenssituation wird nur ein kleiner Teil der Schüler be-

---

4 So werden in der Volkswirtschaftslehre intensive Kontroversen über die Frage geführt, wie stark mit theoretischen Modellen gearbeitet werden soll und wie stark z.B. in Experimenten gewonnene empirische Erkenntnisse zu berücksichtigen sind.

troffen sein und nicht jeder Fachdidaktiker oder Bildungspolitiker wird die Frage nach dem Allgemeinbildungswert zugehöriger Ziele und Inhalte bejahen. Hinzu kommt, dass oft auch indirekte Beziehungen zwischen Lebenssituationen und Inhalten bestehen. Beispielsweise bedarf es eines umfassenden ökonomischen Urteilsvermögens, um die Möglichkeiten politischer Partizipation kompetent zu nutzen.[5]

Da letztlich keines der Verfahren restlos zu überzeugen vermag, schlagen Euler und Hahn eine pragmatische Kombination mehrerer Verfahren vor: Zunächst sind bedeutsame, ökonomische geprägte Lebenssituationen zu identifizieren und auf dieser Basis gezielt Inhalte und Methoden der Bezugsdisziplin(en) auszuwählen und unter Berücksichtigung der Vorstellungen des jeweiligen Bildungsideals zu konkretisieren (vgl. Euler & Hahn 2007).

1.2.3 Verortung von Lernzielen in Gesetzen, Curricula und Bildungsstandards

Lernziele und -inhalte finden sich mit unterschiedlichem Konkretisierungsgrad in Gesetzen, in Lehrplänen und Curricula, in Bildungsstandards, in Stoffverteilungsplänen und in Unterrichtsentwürfen.

Zwar sind im Grundgesetz keine direkten Angaben zu schulischen Lernzielen enthalten, dennoch lassen sie sich aus den Aussagen zur Menschenwürde, zur Gleichberechtigung, zur europäischen Einigung und Völkerverständigung, zur Demokratie und zum Umweltschutz ableiten. Unmittelbare Angaben von Lernzielen finden sich in vielen Verfassungen und Schulgesetzen der Bundesländer. So sind in der bayerischen Verfassung folgende oberste Bildungsziele festgehalten: „Oberste Bildungsziele sind Ehrfurcht vor Gott, Achtung vor religiöser Überzeugung, vor der Würde des Menschen und vor der Gleichberechtigung von Männern und Frauen, Selbstbeherrschung, Verantwortungsgefühl und Verantwortungsfreudigkeit, Hilfsbereitschaft, Aufgeschlossenheit für alles Wahre, Gute und Schöne und Verantwortungsbewusstsein für Natur und Umwelt" (BayVerf. Art. 131 und wortgleich BayEUG Art. 1). Dass auch die obersten Bildungsziele keinesfalls unumstritten sind, lässt sich gut am erstgenannten Punkt erkennen. Schließlich ist eine Vermittlung der „Ehrfurcht vor Gott" keinesfalls selbstverständlich, weswegen derlei in anderen Schulgesetzen keine Erwähnung findet (vgl. z.B. Schulgesetz für das Land Berlin).

Neben solchen äußerst allgemeinen Bildungszielen sind in den Schulgesetzen in der Regel auch konkretere Leitziele aufgeführt, die für den Wirtschaftsunterricht bedeutsam sind:

- zu selbständigem Urteil und eigenverantwortlichem Handeln zu befähigen, …
- auf Arbeitswelt und Beruf vorzubereiten, in der Berufswahl zu unterstützen und dabei insbesondere Mädchen und Frauen zu ermutigen, ihr Berufsspektrum zu erweitern,
- Verantwortungsbewusstsein für die Umwelt zu wecken, (BayEUG Art. 2).

Lehrpläne bzw. Curricula stellen die zentrale rechtlich-verbindliche Bezugsgröße für Lehrkräfte zur Gestaltung ihres Unterrichts dar. Curricula enthalten neben Lernzielen und Inhalten auch Aussagen zum Selbstverständnis des Fachs und zur Gestaltung der Lernorgani-

---

5 So weist das Marktmodell mit den wirklichkeitsfremden Prämissen des vollkommenen Markts zunächst zwar nur einen geringen Bezug zum täglichen Markgeschehen auf, aber er erleichtert das Verständnis entsprechender Prozesse und Strukturen, was hilfreich zur Bewältigung von Aufgaben als Konsument, als Anbieter und als Bürger (z.B. bei der Urteilsbildung im Hinblick auf die Ausgestaltung der Rahmenbedingungen von Marktprozessen u.a. bei Mindestlöhnen oder Höchstpreisen) ist.

sation inkl. zeitlicher Vorgaben und didaktischer Prinzipien. Je nach Schulart, Bundesland und Fachkonzeption findet sich ein weites Spektrum an Zielen.

Im Wirtschaftsunterricht allgemeinbildender Schulen steht die Förderung eines mündigen Bürgers im Vordergrund, der im Rahmen seiner ökonomischen Rollen (z.B. als Verbraucher, Erwerbstätiger, Kapitalanleger und Staatsbürger) relevante Sachverhalte beurteilen und sein Leben erfolgreich und eigenständig gestalten kann. Entsprechend werden sowohl allgemeine Ziele wie Kritik- und Urteilsfähigkeit, Vermittlung von Werten als auch fachspezifischere Ziele wie Vermittlung von Fachwissen im ökonomischen Bereich und Beherrschung fachtypischer Denk- und Erkenntnisweisen oder Vorbereitung auf das Berufs- und Arbeitsleben angestrebt.

Bei berufsbildenden Schulen ist die Vermittlung von Handlungskompetenz zentral, welche verstanden wird „als die Bereitschaft und Befähigung des Einzelnen, sich in beruflichen, gesellschaftlichen und privaten Situationen sachgerecht durchdacht sowie individuell und sozial verantwortlich zu verhalten" (Kultusministerkonferenz 1999, S. 10). Sie konkretisiert sich in mehreren Teilkompetenzen:

- Fachkompetenz umfasst die Fähigkeit, Probleme auf Basis fachlichen Wissens und Könnens zu lösen;
- Humankompetenz betrifft die Entwicklung der Persönlichkeit und strebt u.a. Selbstständigkeit, Zuverlässigkeit und Kritikfähigkeit an;
- Methodenkompetenz befähigt die Individuen zum systematischen Vorgehen bei der Lösung von Problemen;
- Kommunikative Kompetenz ermöglicht erfolgreiche Verständigung mit Interaktionspartnern;
- Lernkompetenz versetzt die Schüler in die Lage, sich eigenständig neue Sachverhalte zu erschließen und diese in ihre kognitive Struktur zu integrieren (vgl. Kultusministerkonferenz 1999).

Die durch die PISA-Studien induzierten Reformen streben eine stärkere Outputsteuerung des Bildungssystems an. Statt detaillierte Vorgaben u.a. über Inhalte, Ziele und Lernorganisation festzulegen, sollen entsprechende Entscheidungen weitgehend dezentral von Schulen und Lehrkräften vorgenommen werden. Gemessen wird ihr Erfolg an den Lernergebnissen der Schüler, die an deren Kompetenzen festgemacht werden.

Entsprechend kommt dem Kompetenzbegriff zentrale Bedeutung zu, wobei sich die Definition von Weinert weitgehend durchgesetzt hat. Er versteht unter Kompetenz „die bei Individuen verfügbaren kognitiven Fähigkeiten und Fertigkeiten, um bestimmte Probleme zu lösen sowie die damit verbundenen motivationalen, volitionalen und sozialen Bereitschaften, die Problemlösungen in variablen Situationen erfolgreich und verantwortungsvoll nutzen zu können" (Weinert 2001, S. 27f.). Während Lernziele häufig fragmentierte Wissenselemente zum Gegenstand haben, nehmen Kompetenzen Probleme in den Fokus, zu deren Lösung ganze Bündel von Wissens- und Könnenselementen notwendig sind. Neben diesem ganzheitlicheren Ansatz geht damit auch eine klare Ausrichtung auf Probleme bzw. Lebenssituationen einher.

Allg. Bildungsziele

... sind Grundlage für

Kompetenzmodelle

... sind systematisierender Rahmen von

Bildungsstandards

... werden konkretisiert in

Aufgabenstellungen

... dienen der Ergebniskontrolle

Abbildung 1: Bildungsstandards im Überblick

Mittlerweile wurden für viele Unterrichtsfächer Kompetenzmodelle und Bildungsstandards auf der Basis der Expertise „Zur Entwicklung nationaler Bildungsstandards" (vgl. Klieme et. al. 2003) entwickelt. Sie dienen der Orientierung zur Gestaltung von Lernprozessen und zur Kontrolle der Lernergebnisse. Ausgehend von allgemeinen Bildungszielen des Fachs sind Kompetenzmodelle zu artikulieren. Diese geben einen theoretischen Bezugsrahmen für die in den Bildungsstandards aufgeführten Kompetenzen. Kompetenzmodelle sollen Zusammenhänge zwischen Kompetenzen aufzeigen, Orientierung über den Verlauf des Kompetenzerwerbs geben, für alle Lernenden geltende Mindestanforderungen formulieren und zwischen verschiedenen Kompetenzstufen unterscheiden.

Die Bildungsstandards leiten aus den allgemeinen Bildungszielen konkrete Kompetenzerwartungen ab. Sie sind so zu formulieren, dass in Aufgaben überprüft werden kann, ob bzw. auf welcher Stufe eine Kompetenz erreicht wurde.

Die Deutsche Gesellschaft für Ökonomische Bildung (DeGÖB) formulierte Bildungsstandards für die Primarstufe (vgl. Deutsche Gesellschaft für Ökonomische Bildung 2006), die Sekundarstufe I (vgl. Deutsche Gesellschaft für Ökonomische Bildung 2004) und die Sekundarstufe II (vgl. Deutsche Gesellschaft für Ökonomische Bildung 2009).

Zunächst stellt die DeGÖB den Bezug der Ökonomischen Bildung zur Allgemeinbildung her und konkretisiert daraus die Allgemeinen Bildungsziele der Domäne:

> Bildung ist das individuelle Vermögen eines Menschen, mit seinen Kenntnissen und Fähigkeiten, mit seinen Einsichten und Wertvorstellungen private, berufliche und öffentliche Lebenssituationen selbstständig zu bewältigen und verantwortlich zu gestalten.
> Dazu zählen selbstverständlich auch die ökonomischen Lebenssituationen mit ihren spezifischen Anforderungen und Herausforderungen. Ökonomische Bildung ist also das individuelle Vermögen sich in ökonomisch geprägten Lebenssituationen und Entwicklungen einer immer schneller sich verändernden Wirtschaftswelt zu orientieren, zu urteilen, zu entscheiden, zu handeln und mitzugestalten, (Deutsche Gesellschaft für Ökonomische Bildung 2004, S. 4).

Das Kompetenzmodell der DeGÖB besteht aus fünf Kompetenzbereichen, die für die ökonomisch geprägten Rollen als Konsument, Berufswähler, Erwerbstätige und Wirtschaftsbürger als bedeutsam angesehen werden. Die fünf nachstehenden Kompetenzbereiche sind in den DeGÖB-Dokumenten näher beschrieben:

- Entscheidungen ökonomisch begründen
- Handlungssituationen ökonomisch analysieren
- Ökonomische Systemzusammenhänge erklären
- Rahmenbedingungen der Wirtschaft verstehen und mitgestalten
- Konflikte perspektivisch und ethisch beurteilen

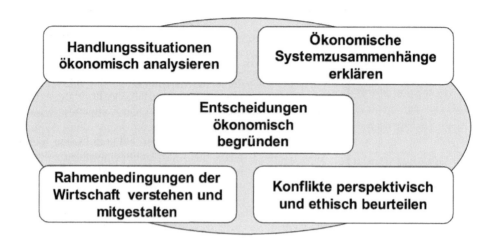

Abbildung 2: Kompetenzbereiche der DeGÖB

Diesen Kompetenzbereichen werden in den jeweiligen Bildungsstandards konkrete Kompetenzerwartungen zugeordnet. Dies stellt sich beispielsweise für den Kompetenzbereich
„Entscheidungen ökonomisch begründen" wie folgt dar:

- Konsum-, Vorsorge-, Spar- und Berufswahlentscheidungen treffen
- mit Blick auf eigene Bedürfnisse, rechtliche Rahmenbedingungen und auf sie einwirkende Einflüsse
- unter Abwägung von Gegenwarts- und Zukunftsinteressen
- unter Nutzung von Information und Beratung
- Entscheidungen über Arbeitsteilung, Arbeitsorganisation und Ressourcenmanagement eines Haushalts treffen und dabei unterschiedliche Interessen berücksichtigen
- Entscheidungen für die Bildungs-, Erwerbs- und Berufswahl unter Berücksichtigung eigener Interessen sowie der Anforderungen und des Wandels der Arbeitswelt treffen, (Deutsche Gesellschaft
  für Ökonomische Bildung 2004, S. 8).

Defizitär sind die Bildungsstandards der DeGÖb dahingehend, dass das Kompetenzmodell
nicht überzeugend theoretisch ausgearbeitet ist und die fünf Kompetenzbereiche sich nicht
klar voneinander abgrenzen lassen, was auch zu Schwierigkeiten und Unschärfen bei der
Zuordnung der Bildungsstandards zu den Kompetenzbereichen führt (vgl. z.B. Jung 2006;
Schlösser & Schuhen 2006; Retzmann 2011). Außerdem liegen den DeGÖB-Bildungs-
standards keine Aufgaben zur Veranschaulichung bei.

Positiv ist hingegen herauszustellen, dass die in den Bildungsstandards der DeGÖB
aufgeführten Kompetenzanforderungen weitgehend konsensfähig bei den deutschen Wirtschaftsdidaktikern sind und auf Basis dieser breiten Unterstützung als gute Grundlage für
die Entwicklung von Curricula, Unterrichtsmaterialien und die Unterrichtsplanung dienen
können.

Die im Auftrag des Gemeinschaftsausschusses der deutschen gewerblichen Wirtschaft
entwickelten Bildungsstandards (vgl. Retzmann et. al. 2010) zeigen zunächst ähnlich wie
die Bildungsstandards der DeGÖB auf, welchen Beitrag ökonomische Bildung zur Allge-

meinbildung leistet. Dabei werden drei Leitziele herausgearbeitet. Demnach sollen die Schüler gefördert werden in ihrer …

- Mündigkeit, die den Lernenden zu einem selbstbestimmtem Leben (insbesondere in ökonomisch geprägten Lebenssituationen) befähigt,
- Tüchtigkeit, womit die Fähigkeit zum Ausdruck gebracht wird, Leistungsanforderungen in ökonomischen Lebenssituationen zu genügen,
- Verantwortlichkeit sich selbst und anderen gegenüber.

Das zugehörige Kompetenzmodell ist differenzierter als der der DeGÖB, indem es drei klar voneinander abgrenzbare Kompetenzbereiche (Entscheidung und Rationalität, Beziehung und Interaktion, Ordnung und System) mit in Rollen aggregierten Lebenssituationen (Verbraucher, Erwerbstätige, Wirtschaftsbürger) kombiniert:

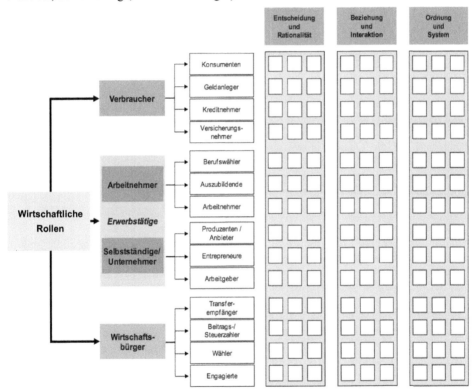

Abbildung 3: Kompetenzmodell der Bildungsstandards von Retzmann et. al. (2010, S. 16)

Ferner benennen die Autoren Effizienz als das spezifisch ökonomische Kriterium. Entsprechend sollten die zu fördernden Kompetenzen sich auf das Effizienzkriterium fokussieren: „Demzufolge muss es in der ökonomischen Bildung um die Entwicklung von Kompetenzen gehen, die das urteilende und handelnde Individuum befähigen, mit knappen Mitteln besser (effizienter) zu wirtschaften – gleich in welchem Gegenstandsbereich" (Retzmann et. al. 2010, S. 17), eine in dieser Konsequenz sicherlich nicht unumstrittene Forderung.

Auf Basis des Kompetenzmodells werden Bildungsstandards für den Primarbereich, den Hauptschulabschluss, den mittleren Bildungsabschluss und das Abitur formuliert.

Weiterhin entwickelten die Autoren zahlreiche Beispielaufgaben mit denen überprüft werden kann, ob bei den Lernenden die jeweiligen Kompetenzanforderungen als erreicht zu betrachten sind.

Diese Bildungsstandards sind denen der DeGÖB in zweierlei Hinsicht überlegen. So vermag das Kompetenzmodell stärker zu überzeugen. Außerdem sind die Beispielaufgaben hilfreich zur Verdeutlichung der Kompetenzanforderungen. Andererseits sind sie weniger konsensfähig als die der DeGÖB und wurden nach ihrer Publikation teilweise heftig kritisiert. Während zahlreiche Kritikpunkte sachlich nicht nachvollziehbar und teilweise polemisierend sind (vgl. z.B. Hedtke et. al 2010), dürfte die Kritik an der Fokussierung auf das Effizienzkriterium und an dem spezifischen Verständnis der Autoren von ökonomischer Bildung (vgl. 1.5.2) von mehreren Wirtschaftsdidaktikern geteilt werden.

1.3 Lernerfolgskontrolle

Lernerfolgskontrollen sind nicht nur notwendig, um Schüler zu benoten. Sie können Schüler (extrinsisch) motivieren und ihnen und ihren Eltern eine Rückmeldung über ihren Leistungsstand geben. Aber auch für Lehrkräfte sind Lernerfolgskontrollen wichtig, um Rückschlüsse auf die Qualität ihres (auch methodischen) Unterrichtshandelns ziehen zu können und auf dieser Basis ggf. den Unterricht künftig umzugestalten.

Normalerweise werden Lernerfolgskontrollen schriftlich oder mündlich durchgeführt. Sie sollten nach Möglichkeit folgenden klassischen Gütekriterien genügen:

- *Objektivität* ist gegeben, wenn das Urteil unabhängig von der Person des Urteilers ist, also mehrere Personen zu dem gleichen Ergebnis kommen.
- *Reliabilität* bedeutet, dass sich das Urteil bei wiederholter Beurteilung nicht ändert. Reliabilität wäre beispielsweise gegeben, wenn ein Lehrer die gleiche Klausur nach gewisser Zeit erneut bewerten würde und dabei zum gleichen Ergebnis käme. So sollte es beispielweise keinen Einfluss haben, ob die Lehrkraft eine Arbeit montagmittags oder samstags benotet.
- *Validität* heißt, dass tatsächlich das beurteilt wird, was auch beurteilt werden soll. Dieses Kriterium wäre beispielsweise nicht erfüllt, wenn ein Lehrer sich in seinem Urteil von anderen Aspekten (z.B. Aussehen, Orthographie) beeinflussen lässt. Häufige Fehlerquellen sind weiter unten aufgeführt.

Diesen Kriterien kann im Lehreralltag realistischerweise kaum im Ideal entsprochen werden. Die Lehrkraft sollte sich ihrer jedoch bewusst sein und versuchen, typische Fehler zu vermeiden. Bedeutsam ist die wiederholte und permanente Überprüfung der Urteile, da sich so die Beurteilung dem „wahren" Wert annähert und außerdem Schülerleistungen im Zeitverlauf variieren.

Typische Urteilsfehler sind insbesondere:

- Tendenz zur Mitte: Vermeidung extremer Urteile, z.B. wenn Lehrer kaum oder nie eine 1 oder 5 bzw. 6 geben.

- Tendenz zu Extremen: Das Gegenteil zum obigen Urteilsfehler. Hier werden Leistungen unangemessen häufig als sehr gut bzw. sehr schlecht bewertet.
- Milde-Effekt: Schüler werden von einer Lehrkraft durchgängig besser bewertet, als sie von anderen Lehrkräften beurteilt würden. Die umgekehrte Variante ist der Strenge-Effekt.
- Referenzfehler: Häufig ist die Referenz der Benotung die Klasse insgesamt (soziale Bezugsnorm), statt der Erfüllungsgrad des vorgegebenen Anspruchsniveaus (kriterienorientierte Bezugsnorm) oder der individuellen Entwicklung (individuelle Bezugsnorm). Bei der sozialen Bezugsnorm ist zwar die Rangfolge der Schüler innerhalb einer Klasse ersichtlich, aber die Noten verlieren außerhalb der Klasse weitgehend ihren Informationswert.
- Halo-Effekt: Ein einzelnes Merkmal überlagert andere Merkmale. Beispielsweise kann ein eloquenter Sprachgebrauch die Lehrkraft zu einer zu guten Beurteilung führen.
- Logische Fehler: Aufgrund impliziter Persönlichkeitstheorien (= alle Annahmen, die man über Zusammenhänge von Persönlichkeitseigenschaften trifft) werden aufgrund bestimmter Beobachtungen (z.B. Geschlecht) ohne empirische Grundlage Annahmen über andere Merkmale (z.B. Leistungsfähigkeit) getroffen.

Ferner können weitere Aspekte wie Sympathie oder Antipathie und Vorurteile zu Fehlurteilen führen.

Neben einer hinreichenden Sensibilität für diese Fehler ist bei der Beurteilung auf curriculare bzw. inhaltliche Validität zu achten. So soll die Beurteilungsbasis auch mit dem Unterricht und den Lehrzielen übereinstimmen. War der Unterricht beispielsweise nicht lediglich auf die Lernzielebenen Wissen und Verstehen ausgerichtet, sollten im Zusammenhang mit der Leistungskontrolle auch Anwendungs- und Beurteilungsaufgaben gestellt werden. In diesem Zusammenhang steht auch die Herausforderung der Beurteilung nichtfachlicher Kompetenzen wie beispielsweise kommunikativer und methodischer Fähigkeiten. Diese Frage stellt sich insbesondere beim Einsatz handlungsorientierter Methoden, mit denen ein breites Spektrum an Kompetenzen gefördert werden können. Neben der Schwierigkeit, die zugehörigen Lernergebnisse zu messen, steht die Herausforderung, den Lernprozess bzw. das Engagement der Schüler zu bewerten. Während sich die Lehrkraft im Rahmen des Frontalunterrichts entsprechende Urteile anhand der von ihr gesteuerten Schüleräußerungen bilden kann, ist dies bei Gruppenarbeiten, die eine wesentliche Sozialform handlungsorientierter Methoden darstellen, schwieriger. Hier besteht zunächst die Möglichkeit, die Gruppenergebnisse zu bewerten und allen Gruppenmitgliedern die gleiche Note zu geben, was jedoch den unterschiedlichen Leistungen der Schüler ggf. nur bedingt gerecht wird.

Ohne an dieser Stelle eine perfekte Lösung für die angesprochenen Probleme der Erfolgskontrolle handlungsorientierten Unterrichts anbieten zu können, sei dennoch vorgeschlagen, möglichst viele und vielfältige Datenquellen für die Beurteilung heranzuziehen. So lassen sich neben Klassenarbeiten auch die Lernergebnisse bei Projekten bzw. die Qualität von Präsentationen zur Leistungskontrolle und von den Schülern im Rahmen von Reflexionsphasen erstellte Kurzberichte verwenden. Ferner ist auch denkbar, Elemente der Eigenbeurteilung zu stärken. So können bei Gruppenarbeit die einzelnen Mitglieder die anderen Gruppenmitglieder genauso bewerten, wie Schüler ihren eigenen Lernprozess festhalten und bewerten können. Diese bewertungsrelevanten Daten lassen sich von den

Schülern in Portfolios zusammenführen und ggf. um weitere bedeutsame Materialien ergänzen.

1.4 Ordnungsmöglichkeiten zentraler (Methodik-)Begriffe

Denkanregung: Was verbinden Sie mit dem Begriff der Unterrichtsmethode bzw. mit me-
thodischem Handeln? Sammeln Sie zugehörige Begriffe und versuchen Sie, sie zu ordnen.

Vermutlich haben Sie bei der vorigen Aufgabe viele Begriffe gefunden, hier eine kleine
Auswahl der in Frage kommenden Beispiele:
*Frontalunterricht, Planspiel, E-Learning, Hausaufgabe, Vortrag, Gespräch, Film zeigen,
Internetrecherche, Schülerreferat, Gruppenarbeit, Schülerfirma, Unterrichtsgespräch,
Aktionsform, Entdecken lassen, Handlungsorientierung, Deduktiv, Projekt, Sozialform,
Problemorientierung, Induktiv, Leittextmethode, Einzelarbeit, Praktikum, Unterrichtsver-
fahren, Fallstudie, Impuls, Erkundung, Wissenschaftsorientierung, Partnerarbeit, Frage, ...*

Diese Auswahl offenbart das große Spektrum unterrichtsmethodischen Handelns und Denkens. Um sich angesichts dieser verwirrenden Vielfalt gedankliche Klarheit zu verschaffen,
bietet es sich an, die entsprechenden Begriffe und Konzepte zur strukturieren und zu klassifizieren. Hierbei finden sich sowohl umfassende Klassifikationssysteme, die sämtliche
Formen methodischen Handelns erfassen und systematisieren wollen als auch Ordnungs-
systeme, die sich auf ausgewählte Aspekte methodischen Handelns (z.B. Sozialformen,
Aktionsformen) beschränken.
Hier einige Beispiele umfassender Klassifikationssysteme:[6]

- Das Dimensionen-Modell von Hilbert Meyer: In diesem Modell wird das methodische
  Handeln von Lehrern und Schülern durch fünf Dimensionen erfasst, die in keinem hierarchischen Verhältnis zueinander stehen, sondern sich gegenseitig bedingen bzw. in-
  terdependent sind: Ziel-, Inhalts-, Sozial-, Handlungs- und Zeitdimension (vgl. Meyer
  1987).
- Die Systematik von Dieter Euler und Angela Hahn: Die Autoren halten im Rahmen
  ihrer Systematik die Begriffe Methodengroßform, Methodengrundform und Methodenausprägung für zentral. Unter Methodengroßform verstehen sie Lehrmethoden, die den
  gesamten Lernprozess (verstanden im Sinne eines Phasenschemas, vgl. 1.7) fördern.
  Die meisten in diesem Buch vorgestellten Methoden wie beispielsweise Planspiel oder
  Erkundungen sind methodische Großformen im Sinne dieser Definition. Methoden-
  grundformen ergeben sich für Euler und Hahn aus der Kombination von Aktions- und
  Sozialformen. Mit Methodenausprägung ist die detaillierte Ausgestaltung der Metho-
  dengrundformen und Methodengroßformen gemeint (vgl. Euler & Hahn 2004).
- Das Reichweiten-Modell von Wolfgang Schulz: Das Modell von Schulz ist in Deutschland die verbreiteteste Systematik zur Klassifikation methodischer Phänomene. Die
  fünf verwendeten Grundbegriffe werden sowohl in einem interdependenten als auch in

---

6   Auf eine ausführliche Darstellung muss hier verzichtet werden. Zur Vertiefung wird auf die Originalliteratur
     der Autoren verwiesen.

einem hierarchischen Zusammenhang gesehen. Wenngleich die Annahme der Hierarchie kritisiert wird, sind doch die verwendeten Grundbegriffe verbreitet und verständnisfördernd, weswegen sie weiter unten aufgegriffen und vertieft werden.

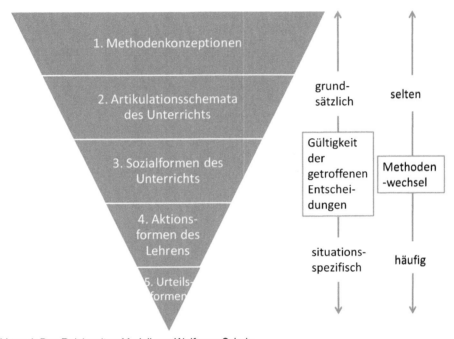

Abbildung 4: Das Reichweiten-Modell von Wolfgang Schulz

Ergeben sich bei den umfassenden Klassifikationssystemen jeweils Kritikpunkte, die beispielsweise an willkürlichen Abgrenzungen und Zuordnungen festgemacht werden können, ist dies bei Systematisierungen von lediglich Sozialformen und Aktionsformen nicht anders:

Aktionsformen

nach KLAFKI
    1. Lehrerfragen
    2. Anregungen, Impulse, Denkanstöße
    3. Aufforderungen
    4. Darbietungsformen

nach SPETH
    1. Darstellende Unterrichtsform
      1.1 Lehrervortrag
      1.2 Darbietung
    2. Erarbeitende Unterrichtsform
      2.1 Fragen-entwickelnde Unter-
          richtsform
      2.2 Impuls-setzende Unterrichts-
          form
    3. Entdecken-lassende Unterrichtsform

nach KAISER/KAMINSKI
    1. Gesprächs- und Vortragsformen
    2. Fallstudie
    3. Simulationsspiel
      3.1 Rollenspiel
      3.2 Planspiel
    4. Systemanalyse
    5. Szenario
    6. Zukunftswerkstatt
    7. Leittextmethode
    8. Projektmethode
    9. Erkundung
    10. Praktikum

Sozialformen

nach KLAFKI
    1. Klassenunterricht
    2. Einzelarbeit
    3. Gruppenarbeit
    4. Partnerarbeit
    5. Großgruppenunterricht
    6. Teamteaching

nach SPETH
    1. Frontalunterricht
    2. Differenzierungsformen des
      Unterrichts
      2.1 Partnerarbeit im weiteren
          Sinne
          2.1.1   Gruppenarbeit
          2.1.2   Partnerarbeit
          2.1.3   Teamteaching
      2.2 Simulationen
          2.2.1   Rollenspiel
          2.2.2   Fallstudie
          2.2.3   Planspiel
      2.3 Einzelarbeit
          2.3.1   Alleinarbeit
          2.3.2   Programmierter
                  Unterricht

nach KAISER/KAMINSKI
    1. Frontalunterricht
    2. Einzelarbeit
    3. Partnerarbeit
    4. Gruppenarbeit
    ...

Tabelle 3: Aktions- und Sozialformen; orientiert an: Euler & Hahn 2004, S. 294

Diese Darstellung mag verdeutlichen, dass die unterschiedlichen Klassifizierungsansätze bis zu einem gewissen Grad willkürlich sind und hinsichtlich ihrer logischen Stringenz und Abgrenzungsschärfe leicht überschätzt werden können. Vor diesem Hintergrund wird bei den nachfolgenden Erörterungen kein stringenter Bezug auf eines dieser Schemata genommen. Vielmehr wird pragmatisch und etwas eklektisch vorgegangen, indem Fragen, die für das methodische Vorgehen im Wirtschaftsunterricht bedeutsam sind, anhand folgender Begriffe aufgearbeitet werden:

- Didaktische Modelle, Unterrichtskonzeptionen und didaktische Prinzipien
- Unterrichtsverfahren
- Phasenschemata
- Sozialformen
- Aktionsformen
- Methodische Großformen bzw. Makro- und Mikromethoden.

Diese Begrifflichkeiten, die sich weitgehend an Schulz' Reichweitenmodell orientieren, ohne jedoch dessen Hierarchierungsüberlegungen zu übernehmen, werden im Rahmen dieses Kapitels differenziert erörtert.

1.5 Didaktische Modelle, Unterrichtskonzepte und didaktische Prinzipien – Überblick und Zusammenhänge

Die Begriffe „didaktisches Modell", „Unterrichtskonzept" und „didaktisches Prinzip" bzw. ihre jeweiligen Ausprägungen sind nicht leicht bzw. nicht trennscharf voneinander abzugrenzen. Hierzu drei Definitionen:

- *Ein didaktisches Modell ist ein auf Vollständigkeit zielendes Theoriegebäude* zur Analyse und Planung didaktischen Handelns in schulischen und anderen Lehr- und Lernsituationen, (Blankertz 1969; zitiert nach Jank & Meyer 1994, S. 17).

- Unterrichtskonzepte sind *Gesamtorientierungen methodischen Handelns*, in denen ... Unterrichtsprinzipien, allgemein- und fachdidaktische Theorieelemente und Annahmen über die organisatorisch-institutionellen Rahmenbedingungen und die Rollenerwartungen an Lehrer und Schüler integriert werden, (Meyer 1987, S. 208).

- Didaktische Prinzipien sind Grundsätze der Stoffauswahl, -anordnung und -darbietung, die teils aus pädagogischen Erfahrungen gewonnen sind, teils auf lernpsychologischen Grundlagen beruhen, (Schwartze & Fricke 1987, S. 164).

Unterschiede ergeben sich sowohl bzgl. Reichweite und Gültigkeitsanspruch, der bei den didaktischen Modellen am weitesten reicht als auch hinsichtlich des Konkretisierungsgrads, der bei den didaktischen Prinzipien am ausgeprägtesten ist. Die stärkste Orientierung für ihr Handeln entfalten die didaktischen Prinzipien, vermutlich aufgrund ihres konkreten Charakters und der damit einhergehenden „Griffigkeit" und Handhabbarkeit.

Abbildung 5: Verhältnis von didaktischen Modellen, Unterrichtskonzepten und didaktischen Prinzipien

Da diese Kriterien jedoch stetigen und nicht diskreten Charakter haben, die Übergänge also fließend sind, ist eine eindeutige und unumstrittene Zuordnung nicht durchgängig möglich; und im Hinblick auf das Verständnis von Lehr-Lernprozessen auch nur bedingt relevant. Entsprechend könnte über die nachfolgenden Zuordnungen diskutiert werden (insbesondere bzgl. der Unterscheidungen zwischen Modellen und Prinzipien), wofür jedoch an dieser Stelle aufgrund anderer Prioritäten auf allgemeinpädagogische Lehrwerke verwiesen wird.

1.5.1 Didaktische Modelle

Zu den didaktischen Modellen werden in der Regel die bildungstheoretische Didaktik (bzw. kritisch-konstruktive Didaktik), die lerntheoretische Didaktik, die informationstheoretisch-kybernetische Didaktik, die konstruktivistische Didaktik, die kommunikative Didaktik, die evolutionäre Didaktik und die subjektive Didaktik gezählt. An dieser Stelle seien die drei Modelle kurz skizziert, die die frühere und gegenwärtige Diskussion besonders präg(t)en:

Zu den Vertretern der *bildungstheoretischen* bzw. kritisch-konstruktiven *Didaktik* gehören neben Wolfgang Klafki u.a. Eduard Spranger und Erich Weniger. Die zentrale Frage dieses Modells ist die nach den Bildungszielen und -inhalten des Unterrichts. Dabei wird ein lediglich materialer Bildungsbegriff, der sich in der Kenntnis zahlreicher Wissensbestände erschöpft, abgelehnt. Aber auch die reine Fokussierung auf ein funktionales und methodisches Bildungsverständnis verwirft Klafki als unzureichend. Vielmehr gelte es, beide miteinander in Einklang zu bringen. So sind Inhalte weniger als Selbstzweck zu verstehen, sondern dienen der Erschließung allgemeiner Erkenntnisse, Strukturen und Denkschemata: „Der Lernende gewinnt über das am Besonderen erarbeitete Allgemeine Einsicht in einen Zusammenhang, einen Aspekt, eine Dimension seiner naturhaften und/oder kulturell-gesellschaftlich-politischen Wirklichkeit, und zugleich damit gewinnt er eine ihm bisher nicht verfügbare neue Strukturierungsmöglichkeit, eine Zugangsweise, eine Lösungsstrategie, eine Handlungsperspektive" (Klafki 1985, S. 90). Dieses Verständnis von Bildung wird auch als *kategoriale Bildung* bezeichnet, da (neben Fragen zur Inhaltsauswahl, vgl. 1.5.3) dem Begriff der Kategorie zentrale Bedeutung zukommt.

Der aus der Philosophie stammende Begriff der Kategorie bezeichnet Oberbegriffe, unter die sich unterschiedliche Phänomene subsumieren lassen. Anhand solcher vereinfachenden Denkschemata wird die Komplexität der Wirklichkeit reduziert und ein – wenngleich nur unvollkommenes – systematisches Verständnis der Welt ermöglicht. Als Begründer der Kategorienlehre gilt Aristoteles, der mit Hilfe von Kategorien ontologische Fragestellungen zu beantworten suchte (vgl. Horster 1995), während später Kant Kategorien als erkenntnis-theoretische Instrumente verwendete (vgl. Gerhardt 1995). In den 1960er Jahren finden

Kategorien durch Klafkis Konzept der kategorialen Bildung Eingang in die allgemeindidaktische Diskussion. Klafki versteht darunter „das Sichtbarwerden von ‚allgemeinen' Inhalten, von kategorialen Prinzipien im paradigmatischen ‚Stoff', also auf der Seite der ‚Wirklichkeit', ist nichts anderes als das Gewinnen von ‚Kategorien' auf der Seite des Subjekts" (Klafki 1975, S. 43).

Generell kommen Kategorien nach Dauenhauer fünf Funktionen zu, neben einer Erklärungsfunktion (Erleichterung des Verstehens), einer Halterungsfunktion (Kategorien sind zeitlich länger verwertbar als z.B. einzelne politische Themen) und einer Behaltensfunktion (Lernhilfen dahingehend, als Kategorien auf bekannte Strukturen in neuen Stoffen hinweisen) sind dies:

- Reduktionsfunktion: Kategorien helfen der Lehrkraft, die komplexe Thematik in ihrer Breite und Tiefe derart an die Lerngruppe anzupassen, dass das für das Verständnis Bedeutsame erhalten bleibt, während auf andere Aspekte des Themas verzichtet werden kann. So kann das Wesentliche deutlicher hervortreten und Unterrichtszeit ökonomisch verwendet werden.
- Transferfunktion: Im kategorialen Denken gestärkte Schüler können an einem Stoffgebiet erkannte Inhalte und Strukturen mit Hilfe von Kategorien leichter auf andere Themen übertragen (vgl. Dauenhauer 2001).

Klafkis Modell der kategorialen Bildung wurde seitens mehrerer Wirtschaftsdidaktiker aufgegriffen (vgl. 1.5.2.3).

Die *lerntheoretische Didaktik* wurde insbesondere durch Paul Heimann, Gunter Otto und Wolfgang Schulz begründet. In Abgrenzung zur bildungstheoretischen Didaktik wird kein Primat der Didaktik anerkannt, sondern ein Interdependenzverhältnis von Entscheidungsfeldern (Ziele, Thema, Methodik, Medien) und Rahmenbedingungen gesehen. Im Zusammenhang der Planung ergibt sich folglich kein linearer sondern ein zirkulärer Prozess. Im Rahmen dieses Modells wird das Vorgehen abgelehnt, zunächst die Ziele festzulegen und die Inhalte auszuwählen und auf erst dieser Basis Methoden und Medien zu konkretisieren (dieses Vorgehen entspräche dem „Primat der Didaktik" der bildungstheoretischen Didaktik). Stattdessen empfiehlt sich vielmehr, zunächst – ausgehend von den Rahmenbedingungen bzw. Bedingungsfeldern – eine Grobplanung in den vier Entscheidungsfeldern vorzunehmen (wobei durchaus bei den Zielen und Inhalten begonnen werden kann) und dann zunehmend konkreter zu werden. Beim Prozess der Konkretisierung und zunehmenden Feinplanung kann sich dann Änderungsbedarf innerhalb der einzelnen Entscheidungsfelder ergeben.

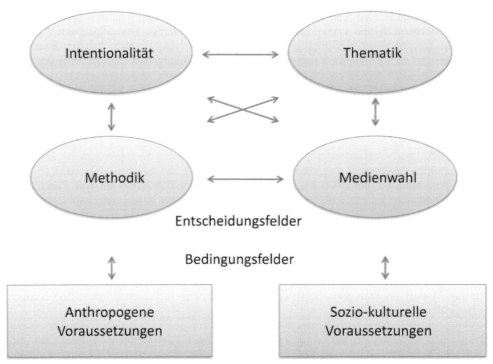

Abbildung 6: Interdependenzen der Entscheidungs- und Bedingungsfelder der lerntheoretischen Didaktik, orientiert an: Euler, D.; Hahn, A.: Wirtschaftsdidaktik. 2. Auflage. Bern, 2004, S. 49

Die pädagogischen Ausprägungen des *Konstruktivismus* beziehen sich auf die (nicht unumstrittene) philosophische Erkenntnistheorie des Konstruktivismus, der zufolge Menschen nicht in der Lage sind, die objektive Realität zu erkennen, da sich jedes Individuum seine Wirklichkeit selbst im eigenen Gehirn „konstruiert". Hieraus wird für die Pädagogik als Konsequenz gezogen, dass Wissen nicht von Lehrern vermittelt (bildhaft: eingetrichtert) werden kann, sondern der Wissenserwerb des Lerners im Zentrum des pädagogischen Interesses stehen müsse. *Radikale Konstruktivisten* wie Ernst von Glasersfeld schließen daraus, dass sich Lernen nicht vom Lehren ableiten lasse und der Lehrer bestenfalls zum Lernen anregen könne. Während diese Position kaum positive Wirkungen auf die Unterrichtswirklichkeit entfalten konnte, hat sich der *moderate oder pragmatische Konstruktivismus* als deutlich fruchtbarer erwiesen. Dieser kritisiert zunächst Merkmale des „herkömmlichen" oder „traditionellen", also präkonstruktivistischen, Unterrichts und setzt dem seine Konzeption entgegen:

Herkömmlicher Unterricht wird demnach wahrgenommen als lehrerzentriert, wobei Instruktion (also anleiten, darbieten und erklären) im Vordergrund steht. Die zentrale Aufgabe des Lehrenden besteht in der Vermittlung von Wissen bzw. dem Aufbau einer epistemischen Struktur. Diese Vermittlung erfolgt häufig abstrakt und weißt kaum Bezüge zu realen Situationen oder Problemen auf. Derlei erworbenes Wissen bleibt in der Regel träge, kann also kaum zur Lösung von Problemen angewendet oder auf strukturähnliche Probleme transferiert werden, weil es gewissermaßen an der Lernsituation „festklebt" und nicht von dieser gelöst bzw. abstrahiert wird. Lehrer übernehmen in diesem Kontext eine aktive und dominante Rolle. Im Gegensatz zu ihnen werden die Lernenden primär von außen bzw. von der Lehrkraft angeleitet und sind überwiegend passiv und rezeptiv, was demotivierend wirkt.

Dieser etwas überzogenen Problemanalyse nichtkonstruktivistischen Unterrichts steht das Konzept des moderaten Konstruktivismus quasi als (vermeintliche) Lösung gegenüber: Nicht die Wissensvermittlung, sondern der Wissenserwerb stellt den zentralen Bezugspunkt dar. Hiermit verlagert sich der Schwerpunkt des Unterrichtshandelns von der Instruktion zur (individuellen) Konstruktion. Entsprechend soll der Lerner möglichst eigenständig seine kognitive Struktur ergänzen und seine Kompetenzen stärken. Damit das erworbene Wissen nicht träge ist, sondern in verschiedenen berufs- und lebenspraktischen Situationen angewendet werden kann, soll es möglichst stark in der kognitiven Struktur des Lerners vernetzt sein. Kognitionspsychologischen Erkenntnissen zufolge wird nämlich das ganze Wissensnetz aktiviert, sobald ein Punkt des Netzes angesprochen ist. Hieraus ergibt sich als Konsequenz, dass das Wissen nicht abstrakt und isoliert darzustellen ist, sondern möglichst vielfältig mit den Vorkenntnissen des Lerners verbunden werden soll und außerdem seine vielfältigen Anwendungsbezüge herauszuarbeiten sind. In diesem Zusammenhang ist das *Prinzip des situierten Lernens* bedeutsam, demzufolge Wissen in Situationskontexte einge- bunden sein soll, so dass es in Anwendungssituationen aktivierbar ist. Wird Wissen nun nicht rein abstrakt vermittelt, sondern im Zusammenhang mit einer authentischen Problem- situation erworben, kann es beim späteren Auftreten einer solchen Problemsituation wieder aktiviert werden. Allerdings „klebt" das so erworbene Wissen zunächst noch an dieser Situation bzw. diesem Kontext und kann nicht in anderen Situationen aktiviert werden. Deshalb sollte einem ersten Erwerb eine Loslösung von der ursprünglichen Situation (eine sogenannte Dekontextualisierung) erfolgen, indem das abstrakte Prinzip erarbeitet wird. Dieses abstrakte Prinzip als solches kann nun auch nicht ohne weiteres zur Lösung konkre- ter Probleme verwendet werden. Deshalb ist in einem dritten Schritt darauf zu achten, dass es mit möglichst vielen unterschiedlichen Situationen verknüpft bzw. an ihnen angewendet wird. Insgesamt handelt es sich somit um eine Kombination induktiven und deduktiven Vorgehens (vgl. 1.6):

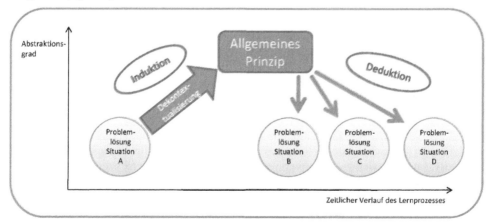

Abbildung 7: Verhältnis von Induktion und Deduktion

Um die Verknüpfung des Wissens mit möglichst vielen und geeigneten Situationen (daher der Begriff des situierten Lernens) zu gewährleisten, sollten insbesondere folgende Prinzipien berücksichtigt werden, die teilweise später (vgl. 1.5.3) genauer erläutert werden: Authentizität der Problemstellungen, Lerneraktivierung, Verwendung multipler Kontexte und Perspektiven, kooperatives und soziales Lernen.

Die Aufgabe der Lehrenden wird darin gesehen, Lernumgebungen zur Verfügung zu stellen, die den erwähnten Prinzipien gerecht werden. Ferner sollen sie die Lernenden beraten und unterstützen, sich aber mit direkter Instruktion eher zurückhalten.

Hinsichtlich des Innovationsgehalts des pädagogischen Konstruktivismus, der seit ca. Mitte der 90er Jahre verstärkt rezipiert wird, ist relativierend anzumerken, dass viele seiner Positionen nicht wirklich neu sind und sich von bisherigen Ansätzen eher durch eine andere Terminologie unterscheiden. So wird bei Bruners Konzept des entdeckenden Lernens aus dem Jahr 1970 ebenfalls der eigenständige Wissenserwerb durch die Schüler propagiert. Ferner ergeben sich viele Nähen des Konstruktivismus zum Konzept der Handlungsorientierung der 80er und 90er Jahre (vgl. 1.5.2.2).

Wenngleich insbesondere die skizzierten Modelle in der Wissenschaft zu ihrer Zeit jeweils intensiv und kontrovers diskutiert wurden bzw. im Fall des Konstruktivismus noch diskutiert werden, entfalten die relativ abstrakten Modelle eine überschaubare Bedeutung für die Unterrichtspraxis. Gleichwohl können sie Praktikern mit Professionalitätsanspruch einen theoretischen Rahmen ihrer Unterrichtstätigkeit liefern.

1.5.2 Unterrichtskonzepte

Im Vergleich zu didaktischen Modellen haben *Unterrichtskonzepte* einen geringeren Wirkungsanspruch und eine weniger stringente und umfassende theoretische Verortung. Gleichwohl geben sie Lehrkräften durchaus erfolgreich eine grundsätzliche Orientierung, insbesondere weil sie normative Komponenten enthalten, also Aussagen darüber, wie „guter" Unterricht zu gestalten ist. Die verschiedenen Unterrichtskonzepte können je nach Situation herangezogen werden, schließen sich also nicht gegenseitig aus. Die Zahl an allgemeinen Unterrichtskonzeptionen ist recht hoch, wie folgende Auswahl verdeutlicht: Entdeckendes Lernen, sinnhaft rezeptives Lernen, Handlungsorientierung, Projektunterricht, programmierter Unterricht, offener Unterricht, erfahrungsbezogener Unterricht, genetischer Unterricht, kommunikativer Unterricht. Darüber hinaus wurden mehrere Konzepte mit fachlichem Bezug zum Wirtschaftsunterricht entwickelt, beispielsweise das der kategorialen ökonomische Bildung, der institutionenökonomischen Bildung, der alltags- und lebensökonomischen Bildung, der lebenssituationsorientierten ökonomischen Bildung und der sozialwissenschaftlichen Bildung. Nachstehend werden die drei erstgenannten allgemeinen und alle aufgeführten wirtschaftsdidaktischen Unterrichtskonzepte beschrieben, da sie sowohl für den Wirtschaftsunterricht im Allgemeinen als auch für die später behandelten Methoden im Besonderen von hoher Relevanz sind. Die wirtschaftsdidaktischen Unterrichtskonzepte beeinflussen nicht nur methodische Überlegungen, sondern sind auch zentral für die Ziel- und Inhaltsauswahl. Deswegen sollten die dortigen Ausführungen unbedingt vor dem Hintergrund der Aussagen über Ziele (vgl. 1.2) interpretiert werden.

1.5.2.1 Entdeckendes und rezeptives Lernen

Die beiden Konzepte des entdeckenden und des rezeptiven Lernens stehen in einem komplementären Verhältnis zueinander:

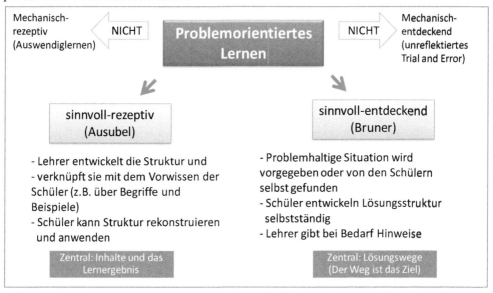

Abbildung 8: Vergleich des rezeptiven Lernens nach Ausubel und entdeckenden Lernens nach Bruner

Bruners Ansatz des *entdeckenden Lernens* (vgl. Bruner 1981) stellt statt des Lehrens das Lernen in das Zentrum seiner Überlegungen. Der Kerngedanke besteht darin, dass in der Schulzeit ohnehin nicht alles gelernt werden kann, was zur Bewältigung späterer Aufgaben und Probleme nötig ist. Deswegen ist der Erwerb einer epistemischen kognitiven Struktur bzw. von Fachwissen, das bei herkömmlichem Unterricht ohnehin oft träge ist, weniger bedeutsam. Vielmehr sollten Schüler Problemlösestrategien (Fachbegriff: eine heuristische kognitive Struktur) erwerben und zwar, indem sie möglichst eigenständig Probleme lösen. Durch die selbstständige Bewältigung von Aufgaben und Problemen lernen die Schüler sowohl fachliche Inhalte als auch Problemlösestrategien. Ferner erhofft sich Bruner einen erhöhten Anteil intrinsischer Motivation.

Als Gegensatz zu Bruners Konzept lässt sich Ausubels Ansatz des *rezeptiven Lernens* betrachten (vgl. Ausubel 1974). Während bei Bruner die Inhalte eher instrumentellen Charakter haben und dazu dienen, Problemlösestrategien zu entwickeln, steht ihre Vermittlung durch den Lehrer bei Ausubel im Zentrum. Dabei sollen die Schüler das Wissen nicht selbst entdecken, sondern erhalten es rezeptiv in fertiger Form. Es soll möglichst klar strukturiert vom Lehrer dargeboten werden. Für Ausubel ist bedeutsam, dass die Inhalte von den Lernenden auch tatsächlich verstanden werden und somit sinnhaft und nicht mechanisch gelernt wird. Hierzu ist insbesondere die Verknüpfung der neuen Inhalte mit der bisherigen kognitiven Struktur der Schüler notwendig. Um beim darbietenden Lehren verständnisvolles Lernen der Schüler zu ermöglichen, sollte der Lehrer ...

- advance organizer verwenden, also zu Beginn einer Lehreinheit einen groben Überblick über deren Inhalte geben. Dadurch wird eine Art „kognitives Skelett" bzw. eine Grundstruktur aufgebaut, das dann im Verlauf mit „Fleisch" gefüllt, also mit Details angereichert, wird. Die lernförderliche Wirkung von advance organizern ist empirisch vielfach belegt.
- intensiv mit den relevanten Begriffen und Konzepten arbeiten, z.B. Beziehungen zwischen ihnen aufzeigen oder Ähnlichkeiten und Unterschiede herausstellen.
- die Lernergebnisse durch wiederholte Darbietung, Übungen und Anwendungsbeispielen konsolidieren.

Die beiden Konzepte von Bruner und Ausubel schließen sich nicht aus, sondern können durchaus miteinander kombiniert werden. So könnte sich das rezeptive Lernen zur strukturierten und systematischen Darstellung komplexer Sachverhalte oder bei Zeitknappheit anbieten, während Probleme, deren Schwierigkeitsgrad die Lerngruppe nicht überfordert, gut im Rahmen des entdeckenden Lernens bewältigbar sind. Auch besteht ein gewisser Zusammenhang der Konzepte zu den Aktions- und Sozialformen (vgl. 1.8 und 1.9) und den später dargestellten Methoden, die häufig beide Ansätze kombinieren.

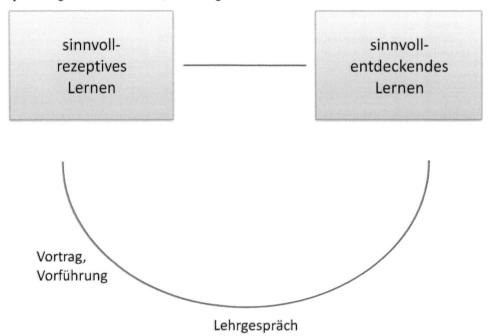

Abbildung 9: Zusammenhang der Unterrichtskonzepte mit Aktions- und Sozialformen; orientiert an: Euler, D.; Hahn, A.: Wirtschaftsdidaktik. 2. Auflage. Bern, 2004, S. 370

1.5.2.2 Handlungsorientierung

Ähnlich wie beim Konstruktivismus finden sich für das Konzept der *Handlungsorientierung* keine eindeutigen Definitionen, da sich zahlreiche Wissenschaftler und Autoren darauf bezogen haben. Entsprechend bleibt dieses Konzept ein wenig diffus, wenngleich es sich im Hinblick auf seine Ausprägung im Zusammenhang mit Wirtschaftsunterricht anhand seiner theoretischen Grundlagen, seiner Zielsetzung und insbesondere seiner Prinzipien umreißen lässt.

Als theoretische Grundlagen des handlungsorientierten Unterrichtskonzepts sind insbesondere die Arbeiten Piagets (vgl. Piaget 1948) und Aeblis (vgl. Aebli 2006) bedeutsam. Piaget sieht im Handeln die erste Form der Erfahrungsbildung. Ihm zufolge entwickeln sich die Denkoperationen aus Handlungen heraus. Entsprechend sieht Aebli im Handeln mehr als rein manuelle Tätigkeiten: „Handlungen sind zielgerichtete, in ihrem inneren Aufbau verstandene Vollzüge, die ein fassbares Ergebnis erzeugen" (Aebli 2006, S. 182). Im Zusammenhang zur Bewältigung von Problemen besteht eine Handlung aus dem Zyklus von Planung, Durchführung und Kontrolle. Handlungsorientierter Wirtschaftsunterricht strebt als Ziel auch den Erwerb von Handlungskompetenz an (vgl. 1.2).

Auch die Rollen der Lehrenden und Lernenden ähneln denen des Konstruktivismus. Lehrkräfte sollen geeignete Lernumgebungen verfügbar machen, wenig dominant auftreten und häufiger als Lernberater bzw. Moderator agieren. Hierzu passt das Bonmot: Der Lehrer solle nicht "sage on the stage" sein, sondern "guide on the side". Die Schüler sollen hingegen aktiv handeln und Gelegenheiten bekommen, ihr Wissen und ihre Fähigkeiten anzuwenden, zu vertiefen und zu vernetzen.

Handlungsorientierter Unterricht konstituiert sich insbesondere durch folgende Prinzipien und Anforderungen, von denen einige nachfolgend erörtert sind (vgl. 1.5.3):

- Situiertheit anhand authentischer Probleme
- Anknüpfen an den (künftigen) Lebenssituationen der Schüler
- Berücksichtigung des Vorwissens
- In multiplen Kontexten und unter multiplen Perspektiven lernen
- Ganzheitlichkeit, sowohl bzgl. der Inhalte (z.B. Berücksichtigung z.B. technischer, ökonomischer, rechtlicher, ökologischer, sozialer Aspekte) als auch der Lernbereiche (Verfolgen kognitiver, affektiver und psychomotorischer Lernziele)
- Im sozialen Kontext lernen
- Handlungen sind von Schülern möglichst selbständig zu planen, durchzuführen und zu kontrollieren
- Exemplarisches Arbeiten mit der Konzentration auf Schlüsselprobleme
- Wechsel lernorganisatorischer Formen
- Wechsel zwischen praktischem Tun und kritisch-systematisierender Reflexion

Mit vielen der später vorgestellten Methoden lassen sich diese Prinzipien und Anforderungen umsetzen, weswegen sie überwiegend den handlungsorientierten Methoden zugerechnet werden.

1.5.2.3 Kategoriale ökonomische Bildung

Bezugnehmend auf Klafkis kategoriale Bildung (vgl. 1.5.1) haben mehrere Wirtschaftsdidaktiker Kategoriensysteme entwickelt. Hierbei ist die Auswahl und Begründung relevanter Kategorien eine Herausforderung, da sie gewissermaßen den Kern dessen definieren, was die jeweiligen Autoren unter ökonomischer Bildung verstehen. Schließlich hängt von den Kategorien ab, welche Inhalte im Unterricht auszuwählen sind, da diese wiederum geeignet sein sollen, sich mit den Kategorien vertraut zu machen. Mit Hilfe der Kategorien sollen die

Lernenden zunehmend in die Lage versetzt werden, ökonomische Sachverhalte eigenständig kognitiv zu durchdringen. Dass bei der Auswahl bedeutsamer Kategorien unterschiedliche Vorstellungen bestehen, verdeutlicht nachstehende Tabelle:

Wirtschaftliches Handeln ist charakterisiert durch den Begriff/die Kategorie …	Dauenhauer 1999/2000	May 2001	Kruber 2008
Arbeitsteilung	+	+	+
Bedürfnis	(+)	+	-
Entscheidung	-	+	+
Externalitäten	-	-	+
Interdependenz	+	+	+
Knappheit	+	+	+
Koordinierung(sbedarf)	-	+	+
Kreislauf	+	+	+
Nutzen/Gewinn	+	+	+
Rationalität	+	-	-
Risiko	+	+	+
Ungleichheit	-	-	+
Wirtschaftsordnung	(+)	-	(+)
(Ziel-)Konflikt	+	+	+

Tabelle 4: Kategoriensysteme im Vergleich; Quelle: Hedtke 2011, S. 19

Besondere Verbreitung haben Krubers Vorstellungen zur kategorialen Wirtschaftsdidaktik erfahren (vgl. Kruber 2000). Zunächst identifiziert Kruber 13 Stoffkategorien, die das als relevant wahrgenommene Wissensgebiet nach fachwissenschaftlichen Aspekten strukturieren. Diese sind im Einzelnen:

-      Die Verwendungskonkurrenz von Ressourcen äußert sich in Knappheit von Mitteln im Verhältnis zu den Zielen (Bedürfnissen) der Menschen.
-      Dies erfordert Nutzen-Kosten-Überlegungen und Entscheidungen gemäß dem ökonomischen Prinzip unter Risikobedingungen.
-      Wirtschaften vollzieht sich arbeitsteilig in spezialisierten Berufen, Betrieben.
-      Wirtschaftsprozesse bedürfen der Koordination, die in der Marktwirtschaft überwiegend über Märkte im Wettbewerb erfolgt.
-      Wirtschaften vollzieht sich, vermittelt durch Geld, in Wirtschaftskreisläufen zwischen Haushalten, Unternehmen, Staat und Ausland.
-      Wirtschaften ist mit Interdependenzen und oft mit Zielkonflikten verbunden.
-      Wirtschaftsprozesse vollziehen sich nicht gleichgewichtig (Strukturwandel, Gefahr von Instabilitäten wie z.B. Inflation, Arbeitslosigkeit).
-      Wirtschaften ist mit materiellen und sozialen Ungleichheiten und ökologischen Problemen verbunden.
-      Dies erfordert Eingriffe des Staates in den Wirtschaftsablauf oder die Wirtschaftsordnung (Wirtschafts-, Sozial-, Umweltpolitik).

- Wirtschaftliche Veränderungen und wirtschaftspolitische Eingriffe berühren die Interessen Einzelner oder von sozialen Gruppen unterschiedlich (Interessenskonflikte).
- Wirtschaftspolitische Entscheidungen berühren Werte wie Freiheit, soziale Gerechtigkeit und Sicherheit und sind daher Gegenstand politischer Auseinandersetzungen.
- Wirtschaften erfolgt in einer Rahmenordnung aus rechtlichen, sozialen und anderen Institutionen (Wirtschaftsordnung; Prinzipien der Sozialen Marktwirtschaft).
- Wirtschaftsordnung und -verfassung werden im demokratischen Staat gestaltet und legitimiert (-> politische Willensbildung ist spezifischer Gegenstand des Politikunterrichts), (Kruber 2000, S. 293f.).

Diese (oder andere) Stoffkategorien sind per se jedoch noch nicht bildungsrelevant. Damit Kategorien ihre Funktion im Sinne Klafkis kategorialer Bildung erfüllen können, sind sie noch in Bildungskategorien zu transformieren. Hierfür können nach Kruber fachdidaktische und allgemeindidaktische Leitfragen verwendet werden. Die nachstehenden fachdidaktischen Leitfragen sollen gewährleisten, dass die ausgewählten Inhalte zur ökonomischen Bildung der Lernenden beitragen:

- Hat der Stoff eine über den Tag hinaus reichende Bedeutsamkeit für die Lernenden? Das heißt: Kann daran etwas für die zukünftige Lebenssituation der Heranwachsenden als Konsumenten, Erwerbstätige oder Wirtschaftsbürger Bedeutsames gelernt werden (objektive Betroffenheit und Transferaspekt)?
- Eignet sich der Stoff zur Offenlegung von wirtschaftlichen Zusammenhängen? Das heißt: Wird die Notwendigkeit, sich angesichts von Ziel-Mittel-Knappheiten entscheiden, planen und organisieren zu müssen, deutlich? Sind zur Bearbeitung des Stoffes Nutzen-Kosten-Überlegungen erforderlich? Werden Risiken und mögliche Zielkonflikte wirtschaftlicher Entscheidungen deutlich? Lassen sich Wirkungszusammenhänge auf einzelwirtschaftlicher oder gesamtwirtschaftlicher Ebene aufzeigen? Können Ursachen gesamtwirtschaftlicher Instabilitäten erarbeitet werden?
- Eignet sich der Stoff zur Offenlegung von Grundsätzen der Wirtschaftsordnung? Das heißt: Werden Funktionsweise und -bedingungen von Marktmechanismus und Wettbewerb erkennbar? Werden Aufgaben, Möglichkeiten und Grenzen staatlicher Wirtschaftspolitik in der Sozialen Marktwirtschaft und in der sich zunehmend internationalisierenden Wirtschaft angesprochen?
- Eignet sich der Stoff, die engen Verbindungen von Wirtschaft und Politik zu erkennen? Das heißt: Werden Interessen, Konflikt, Macht und die Notwendigkeit einer in der Rechtsordnung verankerten Wirtschaftsverfassung angesprochen?
- Eignet sich der Stoff, ethische Grundfragen des Wirtschaftens zu bearbeiten? Das heißt: Werden Werte wie Freiheit, soziale Gerechtigkeit, soziale Sicherheit, Erhaltung der Natur angesprochen?, (Kruber 2000, S. 294f.)

Die allgemeindidaktischen Fragestellungen dienen sowohl der Motivation als auch der Berücksichtigung der Lebenssituation der Lernenden, was angesichts der fachwissenschaftlichen Genese der Stoffkategorien von besonderer Bedeutung ist. Ansonsten bestünde die Gefahr, dass die Inhalte und Kategorien nur von geringer Bedeutung für die Lernenden und damit kaum legitimiert wären.

- Handelt es sich um ein aktuelles Problem?
- Hat der Stoff Bezüge zur gegenwärtigen bzw. zukünftigen Lebenssituation der Lernenden (subjektive Betroffenheit)?
- Eignet sich der Stoff zum Entscheidungstraining, d.h. handelt es sich um ein offenes Problem, das verschiedene Lösungsmöglichkeiten zulässt?
- Eignet sich der Stoff zum Erlernen von Verhaltensweisen in der Situation?, (Kruber 2000, S. 295)

Abschließend sei noch darauf hingewiesen, dass bei der Behandlung eines Themas im Unterricht selbstverständlich weder alle Kategorien eines Kategoriensystems noch alle Leitfragen beantwortet werden müssen. Je nach Thema und Zuschnitt ergeben sich unterschiedliche Akzentuierungen.

1.5.2.4 Institutionenökonomische Bildung

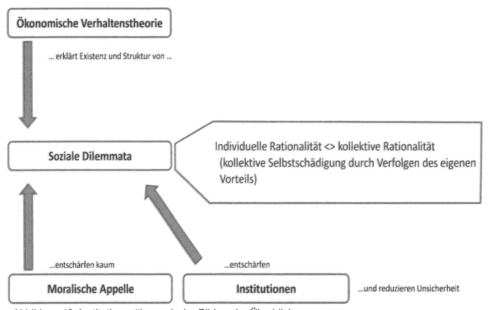

Abbildung 10: Institutionenökonomische Bildung im Überblick

Der Ausgangspunkt der institutionenökonomischen Bildung ist die Annahme, dass die wichtigsten Herausforderungen und sozialen Dilemmata (z.B. Umweltprobleme, demographischer Wandel, Staatsverschuldung, Arbeitslosigkeit) arbeitsteilig wirtschaftender Gesellschaften auf Rahmenbedingungen zurückzuführen sind, die zu Verhaltens-, Interaktions- und Kommunikationsproblemen führen (vgl. Karpe 2008b). Entsprechend stellt sich die Frage, wie sich Verhalten von Individuen und Organisationen (z.B. Unternehmen) erklären und beeinflussen lässt. Hierfür werden drei theoretische Bereiche als bedeutsam erachtet: Der rational-choice-Ansatz bzw. die ökonomische Verhaltenstheorie, die Interaktionstheorie und die Institutionentheorie.

   Der rational-choice-Ansatz bzw. die Theorie der rationalen Entscheidung, auf die sich die *ökonomische Verhaltenstheorie* bezieht, erklärt das Verhalten von Individuen aufgrund dreier Annahmen:

- Handeln wird durch Präferenzen wie Bedürfnisse, Wünsche oder Ziele bestimmt.
- Handeln wird durch Handlungsbeschränkungen bzw. Restriktionen wie Preise, Einkommen, Steuern, Zeitbedarf, Gesetze und Normen bestimmt.

- Akteure versuchen sich nutzenmaximierend zu verhalten, wobei sie ihre Ziele bzw. Präferenzen unter Berücksichtigung der Restriktionen in höchstmöglichem Ausmaß zu realisieren versuchen (vgl. z.B. Coleman 1990).

Im Rahmen der ökonomischen Verhaltenstheorie werden die Präferenzen als stabil und die Restriktionen als variabel angesehen, wobei erstere Annahme die Wirklichkeit kaum adäquat abbildet aber ihre Komplexität zu Analysezwecken reduziert. Während die ökonomische Verhaltenstheorie das Verhalten einzelner Akteure erklärt, beschreibt die *Interaktionstheorie*, welche Entwicklungen sich ergeben, wenn mehrere Beteiligte betroffen sind. Dies ist für arbeitsteilige Gesellschaften von besonderer Bedeutung, da in der Zusammenarbeit erhebliche Effizienzvorteile und Synergieeffekte realisierbar sind. Die zentrale Frage besteht darin, wie eine Zusammenarbeit der Akteure zum gegenseitigen Vorteil möglich ist (vgl. Kaminski 2003). Da die Interaktionspartner jedoch nicht als Altruisten gedacht, sondern gemäß der ökonomischen Verhaltenstheorie ihren eigenen Nutzen zu maximieren suchen, besteht insbesondere bei Macht- oder Informationsasymmetrien (z.B. bei Prinzipal-Agent-Problemen) und bei Dilemmasituationen (vgl. weiter unten in diesem Abschnitt) die Gefahr, dass diese Zusammenarbeit misslingt. Die Institutionentheorie und hier insbesondere die Neuere Institutionenökonomik gibt den gedanklichen Rahmen für die Frage, inwiefern Institutionen die Kooperation egoistischer Akteure derart zu beeinflussen vermögen, dass sich für die Beteiligten trotz Verfolgung ihres Eigennutzes Kooperationsvorteile ergeben.

Institutionen können als „als ein System miteinander verknüpfter, formgebundener (formaler) und formungebundener (informeller) Regeln (Normen) einschließlich der Vorkehrungen zu deren Durchsetzung" (Richter & Furubotn 2003, S. 7) oder einfacher als „Spielregeln einer Gesellschaft" verstanden werden. Formgebundene Institutionen wären beispielsweise Gesetze und Verträge, während Sitten, vage Tabus oder Umgangsformen informelle Institutionen darstellen. Indem Institutionen das menschliche Handeln leiten und dessen Freiheit bzw. Willkür beschränken, bilden sie einen Rahmen für Interaktionsprozesse. Somit wird das Verhalten von Interaktionspartnern verlässlich antizipierbar, was gerade bei anonymen Interaktionen unerlässlich ist.

Dies lässt sich gut bei Onlineauktionen verdeutlichen. Ohne Regeln zur Durchführung einer Versteigerung (insbes. gesetzliche Regelungen zum Kaufvertrag, Sicherheitsgarantien seitens des Auktionsunternehmens und Möglichkeiten zur Bewertung von Verkäufern) würden nach der ökonomischen Verhaltenstheorie Verkäufer zwar den Kaufpreis entgegennehmen, aber die zugehörige Leistung verweigern. Da dies die potenziellen Käufer antizipieren würden, kämen Onlineversteigerungen nicht zustande, obwohl sie für die potenziellen Vertragspartner jeweils vorteilhaft wären.

In solchen Dilemmasituationen, in denen sich die individuelle von der kollektiven Rationalität unterscheidet, führt ein Verfolgen des eigenen Vorteils zur kollektiven Selbstschädigung (vgl. Karpe 2008a). Vielfältige Problembereiche haben die Struktur sozialer Dilemmata. Bei Nutzungsdilemmata besteht die Gefahr der Übernutzung einer gemeinsamen Ressource (z.B. das Problem der Überfischung oder häufige Arztbesuche zulasten der Versicherungsgemeinschaft). Ein anderer vielfach zu identifizierender Dilemmatypus ist der des Beitragsdilemmas, bei dem sich Trittbrettfahrerprobleme ergeben, wenn einzelne Akteure keinen Beitrag zum Erreichen eines gemeinsamen Ziels leisten (z.B. Steuerhinterziehung). Das Gefangenendilemma arbeitet den Charakter von Dilemmata sehr gut heraus. Krol hat seine Struktur auf das Problem des Umweltschutzes angewendet. Hierbei hat ein

Individuum die Möglichkeit, sich umweltverträglich zu verhalten, was mit Kosten von zehn Nutzeneinheiten (NE) einhergeht (z.B. für den Zeitaufwand der Mülltrennung oder den geringeren Komfort bei der Nutzung öffentlicher Verkehrsmittel im Vergleich zum Individualverkehr). Das Verhalten des Einzelnen hat jedoch keinen spürbaren Effekt auf die Qualität der Umwelt. Wenn sich fast alle Akteure umweltfreundlich verhalten, geht damit ein Nutzen von 30 Einheiten einher. Damit ergibt sich folgende Matrix:

	Alle anderen (umweltfreundlich)	Alle anderen (nicht umweltfreundlich)
Individuum (umweltfreundlich)	Nutzen: 30 Kosten: 10 Nettonutzen: 20	Nutzen: 0 Kosten: 10 Nettonutzen: -10
Individuum (nicht umweltfreundlich)	Nutzen: 30 Kosten: 0 Nettonutzen: 30	Nutzen: 0 Kosten: 0 Nettonutzen: 0

Tabelle 5: Nutzenmatrix eines Dilemmas

Offensichtlich ist der Nutzen mit 30 NE dann am größten, wenn sich das Individuum nicht umweltfreundlich verhält, die anderen Akteure hingegen schon. Gemäß den Annahmen der ökonomischen Verhaltenstheorie würden sich die Akteure nicht umweltfreundlich verhalten, womit ein deutlich geringerer Nutzen (0 NE) einherginge, als dies der Fall wäre, wenn sich alle umweltfreundlich verhielten (20 NE). So wird die Notwendigkeit von Institutionen – in diesem Fall kommen Umweltschutzgesetze oder Ressourcenverbrauchssteuern in Frage – offensichtlich. Im Idealfall sind sie derart gestaltet, dass sie das Eigeninteresse mit dem Kollektivinteresse in Einklang bringen. Wird beispielsweise die Mineralölsteuer erhöht, wird es für ein Individuum grundsätzlich attraktiver, weniger Benzin zu verbrauchen, was der Umwelt und damit der Gemeinschaft und indirekt dem Individuum selbst zugutekommt.[7]

Der Kern der institutionenökonomischen Bildung lässt sich also so zusammenfassen, dass Institutionen vor dem Hintergrund eigennützigen individuellen Handelns einen zentralen Faktor zur Gestaltung von erfolgreichen Interaktions- und Kooperationsprozessen darstellen. Da sich zahlreiche bedeutsame Phänomene, Prozesse und Strukturen mit diesem Denkansatz analysieren lassen, vermag eine so ausgestaltete ökonomische Bildung zur Analysefähigkeit und Urteilskompetenz genauso beizutragen wie zur Fähigkeit und Bereitschaft zur Weiterentwicklung von Institutionen. Gleichwohl ist darauf zu achten, die Lernenden für die Grenzen dieses Denkmodells zu sensibilisieren, so dass sie nicht glauben, Phänomene damit vollständig erfassen zu können. Die eingeschränkte Aussagekraft liegt in den Prämissen der ökonomischen Handlungstheorie begründet, die sowohl eigennutzenmaximierendes rationales Verhalten als auch Unveränderlichkeit der Präferenzen unterstellten, was die Komplexität der Wirklichkeit nicht korrekt abbildet. Die Notwendigkeit zur Komp-

---

7   Relativierend sei angemerkt, dass die Ausgestaltung von Institutionen zur Regelung menschlichen Verhaltens in komplexen Systemen eine große Herausforderung darstellt. U.a. aufgrund zahlreicher Vernetzungen, Rückkopplungsschleifen und Zeitverzögerungen verändern sich die Systeme häufig anders, als dies beabsichtigt ist (vgl. z.B. Arndt 2006; Sterman 2000).

lexitätsreduzierung um als relevant erachtete Sachverhalte genauer analysieren zu können, die sich bei einigen der später vorgestellten Methoden ebenfalls ergibt, spricht jedoch nicht per se gegen dieses Konzept ökonomischer Bildung. Vielmehr gilt es während oder nach der Analyse mithilfe dieses Denkschemas einen Vergleich der gewonnenen Erkenntnisse mit der Wirklichkeit vorzunehmen.

Das Konzept der institutionenökonomischen Bildung ist – auch in Kombination mit der kategorialen ökonomischen Bildung – weit verbreitet und findet sich indirekt auch in den bereits erörterten Bildungsstandards:

Theoretische Grundlage der institutionen-ökonomischen Bildung	Verwandte Kompetenzberei-che in den Bildungsstandards der DeGÖB	Verwandte Kompetenz-bereiche in den Bildungs-standards von Retzmann u.a.
Ökonomische Verhal-tenstheorie	Entscheidungen ökonomisch begründen	Entscheidung und Rationalität
Interaktionstheorie	Konflikte perspektivisch und ethisch beurteilen	Beziehung und Interaktion
Institutionentheorie	Rahmenbedingungen der Wirtschaft verstehen und mitgestalten	Ordnung und System

Tabelle 6: Institutionenökonomische Bildung

1.5.2.5 Alltags- und lebensökonomische Bildung

Aufgrund einer kritischen Wahrnehmung der „verbreiteten Art" ökonomischer Bildung entwickelte Piorkowsky (2011) das Konzept der alltags- und lebensökonomischen Bildung. Bei seiner Kritik bezieht sich Piorkowsky insbesondere auf fachdidaktische Ansätze, die die Wirtschaftsordnung und Kreislaufprozesse in den Fokus der Analyse nehmen und sich dabei primär am Ordoliberalismus orientieren, während sie Alternativen wie Hayeks Arbei-ten oder keynesianische Ansätze ausblenden. Einen solchen Wirtschaftsunterricht sieht Piorkowsky kritisch, da mit der Fokussierung auf die Wirtschaftsordnung Wirtschaft primär als gesellschaftliches Subsystem mit Fokus auf Markt- und Wettbewerbsorientierung er-scheine und viele ökonomisch relevante Probleme in den meisten Gesellschaftsbereichen unbeachtet blieben. Am häufig im Unterricht verwendeten Modell des Wirtschaftskreislaufs bemängelt Piorkowsky u.a. dass es die Entstehung und Entwicklung von Unternehmen genauso ignoriert wie nicht-monetäre Prozesse z.B. in Form ehrenamtlicher Arbeit oder Hausarbeit.

Auf Basis eines umfassenden Wirtschaftsverständnisses, das nicht auf monetäre markt-bezogene Aktivitäten beschränkt ist und Erkenntnisse u.a. der neo-neoklassischen Haus-halts- und Familienökonomik, der neuen Institutionenökonomik, der evolutorischen Ökonomik, der Verhaltensökonomik, der Umweltökonomik und der ökologische Ökonomie berücksichtigt, entwickelt Piorkowsky seine Vorstellungen einer alltags- und lebensökono-mischen Bildung. Dabei kommt Haushalten eine zentrale Rolle zu. Dies begründet er zu-nächst mit deren herausragender Bedeutung im Wirtschaftsprozess. Indem Piorkowsky Haushalte als Organisationen für die unmittelbare Bedarfsdeckung und Bedürfnisbefriedi-gung definiert sieht er sie nicht lediglich als Anbieter von Arbeitskraft und Nachfrager von Konsumgütern. Vielmehr sind sie auch Produzenten, da sie auf Basis beschaffter Vorgüter unmittelbar konsumierbare Güter herstellen (z.B. Kauf von Nahrungsmitteln um daraus eine Mahlzeit zuzubereiten). Ferner kommt Haushalten eine entscheidende Rolle bei der Unternehmensgründung zu, da diese i.d.R. zunächst als Kleinbetrieb im häuslichen Umfeld entstehen. Weiterhin findet sich eine didaktische Begründung für die hervorgehobene Rolle der Haushalte im Konzept der alltags- und lebensökonomischen Bildung: So sind Haushalte die Institution innerhalb derer die ersten ökonomischen Erfahrungen gesammelt werden. Außerdem stellt die Gründung von Haushalten eine wichtige und schwierige persönliche Entwicklungsaufgabe dar.

Piorkowsky konkretisiert sein Konzept in einem aus elf Modulen bestehenden Kurs, bei dessen Gestaltung das Ziel die „Vermittlung von Orientierungswissen zum Erwerb von Kompetenzen für die individuelle Lebensgestaltung unter den Aspekten der Knappheit der Mittel, der Unsicherheit über die Zukunft, der Vielzahl von Wahlmöglichkeiten und der Wechselwirkungen individueller Aktivitäten mit der sozioökonomisch-ökologischen Umwelt" (Piorkowsky 2011, S. 180) handlungsleitend war. Außerdem sollten die Schüler mit ihrer Lebenswelt den Ausgangspunkt des Lernens darstellen und die Inhalte müssten sich grundsätzlich auf alle wirtschaftlich bedeutsamen Bereiche beziehen. Der letztgenannte Aspekt wurde teilweise überstrapaziert. So finden sich auch Module, die nur einen sehr indirekten Bezug zu Wirtschaftsfragen aufweisen (z.B. „Freundschaft und Freizeit gestalten"). Insgesamt bleibt unklar, anhand welcher weiteren Kriterien die Inhalte zur Modulgestaltung ausgewählt wurden, so dass die Zusammenstellung des Kurses nicht durchgängig nachvollziehbar ist. Zusätzlich zu den inhaltlichen Ausführungen wären konkretere Kompetenzerwartungen bei den Modulbeschreibungen hilfreich. Wichtig ist, dass der Autor einige Möglichkeiten aufzeigt, wie die Module und das spezifische Wirtschaftsverständnis insgesamt in den (Wirtschafts-)Unterricht integriert werden können. Unter *www.ich-bin-meine-zukunft.de* sind die entsprechenden Unterrichtsmaterialien verfügbar.

Auch wenn Piorkowsky „die herkömmliche" ökonomische Bildung kritisch sieht, sind seine Überlegungen zumindest in wesentlichen Teilen durchaus kompatibel mit den Konzepten der kategorialen und der institutionenökonomischen Bildung.

1.5.2.6 Lebenssituationsorientierte ökonomische Bildung

Die Konzepte der kategorialen, institutionenökonomischen und der alltags- und lebensökonomischen Bildung beziehen ihren inhaltlichen Kern zunächst aus den fachwissenschaftlichen Bezugsdisziplinen, wobei bei der konkreten Umsetzung im Unterricht die Relevanz für das Leben beispielsweise durch Leitfragen gewährleistet wird.

Die von Steinmann (1997) konzipierte lebenssituationsorientierte Bildung fragt hingegen zuerst nach typischen ökonomisch geprägten Lebenssituationen, wobei der Autor u.a. Berufswahl, Kauf von Konsumgütern oder Zahlung von Steuern aufführt.

In einem zweiten Schritt werden Qualifikationen identifiziert, die zur erfolgreichen Bewältigung dieser Situationen notwendig sind. Diese Qualifikationen setzen sowohl auf der Ebene des Individuums (z.B. Güterkauf) an als auch auf der Ebene von Gruppen (z.B. Mitarbeit in Vereinen) und des Staates (z.B. Beurteilung von Parteiprogrammen und der Wirtschaftspolitik, Fähigkeit und Bereitschaft zur politischen Partizipation). Hierbei betont Steinmann, dass die Qualifikationen nicht auf die Fähigkeit mit gegebenen Situationen umgehen zu können beschränkt bleiben sollten. Vielmehr ist Mündigkeit derart anzustreben, dass die Individuen die ökonomisch geprägten Lebenssituationen kritisch hinterfragen und verändern bzw. weiterentwickeln können. Dabei sollen sie sich laut Steinmann nicht nur auf ihre individuelle Entfaltung beschränken sondern auch Werte wie Solidarität berücksichtigen.

Abschließend werden Lerninhalte festgelegt, die erwarten lassen, dass durch ihre unterrichtliche Behandlung die gewünschten Qualifikationen erworben werden können.

Im Vergleich zu anderen Konzepten sind bei der lebenssituationsorientierten ökonomischen Bildung methodische Überlegungen explizit berücksichtigt. Um Lebenssituationen nicht nur theoretisch analysieren sondern auch praktisch bewältigen zu können, bedarf es der Förderung sowohl der Kommunikations- und Kooperationsfähigkeit als auch der Selbsttätigkeit, was den Einsatz handlungsorientierter Methoden nahelegt. Darüber hinaus empfehlen sich Methoden der Realbegegnung (z.B. Praktika, Erkundungen) und wo diese nicht sinnvoll anzuwenden sind, auch simulative Methoden wie Rollen- und Planspiele.

Eine Herausforderung dieses Konzepts ergibt sich bei der Identifikation relevanter Lebenssituationen, da diese für die Zukunft teilweise schwierig antizipierbar sind und darüber hinaus je nach Schüler unterschiedlich bedeutsam sein dürften (vgl. Hedtke 2011). Weiterhin ist bei der lebenssituationsorientierten ökonomischen Bildung darauf zu achten, die an einzelnen Situationen oder Fällen gewonnenen Erkenntnisse derart aufzuarbeiten, dass sie systematisiert, verallgemeinert und transferierbar werden, was generell auch für die mit diesem Konzept kompatiblen Lernmethoden (z.B. Fallstudie, Planspiel, Rollenspiel, Erkundung) gilt.

1.5.2.7 Sozialwissenschaftliche Bildung

Ein weiteres Konzept, das sich zumindest indirekt der ökonomischen Bildung zuordnen lässt, ist das der sozialwissenschaftlichen Bildung, wie es insbesondere von Hedtke (2006, 2011) vertreten wird. Seiner Ansicht sind noch einzelne Fächer wie Wirtschaft, Politik oder Soziologie in einem Unterrichtsfach Sozialwissenschaft zu integrieren. Er glaubt, dass vor allem eine multidisziplinäre Perspektive, die mehrere Erklärungsansätze (z.B. ökonomische Handlungstheorie, Institutionalismus, Individualismus, sozialer Konstruktivismus) systematisch integriert, zu einem umfassenden Verständnis und Mündigkeit führt. Hierbei gilt es, Unterschiede und Gemeinsamkeiten herauszuarbeiten und dadurch Sachverhalte und Probleme ganzheitlich zu erfassen und vertiefte Handlungskompetenz zu erwerben. Als weiteren Vorteil sieht Hedtke die Verminderung von Redundanzen, da ähnliche Sachverhalte nicht wiederholt in verschiedenen Unterrichtsfächern thematisiert werden.

Dieses Konzept erscheint zunächst schlüssig und attraktiv, gleichwohl gehen einige Nachteile und Herausforderungen damit einher. So ist die Fachsystematik, die ein vertieftes Verständnis von Zusammenhängen erleichtert, bei multidisziplinären Ansätzen schwieriger zu erkennen. Hier besteht die Gefahr, dass viele Inhalte, Erklärungsansätze und Methoden für die Lernenden diffus bleiben und sie die benötigten Kompetenzen nicht erwerben. Ein ähnliches Problem besteht auch für die Lehrkräfte, da sie sich im Rahmen eines Lehramtsstudiums, das mindestens noch ein weiteres Fach, Erziehungswissenschaften und die jeweiligen Fachdidaktiken beinhaltet, nicht mit nur einer Disziplin (wie den Wirtschaftswissenschaften) auseinandersetzen müssten, sondern mit einem ganzen Konglomerat an Wissenschaften (u.a. Soziologie, Politikwissenschaft, Geschichtswissenschaft, Recht, Psychologie). Um dem Konzept der sozialwissenschaftlichen Bildung zu größerer Verbreitung zu verhelfen, wären auf diese Probleme möglichst überzeugende und konkrete Antworten z.B. in Form der Veröffentlichung von differenzierten Studienordnungen, Curricula bzw. Bildungsstandards und Schulbüchern förderlich.

1.5.3 Didaktische Prinzipien

Unterrichtsprinzipien oder *didaktische Prinzipien* beinhalten, so wie Unterrichtskonzepte, eine normative Komponente. Sie geben eine, nicht immer wissenschaftlich fundierte, konkrete Orientierung zur Ausrichtung praktischen Handelns. Diese Richtlinien pädagogisch-didaktischer Entscheidungen entfalten sowohl für Planung, Durchführung, Reflexion und Begründung von Unterrichtshandeln als auch für die Stoffauswahl, die Stoffanordnung und die Gestaltung von Lehr-Lernprozessen große Relevanz für die Arbeit von Lehrkräften. Nachstehend werden einige Prinzipien erörtert, die für den Wirtschaftsunterricht von besonderer Bedeutung sind.

Im Hinblick auf die *Auswahl von Lerninhalten* sind folgende Prinzipien wichtig:

- Soll Unterricht nicht völlig oberflächlich bleiben oder lediglich durch den zeiteffizienten Lehrvortrag gestaltet werden, muss angesichts knapper Zeit und einer prinzipiell sehr großen Fülle an behandelbaren Themen eine thematische Auswahl getroffen werden. Das Prinzip der *Exemplarität* besagt, dass das Thema nicht nur für sich selbst steht, sondern sich daran allgemeinere Erkenntnisse erarbeiten lassen, die ebenfalls für andere Sachverhalte relevant sind.
- Fast trivial erscheint das Prinzip der *Passung von Stoffmenge zu Lehr- /Lernkapazität*. Gleichwohl ist insbesondere bei unerfahreneren Lehrkräften häufig die Tendenz zu beobachten, Unterricht inhaltlich zu überfrachten, wodurch dessen Qualität erheblich leidet. Bei den entsprechenden Planungsüberlegungen sollten auch methodische Aspekte berücksichtigt werden, da Methoden erheblich in ihrem jeweiligen Zeitbedarf voneinander differieren.
- Ebenfalls gut nachvollziehbar dürfte das Prinzip der der *Aktualität* der bearbeiteten Inhalte sein. Aktuelle Inhalte motivieren nicht nur stärker, sondern weisen in der Regel auch einen größeren Lebensbezug auf und erscheinen als relevanter. Ferner sind aktuelle Inhalte nicht veraltet und somit nicht falsch. Die Gefahr der Vermittlung veralteter Inhalte besteht gerade im Wirtschaftsunterricht, da sich viele seiner Sachverhalte schnell ändern. Wird beispielsweise mit älteren Rechtsfällen gearbeitet, sind diese (bzw. die verwendete Terminologie oder die angegebenen Lösungen) aufgrund von Gesetzesänderungen oft nicht mehr aktuell und korrekt.
- Das Prinzip der *Verwendbarkeit* besagt, dass die Inhalte eine gewisse Relevanz aufweisen sollten, beispielsweise im Hinblick auf die Gestaltung des Lebens der Schüler, zur Durchführung bestimmter Tätigkeiten oder allgemein für ein verbessertes Verständnis der ökonomischen Aspekte der Welt.
- In engem Zusammenhang zu den beiden vorigen Prinzipien steht das der *Lebens- oder Praxisnähe* der ausgewählten Inhalte. Somit können die Schüler die Inhalte leichter in ihre kognitive Struktur einbetten, da sich vielfältige Anknüpfungspunkte zu ihren bisherigen Kenntnissen und Erfahrungen ergeben. Ferner lässt sich die subjektive Bedeutsamkeit besser erkennen, womit auch eine höhere Motivation einhergehen kann. Zwar weisen nicht alle bedeutsamen Inhalte des Wirtschaftsunterrichts eine unmittelbare Lebens- oder Praxisnähe auf, aber zumindest sollte diesem Prinzip zufolge ein Zusammenhang zu diesen Bereichen aufgezeigt werden.

Hinsichtlich der *Gestaltung von Lehr-Lernprozessen*[8] entfalten insbesondere diese Prinzipien größere Bedeutung:

- Das Prinzip der *Problemorientierung* ist zentral für viele Lehr-Lerneinheiten des Wirtschaftsunterrichts. Der Kerngedankte besteht darin, Probleme zum Ausgangspunkt des Lernprozesses zu machen. Für diese Probleme gilt es, geeignete Lösungen zu entwickeln und diese anzuwenden. Roth entwickelte eine Verlaufsform des Unterrichts, die speziell auf das Prinzip der Problemorientierung abgestimmt ist und in Abschnitt 1.7 vertieft erörtert wird.
  Sind die den Lernprozess initiierenden Problemstellungen angemessen herausfordernd und weisen sie einen hinreichenden Praxis- oder Lebensbezug auf, geht mit diesem didaktischen Prinzip eine hohe Lernmotivation einher. Ferner ist die Gefahr des Erwerbs lediglich trägen Wissens geringer, da der Wissenserwerb in einen relevanten Kontext (in diesem Fall ein Problem) eingebettet ist. Gleichwohl ist auf eine Verallgemeinerung der Problemlösung und deren Anwendbarkeit auf andere Probleme zu achten. Diese Aspekte sind vertieft beim Konstruktivismus (vgl. 1.5.1) dargestellt.
  Da der *Problembegriff* grundlegend für den Wirtschaftsunterricht ist, was sich sowohl bei dem Prinzip der Problemorientierung als auch bei Roths Phasenmodell (vgl. 1.7) niederschlägt, wird hier vertieft darauf eingegangen. Nach Dörner handelt es sich dann um ein Problem, wenn ein Individuum ein bestimmtes Ziel erreichen möchte, es jedoch zunächst nicht weiß, wie es diesen Zielzustand erreichen kann. Anders formuliert ist ein Problem eine Herausforderung, die zum Denken anregt. Aufgaben unterscheiden sich von Problemen dadurch, dass das Individuum den Lösungsweg bereits kennt und sein entsprechendes Wissen zur Bewältigung der Aufgabe lediglich anzuwenden braucht. Je nach Kenntnisstand des Betroffenen kann der gleiche Sachverhalt also ein Problem (Lösungsweg ist noch nicht bekannt) oder eine Aufgabe (Lösungsweg ist bereits bekannt) sein.
  Da die Auswahl eines passenden Problems einen wesentlichen Aspekt gelingender Lernprozesse darstellt, sollte sich die Lehrkraft des großen Spektrums an Problemen bewusst sein. Die Abbildung zeigt verschiedene Problemtypen in Abhängigkeit der Bloom'schen Lernzieltaxonomiestufen:

---

8   Diese Prinzipien werden oft als Prinzipien der Stoffdarbietung bezeichnet. Da dieser Begriff jedoch eine starke Lehrerzentrierung impliziert, wird hiervon abgewichen.

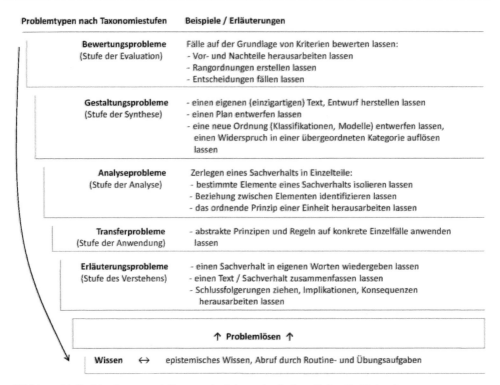

Problemtypen nach Taxonomiestufen	Beispiele / Erläuterungen
Bewertungsprobleme (Stufe der Evaluation)	Fälle auf der Grundlage von Kriterien bewerten lassen: - Vor- und Nachteile herausarbeiten lassen - Rangordnungen erstellen lassen - Entscheidungen fällen lassen
Gestaltungsprobleme (Stufe der Synthese)	- einen eigenen (einzigartigen) Text, Entwurf herstellen lassen - einen Plan entwerfen lassen - eine neue Ordnung (Klassifikationen, Modelle) entwerfen lassen, einen Widerspruch in einer übergeordneten Kategorie auflösen lassen
Analyseprobleme (Stufe der Analyse)	Zerlegen eines Sachverhalts in Einzelteile: - bestimmte Elemente eines Sachverhalts isolieren lassen - Beziehung zwischen Elementen identifizieren lassen - das ordnende Prinzip einer Einheit herausarbeiten lassen
Transferprobleme (Stufe der Anwendung)	- abstrakte Prinzipen und Regeln auf konkrete Einzelfälle anwenden lassen
Erläuterungsprobleme (Stufe des Verstehens)	- einen Sachverhalt in eigenen Worten wiedergeben lassen - einen Text / Sachverhalt zusammenfassen lassen - Schlussfolgerungen ziehen, Implikationen, Konsequenzen herausarbeiten lassen

↑ **Problemlösen** ↑

Wissen ↔ epistemisches Wissen, Abruf durch Routine- und Übungsaufgaben

Abbildung 11: Problemtypen nach Taxonomiestufen; orientiert an: Euler, D.; Hahn, A.: Wirtschaftsdidaktik. 2.Auflage. Bern, 2004, S. 354

- In engem Zusammenhang zum Prinzip der Problemorientierung steht das des *situierten Lernens*, das bereits erörtert wurde (vgl. 1.5.1).
- Die Förderung der (Lern-)*Motivation* ist ein wesentlicher Aspekt bei Lehr-Lern-prozessen, da diese eine notwendige Voraussetzung des Lernens darstellt. Motivation lässt sich beispielsweise erhöhen durch Herausforderungen mit mittlerem Schwierig-keitsgrad, durch das Wecken der Neugierde oder durch das Aufzeigen der Relevanz des Themas. Ferner können Schüler auch durch Faktoren zum Lernen motiviert wer-den, die in keinem direkten Zusammenhang zum Lerngegenstand stehen, z.B. Lob oder Zensuren (Fachbegriff: extrinsische Motivation).
- Die Minimalinterpretation des Prinzips der *Wissenschaftsorientierung* geht dahin, dass keine Inhalte vermittelt werden dürfen, die wissenschaftlich nicht haltbar bzw. falsch sind. In diesem Zusammenhang ist insbesondere bei der didaktischen Reduktion darauf zu achten, dass beim Prozess der Vereinfachung keine Verfälschung entsteht. Im Falle unterschiedlicher wissenschaftlicher Positionen wird im Rahmen wissenschaftsorien-tierten Unterrichts diese Spannweite thematisiert, statt sie zu ignorieren und lediglich eine Position zu erwähnen. Am Beispiel des Themas Wirtschaftspolitik hieße das, nicht nur die angebots- oder die nachfrageorientierte Wirtschaftspolitik zu behandeln, son-dern beide zu thematisieren und ggf. miteinander zu vergleichen. Zur Wissenschafts-orientierung gehört ferner, die Schüler mit wissenschaftlichen Methoden des Fachs

vertraut zu machen. Hierzu gehören im Fach Wirtschaft u.a. die Recherche und Bewertung von Informationen, die Interpretation von Diagrammen, Konzeption, Durchführung und Auswertung von Umfragen oder die Arbeit mit Modellen.

- Mit dem Prinzip der *Veranschaulichung* wird beabsichtigt, durch adäquate Aufbereitung bzw. Darstellung eines Sachverhalts die Lernenden dahingehend zu unterstützen, sich den Sachverhalt besser vorzustellen und ihn dadurch leichter verstehen zu können. Lernbereiche können beispielsweise veranschaulicht werden durch den unmittelbaren Kontakt mit dem Gegenstand (Stichwort Realbegegnung, z.B. Besuch eines Unternehmens vor Ort), durch Modelle (physische Modelle oder abstrakte Modelle wie der Wirtschaftskreislauf), durch Medien (Bilder, Diagramme, Videos, Audioaufnahmen, gut strukturierte Tafelbilder) oder durch Sprache (z.B. Angabe konkreter Beispiele, Vergleich mit Gegenbeispielen, Verwendung von Metaphern).

- Im Gegensatz zu zufälligem Nebeneinander von Inhalten zielt ganzheitlicher Unterricht auf die Vernetzung und Integration von Inhalten ab. Dies beinhaltet eine bewusste Überschreitung von Fächergrenzen und die Berücksichtigung technischer, rechtlicher, ökologischer und sozialer Aspekte bei der Behandlung wirtschaftlicher Themen. Neben dieser inhaltlichen Dimension geht mit dem Prinzip der *Ganzheitlichkeit* auch die der Lernbereiche einher. So sollen nicht nur kognitive, sondern auch affektive und psychomotorische Lernbereiche Gegenstand des Unterrichts sein.
Eine weitere Dimension der Ganzheitlichkeit besteht hinsichtlich der Sinnesmodalität (insbesondere visuell, auditiv und haptisch). Durch Ansprache unterschiedlicher Modi werden sowohl die verschiedenen Lerntypen adäquater angesprochen als auch die Verankerung im Gedächtnis gefördert.

- Das Prinzip der *Schülerorientierung* richtet den Blick bei der Gestaltung von Lehr-Lernprozessen stärker auf die Schüler. So sind sie in ihrer Individualität und ihrer Unterschiedlichkeit wahrzunehmen und hinreichend ernst zu nehmen. Entsprechend sind ihre Interessen, Erfahrungen, Lebenswirklichkeit, Lernpräferenzen und Vorkenntnisse zu berücksichtigen. Neben der damit einhergehenden Forderung nach Individualisierung kann auf die Unterschiedlichkeit der Schüler einer Klasse mit *Differenzierung* reagiert werden. Hierbei werden homogenere Subgruppen gebildet, die dann passgenauere Angebote und Aufgaben erhalten können. So kann sich der Lernprozess bei den differenzierten Gruppen z.B. sowohl hinsichtlich Anzahl, Schwierigkeitsgrad und verfügbarer Zeit bei Aufgaben als auch in den Aktionsformen, Sozialformen, Medien oder der Betreuungsintensität durch die Lehrkraft unterscheiden.

- Insbesondere für die Unterrichtskonzepte der Handlungsorientierung und des entdeckenden Lernens sind *Aktivierung der Schüler, Selbsttätigkeit und Selbstständigkeit* wesentliche Prinzipien. Hierbei wird davon ausgegangen, dass sich positive Wirkungen sowohl auf die Motivation als auch auf die Qualität der Lernergebnisse erzielen lassen. Die Kontroverse zwischen Bruner und Ausubel bzw. zwischen entdeckendem und rezeptivem Lernen (vgl. 1.5.2.1) zeigt jedoch, dass diese Prinzipien nicht gänzlich unumstritten sind.

- Dem Prinzip des *Methodenwechsels* bzw. des Wechsels lernorganisatorischer Formen gemäß sollte Unterricht variieren, insbesondere bzgl. der Sozialformen, der Aktionsformen, der Medien, der Unterrichtsverfahren und der methodischen Großformen. Im weiteren Verlauf des Buchs wird eine umfassende Bandbreite vorgestellt, die solche Variationsmöglichkeiten aufzeigen. Das Prinzip des Methodenwechsels sensibilisiert Lehrkräfte zunächst für den Sachverhalt, dass die objektiv beste Methode, die universell einsetzbar ist, nicht existiert. Stattdessen haben unterschiedliche Methoden spezifische Vor- und Nachteile im Hinblick auf die angestrebten Ziele, die zu vermittelten Inhalte und die benötigten Rahmenbedingungen bzw. Voraussetzungen. Aus dem Umstand, dass diese Aspekte sich ändern, folgt die Notwendigkeit des Wechsels der Methode. Weiterhin werden durch Methodenwechsel unterschiedliche Lerntypen besser angesprochen, Langeweile vorgebeugt und die Lernmotivation erhöht. Relativierend ist lediglich anzumerken, dass sich die Schüler auf jeden Wechsel einlassen müssen, was mit einem gewissen kognitiven und emotionalen Aufwand einhergeht. Insofern sollte das Prinzip moderat angewendet werden und nicht maximierend derart, dass in einer Unterrichtsstunde möglichst viele Medien oder Sozialformen zum Einsatz kommen.

- Dem Prinzip der *Erfolgssicherung* liegt die Erkenntnis zugrunde, dass neu erworbenes Wissen wiederholt und gefestigt werden muss, um es hinreichend dauerhaft im Langzeitgedächtnis zu verankern und schnellem Vergessen vorzubeugen. Dies kann beispielsweise gefördert werden mithilfe von Wiederholungsaufgaben, Lehrerfragen, Diskussionen oder durch Transfer auf strukturähnliche Bereiche.

1.6 Unterrichtsverfahren

Unterrichtsverfahren beschreiben den grundsätzlichen Verlauf, anhand dessen der Erkenntnisprozess der Lernenden erfolgen soll. Wichtige Unterrichtsverfahren sind insbesondere Induktion, Deduktion, ganzheitliche Interpretation und Dialektik.

Beim *induktiven Unterrichtsverfahren* steht ein konkretes Problem, ein Beispiel oder ein Fall am Beginn des Lernprozesses. Hiervon ausgehend wird dann abstrahiert, um die allgemeine Regel oder Gesetzmäßigkeit zu finden bzw. abzuleiten. Hierbei kommt dem Ausgangsfall besondere Bedeutung zu. So muss er die Inhalte bzw. Problemparameter enthalten, die zur Erschließung des abstrakten Sachverhalts bzw. der allgemeinen Regel erforderlich sind. Ist der Fall darüber hinaus noch relativ authentisch, weist er eine Nähe zu Lebens- oder Praxissituationen auf und ist er auch aktuell, so lassen sich mit dem induktiven Verfahren die entsprechenden didaktischen Prinzipien (*Aktualität, Lebens- und Praxisnähe*) gut umsetzen. Da ein konkreter Fall in der Regel problemhaltig ist und im Zusammenhang mit der Erarbeitung der abstrakten Regel auch an der Problemlösung gearbeitet wird, lässt sich so *problemorientiert* unterrichten. Ebenfalls geht mit dem induktiven Verfahren ein hoher Grad an *Anschaulichkeit* einher, da konkrete Fälle deutlich anschaulicher und verständlicher sind als Abstraktionen. Deshalb eignet sich dieses Verfahren in besonderer Weise für jüngere und intellektuell schwächere Lernende, da ein geringeres Abstraktionsvermögen gefordert ist. Hohe *Motivation* kann sich ergeben aus dem Wunsch, den Fall zu lösen bzw. die allgemeine Regel zu entdecken. Im Hinblick auf die vorgestellten Unterrichtskonzepte korrespondiert es besonders gut mit Bruners Konzept des entdeckenden Lernens, da ausgehend von konkreten Fällen oder Beobachtungen allgemeine Regeln „entdeckt" bzw. erarbeitet werden. Das deduktive Verfahren (s.u.), bei dem die allgemeine Regel vorgegeben wird, ist hingegen weniger für entdeckendes Lernen als für rezeptives Lernen geeignet.

Angesichts der potenziellen Vorteile des induktiven Unterrichtsverfahrens überrascht der häufige Einsatz in der Unterrichtspraxis nicht. Kritisch wird teilweise angemerkt, dass die Ausgangsfälle häufig sehr stark im Hinblick auf die allgemeine Regel zugeschnitten und wenig authentisch sind. Ferner eignet sich diese Vorgehensweise nicht für alle Lerngegenstände (z.B. wenn die Abstraktion nicht logisch herleitbar ist, wie dies bei gesetzlichen Regelungen häufig der Fall ist), weswegen sie nicht verabsolutiert, sondern in Variation mit anderen Unterrichtsverfahren eingesetzt werden sollte.

Das Beispiel einer Stunde zur optimalen Bestellmenge in Anhang B veranschaulicht die induktive Vorgehensweise. Das dort erwähnte Video dient als konkreter Einstiegsfall, anhand dessen die Problemparameter erarbeitet werden. Anschließend wird die allgemeine Bestellmengenformel abgeleitet und dann zur Lösung des Problems angewendet. Im Hinblick auf das Verständnis des induktiven Unterrichtsverfahrens ist vor allem vor allem der Abschnitt B5 bedeutsam. Ferner erleichtert ein Blick auf das zugehörige Tafelbild das Verständnis der Erläuterungen.

Der Erkenntnisprozess beim *deduktiven Verfahren* ist dem des induktiven Verfahrens entgegengesetzt: Zunächst werden allgemeine und abstrakte Regeln oder Gesetze vorgegeben. Diese müssen dann verstanden werden, sind also zunächst interpretations- und erklärungsbedürftig. Auf dem erarbeiteten Verständnis aufbauend werden dann konkrete Beispiele gesucht bzw. Aufgaben und Fälle bearbeitet, wodurch sich die Regel noch besser verinnerlichen lässt.

Hinreichendes Abstraktionsvermögen der Lernenden vorausgesetzt ist dieses Verfahren tendenziell zeiteffizienter, da die allgemeine Regel nicht erst (lange) erarbeitet werden muss. Außerdem lässt sich dadurch das logische Denk- und Abstraktionsvermögen entwickeln, womit das deduktive Verfahren auch dem Prinzip der *Wissenschaftsorientierung* gerecht wird. Einschränkend besteht aufgrund der geringen Anschaulichkeit von Abstraktionen und des generell höheren intellektuellen Anspruchs die Gefahr der Überforderung der Lernenden. Ferner sind die Motivationswirkungen bei diesem Verfahren tendenziell geringer, da die eigentlich interessante Regel gleich zu Beginn vorgegeben wird und lediglich verstanden und nachvollzogen werden muss.

Geeignet ist das deduktive Verfahren insbesondere dann, wenn die allgemeinen Regeln nicht oder nur schwer aus Einzelfällen ableitbar sind, das induktive Verfahren also ungeeignet ist. Dies gilt u.a. für einen Großteil rechtlicher Regelungen, wie beispielsweise bei Verjährungsfristen. Hier bietet es sich an, die gesetzliche Regelung vorzustellen, dann ihren Sinn zu erläutern und anschließend Fälle zu bearbeiten. Als weiteres Beispiel kann die Thematik der oben dargestellten optimalen Bestellmenge dienen. Eine induktive Erarbeitung der Formel ist nur möglich, wenn die Schüler bereits mit Analysis bzw. der Differentialrechnung vertraut sind. Ist dies nicht der Fall, sollte die Formel vorgegeben und angewendet werden.

Sowohl diese Anwendungsbeispiele als auch die obigen Ausführungen zum Konstruktivismus (vgl. 1.5.1) lassen erahnen, dass eine stringente Orientierung an nur einem dieser beiden Unterrichtsverfahren innerhalb einer Lernsequenz nicht sinnvoll sein muss, sondern sich häufig eine Kombination beider Verfahren anbietet: Ausgehend von einem konkreten Fall kann eine allgemeine Regel erarbeitet oder vorgegeben werden, um sie dann auf Einzelfälle anzuwenden. Selbst wenn der Schwerpunkt der Stunde deduktiven Charakter haben sollte, so wird die vorgegebene abstrakte Regel doch noch im Vorfeld in einen konkreten und anschaulichen Kontext eingebettet.

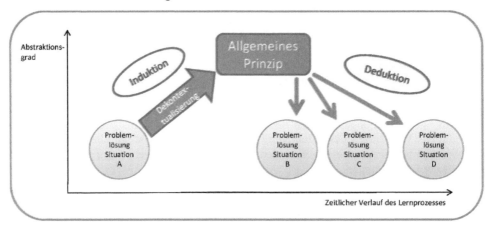

Abbildung 12: Verhältnis von Induktion und Deduktion

Bei dem *ganzheitlich-interpretierenden Unterrichtsverfahren* bringen die Schüler ihre persönlichen Meinungen, Werte und Lebenserfahrungen ein, um sich mit Themen auseinanderzusetzen, die weniger objektive, sondern auch subjektive Komponenten enthalten. Hierbei gibt es keine objektive Wahrheit bzw. eine allgemeine Regel, so dass weder Induktion noch Deduktion sinnvoll anwendbar sind. Vielmehr gilt es, einen meist vielschichtigen, ambivalenten Sachverhalt differenziert zu beleuchten, um ihn in seinen Facetten zu verstehen und ggf. eine eigene, wohlbegründete Position zu entwickeln.

Insofern eignet sich dieses Verfahren insbesondere für Gegenstandsbereiche, die kontrovers oder mit Zielkonflikten versehen sind, was bei vielen Wirtschaftsthemen bedeutsam ist, beispielsweise bei der Frage nach der Ausgestaltung der Gerechtigkeit wirtschaftspolitscher Gesetzesinitiativen oder potenziellen Konflikten zwischen Ökonomie und Ökologie. Zu diesem Bereich Thema findet sich in Anhang A ein Unterrichtsbeispiel zur Ökosteuer, das das ganzheitlich-interpretierende Verfahren veranschaulicht. Hierbei kommt gleichzeitig ein spezifisches Phasenschema zum Einsatz, das für dieses Verfahren grundsätzlich geeignet ist und den Grad der Lehrerzentrierung in Grenzen hält.

Das *dialektische Unterrichtsverfahren* leitet den Erkenntnisprozess in einem Dreischritt. Ausgehend von einer Aussage oder Position (These) wird die gegenteilige Position (Antithese) untersucht, um unter Abwägung der jeweiligen Argumente schließlich einen Konsens (Synthese) zu erreichen.

Ähnlich wie beim ganzheitlich-interpretierenden Verfahren eignet sich das dialektische Unterrichtsverfahren primär für Inhalte, die nicht rein objektiv bestimmbar sind, sondern auch eine subjektive, wertende Komponente beinhalten. Während das ganzheitlich-interpretierende Verfahren für vielschichtige Themen geeignet ist, bietet sich das dialektische Verfahren primär für dichotome Themen an, also solche, die durch klare Gegensätze bestimmt sind.

In seiner Reinform wäre das Verfahren vom Verlauf derart umzusetzen, dass die Lehrkraft die These formuliert, daraufhin Schüler eine Gegenposition vertreten und anschließend gemeinsam die Synthese erarbeitet wird. Gleichwohl sind auch andere Verlaufsformen denkbar, beispielsweise indem die Schüler zunächst mit der Problematik konfrontiert werden, dann in Gruppen jeweils Argumente für eine der beiden möglichen Positionen erarbeiten und diese abschließend miteinander austauschen, um nach Möglichkeit zu einer Einigung zu kommen. Derlei lässt sich beispielsweise mittels der methodischen Großformen Pro- und Kontradebatte oder einem Rollenspiel umsetzen. Zur Veranschaulichung dieses Unterrichtsverfahrens eignet sich das Beispiel der Tarifverhandlungen, das bei den Rollenspielen dargestellt ist.

1.7 Phasenschemata

Stufen- bzw. Phasenschemata beschreiben oder strukturieren den zeitlichen Verlauf des Unterrichts. Im Vergleich zu den Unterrichtsverfahren wird hier nicht die Folge des Erkenntnisprozesses, sondern die der einzelnen Unterrichtsschritte beschrieben. Gleichwohl stehen Unterrichtsverfahren und Phasenschemata in einem engen logischen Verhältnis zueinander, weswegen entsprechende Planungsentscheidungen aufeinander bezogen werden sollten. Da der tatsächliche Unterricht sehr vielschichtig und komplex ist, können Phasenschemata ihn nicht 1:1 abbilden. Vielmehr haben Phasenschemata Modellcharakter und sollen den Blick für wesentliche Aspekte schärfen. Ihre praktische Funktion besteht primär darin, Lehrkräften eine grundsätzliche Orientierung hinsichtlich des Unterrichtsverlaufs zu geben. Insofern geben sie, ähnlich wie ein Rezept, eine Hilfestellung zur Unterrichtsplanung. Angesichts früherer Debatten um das beste Schema, die vielfach dogmatische Züge annahmen, erfolgt hier die Empfehlung, pragmatisch mit ihnen umzugehen. Zur Orientierung und Unterstützung der Unterrichtsplanung sind geeignete Schemata zwar hilfreich, aber im Einzelfall kann durchaus davon abgewichen werden. So sind in der Realität die Inhalte und Übergänge zwischen den einzelnen Phasen in der Regel nicht so klar voneinander abgrenzbar, wie dies in den Schemata postuliert wird. Da die Schemata nicht allgemeingültig sind, was von Vertretern einzelner „Schulen" jedoch teilweise anders gesehen wurde, empfiehlt sich die Kenntnis und Verwendung mehrerer Schemata. So lässt sich Effizienz (diese ergibt sich daraus, dass Lehrkräfte eine Grundorientierung ihres methodischen Handelns erhalten und nicht für jede Stunde sehr detailliert erneut darüber nachdenken müssen) mit Flexibilität (da je nach Situation ein angemessenes Schema verwendet werden kann) kombinieren.

An Phasenschemata herrscht kein Mangel. Größere Bekanntheit haben beispielsweise die Schemata von Herbart, Ziller, Kerschensteiner, Gaudig, Roth und Meyer errungen. Da das Phasenschema von Roth gut mit dem für den Wirtschaftsunterricht zentralen Prinzip der Problemorientierung korrespondiert und somit gut für das Fach geeignet ist, wird es hier vertieft erläutert:

Roths (1963) Modell eignet sich insbesondere zum Erlernen von Problemlösungen, was einen großen Teil der Inhalte des Wirtschaftsunterrichts ausmacht.

Die Phase der Motivation steht am Beginn des Lernprozesses, wobei sie im Unterricht häufig mit der Phase des Problems kombiniert wird. Sie ist eine notwendige Voraussetzung, um sich mit den späteren Phasen auseinanderzusetzen. Gleichwohl muss die Motivation während des gesamten Lernprozesses aufrechterhalten werden. Sie kann u.a. durch ansprechenden Medieneinsatz (Karikaturen, Filmausschnitte), hohe Anschaulichkeit, Abwechslung, Lebensbezug, Aktualität und einen angemessenen Schwierigkeitsgrad des Themas erhöht werden.

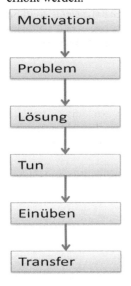

Der eigentliche Lernvorgang beginnt mit einem Problem (vgl. 1.5.3). Bloße Aufgaben hingegen sind kaum geeignet, Lernprozesse zu initiieren, da die hierfür benötigten Lösungen den Schülern bereits bekannt sind und somit kein Lernen mehr notwendig wäre. Hierbei ist darauf zu achten, dass die Schüler den Problemgehalt überhaupt erkennen. Sie sollen sich also des angestrebten Zielzustands bewusst sein und wahrgenommen haben, dass sie ihn aufgrund bestimmter Schwierigkeiten und noch fehlender Kenntnisse nicht ohne weiteres erreichen können. Probleme sollten möglichst einen für die Lerngruppe mittleren Schwierigkeitsgrad aufweisen, da im Fall der Über- oder Unterforderung die Motivation nachlässt. Außerdem besteht bei zu leicht zu lösenden Problemen ein geringeres Lernpotenzial während zu schwere Fälle die Lernenden überfordern. Das Anspruchsniveau eines Problems lässt sich insbesondere durch den Grad an Unsicherheit und Komplexität beeinflussen. So lassen sich Lernsituationen herausfordernder gestalten, wenn mehr Informationen als benötigt eingebaut werden, weil dann die relevanten Informationen erst noch zu identifizieren sind.

Umgekehrt erschweren auch fehlende Informationen den Schwierigkeitsgrad, da der zusätzliche Informationsbedarf zunächst erkannt und dann durch eigene Recherche behoben werden muss. Sollte sich erst während des Unterrichtsverlaufs erweisen, dass der Schwierigkeitsgrad der Lerngruppe nicht entspricht, kann er durch Zusatzfragen auf höherem Lernzielniveau angehoben oder durch Hinweise und Aktualisierung der Vorkenntnisse durch die Lehrkraft reduziert werden.

Nachdem das Problem als solches erkannt ist, stellt sich die Frage nach seiner Lösung. Diese kann sowohl vom Lehrer weitgehend vorgegeben bzw. überwiegend durch seine Aktivitäten erarbeitet (dies entspräche Ausubels Konzept des rezeptiven Lernens) oder von den Schülern eigenständig erarbeitet werden, was mit Bruners Konzept des entdeckenden Lernens korrespondiert (vgl. 1.5.2.1). Gleichwohl sind Zwischenformen dieser beiden Pole denkbar und oft sinnvoll. Die Lehrkraft kann den Problemlöseprozess unterstützen, wenn sie relevante Sachverhalte visualisiert, Informationsmaterialien zur Verfügung stellt, mit Impulsen und Fragen arbeitet oder Bezüge zum Vorwissen der Schüler herstellt. Die Schüler können Probleme eigenständiger lösen – evtl. mit punktueller Unterstützung durch die Lehrkraft oder vorheriges Einüben der jeweiligen Problemlösemethode – indem sie bestehende Handlungsschemata zu neuen zusammenfügen, neue Begriffe aus bereits bekannten Begrifflichkeiten entwickeln, verschiedene Handlungsvarianten ausprobieren (trial and error), strukturierte und kreative Problemlösemethoden wie TRIZ (vgl. z.B. Klein 2007) verwenden, in Analogien oder Modellen denken, das Problem veranschaulichen oder umformulieren, die Rahmenbedingungen kritisch hinterfragen oder das Problem in Einzelteile zerlegen.

Im Rahmen des „Tuns" wird die erarbeitete Problemlösung auf ihre Eignung getestet, indem sie angewendet wird. Falls die Ergebnisse unbefriedigend sind, muss im Lernprozess zurückgegangen werden; evtl. bis zur Stufe des Problems, falls das Problem nicht richtig verstanden wurde oder lediglich bis zur Stufe der Lösung, um eine bessere Variante zu erarbeiten.

Die gefundene Problemlösung ist nun mehrfach zu wiederholen und zu üben, da sie ansonsten schnell wieder vergessen wird. Diese Phase lässt sich gut mit dem Bearbeiten von Aufgaben gestalten.

Abschließend wäre die gelernte Problemlösung auf ihr Transferpotenzial zu untersuchen. Sie ist also auf andere Probleme anzuwenden, die jedoch eine gewisse strukturelle Ähnlichkeit zum Ursprungsproblem aufweisen, so dass die erarbeitete Problemlösung weitgehend verwendbar bleibt. Hierbei sind die Übergänge zur Initiierung eines neuen Lernprozesses fließend.

Folgendes Schema ist dem von Roth ähnlich, fokussiert jedoch den Aspekt der Problemlösung noch stärker:

Im Rahmen der ersten Phase wird ein möglichst realistisches und insofern meist komplexes Problem dargestellt. Dabei soll Spannung erzeugt werden. Außerdem müssten die Schüler erkennen, dass sie das Problem momentan noch nicht lösen können, beispielsweise, weil sie noch nicht über genügend Informationen verfügen oder noch nicht intensiv genug über die Problemlösung nachgedacht haben. Ferner sollen die Schüler bereits erste Vermutungen zur Problemlösung äußern, was zunächst noch nicht systematisch und strukturiert zu erfolgen braucht.

Dies folgt in der Phase der Problemstrukturierung, bei der die relevanten Problemparameter sichtbar gemacht werden und eine Anknüpfung an das zur Lösung notwendige Vorwissen erfolgt. Ferner werden in dieser Phase ggf. neue Konzepte, Handlungsschemata, Inhalte oder Begriffe vermittelt bzw. erarbeitet. Auf dieser Basis können Problemlösungen entwickelt werden, die in der vierten Phase zu testen und umzusetzen sind. Außerdem ist die erarbeitete Problemlösung, die an einem konkreten Problem erarbeitet wurde, von diesem zu dekontextualisieren und zu verallgemeinern, so dass ein Transfer auf andere Probleme ermöglicht wird.

Ein Beispiel einer Unterrichtsstunde, die nach diesem Phasenschema konzipiert ist, findet sich in Anhang B.

Nachstehend wird eine leichte Variation und Konkretisierung des eben vorgestellten Schemas aufgezeigt, das sowohl Vorschläge für den Verlauf als auch für Aktions- und Sozialformen unterbreitet:

Analog zur ersten Phase des obigen Schemas werden die Schüler zunächst mit einem Problem oder Sachverhalt konfrontiert, der für das Stundenthema zentral ist. Dies kann beispielsweise über eine Karikatur, einen Zeitungsartikel bzw. eine Schlagzeile oder rein verbal erfolgen.

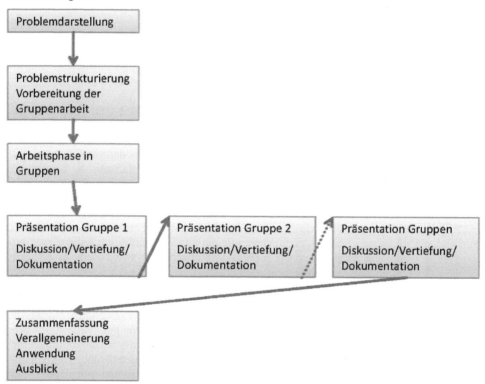

Auf dieser Basis wird fragend-entwickelnd die Problemstellung erarbeitet und die Schüler artikulieren ihre entsprechenden Positionen, Ideen und Lösungsvorschläge. Darauf aufbauend strukturiert die Lehrkraft mit einem Lehrvortrag (vgl. 1.9.1) oder Unterrichtsgespräch (vgl. 1.9.2) die Problemstellung in groben Zügen. Dabei sollen Aufgaben oder Problemparameter ersichtlich werden, die in der nachfolgenden Gruppenarbeit zu bearbeiten sind. Diese Vorbereitung der Gruppenarbeit ist insofern bedeutsam, als die Schüler hinreichend orientiert sein sollten, *was* von ihnen erwartet wird und *warum* sich mit der Aufgabenstellung auseinandersetzen sollen. Die wesentlichen Aspekte können zu diesem Zeitpunkt bereits visualisiert werden, was in der Regel an der Tafel erfolgt.

Anschließend bearbeiten die Schüler die Thematik in Gruppen, wofür sie klare Arbeitsaufträge und ggf. Informationsmaterial benötigen. Je nach Umfang und Struktur der Thematik bietet sich eine themenhomogene oder eine themendifferenzierte Gruppenarbeit an (vgl. 1.8.2).

Nach dem Abschluss der Arbeitsphase sind die Ergebnisse zu besprechen. Dies kann erfolgen, indem eine Gruppe zunächst ihre Ergebnisse präsentiert und diese dann im Klassenplenum hinterfragt, ergänzt und vertieft werden. Parallel dazu lassen sich die wichtigsten Inhalte an der Tafel festhalten.

Falls mehrere Gruppen die gleiche Aufgabe bearbeitet haben, könnten die anderen Gruppen unmittelbar nach der Präsentation ebenfalls ihre Ergebnisse vorstellen oder alternativ lediglich Ergänzungen anführen bzw. auf Unterschiede hinweisen. Letzteres hätte den Vorteil der Zeiteffizienz und wäre außerdem redundanzärmer und somit weniger langweilig als die wiederholte Präsentation im Wesentlichen gleicher Inhalte.
Im Falle einer themendifferenzierten Gruppenarbeit würde nach der Behandlung eines Themas das Nächste präsentiert, vertieft und dokumentiert werden.

Abschließend wären die erörterten Inhalte zusammenzufassen, zu verallgemeinern, Anwendungsmöglichkeiten des Erlernten aufzuzeigen und in Bezug sowohl zueinander als auch zu anderen Inhalten zu stellen. Ferner könnte ein Ausblick auf die darauf aufbauenden und folgenden Themen gegeben werden.

Zur Veranschaulichung dieses Schemas ist in Anhang A eine Stundenplanung zum Thema Ökosteuer aufgeführt, die dem Schema folgt. Es handelt sich um eine komplette Stundenplanung inkl. Einstiegsfolie, Arbeitsblättern und geplantem Tafelbild.

Die in diesem Kurs erörterten methodischen Großformen zeichnen sich ebenfalls durch spezifische Verlaufsformen aus, die an den entsprechenden Stellen dargestellt sind. In ihrer relativ einfachen Grundstruktur ähneln sie sich jedoch:

Sie beginnen normalerweise mit einer Einführung, innerhalb derer die Schüler über den Sachverhalt, das Problem, notwendige Kenntnisse, die Ziele und/oder die Rahmenbedingungen informiert werden.

Hierauf folgt die Phase der Durchführung, bei der sich die Lernenden mit den Spezifika der Methode auseinandersetzen, indem sie beispielsweise einen Fall analysieren, ein Planspiel durchführen oder einen Betrieb erkunden.

Abschließend werden die während der Durchführung gemachten Erfahrungen und gewonnenen Erkenntnisse im Rahmen der Reflexionsphase hinterfragt, vertieft, verallgemeinert und auf Transfermöglichkeiten untersucht.

1.8 Sozialformen

Sozialformen bzw. Kooperationsformen beschreiben die Beziehungsstruktur des Unterrichts. Die zugehörigen Ausprägungen sind nach Klafki insbesondere Frontal- bzw. Klassenunterricht, Einzelarbeit, Partnerarbeit und Gruppenarbeit.

Da die Wahl und unterrichtliche Umsetzung der Sozialformen erheblichen Einfluss auf relevante Aspekte des Unterrichts (z.B. Atmosphäre, Sozialverhalten, Kommunikationsstruktur, erreichbare Lernziele, Differenzierung, Zeitbedarf, Art und Dauer der Vorbereitung) hat, sollten die entsprechenden Planungsüberlegungen hinreichend differenziert und auf Basis fundierter Informationen erfolgen. Hierbei bestehen enge Zusammenhänge zu den Aktionsformen (vgl. 1.9); so geht beispielsweise die Aktionsform des Lehrvortrags offensichtlich mit der Sozialform des Frontalunterrichts einher.

Sowohl unter dem Gesichtspunkt spezifischer Vor- und Nachteile bzw. Einsatzgebiete einzelner Sozialformen als auch hinsichtlich des Prinzips des Methodenwechsels (vgl. 1.5.3) empfiehlt sich eine Variation und der gezielte, reflektierte Einsatz der Sozialformen. Gleichwohl ist hinsichtlich der Verteilung der Sozialformen im Unterrichtsalltag nach einer Studie von Hage, die 181 Unterrichtsstunden von 88 Lehrern analysiert, eine klare Dominanz des Frontalunterrichts festzustellen:

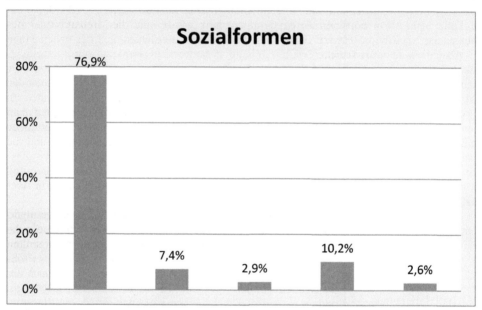

Abbildung 13: Sozialformen; Hage u.a. 1985; wiedergegeben nach Meyer 1987, Bd. 2, S. 61

Ein derartiges Übergewicht des Frontalunterrichts ist kaum empfehlenswert, woraus jedoch nicht der Schluss gezogen werden sollte, dass diese Sozialform per se schlecht sei und Unterricht ganz überwiegend aus Gruppenarbeit bestehen müsse.

Ferner ist anzumerken, dass nicht nur auf eine gewisse Variation der Sozialformen zu achten ist, sondern primär deren qualitative Ausgestaltung über den Lernerfolg entscheidet. Vereinfacht formuliert ist beispielsweise guter Frontalunterricht sicherlich schlecht umgesetzter Gruppenarbeit weit überlegen.

1.8.1 Frontalunterricht

Nach Meyer (1987) ist Frontalunterricht ein sprachlich vermittelter Unterricht, bei dem die Klasse gemeinsam unterrichtet wird und in dem die Lehrkraft die Arbeits-, Interaktions- und Lernprozesse steuert, kontrolliert und bewertet. Dabei verläuft die Kommunikation kaum von Schüler zu Schüler, sondern über den Lehrer. Schüler-Schüler-Kommunikation wird als störend empfunden. Entsprechend ist der Sprachanteil der Lehrkraft sehr hoch. Empirische Studien zeigen, dass der Lehrer während des Frontalunterrichts normalerweise mehr spricht, als alle Schüler zusammen. Meist ist der Blick der Schüler ist nach vorne zum Lehrer gerichtet.

Derart umgesetzter, monotoner Unterricht wird häufig und vehement kritisiert. So unterliege dem Frontalunterricht ein Denkfehler, der als Lehr-Lernkurzschluss bezeichnet wird: Nicht alles, was gelehrt wird, wird auch gelernt. Ob tatsächlich gelernt wird hängt beispielsweise von der Motivation und den Vorkenntnissen des lernenden Individuums ab. Außerdem vernachlässigt Frontalunterricht die Entwicklung von Sozial-, Kommunikations- und Methodenkompetenzen. Er geht mit überwiegend rezeptivem und passivem Lernen (vgl. 1.5.2.1) einher, mit ungünstigen Konsequenzen für Selbsttätigkeit, Urteils- und Handlungskompetenz. Hinzu kommt, dass Frontalunterricht auf den fiktiven Durchschnittsschüler ausgerichtet ist und somit Individualisierung und Differenzierung erschwert wird. Außerdem besteht die Gefahr der Vernachlässigung des individuellen Verarbeitens, das wichtig zum Verstehen ist. Ferner wird er aufgrund von Routinen häufig als langweilig angesehen, betont Wissensvermittlung statt selbstständigem Arbeiten und macht Lernen vom Lehrer abhängig. Weiterhin wird Frontalunterricht von einigen Didaktikern kritisch bewertet, weil er die Lehrerautorität zulasten demokratischer Umgangsformen betone und einem Macht- und Kontrollbedürfnis der Lehrenden entgegenkomme. Auch spiegele der Frontalunterricht die Zwänge der Institution Schule und legitimiere sich durch diese, statt sie zu hinterfragen bzw. zu verändern. So besteht die Hauptbegründung für diese Sozialform in deren vermeintlicher Zeiteffizienz und der Notwendigkeit, „mit dem Stoff durchkommen zu müssen" (vgl. Gudjons 2007).

Diesen Kritikpunkten stellt Gudjons gewichtige Vorteile gegenüber: Zunächst kann Frontalunterricht gut vorbereitet und geplant werden, so dass sich, hinreichende didaktische Expertise vorausgesetzt, der Lernprozess gut unterstützen lässt. So kann der Lehrer beispielsweise je nach Intention Denksackgassen durch Eingreifen vermeiden oder Schüler bewusst in Irre führen, um zum Nachdenken anzuregen. Frontalunterricht ist besonders geeignet, um einen Überblick über die Thematik zu geben, Begriffe in ihrem Bedeutungsgehalt herauszuarbeiten oder komplexe Sachverhalte zu strukturieren und Verbindungen zu anderen Themen herzustellen. Ferner ist Frontalunterricht im Hinblick auf die Vermittlung von Sachverhalten zeiteffizienter. All dies steht in engem Zusammenhang zu Ausubels Konzept des rezeptiven Lernens (vgl. 1.5.2.1), dessen Vorteile primär im Rahmen von Frontalunterricht nutzbar sind. Bei der Wissensvermittlung steht der Lehrkraft eine breite Palette an Lehrtechniken zur Verfügung: sie kann demonstrieren, visualisieren, veranschaulichen, komplexe Sachverhalte zerlegen, Impulse geben, zahlreiche Fragearten verwenden oder strukturierte Hilfen zum Üben und Wiederholen geben. Lehrkräfte können Schüler motivieren, unter anderem durch ihren eigenen Enthusiasmus für den Gegenstandsbereich oder mit Humor. Im Rahmen von Frontalunterricht können Lehrkräfte besonders gut als Vorbild wirken, beispielsweise im Hinblick auf Umgang mit Konflikten, Beziehungsfähigkeit, Gerechtigkeit, Präsentation, Sprache und Gesprächskultur (zuhören, ausreden lassen, aufeinander Bezug nehmen). Auch hat die Lehrkraft ein größeres Spektrum an Verhaltens- und Problemlösemethoden, an denen sich die Schüler orientieren können. Im Gegensatz zur Arbeit mit Texten können die Schüler aktiv mit der Lehrkraft interagieren und unmittelbare Rückmeldungen erhalten. Ferner lässt sich bei Frontalunterricht das Potenzial der ganzen Klasse zur Problemlösung nutzen und ein Wir-Gefühl der Gesamtklasse entwickeln, was wiederum die effektive Arbeit der Klasse begünstigt.

Angesichts dieser Argumente lässt sich festhalten, dass Frontalunterricht durchaus für Lehr-Lernzwecke genutzt werden sollte, aber eben nur als eine von mehreren Sozialformen.

1.8.2 Gruppenarbeit

Bei Gruppenarbeit wird der Klassenverband in mehrere Kleingruppen aufgeteilt. Diese bearbeiten eine Themenstellung deren Ergebnisse in der Regel später im Klassenverband aufgegriffen werden.

Folglich ist die Lehrkraft während Gruppenarbeitsphasen weit weniger dominant als beim Frontalunterricht. Die Schüler haben die Möglichkeit, intensiv miteinander zu kommunizieren, zu interagieren und Probleme unabhängig vom Lehrer eigenständig und in Kooperation mit den Gruppenmitgliedern zu lösen. Somit ist diese Sozialform prädestiniert zur Umsetzung von Bruners Konzept des entdeckenden Lernens, aber auch von konstruktivistischen und handlungsorientierten Ansätzen. Diese Art des aktiven Lernens ermöglicht neben der Erarbeitung von Inhalten bzw. Problemlösungen sehr gut die Entwicklung von Sozial-, Kommunikations- und Methodenkompetenzen. Im Vergleich zum Frontalunterricht ergibt sich als weiterer Vorteil der Gruppenarbeit die Möglichkeit zur Differenzierung, aber auch zur Integration. So lassen sich einerseits homogene Subgruppen bilden, die jeweils im Hinblick auf die Leistungsfähigkeit der Gruppe Aufgaben mit angepasstem Schwierigkeitsgrad erhalten. Umgekehrt ist auch denkbar, die Gruppen bewusst heterogen zusammenzusetzen, so dass beispielsweise stärkere Schüler schwächere unterstützen. Hierbei ist jedoch darauf zu achten, dass die schwächeren Schüler nicht von den stärkeren dominiert werden und sich aus der Arbeitsphase zurückziehen und nur wenig lernen. Generell sollten Gruppen nach Möglichkeit aus maximal fünf Mitgliedern bestehen, da ansonsten die Zusammenarbeit erschwert wird und die Wahrscheinlichkeit steigt, dass sich einzelne Schüler nicht hinreichend einbringen (können). Gleichwohl sind in speziellen Fällen Ausnahmen von dieser Empfehlung sinnvoll, beispielsweise wenn im Rahmen von Rollen- oder Planspielen zahlreiche Rollen innerhalb einer Gruppe zu übernehmen sind.

Grundsätzlich sind zwei Arten der Gruppenarbeit denkbar. Bei *themendifferenzierter Gruppenarbeit* erhalten die Gruppen unterschiedliche Aufgaben. Dies ermöglicht sowohl die oben angesprochene Differenzierung als auch eine breitere thematische Bearbeitung bzw. interessantere und weniger redundante Präsentationen. Hierbei ist allerdings darauf zu achten, dass die Sachverhalte allen Schülern der Klasse im Rahmen der Präsentation bzw. Vertiefung hinreichend klar werden.

Bei *themengleicher Gruppenarbeit* erhalten alle Gruppen die gleiche Aufgabe, wodurch gewährleistet wird, dass sich alle Schüler hinreichend intensiv mit der Thematik auseinandersetzen konnten und bei der Besprechung tendenziell ein höheres qualitatives Niveau erreichbar ist. Dies ermöglicht auch eine stärkere Diskussion der Schüler untereinander, wodurch sich der Lehrer bei der Besprechung besser zurückhalten kann. In diesem Zusammenhang stellt sich die Frage, ob alle Gruppen ihre Ergebnisse präsentieren sollten. Für die Präsentation aller Gruppenergebnisse spricht, dass die Gruppen ihren Arbeitsaufwand hinreichend gewürdigt sehen und mehr Schüler die Gelegenheit erhalten, ihre Präsentationsfähigkeiten zu verbessern. Andererseits ist mit vielen Wiederholungen zu rechnen, was wenig zeiteffizient und bei späteren Präsentationen ermüdend ist. Eine Lösung dieses Dilemmas könnte darin bestehen, zunächst nur eine Gruppe präsentieren zu lassen. Wird diese Gruppe durch Zufallsauswahl bestimmt, brauchen sich die anderen Gruppen auch nicht zurückgesetzt zu fühlen. Nach dieser Präsentation kann dann den anderen Gruppen Gelegenheit gegeben werden, sich auf die bisherigen Ausführungen zu beziehen, diese zu kritisieren, zu relativieren oder zu ergänzen. Hierdurch lernen die Schüler auch, der Präsentation besser zu folgen und sich darauf zu beziehen, statt stur und unflexibel die eigene

Position „herunterzuleiern". Unabhängig von der Art der Gruppenarbeit stellt sich im Zusammenhang der Präsentation die Frage, welches Gruppenmitglied diese Aufgabe übernimmt. Auch hier hat das Prinzip der Zufallsauswahl (man könnte beispielsweise kurz vor der Präsentation die Schüler jeweils eine Karte ziehen lassen; wer das „As" hat gewinnt und darf bzw. muss präsentieren) Vorteile. Bei Auswahl durch die Schüler selbst oder durch die Lehrkraft besteht die Gefahr, dass stärkere Schüler überproportional häufig präsentieren, wodurch der Abstand zwischen den Schülern noch wächst. Ferner hat die Zufallswahl kurz vor der eigentlichen Präsentation den Vorteil, dass jeder Schüler damit rechnen muss, zu präsentieren. Hierdurch ist eine bessere Mitarbeit wahrscheinlich. Im Falle einer frühzeitigen Festlegung besteht hingegen verstärkt die Gefahr, dass sich andere Gruppenmitglieder nicht hinreichend einbringen.

Als Alternative zur Vorstellung der Arbeitsergebnisse durch Präsentationen kann übrigens auch mit (Online-)Fragebögen gearbeitet werden, was sich insbesondere bei komplexeren Fragestellungen oder einer großen Gruppenzahl anbietet. So kann der Lehrer die Aufgaben in einer Onlineumfrage anlegen und die Gruppen tragen dort ihre Ergebnisse ein. Auf dieser Basis kann die Lehrkraft alle Ergebnisse sichten und zusammentragen. In Abschnitt 3.2.3.1 finden sich weitere Informationen zur didaktischen Arbeit mit Onlinefragebögen und ein Tool zur Erstellung und Auswertung solcher Fragebögen.

Im Zusammenhang mit Gruppenarbeiten bestehen die *Aufgaben des Lehrers* eher darin, die Gruppenarbeit vorzubereiten, notwendige Informationen und Materialien zur Verfügung zu stellen (falls dies nicht von den Schülern selbst im Rahmen der Gruppenarbeit geleistet werden soll), auf die Einhaltung der Zeitvorgaben zu achten oder bei Bedarf einzelne Gruppen zu unterstützen. Hinsichtlich der letztgenannten Aufgabe ist jedoch darauf zu achten, dass sich die Lehrkraft mit Hilfsangeboten und Unterstützung möglichst zurückhält und eher Hinweise methodischer Art (z.B. die Aufgabenstellung erneut genau durchzulesen) gibt, statt die Lösung mitzuteilen. Ferner moderiert der Lehrer die Präsentation und Besprechung der Ergebnisse.

Hinsichtlich der Integration von Gruppenarbeiten in den Unterricht bietet sich insbesondere die vorletzte der in Abschnitt 1.7 vorgestellten *Verlaufsformen* an. Der Sachverhalt wird dort anhand einer Stunde zur Ökosteuer veranschaulicht, bei der eine themendifferenzierte Gruppenarbeit zum Einsatz kommt. Gleichwohl kann Gruppenarbeit auch in andere Verlaufsformen integriert werden, was bei der detaillierten Darstellung der später vorgestellten methodischen Großformen offensichtlich wird. Die meisten dieser Großformen enthalten auch Phasen der Gruppenarbeit.

Problematisch an Gruppenarbeit ist deren gemeinhin geringere Zeiteffizienz im Hinblick auf die Vermittlung von Fachkompetenz. Ferner bedarf es zur erfolgreichen Arbeit mit dieser Sozialform gewisser Voraussetzungen. So sollten die Schüler über hinreichende Kommunikations-, Sozial- und Methodenkompetenzen verfügen, um erfolgreich in der Gruppe Aufgaben bewältigen bzw. Probleme lösen zu können. Insofern ist ein interdependenter bzw. zirkulärer Zusammenhang zwischen Voraussetzungen und Zielen gegeben: Durch die Gruppenarbeit verbessern sich Kompetenzen der Schüler, die bis zu einer gewissen Ausprägung bereits im Vorfeld benötigt werden. Hieraus folgt, dass Lerngruppen, die noch nicht mit dieser Sozialform vertraut sind, schrittweise an Gruppenarbeiten heranzuführen sind. Hierfür können beispielsweise Präsentations- und Kommunikationsregeln zunächst gemeinsam erarbeitet werden. Ferner bieten sich nach Ende einer Gruppenarbeitsphase Reflexionen über den Prozess der Gruppenarbeit an, z.B. was während der Arbeit gut lief und wo Verbesserungspotenzial besteht. Als Grundlage hierfür sollte der Lehrer die

Arbeitsgruppen intensiv beobachten. Außerdem empfiehlt sich bei wenig ausgeprägter Selbstständigkeit und überschaubaren Methodenkompetenzen, den Arbeitsvorgang etwas engschrittiger zu strukturieren, z.B. durch mehrere engere Fragestellungen statt einer globalen Aufgabe. Die Lehrkraft muss sich beim Einsatz von Gruppenarbeiten also bewusst sein, dass diese Sozialform kein Selbstläufer und in der Vorbereitung aufwändiger ist als Frontalunterricht, sowohl hinsichtlich des zur Verfügung zu stellenden Materials als auch im Hinblick auf die nur schrittweise entwickelbaren Kompetenzen der Schüler. Entsprechend bedarf es hierfür einer längerfristigen Strategie.

Abschließend bleibt festzuhalten, dass Gruppenarbeit insbesondere für die Bearbeitung von Problemen mit mittlerem Schwierigkeitsgrad empfehlenswert ist. Bei sehr komplexen, abstrakten und schwierigen Themen und Problemen werden mit Frontalunterricht in der Regel die besseren Ergebnisse erzielt. Zur Bearbeitung relativ einfacher Probleme hingegen ist die synergetische Zusammenarbeit in einer Gruppe unnötig und unverhältnismäßig aufwändig, so dass sich in diesen Fällen eher die Sozialformen der Einzel- oder Partnerarbeit anbieten. Diese sind der Gruppenarbeit auch bei Aufgaben im Sinne Dörners (vgl. 1.5.2) vorzuziehen, da die Fähigkeit dann primär durch die eigenständige Umsetzung verinnerlicht wird.

1.8.3 Partnerarbeit

Bei Partnerarbeit wird der Klassenverband derart aufgeteilt, dass immer zwei Schüler gemeinsam an einer Aufgabenstellung arbeiten. Mit dieser Sozialform gehen einige Vorteile der Gruppenarbeit einher, wobei die Herausforderungen und Voraussetzungen vergleichsweise geringer sind. So können Schüler auch hier aktiv und eigenständig arbeiten, miteinander kommunizieren und interagieren, ohne dass bereits größere Kooperations- und Kommunikationsfähigkeiten erforderlich wären. Analog zur Gruppenarbeit ergeben sich Möglichkeiten zur Individualisierung und Differenzierung, aber auch zur Integration. So lassen sich einerseits homogene Zweierpaare bilden (sog. gleichberechtigte Partnerarbeit), die jeweils im Hinblick auf die Leistungsfähigkeit der Gruppe Aufgaben mit angepasstem Schwierigkeitsgrad erhalten. Umgekehrt ist auch denkbar, die Gruppen bewusst heterogen zusammenzusetzen (Partnerarbeit als Helfersystem), so dass stärkere Schüler schwächere unterstützen. Die schwächeren Schüler profitieren, indem sie den Sachverhalt gut erklärt bekommen während die leistungsstärkeren Schüler den Sachverhalt durch das Erklären besser durchdringen und außerdem lernen, Sachverhalte zu vermitteln. Die Gefahr, dass schwächere Schüler nur gering profitieren und sich aus der Arbeit zurücknehmen, ist bei Partnerarbeit geringer als bei Gruppenarbeit. Da Schüler bei Partnerarbeit unter relativ einfachen und natürlichen Bedingungen lernen, miteinander zusammenzuarbeiten und themenbezogen zu kommunizieren, bietet sie sich auch als Vorbereitung auf spätere Gruppenarbeiten an. Ferner stellt diese Sozialform geringere Anforderungen an die Lehrkraft, z.B. was den organisatorischen Aufwand oder die Moderation der Ergebnispräsentation betrifft; schließlich werden die Ergebnisse der Partnerarbeit normalerweise nicht präsentiert, sondern eher im Klassenverband besprochen.

1.8.4 Einzelarbeit

Bei Einzelarbeit bearbeiten Schüler alleine Aufgaben, die ihnen normalerweise von der Lehrkraft gestellt werden. Wenn diese Aufgaben nicht für alle Schüler identisch sind, gehen mit dieser Sozialform sehr gute Möglichkeiten der Individualisierung einher. Dies lässt sich beispielsweise relativ einfach mit optionalen Zusatzaufgaben höheren Schwierigkeitsgrads umsetzen. Eine andere Variante besteht in der Wochenplanarbeit, bei der die Lernenden bestimmte Aufgaben eigenständig innerhalb eines vorgegebenen Zeitraums (z.B. einer Woche) bearbeiten.

Mit Einzelarbeit sind sowohl fachliche und methodische Kompetenzen als auch Selbstständigkeit förderbar. Wenig geeignet ist diese Sozialform allerdings im Hinblick auf Sozial- und Kommunikationskompetenz.

Einzelarbeit lässt sich nicht nur zum Wiederholen, Üben und Vertiefen bereits behandelter Inhalte verwenden, sondern auch zur Vorbereitung neuer Lernbereiche (z.B. durch eine Internetrecherche) oder zur eigenständigen Erarbeitung neuer Inhalte.

1.9 Aktionsformen

Der Begriff der Aktionsform bezeichnet die Äußerungsformen von Lehrkräften und Lernenden. Hierzu gehören beispielsweise der Lehrervortrag, die Lehrerdemonstration, Schülerreferate, Diskussionen und das den Unterricht dominierende gesteuerte Unterrichtsgespräch in seinen unterschiedlichen Ausprägungen. Nachstehendes Diagramm zeigt die Ergebnisse einer Studie zu den Zeitanteilen einiger Aktionsformen im Unterricht:

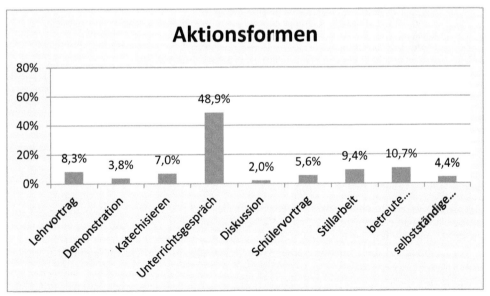

Abbildung 14: Aktionsformen – Hage u.a. 1985; wiedergegeben nach Meyer 1987, Bd. 2, S. 61

Zwischen Aktions- und Sozialformen bestehen teileweise enge Zusammenhänge. So geht der Lehrvortrag zwingend mit dem Frontalunterricht einher. Auch Lehrerdemonstrationen und Unterrichtsgespräche korrespondieren mit dieser Sozialform. Stillarbeit dürfte in der Regel in der Sozialform der Einzelarbeit umgesetzt werden. Allerdings kann nicht jede Aktionsform genau einer Sozialform zugeordnet werden. So können Diskussionen sowohl im Rahmen von Frontalunterricht als auch von Gruppenunterricht stattfinden oder Schülergespräche im Rahmen von Partner- oder Gruppenarbeit.

Offensichtlich ist auch der Zusammenhang zwischen Aktionsformen und einigen Unterrichtskonzepten. Der Lehrvortrag, die Demonstration und das Unterrichtsgespräch passen gut zu Ausubels Konzept des rezeptiven Lernens, während sich mit der selbstständigen Schülertätigkeit Bruners Vorstellungen des entdeckenden Lernens umsetzen lassen.

1.9.1 Lehrvortrag

Beim Lehrvortrag trägt die Lehrkraft Inhalte aktiv vor, während die Schüler in einer rezeptiven Position sind, was nicht mit Passivität zu verwechseln ist. Schließlich müssen Schüler während des Vortrags – soll er nicht wirkungslos an ihnen vorbeigehen – sich auf die angesprochenen Inhalte konzentrieren, versuchen, diese nachzuvollziehen, Relevantes von Unwichtigem trennen und die angesprochenen Aspekte im Geiste überprüfen und ggf. beurteilen.

Gage und Berliner haben zahlreiche empirische Studien (vgl. z.B. Bligh 1972; McKeachie 1967; Verner & Dickinson 1967) zur Vortragsmethode untersucht und fassen sie wie folgt zusammen:

- die Vortragsmethode ist dann *geeignet*, wenn …
- das Hauptziel in der Vermittlung von Informationen besteht,
- der entsprechende Stoff anderweitig nicht verfügbar ist,
- der Stoff für eine bestimmte Gruppe auf eine besondere Weise organisiert und dargestellt werden muss,
- es notwendig ist, das Interesse an dem Thema zu wecken,
- der Stoff nur für eine kurze Zeit im Gedächtnis behalten werden soll,
- eine Einführung in einen bestimmten Bereich oder Orientierungshilfen für Lernaufgaben gegeben werden sollen, die dann mit irgendeiner anderen Lehrmethode weiter verfolgt werden sollen.

Dieselben Autoren vertraten die Auffassung, dass Vorträge dann nicht geeignet sind, wenn
- andere Ziele als die Vermittlung von Information angestrebt werden,
- Behalten über einen längeren Zeitraum hinweg erwünscht ist,
- der Stoff komplex oder abstrakt ist und eine Menge Details enthält,
- die Beteiligung des Lernenden eine wesentliche Voraussetzung für das Erreichen der Unterrichtsziele ist,
- kognitive Ziele höherer Ordnung erreicht werden sollen, wie z.B. Analyse, Synthese oder Beurteilung, (Gage & Berliner 1996, S. 402).

Angesichts der zahlreichen Anwendungsgebiete des Lehrvortrags, der punktuell auch im Rahmen der später vorgestellten methodischen Großformen verwendet wird, sollten sich Lehrkräfte intensiv mit der Frage nach dessen guter Ausgestaltung auseinandersetzen.

Im Hinblick auf die Einleitung eines Unterrichtsvortrags empfehlen Gage und Berliner (1996) …

- die Relevanz des Themas im Hinblick auf Interessen und Ziele der Schüler deutlich zu machen,

- motivierende Hinweise zu geben (z.B. Verweis auf Abfrage der Inhalte in einer Klassenarbeit),
- die Inhalte des Vortrags vorzustrukturieren (beispielsweise mit einem advance organizer, vgl. 1.5.2) und in Bezug zu den vorhandenen Vorkenntnissen zu setzen.

Der Hauptteil des Vortrags sollte sowohl inhaltlich vollständig, logisch aufgebaut und klar strukturiert, deutlich bzw. klar und inhaltlich eindeutig sein als auch nach Möglichkeit Beispiele, Leitfragen bei Übergängen, erklärende Bindeglieder (z.B. „weil", „um zu", „daher", „indem"), verbale Markierungspunkte, die auf etwas Wichtiges hinweisen (z.B. „Beachtet jetzt bitte dies ...", „wichtig ist ..."), und rhetorische Stilmittel und Visualisierungen verwenden.

Gleichwohl ist auch bei gut gestalteten Vorträgen darauf zu achten, dass sie nicht allzu lange dauern. Selbst bei älteren Schülern sollte eine Vortragszeit von zehn Minuten möglichst nicht überschritten werden. Nicht nur hieraus ergibt sich, dass der Vortrag nur einen Teil einer Unterrichtsstunde ausmachen und mit schüleraktivierenden Aktionsformen kombiniert werden sollte.

1.9.2 Unterrichtsgespräch

Das Unterrichtsgespräch besteht in der Regel aus folgenden vier Bestandteilen, wobei der erste und vierte Punkt nicht immer vorhanden sind:

1. Strukturieren: Der Lehrer erstellt eine Struktur, d.h. er stellt das Thema oder die Aufgabe vor.
2. Auffordern: Er wendet sich mit einer Aufforderung oder Frage an die Klasse oder einen einzelnen Schüler.
3. Antworten: Ein Schüler reagiert oder beantwortet die Frage.
4. Reagieren: Der Lehrer reagiert auf die Antwort des Schülers, (Gage & Berliner 1996, S. 545).

Den verschiedenen Ausprägungen des Lehrgesprächs sind mehrere Merkmale gemeinsam. So lenkt die Lehrkraft das Gespräch und ihre Aktivitäten weisen ein weites Spektrum auf (z.B. Impulse, unterschiedlichste Fragearten, Kurzvorträge). Im Gegensatz hierzu beschränkt sich die Tätigkeit der Schüler auf das Nachvollziehen des Gedankengangs des Lehrers und die meist recht kurze Beantwortung der gestellten Fragen. Für die Unterrichtspraxis sind insbesondere diese Varianten des Unterrichtsgesprächs bedeutsam, wobei sie häufig miteinander kombiniert bzw. vermischt werden:

- Das *Lehrgespräch* hat überwiegend dialogischen Charakter, wobei sich der Lehrer relativ stark zurückhält und die Schüler mit weiten Impulsen zum eigenständigen Denken anregt.
- Das *sokratische Gespräch*, bei dem der Lehrer die Fragen derart stellt, dass sich die Lernenden den Lerngegenstand mit dieser Hilfe selbst erschließen können.
- Der *fragend-entwickelnde Unterricht*, bei dem im Gegensatz zum sokratischen Gespräch der Lehrer durch meist enge und suggestive Fragen die gewünschte Antwort nahelegt und der Sprechanteil der Lehrkraft stark dominiert (vgl. Gudjons 2007).

Das Unterrichtsgespräch in seinen unterschiedlichen Ausprägungen, wobei der fragend-entwickelnde Unterricht klar dominiert, ist die mit Abstand häufigste Aktionsform, was in dieser Intensität kaum begrüßenswert ist. Dennoch bildet es gemeinsam mit dem Lehrvortrag die dominierenden Säulen des Frontalunterrichts und hat – gezielt ein- und gut umge-setzt – durchaus seine Berechtigung.

Nach Gudjons eignet sich die Aktionsform des Unterrichtsgesprächs,

- wenn es um die *Vorbereitung* eines Themas geht, das dann in anderen Sozialformen fortgeführt werden soll: Vorhandene Kenntnisse müssen aktiviert werden, eine sachliche Grundlage ist er-forderlich. Das Einarbeiten in einen neuen Sinn-, Sach- oder Problemzusammenhang ist Voraus-setzung für Anschlussarbeiten;
- wenn die *Zusammenfassung, Vertiefung und Weiterführung* von Arbeitsergebnissen z.B. von Schülergruppenarbeit im Klassenplenum ansteht. Die Ergebnisse der Gruppen können vergli-chen, diskutiert, aber auch im vom Lehrer gelenkten Sachgespräch mit neuen Aspekten angerei-chert, mit anderen „Forschungsergebnissen" kontrastiert, in größere Zusammenhänge eingeord-net oder in Einzelaspekten erweitert werden. Ergebnisse unterschiedlicher Arbeitsformen müssen immer wieder gesichert werden;
- wenn die Lehrkraft *während der schüleraktiven Phase der Einzel-, Partner- oder Gruppenarbeit* einen Abschnitt einbauen muss, in dem mit der ganzen Klasse fehlende Sachkenntnisse erarbei-tet, nicht erkannte Zusammenhänge verdeutlicht, falsche Lösungswege rechtzeitig korrigiert werden u.a.m. Das ist sicher bisweilen problematisch, weil es zur Unterbrechung der Schülerak-tivität führt, ist aber oft hilfreich und auch von Lernenden in seinem Stellenwert (hinterher…) einsehbar;
- wenn es sich um eine Aufgabe handelt, bei der die *Schüler und Schülerinnen – auf sich alleine gestellt – überfordert* wären, (Gudjons 2007, S. 59).

Beim Unterrichtsgespräch kommt dem Aufforderungsverhalten – und hier insbesondere den Impulsen – des Lehrers eine besondere Rolle zu. Impulse sollen Schüler zu einer bestimm-ten Handlung bzw. Denkoperation veranlassen, wobei das verfügbare Spektrum sehr groß ist (vgl. Abb. 15).

Die Impulsformen nach Medialität sind recht offensichtlich: Sie können sprachlich, medial oder durch sonstigen Lehrerausdruck (z.B. zeigen auf einen Gegenstand oder Schü-ler) zum Ausdruck gebracht werden. Meist gehen Impulse vom Lehrer aus (Lehrerimpuls), wenngleich Fragen von Schülern (Beispiel eines Schülerimpulses) den Unterrichtsprozess durchaus zu bereichern und authentischer zu gestalten vermögen.

Bei direkten Impulsen wird der Unterrichtsverlauf unmittelbar durch Aufforderungen oder Befehle vorangetrieben (z.B. „Bearbeitet nun bitte die Aufgaben 1-5"). Im Gegensatz hierzu steht bei indirekten Impulsen eine Situation im Vordergrund, die Schüler motiviert, sich damit zielgerichtet auseinanderzusetzen (z.B. ein Problem oder eine Folie, die einen kontroversen Sachverhalt zum Ausdruck bringt).

Enge Impulse schränken den Denk- und Handlungsspielraum ein. Sie verlangen eine „richtige" Antwort und fördern konvergierendes Denken (z.B. „Wann verjähren in diesem Fall die Rechtsansprüche?"). Offene oder weite Impulse lassen Schülern mehr Freiräume im Hinblick auf die Antwort bzw. den Lösungsweg, wodurch eher selbstständiges, kreati-ves und problemlösendes Denken initiiert wird (z.B. „Versucht, innerhalb der nächsten halben Stunde eine Lösung für dieses Problem zu erarbeiten.").

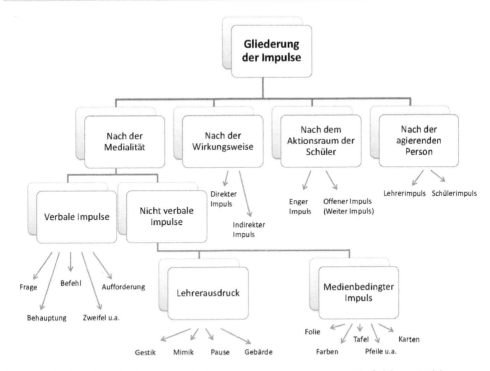

Abbildung 15: Impulse; orientiert an: Speth, H.: Theorie und Praxis des Wirtschaftslehreunterrichts, 9. Aufl., Rinteln 2007, S. 199

Trotz dieses großen Spektrums an Impulsen dominiert im Unterricht die Frage. Auch hier gilt, dass die unausgeglichene Dominanz einer Variante schlechtere Lernergebnisse zur Folge hat. Gleichwohl sind Fragen sehr flexibel im Unterricht einsetzbar. Sie können zum Nachdenken anregen, helfen, die Vorkenntnisse zu Schüler zu eruieren, Zusammenfassungen initiieren oder den Unterricht strukturieren.

Hierfür stehen verschiedene Fragetypen zur Verfügung, insbesondere:

- Wissens- vs. Denkfragen: Bei ersteren muss ein Sachverhalt lediglich erinnert bzw. abgerufen werden, während bei Denkfragen über den Sachverhalt nachgedacht werden muss. Um welchen Fragetypus es sich handelt, kann auch vom jeweiligen Vorwissen der Schüler abhängen.
- Offene vs. geschlossene Fragen: Während offene Fragen umfassende und differenzierte Antworten zulassen, sind geschlossene Fragen in der Regel mit einem Wort beantwortbar.
- Konvergente vs. divergente Fragen: Konvergente Fragen zielen auf recht ähnliche Antworten ab (z.B. „Was ist die kostengünstigste Lösung für dieses Problem?"). Divergente Fragen führen zu einem recht breiten Antwortspektrum (z.B. „Welche Lösungen kommen für dieses Problem in Betracht?").

Beim Einsatz von Fragen im Rahmen des Unterrichtsgesprächs ist darauf zu achten, dass diese klar und verständlich formuliert sind. Ferner sollten in hinreichendem Umfang so-

wohl offene und divergente Fragen als auch Denkfragen eingesetzt werden, um anspruchsvollere Denkprozesse der Schüler zu initiieren. Zu vermeiden sind Kettenfragen (mehrere
Fragen werden aneinandergereiht), Suggestivfragen (durch die Art der Frage wird die Antwort vorweggenommen, z.B. „Ist etwa jemand anderer Meinung?) oder Klapperfragen,
wofür Speth ein anschauliches und abschreckendes Beispiel formuliert hat:

L:	Auf welchen Zeitraum bezieht sich der Zinssatz?
Sch:	Auf ein Jahr.
L:	Für welchen EUR-Betrag könnten Sie die anfallenden Zinsen unverzüglich angeben?
Sch:	Für einen Betrag von 100,00 EUR.
L:	Wie würde hier der Lösungssatz lauten?
Sch:	Ein Kapital von 100,00 EUR bringt in einem Jahr 6,00 EUR Zinsen.
L:	Für welchen Betrag wollen wir die Zinsen errechnen?
Sch:	Für 3200,00 EUR.
L:	Für welchen Zeitraum sollen die Zinsen lt. Aufgabe berechnet werden?
Sch:	Auf drei Jahre.
L:	Mit welcher Rechenmethode können Sie diese Aufgabe lösen?
Sch:	Mit einem Dreisatz.
L:	Aus welchen zwei Ansätzen besteht der Dreisatz?
Sch:	Aus dem Behauptungssatz und dem Fragesatz.
L:	Wie lautet der Behauptungssatz?
Sch:	Ein Kapital von 100,00 EUR bringt in einem Jahr 6,00 EUR Zinsen.
L:	Wie lautet der Fragesatz?
Sch:	Ein Kapital von 3200,00 EUR bringt in 3 Jahre x EUR?
L:	Formulieren Sie bitte den Bruchstrich!

(Speth 2007, S. 203)

Unabhängig von der Frage- bzw. Impulsart ist sowohl im Zusammenhang mit der Aufforderung als auch mit der Lehrerreaktion auf eine Schülerfrage die Wartezeit bedeutsam. Im
Schnitt warten Lehrer lediglich eine Sekunde, bevor sie einen Schüler aufrufen (Wartezeit
I) oder bevor sie auf eine Schülerantwort reagieren (Wartezeit II). Empirische Studien belegen hingegen die positiven Auswirkungen verlängerter Wartezeiten. Werden beide Wartezeiten auf mindestens drei Sekunden erhöht, ergeben sich zahlreiche günstige Effekte:

- die Länge der Antworten nimmt zu;
- die Anzahl der unaufgeforderten, aber angemessenen Antworten nimmt zu;
- das Ausbleiben von Antworten nimmt ab;
- das Selbstvertrauen nimmt zu, was sich in einer Abnahme von Antworten mit Inflexion (fragen-
  ähnliche Tongebung der Stimme) zeigt;
- die Häufigkeit spekulativer Antworten nimmt zu;
- die Häufigkeit der Vergleiche von Aussagen, die von verschiedenen Schülern stammen, nimmt
  zu;
- die Häufigkeit von Äußerungen, die Schlussfolgerungen aus Informationen darstellen, nimmt zu;
- die Häufigkeit der Antworten von Schülern, die vom Lehrer als relativ langsam eingeschätzt
  werden, nimmt zu;
- die Vielfalt der von den Schülern gezeigten Verhaltensweisen nimmt zu, (Gage & Berliner, 1997,
  S. 554).

Abschließend bleibt festzuhalten, dass im Rahmen von Unterrichtsgesprächen Schüler
besser aktivierbar und in das Geschehen integrierbar sind als dies beim Lehrvortrag möglich ist. Gleichzeitig ist eine klarere Strukturierung des Lernprozesses als bei selbstge-

steuerteren Handlungsformen umsetzbar. Gleichwohl besteht bei dieser Aktionsform zunächst die Gefahr, sich zu sehr an Leistungsträgern auszurichten und zu sehr mit Fragetypen zu arbeiten, die Denkprozesse in nur geringem Umfang initiieren. Bedeutsam ist ferner, diese Aktionsform nur gezielt und wohldosiert einzusetzen und den Schülern genügend Gelegenheit zu geben, sich Sachverhalte und Problemlösungen eigenständig zu erarbeiten.

1.10 Methodenüberblick

Die im weiteren Verlauf des Buchs erörterten Methoden lassen sich zunächst in methodische Großformen bzw. Makromethoden und in methodische Kleinformen bzw. Mikromethoden einteilen.

Methodische Großformen oder Makromethoden bilden weitgehend den gesamten Verlauf des Lernprozesses ab und beinhalten meist methodenspezifische Phasenschemata. Mit ihnen lässt sich also eine Unterrichtseinheit bzw. -stunde recht umfassend abdecken.

Die für den Wirtschaftsunterricht relevanten methodischen Großformen unterscheiden sich insbesondere hinsichtlich ihrer Zugangsweise zum Gegenstandsfeld.

Zunächst ist denkbar, die Schüler mit dem Lerngegenstand in unmittelbaren Kontakt zu bringen. Entsprechende Methoden der Realbegegnung sind z.B. Betriebs- und Arbeitsplatzerkundungen, Praktika oder Expertengespräche.

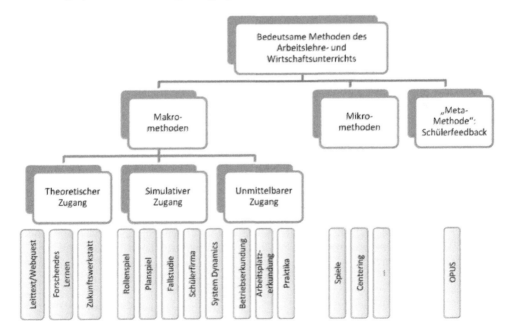

Abbildung 16: Methoden im Überblick

Etwas weiter vom Gegenstand entfernt stehen Methoden, die den Kontakt oder den Umgang mit der realen Situation lediglich simulieren. Für diese Art des Zugangs sind vor allem Rollenspiele, Planspiele, Fallstudien, Schülerfirmen oder modellbasierte Methoden wie System-Dynamics bedeutsam.

Ferner können sich Schüler dem Gegenstand rein theoretisch nähern, was häufig medial unterstützt wird. Dies kann u.a. im Rahmen eines Lehrvortrags, eines Unterrichtsgesprächs, durch Textarbeit inkl. Leittexten, mittels Webquests, im Rahmen von Zukunftswerkstätten oder anhand der Methode des forschenden Lernens umgesetzt werden.

Im Gegensatz zu den Makromethoden decken Mikromethoden lediglich einen Teil des Lernprozesses ab. Sie können als Teilelemente der vorgestellten Makromethoden oder anderer vorgestellter Phasenschemata verwendet werden. Im Rahmen dieses Buchs werden die etwas unbekannteren Mikromethoden des Spiels und des Lernkonzerts vorgestellt. Andere für das Fach relevante Mikromethoden sind beispielsweise Brainstorming oder die Mind-Mapping-Technik.

Abschließend wird noch eine Methode zur Verbesserung des Lehrerhandelns vorgestellt. Dabei handelt es sich also nicht um eine Unterrichtsmethode im engeren Sinn, sondern um einen Ansatz, mit dessen Hilfe Schülerfeedback systematisch genutzt wird zur Optimierung des Unterrichts und somit indirekt auch des Einsatzes von Unterrichtsmethoden.

Angesichts der Vielzahl methodischer Optionen stellt sich natürlich die Frage, wann welche Methode besonders geeignet ist. Im Hinblick auf dieses Entscheidungsproblem werden die Methoden auf Basis der in diesem Kapitel erörterten theoretischen Inhalte anhand folgender *Leitfragen* untersucht und vorgestellt:

- Was ist unter der Methode zu verstehen?
- Wie hat sich die Methode historisch entwickelt?
- In welchen Phasen verläuft die Methode?
- Welche Varianten der Methode gibt es?
- Welche Ziele lassen sich mit der Methode anstreben?
- Für welche Inhalte ist die Methode geeignet?
- Welcher Voraussetzungen bedarf es zum Einsatz der Methode?
- Welche Vorteile und ggf. Nachteile gehen mit der Methode einher?
- Welche Probleme können bei der Arbeit mit der Methode auftreten und wie lässt sich ihnen begegnen?
- Welche Aufgaben hat die Lehrkraft beim Lernen mit der Methode?

Darüber hinaus werden zu den Methoden Unterrichts*beispiele* vorgestellt, die die Methode veranschaulichen und auch für den eigenen Unterricht verwendbar sind. Außerdem finden sich bei den *Vertiefungs*angeboten kommentierte Hinweise zu weiteren Unterrichtsbeispielen oder zu weiterführender Literatur.

1.11 Vertiefung

Bohl, Thorsten: Prüfen und Bewerten im Offenen Unterricht. Weinheim, 2006.
Dieses Werk zeigt praktische Möglichkeiten auf, den Lernprozess und die Lernergebnisse im offenen und handlungsorientierten Unterricht zu bewerten. Dabei werden Beziehungen zu theoretischen Grundlagen und empirischen Forschungsergebnissen hergestellt.

Gage, Nathaniel; Berliner, David: Pädagogische Psychologie. 5. Auflage. Weinheim, 1996.
Das Herausstellungsmerkmal dieses Buches besteht in dessen umfassender Darstellung relevanter Forschungsergebnisse zu vielen Gebieten der Pädagogik bzw. der Pädagogischen Psychologie. Insofern ist es insbesondere für wissenschaftlich interessierte Leser äußerst wertvoll.

Gudjons, Herbert: Frontalunterricht – neu entdeckt. Integration in offene Unterrichtsformen. Bad Heilbrunn, 2007.
Dieses lesenswerte Buch zeigt auf, wie Frontalunterricht und seine zugehörigen Aktionsformen sowohl gut gestaltet als auch sinnvoll mit anderen Sozialformen kombinierbar sind.

Hedtke, Reinhold; Weber, Birgit. (Hrsg.): Wörterbuch Ökonomische Bildung, Schwalbach/Ts., 2008.
Im Rahmen dieses Buchs werden zahlreiche Themen prägnant erörtert, die für die ökonomische Bildung bedeutsam sind. So werden u.a. Konzepte, Prinzipien, Bildungsfelder, ökonomische Rollen und einzelne Medien und Methoden vorgestellt.

Klieme, Eckhard et. al.: Zur Entwicklung nationaler Bildungsstandards. Eine Expertise, Bonn, 2003.
In diesem Buch werden das Konzept von Bildungsstandards und Kriterien zu ihrer Gestaltung umfassend erörtert.

Kruber, Klaus-Peter (Hrsg.): Konzeptionelle Ansätze ökonomischer Bildung, Bergisch Gladbach, 1997.
Dieser Sammelband stellt wichtige Konzepte ökonomischer Bildung im Detail vor.

Meyer, Hilbert: Unterrichtsmethoden I: Theorieband. Berlin, 1987 und Meyer, Hilbert: Unterrichtsmethoden II: Praxisband. Berlin, 1987.
Diese beiden Bände behandeln sehr anschaulich und verständlich einen Großteil der angesprochenen Aspekte aus einer allgemeineren schulpädagogischen Perspektive.

1.12 Aufgaben

1. Vergleichen Sie die Bildungsstandards der DeGÖB (Online: http://degoeb.de/) und der von Retzmann et. al. (Online: http://www.zdh.de/fileadmin/user_upload/presse/Pressemeldungen/2010/Gutachten.pdf) im Hinblick auf Ähnlichkeiten und Unterschiede.
2. Setzen Sie sich mit der Kritik an den Bildungsstandards auseinander (z.B. Hedtke et. al. 2010: http://www.iboeb.org/Besscrc_oekonomische_Bildung.pdf).
Beurteilen Sie auf dieser Basis

a) die Bildungsstandards von Retzmann und

b) die geäußerte Kritik.

3. Erläutern Sie häufige Urteilsfehler und überlegen Sie, wie ihnen begegnet werden kann.

4. Beurteilen Sie das Modell des moderaten Konstruktivismus. Welche Konsequenzen ziehen Sie daraus für Ihre Einstellung zum Unterrichten und zur Gestaltung Ihres Unterrichts?

5. Grenzen Sie die Konzepte des rezeptiven und des entdeckenden Lernens voneinander ab. Erörtern Sie deren Verhältnis zu den verschiedenen Unterrichtsverfahren, Aktions- und Sozialformen. Gehen Sie auch auf die Frage ein, für welche Lerngruppen, Inhalte und Lernziele sie jeweils geeigneter sind.

6. Beurteilen Sie die erörterten fünf fachdidaktischen Konzepte.

Untenstehende Folie soll der Motivation und der Problemdarstellung dienen.

7. Welches Problem liegt dem dargestellten Sachverhalt zugrunde?

a) Nehmen Sie die Perspektive des Problemlösers (Lernenden) ein: Wie könnte das Problem gelöst werden?

b) Nehmen Sie die Perspektive der Lehrkraft ein: Wie lässt sich der Problemlöseprozess unterstützen? Um welche Art der Unterstützung handelt es sich bei Ihrem Vorschlag?

8. Analysieren und beurteilen Sie die Unterrichtsentwürfe im Anhang im Hinblick auf …

a) deren Umsetzung didaktischer Prinzipien,

b) die gewählten Unterrichtsverfahren,

c) die verwendeten Phasenschemata und

d) die Aktions- und Sozialformen

9. Entwickeln Sie einen Stundengrobentwurf nach dem Roth'schen Phasenschema. Wählen Sie hierfür ein Thema aus dem für Sie relevanten Lehrplan.

Unsere neue Diskothek ist trotz der letzten
Werbemaßnahme mit einem Flyer noch
nicht bekannt genug. Sie ist meistens leer.
Uns stehen noch 12.000 Euro zur Verfügung.
Machen Sie Vorschläge zur Lösung unseres
Problems!

2. Projekt

2.1 Gegenstand

Für die Projektmethode, die den Postulaten handlungsorientierten Unterrichts besonders nahe kommt, findet sich keine einheitliche Definition, da es sich dabei um eine flexible und offene Methode handelt. Gleichwohl lässt sich das Wesen der Projektmethode bzw. des projektorientierten Unterrichts anhand nachstehender Merkmale erfassen.

Dabei ist zu berücksichtigen, dass neben klar abgegrenzten Projekten der alltägliche Unterricht grundsätzlich auch Merkmale der Projektmethode aufweisen kann, so dass in diesem Zusammenhang von projektorientiertem Unterricht gesprochen wird. Dann ist der Projektcharakter ein eher stetiges Unterrichtsmerkmal, er kann also stärker oder schwächer ausgeprägt sein. Insofern müssen nicht alle aufgeführten Merkmale und auch nicht zwingend in einer besonders starken Ausprägung gegeben sein, um von projektorientiertem Unterricht sprechen zu können.

Projektarbeit und projektorientierter Unterricht zeichnen sich insbesondere aus durch ...

- recht komplexe Fragestellungen oder *Probleme*, die der wirtschaftlichen oder sozialen Wirklichkeit entstammen und im Sinne der *Schülerorientierung* möglichst einen Bezug zu dem Leben und/oder den Interessen der Schüler aufweisen;
- eine möglichst *ganzheitliche* Betrachtungsweise, mit der sowohl eine *Verzahnung von Theorie und Praxis* als auch *Interdisziplinarität* und ein Überwinden der Fächerschranken einhergehen. Dies ergibt sich teilweise aus der Komplexität der Probleme, der in der Regel nur gerecht werden kann, wer sie aus verschiedenen Perspektiven (und nicht nur aus der des Wirtschaftsunterrichts) analysiert und bearbeitet;
- eine verstärkte Situationsorientierung. Dadurch besteht allerdings auch die Gefahr, dass fachspezifische Systematiken und Strukturierungsansätze ggf. nicht hinreichend repräsentiert sind bzw. eine Verallgemeinerung der am spezifischen Projekt gewonnenen Erkenntnisse erschwert wird;
- eine Orientierung des Lern- und Arbeitsprozesses auf ein bestimmtes *Ziel* oder *Produkt*. Projekte sollen die Problemstellung also derart bewältigen, dass am Ende ein möglichst fassliches Ergebnis (dies kann auch eine Präsentation sein) steht;
- einen besonders hohen Grad an *Schülerselbstständigkeit*. Im Rahmen von Projekten sollen Schüler möglichst die Ziele (mit-)definieren, den Arbeitsplan erstellen, das Projekt durchführen und sowohl seinen Verlauf als auch seine Ergebnisse bewerten und reflektieren. Hiermit geht eine umfassende *Verantwortung* der Schüler für den Lern- und Arbeitsprozess einher. Voraussetzung hierfür sind insbesondere *kooperatives* Vorgehen der Schüler (meist in der Sozialform Gruppenarbeit), große *Handlungsfreiräume* der Schüler und eine zurückhaltende, eher *beratende Rolle der Lehrkraft*.

2.2 Entwicklung der Methode

Für das schulische Lernen gilt hauptsächlich Dewey als Begründer der Projektmethode. Seine Arbeiten, die um 1900 entstanden, gingen von dem Gedanken aus, dass Handeln und experimentell ausgerichtete Erfahrung die Voraussetzung des Erkennens und damit auch die Grundlage des Lernens sei. Dewey strebte mit seiner Methode auch die Erziehung zur Demokratie an, weswegen bei seinen Ausführungen sowohl die Freiwilligkeit der Mitarbeit als auch die Freiräume und Selbstständigkeit der Lernenden besonders betont werden.

Im Zuge der weiteren Verbreitung der Projektmethode wurde der demokratische Aspekt weniger betont, so dass sie heute häufig als Methode zur Lösung von (komplexen) Problemen mit hohem Grad an Schülerselbstständigkeit interpretiert wird, wobei die Ziele weitgehend durch die Lehrkraft festgelegt werden. Diese Interpretation der Projektmethode dürfte in der Regel leichter in den schulischen Alltag mit seinen z.B. durch Lehrpläne und Zentralprüfungen vorgegebenen Rahmenbedingungen integrierbar sein.

In Deutschland wurde die Projektmethode stark im Zusammenhang mit Kerschensteiners Arbeitsschulbewegung und der Reformpädagogik in den ersten Jahrzehnten des 20. Jahrhunderts diskutiert und angewendet. In den 60er und 70er Jahren wurde die Projektmethode verstärkt als Instrument zur Reform verkrusteter Schulstrukturen verstanden, wobei eine verstärkte Ausrichtung der Lehr-Lernprozesse auf Ganzheitlichkeit, Verbindung von Theorie und Praxis, Selbsttätigkeit und Schülerorientierung angestrebt wurde. Weiter gefördert und theoretisch fundiert wurde die Projektmethode im Zuge der Diskussion um das Konzept der Handlungsorientierung und seine handlungstheoretischen Grundlagen von Piaget und Aebli (vgl. 1.5.2.2).

2.3 Verlauf

Zunächst ist darauf zu achten, dass die Lernenden über eine hinreichende inhaltliche Orientierung und ausreichende Kompetenzen verfügen. Dies ist bei der Projektarbeit insofern besonders erfolgskritisch, als die Schüler möglichst selbstständig und ohne größere Eingriffe der Lehrkraft agieren sollen. Kann die Lehrkraft zu diesem Zeitpunkt bereits weitere Rahmenbedingungen antizipieren, z.B. weil sie – entgegen der ursprünglichen Projektidee – die Zielsetzung schon relativ klar definiert vorgeben möchte, lassen sich im Vorfeld schon Fragen nach notwendigen Räumlichkeiten oder benötigten Hilfsmitteln klären.

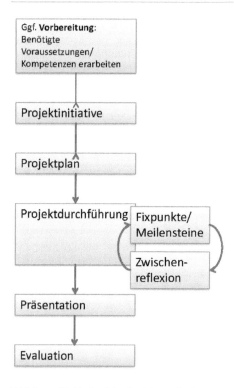

Abbildung 17: Verlauf der Projektmethode

Der eigentliche Beginn einer Projektarbeit besteht in der *Projektinitiative*. Diese besteht idealerweise darin, dass ein oder mehrere Schüler ein Problem ansprechen, das sich hinsichtlich seiner Eigenschaften (z.B. Relevanz, Komplexität, hinreichender Fachbezug) mittels eines Projekts bearbeiten und lösen lässt. Entspringt die Projektinitiative den Schülern, ist die Wahrscheinlichkeit höher, dass die Lerngruppe den Sachverhalt als bedeutsam erachtet und das Projekt motivierter, mit größerer Selbstverantwortung und höherer Identifikation bearbeitet. Haben Schüler bereits positive Erfahrungen mit Projekten gemacht, dürften hinreichend häufig geeignete Wünsche und Vorschläge von den Schülern eingebracht werden. Alternativ ist auch denkbar, dass die Initiative von der Lehrkraft ausgeht, beispielsweise aufgrund von Lehrplanvorgaben oder der Überzeugung der Lehrkraft von den Vorteilen der Projektmethode.

Nachdem ein zunächst noch recht grob skizzierter Projektvorschlag im Raum steht, ist dieser von der Klassengemeinschaft zu diskutieren.

Dabei wäre zunächst zu klären, ob die Schüler (und die Lehrkraft) den Vorschlag aufgreifen wollen. Falls ja, sollten erste Ideen zur möglichen Umsetzung gesammelt und in einer Projektskizze dokumentiert werden. Dabei sind insbesondere das Thema, die Zielsetzung und das Projektergebnis, die Beiträge der einzelnen Fächer, der Zeitrahmen, mögliche Probleme und notwendige Voraussetzungen (z.B. Kenntnisse, Fertigkeiten, Kapital, Material) festzuhalten.

Auf Basis der Projektskizze ist ein differenzierter *Projektplan* zu erstellen. Dabei ist detailliert darauf einzugehen, welche Aufgaben in welcher Reihenfolge zu bearbeiten sind, welcher Voraussetzungen es hierfür bedarf (z.B. spezifische Kompetenzen, Werkzeug, Kapital, Ergebnisse vorangegangener Arbeitsschritte) und bis wann sie zu erstellen sind, damit das Gesamtprojekt nicht in Verzug kommt. Neben einem hohen Konkretisierungsgrad sind in diesem Zusammenhang zwei Aspekte von besonderer Bedeutung. Zunächst sollten sich die Schüler abhängig von ihren individuellen Interessen und Fähigkeiten einer Aufgabe bzw. zugehörigen Arbeitsgruppe zuordnen. Ferner sind gerade bei komplexeren und umfangreicheren Projekten Zwischenziele, die im Rahmen des Projektmanagements als Meilensteine bzw. Fixpunkte bezeichnet werden, festzulegen. Dies dient zunächst der Aufrechterhaltung der Motivation. So sind die Teilnehmer bei größeren Projekten anfangs meist stark motiviert. Allerdings lässt diese Motivation häufig nach, weil das Projektziel angesichts der weiter zu bewältigenden Aufgaben und Probleme sehr fern und kaum erreichbar erscheint, wodurch oft Frustration ausgelöst wird. Bei der Orientierung an Meilensteinen reduziert sich diese Problematik, da sie leichter zu bewältigen sind und mit dem Erreichen eines Zwischenziels die Motivation wieder ansteigt. Ferner sind komplexe Zusammenhänge durch Meilensteine überschaubarer, was für die Beteiligten zu größerer Transparenz führt und außerdem das Abstimmen der verschiedenen Arbeitsergebnisse erleichtert.

Nachdem der Projektplan erstellt ist, kann das Projekt *durchgeführt* werden, wobei sich die Gruppenmitglieder an den Vorgaben des Projektplans orientieren. Gleichwohl ergibt sich in der Durchführungsphase gelegentlich die Notwendigkeit, vom Projektplan abzuweichen. In diesen Fällen ist der Projektplan an die neuen Gegebenheiten anzupassen. Er ist also nicht als starres Korsett, sondern als Hilfe für eine zielgerichtete Durchführung zu verstehen. In der Durchführungsphase entfalten die geplanten Meilensteine ihre Wirkung. In diesem Zusammenhang empfehlen sich auch Phasen der Zwischenreflexion, insbesondere um die Klasse über den aktuellen Stand der einzelnen Gruppen zu informieren, aufgetretene Schwierigkeiten zu besprechen und ggf. das zu verändernde weitere Vorgehen abzustimmen.

Auf die Durchführung folgt die *Präsentation* der Projektergebnisse und ggf. des Projektverlaufs. Je nach Projekt kann sie sich an die Klassengemeinschaft, die Schule (z.B. Ausstellung, Artikel auf der Schulwebsite), bestimmte Zielgruppen (wenn ein Projekt für z.B. ein Unternehmen durchgeführt wurde, wäre dies der natürliche Adressat der Präsentation) oder die allgemeine Öffentlichkeit (insbes. mittels Websites oder einem Artikel in der Lokalzeitung) richten.

Abschließend erfolgt noch eine Phase der Reflexion, *Evaluation* und Beurteilung. Hierbei sind Fragen nach dem Projekterfolg (insbesondere im Hinblick auf das Projektziel und die Lerneffekte), nach dem Prozess und aufgetretenen Schwierigkeiten zu erörtern. Dabei ist auch zu diskutieren, wie das Projekt hätte besser durchgeführt werden können und welche Erkenntnisse sich für künftige Projekte gewinnen lassen. In der Regel ist die Arbeit der Schüler auch zu bewerten. Angesichts des spezifischen Charakters der Methode und ihrer Lernziele eignet sich eine schriftliche Klassenarbeit hierfür jedoch nicht. Vielmehr sollte in die Benotung neben der Qualität des Projektergebnisses der Prozess hinreichend berücksichtigt werden, wobei geeignete Beobachtungsbögen helfen. Dem veränderten Lehrer-Schüler-Verhältnis entspräche eine Integration der Schülerwahrnehmung in die Note, weswegen der Beurteilungsbogen nach Möglichkeit auch von den Schülern auszufüllen wäre. Bei größeren Abweichungen zwischen Schüler- und Lehrerwahrnehmung sollte dann ein Gespräch geführt werden, in dessen Folge die Lehrkraft ggf. ihre Einschätzung aufgrund vorgebrachter Argumente revidiert oder der Schüler die gegebene Note besser nachvollziehen kann und außerdem seine Leistungen künftig ggf. besser einzuschätzen weiß.

2.4 Ziele

Schüler können durch die Arbeit mit der Projektmethode …

- durch den hohen Anteil an Gruppenarbeit ihre sozialen und kommunikativen Kompetenzen verbessern und lernen, kooperativ mit anderen zusammen zu arbeiten.
- ihre methodischen Kompetenzen (z.B. Informationsbeschaffung und -auswertung) verbessern.

- lernen, Aufgaben selbstständig zu lösen und ihre Bereitschaft erhöhen, Verantwortung zu übernehmen. Dabei werden zusätzlich sowohl Fähigkeiten zur Planung, Durchführung und Kontrolle größerer Aufgaben als auch Entscheidungsfähigkeit gefordert und gefördert.
- ihre Kreativität zur Lösung von Problemen einbringen.
- ihr Selbstvertrauen und ihr Selbstkonzept stärken, da sie eine anspruchsvolle und relevante Aufgabe ohne große Hilfen von Lehrkräften bewältigt haben.
- sowohl durch gruppeninterne Prozesse als auch im Rahmen der Evaluation ihre Urteils- und Kritikfähigkeit schulen.
- komplexe Sachverhalte ganzheitlich und vernetzt erfassen. Dabei können sie auch die Spezifika und den Beitrag der einzelnen Fächer zur Bewältigung von Problemen beurteilen und die unterschiedlichen Perspektiven integrieren.

Da der Wirtschaftsunterricht einen hohen Anteil an problemhaltigen Inhalten behandelt, ist die Projektmethode grundsätzlich für ein sehr breites Inhaltsspektrum geeignet.

2.5 Voraussetzungen

Zunächst decken sich einige der benötigten Voraussetzungen der *Schüler* mit den angestrebten Zielen, wenngleich auf niedrigerer Kompetenzstufe. So müssen sie bis zu einem gewissen Grad über soziale und kommunikative Kompetenzen verfügen, um erfolgreich in Gruppen arbeiten zu können. Auch bedarf es hinreichender methodischer Kompetenzen (z.B. Zeitmanagement, Informationsverarbeitung) und der Fähigkeit, zumindest Teilaufgaben selbstständig bearbeiten zu können. Je anspruchsvoller, umfangreicher und komplexer die durchzuführenden Projekte sind, desto stärker sollten diese Kompetenzen bereits vor Projektbeginn entwickelt sein. Insofern bietet sich an, die Schüler zunächst mit kleineren Projekten oder anderen handlungsorientierten Methoden zu fördern, bevor sie komplexere Projekte bearbeiten.

Darüber hinaus sollten die Schüler hinreichendes Interesse für das Projektthema aufbringen, so dass sie weitgehend intrinsisch motiviert und mit persönlichem Engagement arbeiten.

Hinsichtlich der äußeren, *schulischen* Voraussetzungen ist sowohl auf geeignete (Arbeits-)räume als auch auf Verfügbarkeit notwendiger Materialien und größerer Zeitblöcke zu achten.

Seitens der *Lehrkraft* ist die wichtigste Voraussetzung die Bereitschaft, sich selbst so weit als möglich zurückzunehmen und den Schülern möglichst viele Freiräume zuzugestehen und dabei auch ein Überschreiten der Fachgrenzen zuzulassen. Gleichwohl muss die Lehrkraft sowohl mit der Projektmethode als auch mit dem zu bearbeitendem Problembereich vertraut sein, um bei Bedarf angemessene Hilfestellungen geben oder frühzeitig auf Fehlentwicklungen aufmerksam machen zu können.

2.6 Vorteile, Nachteile und Probleme

Ein zentraler Vorteil der Projektmethode sind die anspruchsvollen *Lernziele*, die sich damit verwirklichen lassen. Darüber hinaus kann sie dazu beitragen, die tradierten und im Sinne der Erziehung der Schüler zu mündigen Bürgern nur bedingt förderlichen *Lern- und Autoritätsstrukturen* zugunsten eines kooperativen Miteinanders abzubauen. Hierdurch können sich das Verhältnis zwischen Lehrern und Schülern und das *Klassenklima* insgesamt nachhaltig verbessern, was positive Wirkungen auch jenseits des Projektunterrichts entfalten kann. Neben grundsätzlich sehr hoher *Motivation*, die vor allem gegeben ist, wenn die Schüler hinreichend Gestaltungsfreiräume haben, lassen sich mit der Methode folgende *didaktische Prinzipien* umsetzen:

Problemorientierung ergibt sich bei der Projektmethode fast per Definition, da Projekte in der Regel das Ziel verfolgen, ein bestimmtes Problem zu lösen.

Auch *Schülerorientierung* sollte bei allen Projekten gegeben sein, da die Interessen der Schüler bei der Themenwahl und Definition des Projektziels berücksichtigt werden bzw. nach Möglichkeit sogar Ausgangspunkt des Projekts sind.

Da die Schüler meistens ein ihnen aus ihrer Lebenswirklichkeit bekanntes Problem zum Projektgegenstand erklären, ergibt sich in der Regel auch *Praxis- und Lebensnähe*.

Ebenfalls ein zentrales Merkmal der Methode besteht in ihrer hohen *Schüleraktivierung* und *Schülerselbstständigkeit*.

Da die Schüler bei der Projektmethode arbeitsteilig agieren und die Tätigkeiten abhängig von den Interessen und Fähigkeiten der Beteiligten verteilt werden können, sind *individualisierte* und *differenzierte* Lernprozesse möglich.

Ganzheitlichkeit im Sinne der Vollständigkeit einer Handlung ergibt sich durch den mit der Methode einhergehenden Problemlöseprozess, bei dem zunächst ein Problem wahrgenommen, dann seine Lösung geplant und umgesetzt und abschließend die Qualität der Umsetzung reflektiert wird. Weiterhin ist Ganzheitlichkeit hinsichtlich der Inhalte (vernetztes, komplexes, fallbezogenes, fächerübergreifendes Denken) und der Lernziele (kognitiv, affektiv, psychomotorisch) gegeben. Auch werden mit der Verbindung sowohl von Denken und Tun als auch von Theorie und Praxis wesentliche Aspekte handlungsorientierten Lernens realisiert.

Als Nachteil der Projektmethode lässt sich zunächst der relativ hohe Zeitbedarf anführen, falls lediglich das Ziel der Wissensvermittlung angestrebt wird. Hiermit sind auch organisatorische Herausforderungen verbunden, da längere Zeitfenster als lediglich 45 Minuten zur Verfügung stehen sollten, weil sonst weder komplexere Aufgaben zu bewältigen noch positive Effekte des Flow-Zustands (vgl. 4.2) zu nutzen sind. Dies sollte allerdings nicht unbedingt die Konsequenz haben, dass zum Ende des Schuljahres, wenn die Zeugnisnoten bereits erstellt sind und mancherorts ohnehin kaum noch richtiger Unterricht stattfindet, eine „Pseudo-Projektwoche" angeboten wird, deren Ziel weniger in der Kompetenzentwicklung der Schüler oder der Lösung eines Problems als in der Einstimmung auf die Sommerferien liegt. Hierdurch geht wertvolle Lernzeit verloren und die Projektmethode wird in den Augen der Schüler und ggf. auch der Eltern und Lehrkräfte diskreditiert. Eher lassen sich die Problembereiche des Zeitbedarfs und der länger zusammenhängenden Lernzeiten durch die Kooperation mit anderen Fachlehrern mildern.

Da durch die Projektmethode viele Kompetenzen gefördert werden, die sich nur schwer durch Klassenarbeiten erfassen lassen, bedarf es hierfür auch anderer Methoden der Leistungsbewertung (vgl. 1.3). Die gravierendste Herausforderung zur erfolgreichen Durchführung eines Projekts sind die anspruchsvollen Voraussetzungen, die an die Schüler gestellt werden. Insofern besteht die Gefahr der Überforderung mancher Schüler. Dem kann allerdings durch die systematische Vermittlung der benötigten Kompetenzen im Vorfeld genauso begegnet werden, wie der individuellen Unterstützung dieser Schüler während des Projekts durch die Lehrkraft und/oder die anderen Gruppenmitglieder. Außerdem lässt sich das Problem durch Differenzierung im Rahmen der arbeitsteiligen Gruppen reduzieren.

2.7 Beispiel: „Schüler arbeiten und wirtschaften für einen Markt" (7. Jahrgangsstufe Hauptschule, Fach Arbeit-Wirtschaft-Technik in Bayern)

Dieses Beispiel wurde von Alexandra Wierer erstellt.

Ziel
Das Lernziel dieses Projektbeispiels des Faches Arbeit-Wirtschaft-Technik besteht darin, dass sich die Schüler handlungs- und erfahrungsorientiert markt- und betriebswirtschaftliches Grundwissen aneignen, indem sie als Anbieter, Produzenten und Verkäufer von Waren und Dienstleistungen auftreten.

Zudem lernen sie die Projektmethode in der 7. Jahrgangsstufe als Lernmethode kennen. Neben den Fächern Deutsch und Mathematik werden die arbeitspraktischen Fächer HsB (Hauswirtschaftlich sozialer Bereich) und KtB (Kommunikationstechnischer Bereich) kooperativ mit einbezogen.

Die Schüler sollen nachgefragte materielle Produkte oder Dienstleistungen herstellen, die sie anschließend auf einem Markt anbieten und verkaufen werden. Sie gestalten das Projekt in all seinen Phasen möglichst selbstständig, das heißt, sie planen die dazu notwendigen Arbeitsschritte, verteilen die anfallenden Aufgaben, finanzieren ihr Vorhaben, beschaffen notwendiges Material, stellen Produkte bzw. Dienstleistungen her. Sie werben dafür und verkaufen diese möglichst gewinnbringend, ermitteln ihren Erfolg und reflektieren ihre Arbeit.

Der Projektzeitraum erstreckt sich über mindestens eine bis maximal vier Wochen in Abhängigkeit der wöchentlich zur Verfügung stehenden Stunden und der Art des gewählten Verkaufsprodukts.

Voraussetzungen
Vor dem Projektstart sind in der Klasse Vorkenntnisse zu prüfen bzw. zu schaffen, die effektives und projektorientiertes Arbeiten bedingen.

Die Lernenden sollten in Gruppenarbeit, Möglichkeiten der Ideensammlung und Informationsbeschaffung, Techniken der Kommunikation, insbesondere des Interviews und der Präsentation, geübt sein.

Entsprechende Übungen können unter anderem spielerisch vor dem Projektstart durchgeführt werden. Sie verstärken in der Regel die intrinsische Motivation.

Organisatorisch sind folgende Vorbereitungen zu treffen, um das Projekt während des geplanten Zeitraums ins Zentrum der Arbeit zu rücken:

a) Im Klassenzimmer stehen alle Wände, Tafeln und/oder Pinnwände zur Visualisierung zur Verfügung, da sie vorab geleert wurden.

b) Arbeitsmaterial ist in ausreichendem Umfang vorhanden, da es vorab besorgt und zusammengestellt wurde.
Arbeitsmaterial:

Grundlegendes	**Ordnung**
Bleistifte	Ordner
Kugelschreiber	Karteikästen
Farbstifte	Notizblöcke
Folienstifte	Prospekthüllen
Plakatmalstifte	Einsteckfolien
Papier/Pappe	Klemmbretter
OH-Folien	Wortkarten (bunt)
Scheren	
Kleber/Tesafilm	
Stecknadeln	
Pinsel	
Farben	
Lineale/Geo-Dreiecke	

c) Verschiedene technische Geräte stehen im Schulgebäude zur Verfügung oder werden organisiert.
Technik:
Overheadprojektor
Cassetten/CD-Rekorder
Diktiergerät
Fotokopierer
Fotoapparat
Videokamera
Computer

Darüber hinaus sind schulhausinterne Absprachen zu treffen. Die Schulleitung wie auch die Fachlehrkräfte sind über den geplanten Projektzeitraum zu informieren und bei Bedarf für eine Kooperation zu gewinnen.

Projektinitiative
Unmittelbar vor dem Start des Projekts „Schüler arbeiten und wirtschaften für einen Markt" führt die Unterrichtseinheit „Was ist ein Markt?" auf den Projektinhalt hin. In herkömmlichem Unterricht setzen sich die Lernenden mit dem Markt als Treffpunkt von Angebot und Nachfrage und den zugehörigen Gesetzmäßigkeiten und Begrifflichkeiten auseinander. Auf die erarbeiteten Sachverhalte kann jederzeit zurückgegriffen werden, da die Ergebnisse plakativ im Raum präsent sind.

Am Ende dieser Einführungsstunde werden die Schüler dazu motiviert, selbst auszuprobieren, auf einem Markt ihrer Wahl möglichst erfolgreich tätig zu werden. Das Ziel, ein Produkt gewinnbringend verkaufen zu wollen, sollte ebenfalls deutlich im Raum visualisiert werden.

Ab diesem Moment übernimmt die Lehrkraft die Rolle eines Moderators, erklärt den Schülern deren Aufgabe der nächsten Tage und Wochen und appelliert explizit an ihre Eigenverantwortung, Selbstbestimmung und Selbsttätigkeit. Entscheidend ist an dieser Stelle, den Schülern das Projekt wirklich zuzutrauen und sie zielgerichtet zu motivieren, wohlwissend, dass jedes Projekt ein gewisses Risiko des Scheiterns in sich birgt, in diesem Fall das Erwirtschaften keines Gewinns oder im schlimmsten Fall eines Verlusts.

Die Lernenden beginnen in der Regel unmittelbar nach der Zielformulierung, indem sie spontan unterschiedliche Ideen – mehr oder weniger realistisch – formulieren. Hierfür kann die Mikromethode des Brainstormings (vgl. 16.2) verwendet werden.

Jede gefundene Idee wird daraufhin schriftlich festgehalten, möglichst pragmatisch erläutert und zur Disposition gestellt. Begleitend durch die entsprechende Moderation wird nun jede Produktidee auf ihre Realisierungsmöglichkeit überprüft, so dass eine oder wenige potenzielle Ideen theoretisch weiterentwickelt werden und schließlich in eine zielgruppenbezogene Bedürfnisumfrage (→ fächerübergreifend mit Deutsch und KtB) münden, die die Schüler selbst ausarbeiten und durchführen. Die Auswertung der Umfrageergebnisse führt schließlich zur demokratischen Entscheidung für ein konkretes Produkt, für das Marktregeln („Wir verdienen möglichst viel Geld mit unserem Produkt, wenn wir …"; „Kunden wollen unser Produkt unbedingt erwerben, weil …") aufgestellt werden. Dieser Teil des Projekts lässt sich gut mit Hilfe der Methoden des forschenden Lernens (vgl. Kapitel 3) durchführen.

Am Ende dieser entscheidenden Startphase reflektiert jeder Einzelne schriftlich (vgl. Reflexionsbogen 1 im Downloadbereich), was er persönlich bisher fachlich, sozial und handlungsbezogen gelernt hat, was ihm besonders gut gelungen ist und worüber er sich geärgert hat.

Projektplan
In der zweiten Projektphase geht es darum, alle bis zur Projektausführung notwendigen Arbeitsschritte zusammen zu stellen, überlegt zu planen und die Aufgaben den Fähigkeiten, Neigungen und Interessen der Schüler entsprechend zu verteilen. Hierzu werden alle Überlegungen, Gedanken und Probleme, die zur Produktentscheidung geführt haben, einbezogen.

Im Plenum werden alle erforderlichen Tätigkeiten gesammelt und eine ausführliche, strukturierte To-Do-Liste inklusive der vorläufigen Zeitplanung erstellt, auf der die Einteilung der Schüler in meist fünf Arbeitsgruppen (z.B. Organisation/Dokumentation, Verwaltung, Marketing, evtl. Produktion, Verkauf) basieren sollte.

Folgende Arbeitsschritte und Tätigkeiten wären beispielsweise je nach Produktentscheidung zu nennen und stichpunktartig festzuhalten:

Bereich Organisation:
- Erlaubnis Rektor?
- Erlaubnis Hausmeister/Pausenverkauf?
- Notwendige Geräte oder Materialien von der Schule?

Bereich Dokumentation:
- Welche Geräte stehen uns zur Verfügung?
- Wie wollen wir dokumentieren?
- Wo wollen wir unsere Dokumentation veröffentlichen?
- Beratungsgespräch mit Personen der AG Foto oder AG Jahresbericht?
- Welche Arbeitsgruppe erledigt wann welchen Arbeitsschritt, über den wir berichten können?
- Welche Kosten fallen für unsere Dokumentation an? (Papier, Bilder, ...)
- Preisvergleich

Bereich Verwaltung:
- Wie viel Kapital benötigen wir? (Welche Gruppe braucht wie viel Geld?)
- Welche Möglichkeiten der Kapitalbeschaffung haben wir?
- Gibt es für unser Projekt Sponsoren?
- Einverständnis der Kapitalgeber
- Einholen des Kapitals
- Kassenführung?
- Beratungsgespräch mit Personen der AG Buchführung?

Bereich Marketing:
- Wie werben wir für unser Produkt?
- Wo werben wir für unser Produkt?
- Wann werben wir für unser Produkt?
- Welches Material benötigen wir für unsere Werbung?
- Preisvergleich
- Wie soll der Verkaufsstand gestaltet werden?
- Wo soll der Verkaufsstand stehen?
- Beratungsgespräch und Arbeitstermin mit der KtB-Fachlehrkraft?
- Beratungsgespräch mit einem Experten?

Bereich Produktion (sofern etwas produziert wird):
- Wie viele Produkte stellen wir her?
- Welches und wie viel Material benötigen wir dazu?
- Preisvergleich
- Beratungsgespräch und Arbeitstermin mit der HsB- bzw. KtB-Fachlehrkraft?
- Beratungsgespräch mit einem Experten?

Bereich Verkauf:
- Verkaufsplan, wer verkauft wann?
- Wie viele Personen müssen gleichzeitig im Verkauf sein?
- Wer führt die Kasse? (Personen aus dem Verwaltungsteam?)
- Wer rechnet am Ende eines Tages ab?
- Beratungsgespräch mit einem Experten?

Jede Arbeitsgruppe findet sich möglichst freiwillig zusammen, bespricht, organisiert und verteilt ihre Arbeitsaufträge untereinander. Sie stellt die geplanten Aktivitäten und das geplante Zeitbudget im Plenum vor, um größtmögliche Transparenz zu schaffen und gegebenenfalls konstruktive Kritik anzunehmen.

Gruppenverträge werden geschlossen, denen festgelegte Ziele, Regeln des Umgangs miteinander und verteilte Aufgaben entnommen werden können.
Ist der Projektplan erstellt, reflektiert jeder Einzelne ein zweites Mal seine Arbeit mit Hilfe des bereits bekannten Bogens.

Jede Gruppe führt ab dem Moment der Zusammenfindung ein Portfolio, in dem unter anderem Gruppenverträge, Projektplan, Reflexionsbögen abgeheftet werden und aus dem hervorgeht, welches Mitglied welche Aufgabe wann erledigen wird und welches Ergebnis letztlich erzielt wurde. Den Lernenden dient es als Organisationshilfe, der Lehrkraft als Kontrolle zur „gefühlten" Wahrnehmung der Aufsichtspflicht.
Im Projekt der 7. Jahrgangsstufe sind vorstrukturierte Mappen von Vorteil, damit sie durch die Schüler selbstständig geführt werden können. Es bietet sich an, einen Gruppensprecher festzulegen, der u.a. die Verantwortung für das Gruppenportfolio übernimmt.[9]

Projektdurchführung
Während der Durchführungsphase erledigen alle Teams ihre geplanten und in den Portfolio-Mappen vereinbarten Tätigkeiten. Dies geschieht teilweise während wie außerhalb der Unterrichtszeit, teilweise innerhalb und außerhalb der Schule. Zudem können die Schüler in ihrem Aufgabenbereich externe Partner (Experten) zu Hilfe holen bzw. externe Beratung in Anspruch nehmen.

Schüler, die ihre Tätigkeiten außerhalb des Klassenzimmers erledigen, haben stets Feedback-Bögen dabei, die sie ausgefüllt zurückbringen und ins Gruppenportfolio einheften.[10]

Während der Projektdurchführung werden konkrete Fixpunkte in Form fester Termine gesetzt, an denen sich alle Beteiligten zwecks Abfrage des Sachstands, Zwischenreflexion der Zusammenarbeit sowie Lösung eventuell aufgetretener sozialer Probleme zusammenfinden.

Ergeben sich bei einzelnen Schülern oder Gruppen freie Zeitressourcen, so stellen sie diese den anderen zur Verfügung.

Ein wichtiger Fixpunkt ist direkt vor dem Verkaufsstart zu setzen, um ein entsprechendes Briefing vorzunehmen. In der Verkaufsphase sind alle Schüler gemäß vorherigen Absprachen aktiv eingebunden. Danach erstellen die Schüler die Gewinn- und Verlustrechnung.

Jeder Einzelne reflektiert nun ein drittes Mal seine Arbeit.

Präsentation
Aus der Dokumentation der gesamten Projektarbeit erstellen die Lernenden schließlich eine Präsentation (z.B. Ausstellung, Vortrag, Film). Es obliegt ihnen selbst, welchen Personen diese zugänglich gemacht werden soll, beispielsweise den Klasseneltern, allen Lehrkräften und Mitschülern im Schulhaus oder einem externen Publikum.

---

9   Material und Formulare hierzu unter „Rechtliche Rahmenbedingungen im handlungsorientierten ..."
    http://www.isb.bayern.de/isb/index.asp?MNav=3&QNav=5&TNav=1&INav=0&Pub=998.
10 (Material und Formulare hierzu unter „Rechtliche Rahmenbedingungen im handlungsorientierten ..."
    http://www.isb.bayern.de/isb/index.asp?MNav=3&QNav=5&TNav=1&INav=0&Pub=998.

Evaluation

Die Schüler machen sich zu Beginn dieser Phase Gedanken über ihren persönlichen Lerner-folg. Grundlage hierfür bieten die drei Reflexionsbögen. Jeder Schüler entscheidet und begründet, welcher persönliche Lernerfolg ihm am wichtigsten erscheint. Anschließend reflektiert die Klasse im Plenum die gemeinsame Projektarbeit. Die Lehrkraft moderiert auf eine positive Gesprächsführung achtend durch gezielte Fragestellungen wie zum Beispiel:

- Was ist in den vergangenen Projektwochen besonders gut gelaufen?
- Wie haben eure Kunden reagiert?
- Was würdet ihr im Nachhinein besser machen?
- Welche Note würdet ihr euch selbst geben? Begründe!
- Welche Note würdet ihr dem gesamten Projekt geben? Begründe!

Außerdem werden Reflexionsfragen an die einzelnen Projektteams gerichtet wie zum Bei-spiel:

- Hat sich eure Arbeit gelohnt? Begründe!
- Welche Note würdet ihr eurem Team geben? Begründe!
- Welche Arbeit haltet ihr für überflüssig, welche hättet ihr intensiver durchführen sol-len? Begründe!
- Auch im nächsten Jahr werden wir ein Projekt durchführen. Wo könnten wir besser werden, was sollten wir vermeiden?
- Welche Erfahrungen aus dem Projekt sind für euch im Alltag wichtig?

Relevante Aussagen im Hinblick auf eine erneute Projektarbeit sollten schriftlich festgehal-ten werden.

Zum Abschluss würdigt die Lehrkraft die Arbeit der Schüler. Im Falle eines Gewinns kann schließlich über dessen Verwendung diskutiert werden.

2.8 Vertiefung

Frey, Karl: Basis-Bibliothek. Die Projektmethode: Der Weg zum bildenden Tun. Weinheim 2007.
Dieses Buch, das im deutschsprachigen Raum als Standardwerk zur Methode angesehen wird, führt sehr umfassend in die schulische Arbeit mit der Projektmethode ein. Es stellt ihre historischen Vorläufer, Komponenten, benötigten Voraussetzungen genauso dar, wie Möglichkeiten zur Bewertung. Theoretische Grundlagen werden mit konkreten Praxisbei-spielen veranschaulicht.

Links:
http://methodenpool.uni-koeln.de/projekt/frameset_projekt.html
Registerkarte „Quellen"
Ausführliche kommentierte Literaturangaben und Linkliste zur Methode.

http://www.isb.bayern.de/isb/index.asp?MNav=3&QNav=12&TNav=1&INav=0&Pub=671

Umfassende Materialien des Staatsinstituts für Schulqualität und Bildungsforschung Bayern zur Durchführung von Projekten.

2.9 Aufgaben

1. Erläutern Sie die Merkmale eines Projekts.
2. Wie kann die Lehrkraft zum Gelingen eines Projekts beitragen?
3. Erstellen Sie einen Projektplan zu einem Thema des Fachlehrplans.

3. Forschendes Lernen

3.1 Gegenstand

Das zentrale Merkmal forschenden Lernens ist die Auseinandersetzung der Schüler mit Frage- und Problemstellungen, wobei die zugehörigen Antworten oder Lösungsansätze nicht von der Lehrkraft mitgeteilt sondern möglichst eigenständig ergründet werden. Insofern ergibt sich bei dieser Methode ein enger Zusammenhang zu Bruners Konzept des entdeckenden Lernens (vgl. 1.5.2), wenngleich der Fokus auf dem Forschungsbegriff besteht.

Forschung, gerade im Kontext des forschenden Lernens, ist zunächst nicht zwingend mit wissenschaftlicher Forschung gleichzusetzen. Vielmehr ist unter dem Begriff eine auch außerhalb des Wissenschaftssystems vorhandene Fähigkeit des Umgangs mit der Welt und ihren Herausforderungen zu verstehen. Die zugehörige Denkhaltung beinhaltet sowohl Neugier als auch die Bereitschaft, den Sachverhalten, ihren tieferen Bedeutungen und Zusammenhängen auf den Grund gehen zu wollen. Damit geht einher, sich selbst Fragen zu stellen und darauf eigenständig Antworten durch planmäßiges, methodisches Vorgehen zu finden. Derart verstandene Forschung lässt sich gut in der Schule, auch bei jüngeren Schülern, als forschendes Lernen umsetzen, da die Anforderungen und Methoden wissenschaftlicher Forschung hierfür weniger relevant sind.

Gleichwohl lässt sich forschendes Lernen in der Schule auch mit stärkerem Bezug zu wissenschaftlichen Methoden der Erkenntnisgewinnung verwenden, was insbesondere der Zielsetzung der Wissenschaftspropädeutik entgegenkommt.

In jedem Fall sollte die Lehrkraft wesentliche Zielsetzungen, Anforderungen und Methoden wissenschaftlicher Forschung kennen, so dass sie abhängig von der Lerngruppe und den angestrebten Zielen sowohl den Grad der „Wissenschaftlichkeit" vorgeben als auch den Schülern adäquate Unterstützung im Forschungsprozess zukommen lassen kann. Vor diesem Hintergrund sind die nachstehenden kompakten Ausführungen zu wissenschaftlicher Forschung zu verstehen; sie sollen eine prägnante Grundlage und elementare Orientierung über Forschung geben, die für den Wirtschaftsunterricht bedeutsam ist.

3.2 Grundlagen empirischer Sozialforschung

3.2.1 Forschungsvarianten und Ziele

Das grundlegende Ziel von wissenschaftlicher Tätigkeit bzw. von Forschung besteht darin, Erkenntnisse über die Wirklichkeit zu gewinnen. Dies beinhaltet das Bemühen sowohl um die Beschreibung komplexer Zusammenhänge und die Reduktion von Komplexität als auch um das Verstehen und Erklären von Sachverhalten und die Prognose künftiger Zustände.

Im Zusammenhang geisteswissenschaftlicher und sozialwissenschaftlicher Forschung sind insbesondere die Empirie, der kritische Rationalismus, die Hermeneutik, die Phänomenologie und die Dialektik bedeutsame Richtungen. Im Hinblick auf forschendes Lernen im Rahmen des Wirtschaftsunterrichts ist insbesondere das Paradigma der empirischen Sozialforschung wichtig, weswegen sich die folgenden Ausführungen hierauf beschränken. Empirische Sozialforschung bedeutet, dass gesellschaftliche (und somit auch wirtschaftliche) Phänomene systematisch untersucht werden mit Rückgriff auf Erfahrungen in der Wirklichkeit. Die Kernmethoden dieses Paradigmas bestehen in der Beobachtung, der Befragung, der Inhaltsanalyse und dem Experiment.

Die im sozialwissenschaftlichen Paradigma verorteten Forschungsvarianten sind in fünf Ausprägungen darstellbar:

1. *Explorative Forschung* untersucht einen noch weitgehend unerforschten Gegenstand. Das Ziel dieser Forschung besteht darin, zunächst überhaupt Hypothesen zu entwickeln, die dann in einem späteren Folgeschritt ggf. überprüft werden könnten.

So könnte dieser Typus im Wirtschaftsunterricht relativ am Anfang einer Unterrichtssequenz zum Einsatz kommen, um erste Erkenntnisse z.B. über Ansatzpunkte eines Geschäftsmodells für eine Schülerfirma zu erhalten. Dazu könnten potenzielle Kunden in einem nicht-standardisierten Interview zu unbefriedigten Bedürfnissen befragt werden, woran die Schülerfirma ansetzen könnte.

2. *Deskriptive Forschung* strebt die Beschreibung und Diagnose sozialer Tatbestände an. Bei der Auswertung werden Methoden der deskriptiven Statistik verwendet, die zumindest teilweise auch für Schüler gut handhabbar sind (z.B. Häufigkeitsauszählungen). Sowohl aufgrund der noch recht praktikablen Statistikanforderungen als auch wegen der Vielfalt zu bearbeitender Fragestellungen eignet sich diese Forschungsausprägung besonders gut für den Wirtschaftsunterricht. Beispielsweise könnte die Einstellung und Zufriedenheit der Schüler mit dem Schulkiosk untersucht werden.

3. *Hypothesen prüfende Forschung* ist die im wissenschaftlichen Bereich bedeutendste Forschungsart. Sie setzt sich die Überprüfung von Theorien und Aussagen zum Ziel. Als Auswertungsmethoden dienen dabei meist die Instrumente der induktiven Statistik, die für den schulischen Einsatz zu anspruchsvoll sein dürften; sowohl wegen des mathematischen Anspruchsniveaus als auch aufgrund der vielfältigen weiteren Anforderungen (z.B. Notwendigkeit großer Stichproben, um signifikante Ergebnisse zu erzielen, Herausforderungen bei Operationalisierung der Variablen und bei der Störvariablenkontrolle).

4. *Entwicklungsforschung* setzt sich zum Ziel, zur Lösung eines Problems passende Maßnahmen, Programme oder Technologien zu entwickeln. Dies ist zwar keine empirische Forschung im oben beschriebenen Sinn, wird hier jedoch auch aufgeführt, da diese Richtung durchaus für die Schule geeignet ist. Schließlich korrespondiert der Ansatz gut mit dem Konzept des entdeckenden Lernens und dem Prinzip der Problemorientierung (vgl. 1.5.3). Im Wirtschaftsunterricht kann ansatzweise Entwicklungsforschung betrieben werden u.a. bei der Entwicklung von Geschäftsplänen, von vermarktbaren Produkten oder von Marketingstrategien.

5. *Evaluationsforschung* dient der Ermittlung der Wirksamkeit von Maßnahmen und Programmen und deren Optimierung. Insofern steht sie in engem Zusammenhang zur Entwicklungsforschung, da sie diese wissenschaftlich flankieren kann.

Im Wirtschaftsunterricht könnte beispielsweise die Wirksamkeit eines entwickelten Marketingkonzepts untersucht werden, indem potenzielle Kunden dazu befragt werden oder deren Verhalten in einem Experiment analysiert wird.

Wissenschaftliche Untersuchungen sollen insbesondere den Gütekriterien der Objektivität, Reliabilität und Validität genügen. Auch wenn dies in der Regel einen sehr hohen Aufwand erfordert und insofern in der Schule kaum umsetzbar ist, sollten die Schüler ggf. grob darüber informiert sein, um zumindest ansatzweise darauf achten und typische Fehler vermeiden zu können.

- *Objektivität* ist gegeben, wenn die Ergebnisse unabhängig von der Person des Versuchsleiters zustande kommen, also verschiedene Personen zum gleichen Ergebnis kommen. Die Objektivität wäre bei einer mündlichen Befragung dann eingeschränkt, wenn der Interviewer den Interviewten (bewusst oder unbewusst) in seinem Antwortverhalten beeinflusst, indem er z.B. Suggestivfragen („Sie sind doch bestimmt auch der Meinung …") verwendet.
- *Reliabilität* bedeutet, dass sich das Messergebnis im Zeitverlauf nicht ändern darf, wenn sich das erhobene Merkmal selbst sich nicht verändert hat. Wenn beispielsweise eine Person das gleiche Interview im Zeitabstand von z.B. einer Woche zweimal (inhaltsanalytisch) auswertet, sollte dabei das gleiche Ergebnis herauskommen.
- *Validität* stellt die Anforderung, dass tatsächlich das gemessen wird, was gemessen werden soll. So ist denkbar, dass Befragte eine Frage anders verstehen, als sie von den Befragern eigentlich gemeint ist und die Antworten deshalb falsch interpretiert werden.

Neben diesen drei klassischen Gütekriterien gelten noch weitere Ansprüche an wissenschaftliche Untersuchungen. Zwei davon sind besonders für den Unterricht relevant: So sollten Studien möglichst nützlich (also Erkenntnisgewinn zu einem als relevant erachtetem Problem liefern) und ökonomisch (Erkenntnisgewinn mit relativ geringem Aufwand) sein.

3.2.2 Der Prozess empirischer Sozialforschung im Überblick

Empirische Sozialforschung verläuft in der Regel in einem festen Phasenschema.

Am Beginn steht die Auswahl des Forschungsproblems. Der Forscher stellt sich also die Frage, was genau er untersuchen möchte.

Beim forschenden Lernen ist denkbar, die Schüler das Forschungsproblem, orientiert an dem derzeit im Unterricht behandelten Thema, selbst wählen zu lassen. Es kann aber auch durch die Lehrkraft vorgegeben werden.

Hat sich der Forscher auf ein zu ergründendes Problem festgelegt, muss er sich theoretisch einarbeiten, wozu insbesondere ein umfassendes Literaturstudium gehört. Erst auf der Grundlage eines differenzierten theoretischen und fachlichen Verständnisses kann eine fundierte Studie konzipiert werden. Ferner lässt sich dadurch ein Bezug zu bisherigen Erkenntnissen herstellen, so dass nichts bereits Bekanntes erforscht wird. Vielmehr können bisherige Erfahrungen und entwickelte Instrumente (z.B. Tests oder Fragebögen) anderer Forscher für die eigene Studie genutzt werden.

Abbildung 18: Phasen des Forschungsprozesses

Beim forschenden Lernen kommt der Lehrkraft die Aufgabe zu, ihren Unterricht so zu planen, dass die Schüler die für die Studie benötigten Kenntnisse erwerben.

Diese Phase kann also „ganz normaler" Unterricht sein, wenngleich eine thematische Fokussierung auf das gegebene Forschungsproblem vorzunehmen ist. Ein eigenständiges Literaturstudium auf wissenschaftlichem Niveau dürfte in der Schule kaum umsetzbar sein.

Denkbar wäre im Idealfall hingegen, dass sich die Lehrkraft ähnlich umfassend wie ein Forscher orientiert und dann das relevante Extrakt der gewonnenen Erkenntnisse zum Gegenstand des Unterrichts macht. Angesichts des Aufwands für die Lehrkraft und des geringeren Anspruchs an Studien von Schülern wird eine grobe Orientierung in der Regel jedoch genügen.

Auf Basis einer fundierten inhaltlichen Orientierung können zu dem zunächst nur grob gewählten Forschungsproblem genaue Ziele festgelegt werden. Dabei werden meist zu untersuchende Hypothesen oder Fragestellungen festgelegt. In diesem Zusammenhang ist bedeutsam, sich über die verwendeten Begriffe Klarheit zu verschaffen und zentrale Begriffe zu definieren bzw. zu operationalisieren (d.h. derart zu konkretisieren, dass sie messbar sind).

Sind die Ziele gesetzt, muss das Design der Studie festgelegt werden. Hierbei ist insbesondere zu überlegen, wann, wo und wie die Daten erhoben werden sollen oder welche Art von Experiment durchzuführen ist. Dann lassen sich die entsprechenden Instrumente (z.B. Fragebögen, Tests) entwickeln. Diese Instrumente werden bei wissenschaftlichen Studien im Rahmen von Pretests im Hinblick auf die Gütekriterien untersucht.

Die Entwicklung der Datenerhebungsinstrumente kann durchaus von den Schülern im Unterricht geleistet werden. Zunächst sollte die Lehrkraft den Schülern die wichtigsten Aspekte zu dem jeweiligen Instrument vermitteln. Danach können die Schüler in Gruppenarbeit die Instrumente entwerfen und dann in der Klasse zur Diskussion stellen. Auf Basis der Rückmeldungen von den Mitschülern und der Lehrkraft schließt sich eine erneute Gruppenarbeitsphase an, in der die Verbesserungshinweise umgesetzt werden. Anschließend wäre denkbar, das Instrument zumindest ansatzweise auf seine Validität zu untersuchen, indem die Schüler z.B. den Fragebogen von wenigen Personen der Zielgruppe ausfüllen lassen und sie im Anschluss dazu befragen. Dadurch kann festgestellt werden, ob die Fragen auch so interpretiert wurden, wie sie gemeint waren.

Steht nicht genügend Zeit zur Verfügung oder sind die Schüler von der Aufgabe überfordert, kann das Instrument (z.B. der Fragebogen) den Schülern allerdings auch einfach von der Lehrkraft ausgehändigt werden.

Nachdem die Datenerhebungsinstrumente entwickelt sind, stellt sich die Frage, von wem die Daten erhoben werden sollen. Dabei ist zunächst zu definieren, welche Kriterien eine in Frage kommende Person erfüllen muss, z.B. Schüler einer bestimmten Schule zu sein oder ein bestimmtes Alter zu haben. Dann ist zu entscheiden, ob alle (Totalerhebung) oder nur einige (Teilerhebung) dieser Personen untersucht werden. Der Nachteil einer Totalerhebung kann in ihrem erheblichen Umfang liegen, wenn die Grundgesamtheit sehr groß ist. Deshalb werden meist Teilerhebungen durchgeführt, wobei jedoch darauf zu achten ist, dass die Auswahl der Grundgesamtheit möglichst ähnelt bzw. für diese repräsentativ ist und keine Verzerrungen stattfinden. Bei einer Umfrage zum Schülerkiosk können Verzerrungen z.B. auftreten, wenn die Schüler primär ihre Freunde befragen, da dann vermutlich das Altersspektrum der Schule nicht abgebildet wird.

Nun sind die Daten zu erheben, also mithilfe der Instrumente anhand der getroffenen Auswahlentscheidung systematische Beobachtungen anzustellen, Interviews zu führen oder Fragebögen zu verteilen.

Diese Phase sollte in jedem Fall von den Schülern durchgeführt werden, was ggf. auch außerhalb der Unterrichtszeit erfolgen kann. Als Sozialform bietet sich Einzel- oder Partnerarbeit an. Der Auftrag besteht dann meist darin, eine bestimmte Anzahl von Befragungen oder Beobachtungen durchzuführen.

Die erhobenen Daten werden anschließend anhand eines Codeplans in einer geeigneten Software erfasst, z.B. in einem Statistikprogramm (SPSS), einer Tabellenkalkulation (Excel) oder mit anderen Tools (Grafstat, MAXQda), so dass sie anschließend effizient auswertbar sind.

Für schulische Forschungsprojekte genügen meist die Auswertungsfunktionen einer Tabellenkalkulation oder der kostenlosen Software Grafstat. Ist der Codeplan erstellt, erfordert die Erfassung eher Fleiß und Sorgfalt als kognitive Leistungsfähigkeit. Als Sozialform empfiehlt sich hierfür die Partnerarbeit, da ein Schüler die Werte diktieren und die Eingaben des anderen Schülers kontrollieren kann. Haben alle Schüler die von ihnen selbst erhobenen Daten erfasst, sind diese noch von der Lehrkraft in einer gemeinsamen Datei zusammenzufassen, die dann allen Schülern zur Auswertung verfügbar gemacht wird.

Werden die Befragungen per Onlinefragebogen durchgeführt, ist die zeitaufwändige Erfassung unnötig, weswegen dieses Datenerhebungsinstrument erhebliche Vorteile haben kann. Ein sehr einfach zu bedienendes Instrument zur Erstellung von Onlineumfragen ist auf der Begleitwebsite dieses Buchs verfügbar.

Die erfassten Daten werden dann mit unterschiedlichsten Methoden ausgewertet, um Antworten auf die zu Beginn gestellten Fragen zu finden oder um die Hypothesen testen zu können.

Da die Datenauswertung recht anspruchsvoll ist, sollte der Lehrer am Anfang dieser Phase die benötigten Grundlagen vermitteln, wofür die Aktionsform des Lehrvortrags besonders geeignet scheint. Die Auswertung selbst sollte in Gruppenarbeit erfolgen, da sie schwierig ist und die Zusammenarbeit mehrerer Schüler den Prozess erleichtern kann. Für themendifferenzierte Aufträge spricht neben einer abwechslungsreicheren Präsentationphase vor allem, dass in der gegebenen Zeit differenziertere Analysen vorgenommen werden können.

Am Ende eines wissenschaftlichen Forschungsprojekts steht in der Regel eine Publikation, in der die Wissenschaftler die Problemstellung, den theoretischen Hintergrund, das Erkenntnisinteresse, das methodische Vorgehen und die Ergebnisse beschreiben.

Auch die Ergebnisse einer an der Schule durchgeführten Studie können veröffentlicht werden, beispielsweise in der Schülerzeitung, auf der Schulwebsite oder in der Lokalzeitung.

3.2.3 Die wesentlichen Datenerhebungsinstrumente empirischer Sozialforschung

Die wichtigsten Datenerhebungsinstrumente der empirischen Sozialformen sind die Befragung, die Beobachtung und die Inhaltsanalyse, die im Folgenden vorgestellt werden.

3.2.3.1 Die Befragung

Die Befragung ist das am häufigsten verwendete Instrument der empirischen Sozialforschung zur Erhebung von Fakten, Meinungen oder Einstellungen. Für den Unterricht sind
Befragungen besonders bedeutsam; sowohl aufgrund ihres breiten Spektrums von Anwen-
dungsgebieten im Rahmen des forschenden Lernens als auch im Zusammenhang mit anderen Methoden wie der Expertenbefragung (vgl. Kapitel 10).

Zunächst werden die wichtigsten Befragungsarten dargestellt: die mündliche Befragung bzw. das Interview, die schriftliche Befragung, das Telefoninterview und die Online-
befragung. Anschließend sind Hinweise zur Gestaltung von Fragen und Fragebögen
aufgeführt.

3.2.3.1.1 Die mündliche Befragung

Die mündliche Befragung, bei der der Interviewer und der Interviewte in unmittelbarem
persönlichen Kontakt zueinander stehen, kann in unterschiedlichen Strukturierungsgraden
erfolgen, was mit verschiedenen Ausprägungen der Freiheit des Interviewers einhergeht.

Bei einem *gering strukturierten Interview* wird ohne Fragebogen gearbeitet und der Interviewer entscheidet eigenständig sowohl über die Art der Frageformulierung als auch
über die Reihenfolge der Fragen. Der Interviewer hält sich eher zurück und der Interviewte
bestimmt durch seine Ausführungen den Gesprächsverlauf. Diese Variante bietet sich insbesondere in einem frühen Stadium einer Studie an, wenn der Forscher noch kein klares
Bild über den Sachverhalt hat. Dies kann er sich durch solche eher informelle Gespräche
aneignen und dann einen stärker strukturierten Fragebogen konzipieren. Auch bei Expertenbefragungen werden meist gering strukturierte Interviews eingesetzt.

Bei *teilstrukturierten Interviews* sind die Spielräume des Interviewers geringer. Hierbei
formuliert er die Fragen nicht mehr selbst, sondern stellt vorbereitete Fragen, die er einem
Fragebogen entnimmt. Allerdings kann er über die Reihenfolge der Fragen entscheiden,
was hilfreich sein kann, um den Gesprächsverlauf positiv zu beeinflussen.
Stark strukturierte Interviews geben dem Interviewer keine Freiräume. Er stellt die vorfor-
mulierten Fragen in dem auf dem Fragebogen angegeben Wortlaut und in der vorgesehenen
Reihenfolge. Dies ist die am häufigsten verwendete Interviewvariante, da sie besonders
objektiv (vgl. 3.2.1) ist. Dies ergibt sich durch den geringen Einfluss des Interviewers,
wodurch dessen Person relativ unwichtig ist.

Um weitergehende Objektivität zu gewährleisten, sollte der Interviewer jedoch unbedingt darauf achten, den Befragten nicht zu beeinflussen. So sollte er nicht seine eigene
Meinung zu den Fragen kundtun, nach einer Antwort nicht heftig nicken oder die Stirn
runzeln etc.

Im Hinblick auf Validität der Befragung sind zwei Verzerrungseffekte zu berücksichtigen. Bei manchen Befragten ist eine generelle Zustimmungstendenz zu beobachten, die
ganz unabhängig von der Frage selbst ist. Solche Befragte lassen sich durch gegenläufige
Frageformulierungen zum gleichen Sachverhalt identifizieren, was bei der späteren Auswertung berücksichtigt werden kann.

Ein häufiger anzutreffender Verzerrungseffekt ist der der sozialen Erwünschtheit, bei
dem die Befragten nicht ihre eigene Meinung bekunden, sondern eine Antwort geben, die
den vermuteten Normen besser entspricht. Ein bekanntes Beispiel hierfür sind Antworten
bei Fragen nach Parteipräferenzen. In entsprechenden Umfragen werden rechtsradikale

Parteien aufgrund dieses Effekts deutlich seltener angegeben, als es den tatsächlichen Verhältnissen bei Wahlen entspricht.

3.2.3.1.2. Die schriftliche Befragung

Bei schriftlichen Befragungen füllen die Befragten den Fragebogen selbst aus. Dies kann sowohl im Beisein des Befragers (z.B. wenn ein Schüler den Fragebogen in einer anderen Klasse austeilt, während des Ausfüllens anwesend ist und sie anschließend wieder einsammelt) als auch in dessen Abwesenheit (z.B. bei postalischen Umfragen) erfolgen. Aus Kostengründen dürften postalische Umfragen im Schulbereich jedoch kaum eingesetzt werden; außerdem ergibt sich bei diesem Umfragetypus das Problem einer geringen Rücklaufquote.

Gegenüber mündlichen Interviews haben schriftliche Befragungen einige Vorteile. Zunächst wird zum Erheben weit weniger Zeit benötigt. Ferner kommt es nicht zu Interviewerfehlern und die Gefahr von Verzerrungseffekten ist aufgrund der größeren Anonymität geringer. Darüber empfinden die Befragten ggf. weniger Zeitdruck, weswegen sie tendenziell reflektierter antworten.

Der größte Nachteil schriftlicher Befragungen ohne Anwesenheit eines Interviewers besteht in der fehlenden Möglichkeit, Rückfragen bei Verständnisproblemen stellen zu können. Folglich muss bei schriftlichen Befragungen besonders viel Wert auf eine klare, verständliche Frageformulierung gelegt werden. Darüber hinaus sind auch die Ansprüche an die optische Gestaltung des Fragebogens höher; derlei ist bei mündlichen Befragungen schließlich irrelevant, da die Befragten den Bogen nicht erhalten. Ein weiteres Problem schriftlicher Befragungen sind die höheren Ausfallquoten. Entsprechend ist, z.B. durch ein Begleitschreiben, auf die Relevanz der Umfrage hinzuweisen und die Motivation der Befragten insbesondere zu Beginn der Befragung hochzuhalten, weswegen der ersten Frage besondere Bedeutung zukommt.

3.2.3.1.3 Die telefonische Befragung

Der wesentliche Vorteil telefonischer Befragungen besteht in ihren geringeren Kosten im Vergleich zur mündlichen Befragung. Ferner lässt sich erhebliche räumliche Distanz ohne Zeitaufwand überbrücken, weswegen auch (inter-)nationale Umfragen gut durchführbar sind. Ein weiterer Vorteil besteht darin, dass der Interviewer am Computer sitzen und die Daten gleich in die Auswertungssoftware eintragen kann, wodurch der spätere Erfassungsaufwand entfällt. Da die meisten Bundesbürger über einen Telefonanschluss verfügen und die Telefonnummern gut ermittelbar sind, ist auch nicht mit größeren systematischen Auswahlproblemen zu rechnen.

Andererseits ist die Bereitschaft einer Teilnahme der Angerufenen zunächst geringer, weswegen auf einen motivierenden Einstieg zu achten ist. Dies gilt insbesondere für die Erklärung zu Beginn, aus der die Relevanz der Umfrage hervorgehen sollte. Auch sollten die ersten Fragen interessant und recht einfach zu beantworten sein. Ein wesentliches Problem ist die geringere Seriosität und Glaubwürdigkeit, weswegen u.a. die Bereitschaft zur Beantwortung sensibler Fragen (z.B. nach dem Einkommen) geringer ist.

3.2.3.1.4 Onlineumfragen

Seit einigen Jahren erfreuen sich Onlineumfragen zunehmender Beliebtheit. Ihr größter Vorteil sind die geringen Kosten, da die Befragungen nicht persönlich durchgeführt werden müssen wie bei Interviews und auch kein Erfassungsaufwand wie bei allen anderen Befragungsarten entsteht. Insofern eignet sich diese Methode besonders, wenn viele Teilnehmer befragt werden sollen. Weiterhin besteht nur bei dieser Umfragevariante die Möglichkeit, neben Bildern auch Audio- und Videodateien zu integrieren (so ließe sich ein kurzer Film zeigen und dann Fragen dazu stellen). Außerdem besteht die Möglichkeit der programmierten Nutzerlenkung; abhängig von bestimmten Eingaben können ganz unterschiedliche Folgefragen angeboten werden (sog. programmierte Pfade). Ferner lässt sich festhalten, wie lange der Nutzer an einzelnen Fragen bzw. dem Fragebogen insgesamt gearbeitet hat, was Rückschlüsse auf die Ernsthaftigkeit des Ausfüllens und damit auf die Validität zulässt.

Da die erhobenen Daten automatisch in einer Datenbank gespeichert werden, bieten die meisten Onlineumfragetools die Möglichkeit zum Export in andere Programme (z.B. SPSS, Excel), mit denen differenzierte statistische Auswertungen umsetzbar sind. Darüber hinaus können jedoch in der Regel auch aus dem Onlineumfragetool direkt einfache Auswertungen vorgenommen werden. Dadurch sind jederzeit Zwischenreports generierbar, so dass die Forscher einen guten Überblick über den Stand der Umfrage haben.

Angesichts der mittlerweile hohen Durchdringung der Haushalte mit Internetanschlüssen ist das früher vorhandene Problem mangelnder Repräsentativität kaum noch vorhanden. Eher ergibt sich das Problem einer relativ hohen Abbruchquote, weswegen die Umfrage motivierenden Charakter und keinen zu großen Umfang haben sollte. Im Gegensatz zu anderen Befragungsarten besteht bei Onlineumfragen die Gefahr, dass ein Teilnehmer mehrere Fragebögen ausfüllt und somit die Ergebnisse verzerrt. Dem lässt sich allerdings durch die Vergabe von Transaktionsnummern begegnen.

Im Zusammenhang mit dem schulischen Einsatz bestehen zwei zentrale Probleme von Onlineumfragen. Sie selbst zu erstellen (inkl. Datenbankanbindung und ansprechender Oberfläche) ist technisch äußerst aufwändig und von Schülern kaum zu leisten. Die Alternative, auf professionelle Onlineumfrageanbieter zurückzugreifen, ist aufgrund der relativ hohen Gebühren ebenfalls wenig attraktiv.

Diesen Problemen lässt sich sehr gut mit einem Onlineumfragetool begegnen, das auf der Website des Buches verlinkt ist oder direkt unter *www.wirtschaft-lernen.de* aufgerufen werden kann. Es wird vom Autor kostenlos zur Verfügung gestellt und zeichnet sich durch besonders einfache Bedienbarkeit aus, so dass eine Umfrage innerhalb weniger Minuten erstellt und online publiziert werden kann. Da das Hauptkriterium bei der Entwicklung dieses Tools die leichte und intuitive Bedienung war, konzentriert es sich auf die wichtigsten Funktionen und Fragetypen, die jedoch für normale Umfragen völlig ausreichen.

Die Nutzung des Onlinefragebogengenerators ist nicht auf Umfragen im Zusammenhang des forschenden Lernens beschränkt. Vielmehr finden sich zahlreiche didaktische Anwendungsgebiete. Er kann z.B. eingesetzt werden ...

- um Hausaufgaben zu vergeben. Werden die Fragen und Aufgaben per Onlinefragebogen gestellt, kann die Lehrkraft sofort sehen, wer die Aufgaben bearbeitet hat, was den Kontrollaufwand erheblich reduziert und mehr Lernzeit im Unterricht zur Verfügung stellt. Außerdem können die Ergebnisse der Hausaufgabe sehr leicht ausgewertet werden, wodurch schlecht bearbeitete Aufgaben ersichtlich werden, die sich dann zur gemeinsamen Besprechung anbieten.
- um Ergebnisse von Gruppenarbeiten zusammenzutragen. Dies kann eine Alternative zur üblichen Form der Präsentation sein. So können alle Ergebnisse schnell gesammelt, dann gleichzeitig vorgestellt (z.B. per Beamerdarstellung) und verglichen werden.
- um komplexere Meinungsbilder abzufragen und auf dieser Basis eine strukturierte und fundiertere Diskussion führen zu können. Wurden beispielsweise Verhaltensregeln

erarbeitet, kann ein Fragebogen erstellt werden, bei dem die Schüler zu jeder Regel sowohl ihre Zustimmung oder Ablehnung ankreuzen als auch Kommentare als Freitext verfassen können. Bei der Diskussion können sich die Schüler dann sowohl auf die Zustimmungs- bzw. Ablehnungswerte als auch auf die jeweiligen Kommentare beziehen.

- um die Schüler in Rückmeldungs- und Bewertungsprozesse mit einzubeziehen (vgl. 1.3). So können bei umfangreicheren Gruppenarbeiten Schüler andere Gruppenmitglieder bewerten, was ein Element zur Gesamtbewertung sein könnte. Auch bei Schülerreferaten ist denkbar, dass die Mitschüler dem Vortragenden eine Rückmeldung per Onlinefragebogen mitteilen.

Supply Chain Management – Auflage 4

Sehr geehrte Leserinnen und Leser,hier haben Sie die Möglichkeit, mir Feedback zu dem Buch zu geben und somit einen Beitrag zu seiner weiteren Verbesserung zu leisten.Unabhängig davon können Sie mich auch per Mail kontaktieren.Holger Arndt

1. Fragen zum Buch insgesamt

	stimmt nicht			stimmt
Das Buch hat mir insgesamt gut gefallen	○	○	○	○
Ich habe die Inhalte gut verstanden	○	○	○	○
Ich fand die angesprochenen Inhalte interessant	○	○	○	○

2. Welche Anmerkungen und Verbesserungsvorschläge haben Sie zu dem Buch (Was hat Ihnen gut gefallen, was nicht, was war Ihnen zu ausführlich oder zu knapp ,,,)

3. Einschätzung der einzelnen Kapitel: Kapitel ... gefiel mir gut.

	stimmt nicht			stimmt
Kapitel 1. Fallstudie Rentag	○	○	○	○
Kapitel 2: Einfluss der Megatrends auf die Logistik	○	○	○	○
Kapitel 3: Organisatorische Entwicklung der Logistik	○	○	○	○
Kapitel 4: Dynamik in Wertschöpfungsketten	○	○	○	○
Kapitel 5: Grundlagen der Prozessoptimierung	○	○	○	○
Kapitel 6: Analyseinstrumente zur Optimierung von Logistikprozessen	○	○	○	○
Kapitel 7: Ziele und Kennzahlen	○	○	○	○
Kapitel 8: Handlungsfelder des Logistikmanagements	○	○	○	○
Kapitel 9: Fallstudie Rentag	○	○	○	○

4. Ich habe das Buch gekauft für ...

☐ Studium - Prüfungsvorbereitung
☐ Studium - Seminar- oder Diplomarbeit
☐ Beruf
☐ Sonstiges (bitte Folgefrage beantworten)

5. Wenn Sie das Buch aus "sonstigen" Gründen gelesen haben, aus welchen?

[Speichern] [Abbrechen]

Abbildung 19: Beispiel eines Onlinefragebogens

3.2.3.1.5 Fragebogengestaltung und Frageformen

Insbesondere bei schriftlichen Befragungen kommt der Gestaltung des Fragebogens größere Bedeutung zu. Entsprechend ist auf dessen Übersichtlichkeit und Handhabbarkeit zu achten. Ferner sollte er seriös wirken, ästhetisch ansprechend und orthographisch korrekt sein. Zwar können gut gestaltete Fragebögen auch mit Textverarbeitungsprogrammen erstellt werden, spezifische Programme wie das kostenlos erhältliche GrafStat unterstützen diesen Prozess jedoch erheblich. Ferner wären folgende Regeln bei der Gestaltung eines Fragebogens einzuhalten:

- Die erste Frage soll eine positive Einstellung zur Befragung herstellen, weswegen sie leicht beantwortbar sein und interessant in das Thema der Befragung einführen sollte.
- Zu Beginn hingegen sind persönliche Fragen nach Alter, Geschlecht, Bildungsstand oder Einkommen oder andere sensitive Fragen zu vermeiden, da den Befragten der Zusammenhang zu Thema nicht ersichtlich ist, sie diese Fragen gegenüber Fremden ohnehin ungern beantworten und dadurch die Wahrscheinlichkeit eines Abbruchs steigt. Da diese Informationen häufig für die Auswertung wichtig sind, sollten sie eher am Ende des Fragebogens erscheinen.
- Die Fragen sind möglichst in thematisch zusammengehörigen Einheiten anzuordnen.
- Themenbereiche sind im Allgemeinen zuerst mit allgemeinen, dann mit spezifischer werdenden Fragen zu erschließen.
- Das Layout des Fragebogens sollte ansprechend gestaltet und klar strukturiert (z.B. durch Überschriften der unterschiedlichen Themenkomplexe) sein.

Hinsichtlich der unterschiedlichen Frageformen sind vor allem die *offene und die geschlossene Frage* bedeutsam. Im Gegensatz zu offenen Fragen, bei denen die Antwortmöglichkeiten unbegrenzt sind, werden bei geschlossenen Fragen die Antwortvorgaben bereits vorgegeben und müssen lediglich angekreuzt werden. Die Vorteile der offenen Frage bestehen darin, dass die Befragten nicht eingeschränkt und gelenkt werden. Allerdings ist diese Frageform anfälliger für Interviewerfehler und der Auswertungsaufwand ist deutlich höher als bei geschlossenen Fragen. Um die Antworten quantifizierbar zu machen, müssen auf Basis der Antworten zunächst Kategorien entwickelt und dann die einzelnen Antworten den Kategorien zugeordnet werden, was dem Verfahren der Inhaltsanalyse entspricht (vgl. 3.2.3.3). Der Nachteil geschlossener Fragen besteht hingegen sowohl in einer größeren Lenkung und Beeinflussung der Befragten als auch in der Eingrenzung des Antwortspektrums, wodurch einige Sachverhalte ggf. nicht erfasst werden. Vor dem Hintergrund kommt der sorgfältigen Auswahl der Antwortmöglichkeiten besondere Bedeutung zu. Halboffene bzw. Hybridfragen kombinieren den Vorteil der Auswertungseffizienz geschlossener Fragen mit der Flexibilität offener Fragen, indem sie zunächst Antwortkategorien vorgeben, aber auch Raum für andere Antworten lassen („Sonstige: ...."). Insbesondere aufgrund der Auswertungseffizienz werden überwiegend geschlossene oder halboffene Fragen verwendet, was auch für den schulischen Einsatz empfehlenswert ist.

Zur Formulierung von Fragen finden sich zahlreiche berücksichtigenswerte Hinweise. So empfiehlt sich

-   daß Fragen einfache Worte enthalten sollten, also keine Fachausdrücke (es sei denn, man kann voraussetzen, daß die Befragten diese kennen, z.B. bei einer Befragung von Experten), keine Fremdwörter, keine Abkürzungen oder Slangausdrücke.
-   daß Fragen kurz sein sollten (etwa 20 Worte als Höchstgrenze).
-   daß Fragen sich auf konkrete und nicht auf abstrakte Sachverhalte beziehen sollten.

- daß Fragen dem Sprachniveau der Befragten angepaßt sein sollten.
- daß Fragen keine bestimmten Antworten provozieren sollten, also Suggestivfragen zu vermeiden sind (siehe dazu unten).
- daß Fragen neutral formuliert werden sollten, also keine präjudizierende oder diffamierende Begriffe verwendet werden sollten (z.B. „Kapitalist", „Proletarier", „Immobilienhai", „Spekulant" usw.).
- daß Fragen nicht hypotethisch formuliert werden sollten, z.B. „Angenommen, Sie wären 20 Jahre jünger, würden Sie dann ...?"
- daß Fragen sich immer nur auf einen Sachverhalt beziehen sollten und nicht gleichzeitig auf mehrere (Vermeidung von Mehrdimensionalität). „Mußten in dem Betrieb, in dem Sie beschäftigt sind, im letzten Jahr Überstunden geleistet werden oder mußte Kurzarbeit angeordnet werden?" ist eine Frage, die sich offensichtlich auf zwei verschiedene Sachverhalte bezieht. Eine Antwort darauf kann nicht eindeutig zugeordnet werden. Sie sollte deshalb in zwei separate Fragen aufgelöst werden.
- daß Fragen keine doppelten Verneinungen enthalten sollten.
- daß Fragen die Befragten nicht überfordern sollten. Das gilt insbesondere für Fragen, die sich auf die Vergangenheit beziehen, aber evtl. für Fragen wie: „Wieviel Prozent Ihres monatlichen Einkommens geben Sie für Miete aus?", bei der die Berechnung eines Prozentsatzes erwartet wird. Besser wären zwei Fragen, eine nach der Höhe des Einkommens und eine nach der Höhe der Miete. Das funktioniert allerdings nur dann, wenn die Frage nach der Höhe des Einkommens keine „sensitive Frage" ist, d.h. eine Frage, bei der man entweder mit einer Antwortverweigerung oder mit einer bewußt (nach „unten" oder nach „oben") verfälschten Antwort rechnen muß.
- daß Fragen formal balanciert sein sollten, d.h. alle positiven und negativen Antwortmöglichkeiten sollten in einer Frage enthalten sein, z.B. „Sollte Ihrer Meinung nach der Konsum „weicher" Drogen legalisiert werden oder sollte er nicht legalisiert werden?" anstelle von nur „Sollte Ihrer Meinung nach der Konsum „weicher" Drogen legalisiert werden?" (dabei muß natürlich klar sein, was unter „weichen" Drogen zu verstehen ist).
- daß Fragen nur eindeutige Worte enthalten. Scheinbar eindeutige Worte wie z.B. „normalerweise", „üblicherweise", „häufig", „oft", „gelegentlich", „regelmäßig", „manchmal", können für verschiedene Befragte durchaus Verschiedenes bedeuten. So ist z.B. die Frage „Wie oft gehen Sie im Jahr zu einem Arzt?" mit der Antwortvorgabe „nie/gelegentlich/oft/regelmäßig" anfällig für einen „response bias", weil die Antwortkategorien mehrdeutig sind. Eindeutig wäre z.B. die Vorgabe „nie/ ein- bis zweimal/drei- bis viermal/mehr als viermal, (Stier 1999, S. 178f.).

Für Fragen nach Einstellungen wird häufig die sogenannte Likert-Skalierung verwendet, bei der eine Aussage steht, zu der der Befragte unterschiedliche Zustimmungsgrade per Ankreuzen abgeben kann. Da jede Antwortkategorie mit einem Punktwert versehen werden kann, lassen sich die Antworten gut auswerten. Außerdem können so mehrere Fragen platzsparend gruppiert werden. Erhöhte Übersichtlichkeit ergibt sich durch wechselnde Schattierungen.

Beispiel:
Nachfolgend einige Aussagen zu Ihrem Schulkiosk.
Geben Sie bitte an, inwieweit Sie diesen zustimmen.

	stimme voll zu	stimme eher zu	stimme eher nicht zu	stimme überhaupt nicht zu
Ich bin mit dem Angebot zufrieden.	O	O	O	O
Ich finde die Preise überhöht.	O	O	O	O
Der Verkäufer ist freundlich.	O	O	O	O
...	O	O	O	O

Abbildung 20: Likert-Skalierung

Bezüglich der Anzahl der Antwortmöglichkeiten empfiehlt sich zunächst, nicht zu viele Antwortkategorien anzubieten, da dies eine sehr hohe Differenzierungsfähigkeit voraussetzt. Um dem häufig anzutreffenden Problem zu begegnen, dass bei Meinungsumfragen keine Entscheidung getroffen wird (Tendenz zur Mitte), sollte eine gerade Anzahl von Kategorien gewählt werden. Entsprechend finden sich bei Likert-Skalierungen meist vier (wie im Beispiel) oder sechs Antwortkategorien.

3.2.3.1.6 Pretest des Fragebogens

Da die Qualität des Fragebogens in erheblichem Maße über die der Studie entscheidet, sollte der Fragebogen vor seinem Einsatz in der Breite getestet werden. Für schulische Zwecke dürfte genügen, den Fragebogen von wenigen Personen der Zielgruppe ausfüllen zu lassen und sie entweder dabei aufzufordern, alle ihre Gedanken laut auszusprechen (Methode des lauten Denkens) oder anschließend ein Interview über den Inhalt und den Fragebogen mit ihnen zu führen. Dadurch kann überprüft werden, ob die Fragen verständlich sind, welchen Schwierigkeitsgrad sie haben, wie interessant sie für den Befragten sind und wie viel Zeit die Befragung in Anspruch nimmt.

Ergänzend zu diesen Pretests empfiehlt sich die Diskussion des Fragebogens im Unterricht, um weiteres Optimierungspotenzial aufzudecken.

3.2.3.2 Die Beobachtung

Im Gegensatz zur alltäglichen, naiven Beobachtung ist die wissenschaftliche Beobachtung zielgerichtet, systematisch und methodisch kontrolliert durchzuführen. Zu diesen Spezifika im Einzelnen:

1) *Zielgerichtet* bedeutet in diesem Zusammenhang, dass angesichts der Vielschichtigkeit von beobachteten Phänomenen eine bewusste Selektion vorgenommen wird. Entsprechend werden nur die Aspekte der Wirklichkeit berücksichtigt, die im Zusammenhang mit der untersuchten Theorie bzw. Fragestellung stehen.

2) *Systematisch* sind Beobachtungen, wenn sie anhand vorgegebener Beobachtungskategorien durchgeführt werden. Die Entwicklung eines Kategoriensystems ist die Hauptaufgabe bei der Vorbereitung von Beobachtungen und ähnelt dem Vorgehen bei der Inhaltsanalyse: Auf Basis theoretischer Überlegungen und/oder bisheriger empirischer Beobachtungen werden Einheiten (=Kategorien) ermittelt, nach denen der zu beobachtende Sachverhalt klassifiziert werden kann. Die Kategorien und Kategoriensysteme müssen dabei folgenden Anforderungen genügen:

- Ausschließlichkeit der Kategorien, d.h. jedes beobachtbare Ereignis darf nur einer Kategorie zugeordnet werden können,
- Vollständigkeit der Kategorien, d.h. ein Kategorienschema muß so erschöpfend sein, daß alle möglichen zum Forschungsgegenstand gehörenden Beobachtungen erfasst werden können,
- Konkretion der Kategorien, d.h. die Kategorien müssen beobachtbaren Sachverhalten zugeordnet werden können,
- Begrenzung der Anzahl von Kategorien, d.h. aus praktischen Gründen der begrenzten Wahrnehmungsfähigkeit von Beobachtern sollte die Zahl der Kategorien nicht zu groß werden, (Schnell; Hill; Esser, 1999, S. 364).

3) *Methodisch kontrolliert* sind Beobachtungen insbesondere dann, wenn die wissenschaftlichen Gütekriterien eingehalten werden. Ein wesentlicher Aspekt hiervon ist die Vermeidung von Beobachterfehlern. Hierzu gehören insbesondere:

- die zentrale Tendenz, d.h. die „verschobene" Wahrnehmung extremer Ereignisse und entsprechende Vercodung in einer Mittelkategorie,
- die Neigung, zu milde und großzügig zu urteilen (z.B. in der Persönlichkeitsbeurteilung),
- Einflüsse der zeitlichen Abfolge (z.B. die Festlegung von Beurteilungen aufgrund „erster Eindrücke"),
- Halo-Effekte, d.h. eine Verzerrung von Urteilen aufgrund eines besonderen Merkmals einer Person oder Situation oder des „Gesamteindrucks", die für alle weiteren Urteile leitend sind,
- die Tendenz , Eigenschaften, Verhaltensweisen und Situationselemente nach der „Logik" ihrer Zusammengehörigkeit bzw. nach Maßgabe einer implizit zugrundegelegten „Theorie" des Beobachters zu beurteilen, (Schnell; Hill; Esser, 1999, S. 368).

Beobachtungen können je nach Zielsetzungen und Rahmenbedingungen in unterschiedlichster Weise durchgeführt werden, wodurch sich eine große Flexibilität ergibt.

Bei *offenen Beobachtungen* sind sich die Beobachtungsobjekte bewusst, dass sie beobachtet werden. Dies kann allerdings zu Beobachtereffekten führen, also die Beobachteten zu einem untypischen, positiv verzerrtem Verhalten veranlassen, wodurch die Validität der Beobachtung leidet. Dies ist bei *verdeckten Beobachtungen* nicht der Fall, da die Menschen nicht wissen, dass sie beobachtet werden. Derlei ist jedoch technisch nicht immer umsetzbar. Außerdem können sich hierbei ethische und juristische Probleme ergeben. Im Gegensatz zur *nicht-teilnehmenden Beobachtung* ist der Beobachter bei *teilnehmenden Beobachtungen* aktiv in das Geschehen involviert. Dies kann zu einer einer natürlicheren Beobachtungssituation führen, nimmt aber den Beobachter zusätzlich in Anspruch, so dass seine Zeit und Konzentration nicht vollkommen für den Beobachtungsprozess verfügbar ist. Die beobachteten Personen können sich im Rahmen der Untersuchung entweder in ihrer *natürlichen* Umgebung (Feldbeobachtung) oder in einer *künstlichen* Situation (Laborbedingungen) befinden.

Probleme bei Beobachtungen ergeben sich insbesondere durch den Zeitdruck und die evtl. vorhandene Komplexität des Beobachtungsgegenstands bzw. auch der Kategoriensysteme. Dem lässt sich durch Einsatz technischer Hilfsmittel begegnen. So kann der Sachverhalt durch Fotographien, Audio- und Videoaufnahmen festgehalten und im Nachhinein besonders intensiv analysiert werden. Ferner besteht dann die Möglichkeit, den gleichen Sachverhalt von mehreren Beobachtern beobachten zu lassen, woraus sich Rückschlüsse auf die Objektivität (und Interrater-Reliabilität) ziehen lassen. Allerdings ist der damit einhergehende Zeitaufwand relativ groß und bietet sich deswegen für Studien im Rahmen des forschenden Lernens bestenfalls punktuell an.

3.2.3.3 Die Inhaltsanalyse

Die Inhaltsanalyse ist ein Instrument zur Auswertung sowohl von Texten als auch von Ton- und Bilddokumenten. Insofern ist sie sowohl ein Auswertungsinstrument (z.B. von Freitexteingaben in Fragebögen) als auch ein eigenständiges Datenerhebungsinstrument von vorliegenden Texten. Im Gegensatz zur Textinterpretation, die sich um ein ganzheitliches Verständnis eines Textes bemüht und unterschiedliche Interpretationsmöglichkeiten zulässt, wird der Text bei der Inhaltsanalyse in kleine, genau definierte Bestandteile (Kategorien) zerlegt. Dabei wird anhand fester Regeln objektiv und systematisch vorgegangen, so dass auch verschiedene Personen zu dem gleichen Ergebnis kommen (sollten).

Zu Beginn der Inhaltsanalyse stehen die Festlegung der zu analysierenden Texte (z.B. die Wirtschaftsartikel bestimmter Zeitungen eines bestimmten Zeitraums) und die Frage, ob eine Vollerhebung oder eine Stichprobenerhebung durchgeführt werden soll.

Ähnlich wie bei der Beobachtung steht bei der Inhaltsanalyse das Kategoriensystem im Zentrum, anhand dessen der Text in seine Bestandteile zerlegt wird. Ebenfalls analog zur Beobachtung wird bei der Inhaltsanalyse der Text nicht in all seinen Facetten untersucht, sondern selektiv nur im Hinblick auf die interessierende Fragestellung.

Ein unvollständiges Beispiel eines Kategoriensystems zur Analyse von Artikeln über die Konjunkturpolitik der Regierung von Zeitungen könnte wie folgt aussehen:

- Stellung des Verfassers zur Regierung (Kategorie)
  - zustimmend (Unterkategorie)
  - neutral (Unterkategorie)
  - ablehnend (Unterkategorie)

- Grundsätzliche wirtschaftspolitische Position des Verfassers (Kategorie)
  - angebotsorientiert (Unterkategorie)
  - nachfrageorientiert (Unterkategorie)
  - rel. ausgeglichene Position zwischen Angebots- und Nachfrageorientierung (Unterkategorie)
  - nicht erkennbar (Unterkategorie)

Damit die Auswerter eine qualifizierte Zuordnung des Gehalts der Texte zu den (Unter-) Kategorien vornehmen können, müssen diese zunächst definiert werden. Dies kann am einfachsten durch Beispiele erfolgen, so dass die Auswerter zu jeder Kategorie und ihren Unterkategorien einige Beispiele sehen, an denen sie sich bei ihrer Zuordnung orientieren können.

Die Auswertung selbst erfolgt dann durch Auszählen der Unterkategorien, so dass man beispielsweise die Information erhält, dass 40% der untersuchten Artikel die Konjunkturpolitik der Regierung befürworten, 28% ihr neutral und 32% ihr ablehnend gegenüberstehen.

3.2.4 Grundlagen der Datenerfassung und -auswertung

Nachdem die Daten erhoben sind, können sie verwendet werden, um den zu untersuchenden Fragen und Hypothesen nachzugehen. Je nach Fragestellung und Daten bieten sich unterschiedlichste Auswertungsformen an. Im Folgenden werden einige einfachere Methoden der deskriptiven Statistik skizziert, die auch für Schüler handhabbar sein dürften. Damit sollten sie in der Lage sein, die zunächst kaum überschaubare Vielfalt der erhobenen Daten derart zu komprimieren und zusammenzufassen, dass sie übersichtlicher und besser interpretierbar sind. In der Regel verwenden Wissenschaftler für statistische Auswertungen spezialisierte Softwaretools wie SPSS, die leistungsstark und komfortabel zu bedienen sind. Da Schulen jedoch kaum über entsprechende Programme verfügen dürften, werden die nachstehenden Auswertungen mit der Tabellenkalkulation Excel vorgenommen, deren Leistungsumfang für schulische Zwecke genügt. Dies ist auch vorteilhaft, da Schüler Excel oder eine andere Tabellenkalkulation bereits kennen dürften (oder zumindest kennen sollten), wodurch sich der Einarbeitungsaufwand reduziert und die neu erworbenen Kenntnisse auch für andere Bereiche verwendbar sind. Allerdings setzen die nachstehenden Erörterungen grundlegende Excelkenntnisse voraus.

Beispielfragebogen zur Datei Demo.xls
Sehr geehrte Damen und Herren,
mithilfe dieser Umfrage soll die technische Ausstattung von Haushalten ermittelt werden.
Damit aussagekräftige Auswertungen möglich sind, werden Sie auch nach einigen persönlichen Informationen gefragt. Diese werden wir absolut vertraulich behandeln.

1) Über welche der nachstehenden Geräte verfügt Ihr Haushalt? Bitte ankreuzen.

☐   Handy

☐   Anrufbeantworter

☐   Fernseher

☐   Videorecorder

☐   PC/Notebook

☐   Internetanschluss

☐   Faxgerät

☐   Palm Pilot

2) Wie teuer das hauptsächlich genutzte Fahrzeug Ihres Haushalts? _____ (Tausend Euro)

3) Nun einige Fragen zu Ihrer Person:
Ihr Alter in Jahren: _____

Sind Sie verheiratet?   ja ☐   nein ☐

Ihr höchster Schulabschluss:

Kein Schulabschluss ☐

Hauptschulabschluss ☐

Realschulabschluss ☐

Abitur   ☐

Universitätsabschluss ☐

Ihr Geschlecht: männlich ☐   weiblich ☐

Haushaltsgröße: _____

Jährl. Haushaltseinkommen: _____ (Tausend Euro)

Abbildung 21: Beispielfragebogen zur Datei Demo.XLS

Um die Darstellung verständlicher zu machen, wird sie anhand eines durchgängigen Beispiels beschrieben, deren Daten auf der Website des Buchs zur Verfügung stehen, so dass die Ausführungen parallel zur Lektüre am PC durchgeführt werden können. Zur weiteren Unterstützung ist auf der Website auch eine Videosequenz, die das genaue Vorgehen zeigt. Bei den Daten handelt es sich um eine vom Autor veränderte Datei, die auf einer Demo-Datei von SPSS basiert. Sie stellt Informationen von Haushalten zur Verfügung und ermöglicht zahlreiche statistische Auswertungen. Wenngleich diese Daten fiktiv sind, wären sie in der Regel zunächst mit einem Fragebogen zu erheben. Abbildung 21 zeigt, wie ein zugehöriger Fragebogen aussehen könnte.

3.2.4.1 Datencodierung und -erfassung

Sind die Daten erhoben, müssen sie einheitlich in eine Auswertungssoftware eingetragen werden. Auf dieser Basis sind differenzierte statistische Auswertungen möglich.
Bevor nun die Daten eingegeben werden können, ist zunächst zu definieren, anhand welcher Regeln dies geschehen soll. Dabei werden die Daten meist nicht genau so eingegeben, wie sie auf dem Fragebogen stehen. Vielmehr werden sie anhand bestimmter Regeln so umgewandelt (=codiert), dass die Erfassung schneller geht und die späteren Auswertungen leichter durchführbar sind. Die Gesamtheit dieser Regeln wird als Codeplan bezeichnet.
    Der Codeplan zum obigen Fragebogen könnte wie folgt aussehen:

Fragebogennummer	Fortlaufende Nummer vergeben
Handy	0 = Nein; 1 = Ja; 999=keine Angabe
Anrufbeantworter	0 = Nein; 1 = Ja; 999=keine Angabe
Fernseher	0 = Nein; 1 = Ja; 999=keine Angabe
Videorecorder	0 = Nein; 1 = Ja; 999=keine Angabe
PC/Notebook	0 = Nein; 1 = Ja; 999=keine Angabe
Internetanschluss	0 = Nein; 1 = Ja; 999=keine Angabe
Faxgerät	0 = Nein; 1 = Ja; 999=keine Angabe
Palm Pilot	0 = Nein; 1 = Ja; 999=keine Angabe
Preis Fahrzeug	den Zahlenwert eingeben (in Tausend)
Alter	den Zahlenwert eingeben; 999 = keine Angabe
Verheiratet	0 = Nein; 1 = Ja; 999=keine Angabe
Schulabschluss	1= kein Schulabschluss; 2 = Hauptschulabschluss; 3 = Realschulabschluss; 4 = Abitur; 5 = Universitätsabschluss; 999 = keine Angabe
Geschlecht	0 = männlich; 1 = weiblich; 999 = keine Angabe
Haushaltsgröße	den Zahlenwert eingeben; 999 = keine Angabe
Haushaltseinkommen	den Zahlenwert eingeben (ggf. auf Tausend runden); 999 = keine Angabe
Einkommensklasse	1= unter 25.000€; 2 = 25.000€ bis 49.000€; 3 = 50.000€ bis 74.000€; 4 = über 75.000€; 999 = keine Angabe

Anmerkungen zu diesem Codeplan:

- Fragebogennummer: Vor Beginn der Erfassung sollten alle Fragebögen fortlaufend durchnummeriert werden. So kann bei Bedarf der jeweilige Datensatz mit dem ausgefüllten Originalfragebogen verglichen werden.
- Zahlenwerte statt Text: Wenn ohne Informationsverlust möglich, sollten Texte als Zahlenwerte codiert werden. Zunächst lässt sich beispielsweise eine „0" schneller erfassen als „männlich". Darüber hinaus können einige Auswertungen (z.B. Häufigkeitsauszählungen) in Excel leichter mit Zahlen als mit Textwerten durchgeführt werden.
- Wert für fehlende Eingaben: Prinzipiell ist damit zu rechnen, dass nicht alle Fragen beantwortet werden. Für diesen Fall ist ein Wert vorzusehen, so dass die entsprechenden Antworten bei den Auswertungen nicht berücksichtigt bzw. gefiltert werden können.
- Einkommensklasse: Bei Werten, die eine große Streuung aufweisen, wie beispielsweise dem Einkommen, sollte ein zusätzliches Feld angelegt werden, das die Anzahl der Eingaben durch Klassenbildung reduziert. Dies ermöglicht häufig anschaulichere Auswertungen, insbesondere bei Kreuztabellen und Diagrammen.

Nachdem der Codeplan erstellt ist, sollte eine Datei mit sämtlichen Feldern angelegt werden. Kopien dieser Datei sind dann den einzelnen Erfassern gemeinsam mit zu erfassenden Fragebögen zur Verfügung zu stellen. Daraufhin werden die Daten in den unterschiedlichen Dateien erfasst und zum Ende wieder in eine gemeinsame Datei hineinkopiert. Durch dieses Vorgehen können alle Gruppen Daten synchron erfassen, was den Prozess erheblich beschleunigt.

Nachdem die Daten anhand des Codeplans erfasst sind, könnte die Exceldatei wie folgt aussehen:

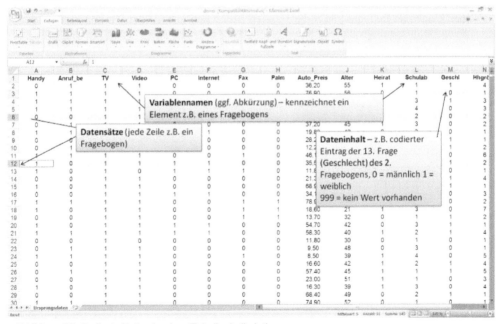

Abbildung 22: Codierte Daten in einer Tabellenkalkulation

Auf dieser Basis lassen sich die vielfältigen Funktionen einer Tabellenkalkulation nutzen, um die Daten nach verschiedenen Fragestellungen auszuwerten und darzustellen. Dabei empfiehlt sich, die Tabelle mit den Ursprungsdaten unberührt zu lassen und sie für Auswertungen in eine neue Tabelle zu kopieren. Dadurch kann bei den Auswertungen mit den Daten experimentiert werden, ohne die ursprünglichen Daten für spätere Auswertungen zu verändern.

3.2.4.2 Mittelwerte

Eine sehr häufig verwendete Methode, um die Vielfalt großer Datenmengen zu reduzieren und wesentliche Erkenntnisse zu erhalten, besteht in der Berechnung von Mittelwerten.

So wäre beispielsweise interessant, wie hoch das durchschnittliche Haushaltseinkommen ist. Hierzu wäre die Summe aller Einkommen durch die Anzahl zu dividieren, so dass das *arithmetische Mittel* berechnet wird. In Excel steht die Funktion Mittelwert (auszuwertender Bereich) zur Verfügung. Das Ergebnis ist 69,47 Tausend Euro.

Neben dem bekannten arithmetischen Mittel sind folgende Mittelwerte bedeutsam:

- Der Zentralwert oder *Median* gibt den Wert an, bei dem 50% der Merkmalsträger darunter und 50% darüber liegen. Die Excelfunktion hierfür lautet Median (auszuwertender Bereich). Für das Einkommen ergibt sich ein Median von 45 Tausend Euro. Dies bedeutet, dass 50% der Probanden weniger und 50% mehr als 45 Tausend Euro Hauseinkommen erwirtschaften.
- Der *Modus* ist der häufigste Wert eines Merkmals. Mit diesem Mittelwert lässt sich z.B. herausfinden, welcher Schulabschluss am häufigsten vorkommt. Excel bietet hierfür die Funktion Modalwert(auszuwertender Bereich) an. Das Ergebnis ist 2, was gemäß Codeplan bedeutet, dass die meisten Menschen, die an der Umfrage teilnahmen, einen Hauptschulabschluss haben.

Aufgabe: Berechnen und interpretieren Sie die Mittelwerte analog zur folgenden Darstellung:

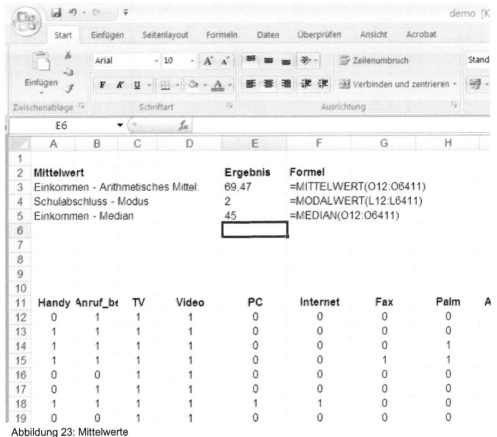

Abbildung 23: Mittelwerte

Hinweis: Gehen Sie zunächst wie folgt vor:
1. Kopieren Sie die Tabelle „Ursprungsdaten" in eine neue Tabelle der gleichen Arbeitsmappe, die Sie z.B. mit „Mittelwerte" benennen könnten.
2. Fügen Sie im oberen Bereich der neuen Tabelle einige Leerzeilen ein.
3. Geben Sie die Formeln ein und überprüfen Sie das Ergebnis.

Im Hinblick auf die angeführten Mittelwerte ist noch zu berücksichtigen, dass sie nicht für alle Fragestellungen geeignet sind. Zwar lässt sich das arithmetische Mittel des Geschlechts (nach Codeplan steht 0 für männlich und 1 für weiblich) oder Schulabschlusses berechnen, doch hat das Ergebnis keine Aussagekraft. Welche Mittelwerte berechnet werden können, hängt wesentlich vom Messniveau bzw. der Skalierung der Daten ab:

Messniveau / Skalierung	Empirischer Gehalt	Beispiele	Sinnvolle Mittelwerte
Nominal	Gleichheit und Ungleichheit ohne logische Reihenfolge	Geschlecht, Schulfächer, Automarken	Modus
Ordinal	Gleichheit und Ungleichheit mit logischer Reihenfolge (Ordnung)	Schulnote, Beliebtheit, Grad der Zufriedenheit auf Likertskala,	Modus Median
Metrisch	Wie ordinal und: sinnvolle Aussagen über Abstände möglich	Einkommen, Alter, Gewicht, IQ-Punkte	Modus Median Arithmetisches Mittel

Tabelle 7: Datenskalierung

Zwar vermitteln Mittelwerte eine wichtige Information über die Daten, doch können sie isoliert betrachtet auch in die Irre führen, wie dieses Beispiel verdeutlicht:

Einkommen 1			Einkommen 2
1			50000
1			50000
99999			50000
99999			50000
Mittelwert	50000		50000

Tabelle 8: Lage- und Streumaße

Gezeigt sind zwei Einkommensverteilungen, die jeweils das gleiche arithmetische Mittel aufweisen. Dennoch ist offensichtlich, dass sie sich im Hinblick auf die Streuung erheblich voneinander unterscheiden. Die Daten der linken Spalte zeigen eine starke Ungleichverteilung der Einkommen, während die im rechten Beispiel gleichverteilt sind.

Dies zeigt, dass neben den Mittelwerten auch die Verteilung der Daten zu berücksichtigen ist:

3.2.4.3 Häufigkeitsverteilungen

Eine sehr einfache, dennoch informative Auswertung der Daten besteht darin, sie nach ihrer Häufigkeitsverteilung zu untersuchen. So ist beispielsweise interessant, wie sich die Daten hinsichtlich des Geschlechts oder der Einkommensklassen verteilen.

Diese Fragen ließen sich ohne gedanklichen, aber mit erheblichem zeitlichem Aufwand ermitteln, indem die Tabelle nach dem entsprechenden Kriterium sortiert und dann manuell ausgezählt wird. Eleganter lässt sich diese Aufgabe jedoch mit der Funktion *Häufigkeit* bewältigen.

Um die Häufigkeitsverteilung des Kriteriums Geschlecht zu ermitteln, gehen Sie wie folgt vor:

1. Kopieren Sie die Tabelle Ursprungsdaten in eine neue Tabelle der gleichen Arbeitsmappe, die Sie z.B. mit „Häufigkeiten" benennen könnten.
2. Fügen Sie im oberen Bereich der neuen Tabelle einige Leerzeilen ein.

3. Geben Sie folgende Daten ein (vgl. Markierung):

Abbildung 24: Häufigkeitsverteilungen I

4. Geben Sie nun die Funktion ein.

4.1 Im Gegensatz zu anderen Funktionen ist bei „Häufigkeit" zu berücksichtigen, dass es sich um eine sogenannte Array-Funktion handelt, die mehrere Zellen auf einmal ausfüllt, weswegen die Vorgehensweise ein wenig anders als üblich ist.

4.2 Markieren Sie zunächst den Zellbereich C3:C5.

4.3 Wählen Sie nun die Funktion Häufigkeit aus (über das Symbol fx in der Bearbeitungsleiste):

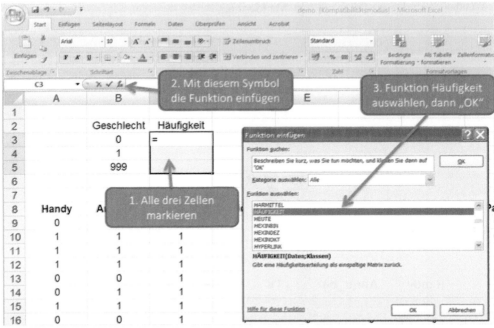

Abbildung 25: Häufigkeitsverteilungen II

4.4 Geben Sie bei „Daten" den Bereich an, in dem die auszuwertenden Daten stehen. Sie können den Bereich genau markieren (im Beispiel M9:M6408) oder die ganze Spalte (Spalte M) anklicken, falls im Rest der Spalte keine verzerrenden Daten stehen.

4.5 Bei „Klassen" ist der Bereich einzugeben, nach dem die Daten ausgewertet werden sollen, also B3:B5.

Abbildung 26: Häufigkeitsverteilungen III

4.6 Schließen Sie das Fenster nicht mit OK oder Return, weil sonst nur eine Zelle ausgefüllt wird. Schließen Sie es stattdessen mit STRG + Shift + Return. Sie erhalten dann dieses Ergebnis:

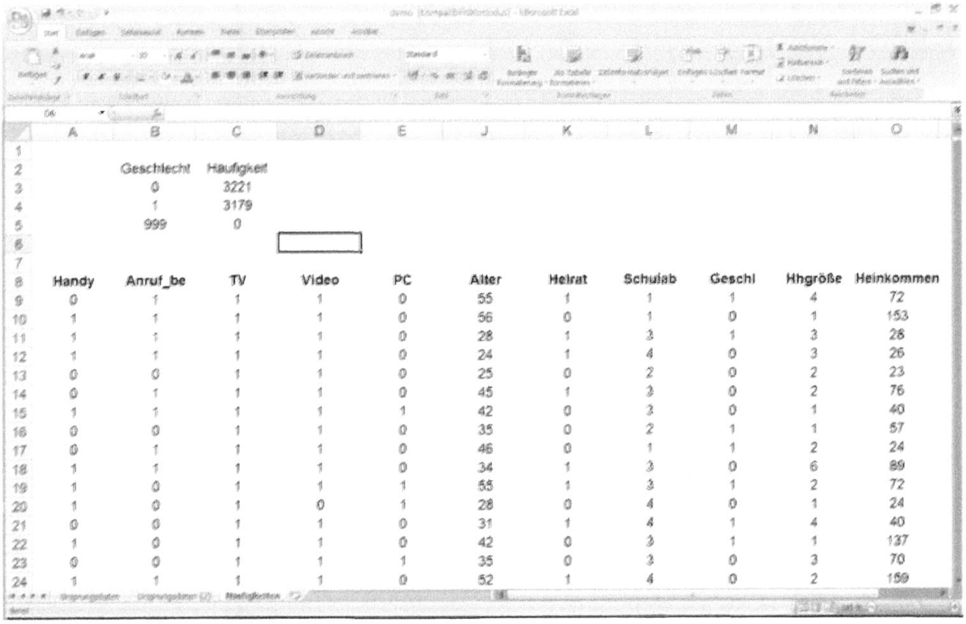

	A	B	C	D	E	J	K	L	M	N	O
1											
2		Geschlecht	Häufigkeit								
3		0	3221								
4		1	3179								
5		999	0								
6											
7											
8	Handy	Anruf_be	TV	Video	PC	Alter	Heirat	Schulab	Geschl	Hhgröße	Heinkommen
9	0	1	1	1	0	55	1	1	1	4	72
10	1	1	1	1	0	56	0	1	0	1	153
11	1	1	1	1	0	28	1	3	1	3	28
12	1	1	1	1	0	24	1	4	0	3	26
13	0	0	1	1	0	25	0	2	0	2	23
14	0	1	1	1	0	45	1	3	0	2	76
15	1	1	1	1	1	42	0	3	0	1	40
16	0	0	1	1	0	35	0	2	1	1	57
17	0	1	1	1	0	46	0	1	1	2	24
18	1	1	1	1	0	34	1	3	0	6	89
19	1	0	1	1	1	55	1	3	1	2	72
20	1	0	1	0	1	28	0	4	0	1	24
21	0	0	1	1	0	31	1	4	1	4	40
22	1	0	1	1	0	42	0	3	1	1	137
23	0	0	1	1	1	35	0	3	0	3	70
24	1	1	1	1	0	52	1	4	0	2	159

Abbildung 27: Häufigkeitsverteilungen IV

Der Fragebogen wurde also von 3.221 Männern und 3.170 Frauen ausgefüllt. Die 0 bei 999 besagt, dass keine fehlenden oder ungültigen Angaben bei dieser Frage angegeben wurden.

In einem Folgeschritt wäre neben der absoluten Häufigkeitsverteilung auch die relative bzw. prozentuale Verteilung der Geschlechter interessant. Dies lässt sich wie folgt ermitteln:

1. Die Anzahl sämtlicher Daten ermitteln, z.B. in der Zelle C7 mit der Formel „=*Summe (C3:C5)*".
2. Die Überschrift „Prozent" in die Zelle D2 schreiben.
3. Die erste Formel in D3 erfassen: „=C3/C7".
   Anmerkung: Durch die Dollarzeichen bei der Zelle C7 definieren Sie einen absoluten Bezug auf diese Zelle. Dadurch wird dieser Zellbezug beim Kopieren gewissermaßen fixiert.
4. Die Zelle als „Prozent" formatieren.
5. Formel und Format von D3 in die beiden darunterliegenden Zellen kopieren:

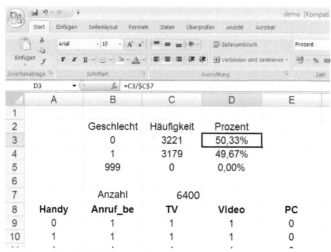

Abbildung 28: Häufigkeitsverteilungen V

Aufgabe: Erstellen Sie eine Häufigkeitsverteilung nach der Haushaltsgröße. Das Ergebnis könnte wie folgt aussehen:

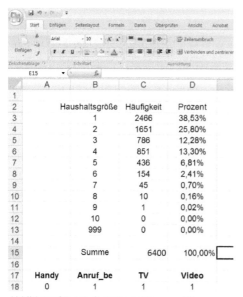

Abbildung 29: Häufigkeitsverteilungen VI

Diese Lösung legt die nächste Auswertung nahe, die die Prozentwerte kumuliert. Dadurch wird z.B. deutlich, wie viele Prozent der Haushalte in einer Größe von einem, zwei und drei Mitgliedern leben.

1. Geben Sie in E2 die Überschrift „Kumulation" ein.
2. Der Wert in E3 entspricht dem in D3, deshalb in E3 eintragen: „=D3".

3. Der kumulierte Prozentwert über die Haushaltsgrößen 1 und 2 ergibt sich aus der bisherigen Kumulation (E3) und dem neu dazukommenden Prozentwert (D4). Tragen Sie deshalb in E4 ein: „=E3+D4".

4. Kopieren Sie nun die Formel von E4 in die darunterliegenden Zellen:

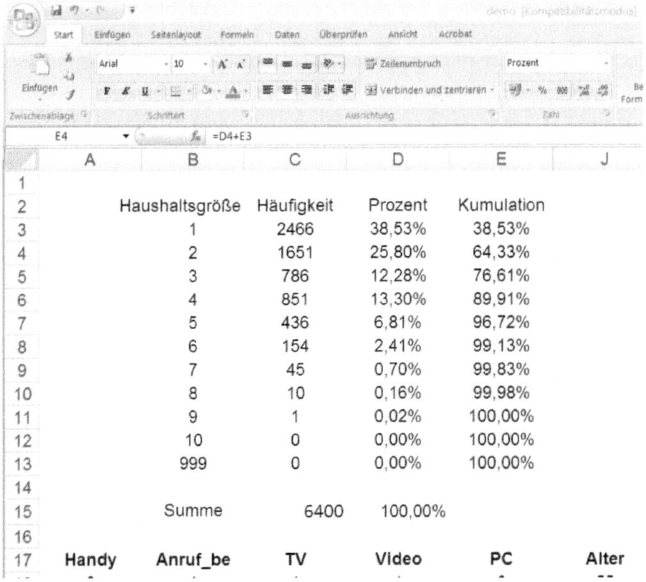

	A	B	C	D	E	J
1						
2		Haushaltsgröße	Häufigkeit	Prozent	Kumulation	
3		1	2466	38,53%	38,53%	
4		2	1651	25,80%	64,33%	
5		3	786	12,28%	76,61%	
6		4	851	13,30%	89,91%	
7		5	436	6,81%	96,72%	
8		6	154	2,41%	99,13%	
9		7	45	0,70%	99,83%	
10		8	10	0,16%	99,98%	
11		9	1	0,02%	100,00%	
12		10	0	0,00%	100,00%	
13		999	0	0,00%	100,00%	
14						
15		Summe	6400	100,00%		
16						
17	Handy	Anruf_be	TV	Video	PC	Alter

Abbildung 30: Häufigkeitsverteilungen VII

3.2.4.4 Klassifikationen

Häufigkeitsauszählungen von Daten wie der Preis des Autos, deren Werte sehr stark streuen bzw. viele Ausprägungen aufweisen, sind kaum praktikabel und lassen sich optisch nur schlecht veranschaulichen. Deswegen werden für solche Daten Klassifikationen vorgenommen. Ist dies nicht bereits beim Erfassen erfolgt, wie beispielsweise bei der Einkommensklasse, können die jeweiligen Häufigkeiten dennoch gut mit der Funktion Häufigkeit ermittelt werden.

Beim Einkommen könnte dies anhand folgender Regel geschehen:

Autoklasse	Preis des Autos
Unterklasse	Unter 10 (Tausend €)
Untere Mittelklasse	10–29 (Tausend €)
Obere Mittelklasse	30–49 (Tausend €)
Oberklasse	Ab 50 (Tausend €)

Tabelle 9: Klassifikation zur statistischen Auswertung

Die entsprechende Häufigkeitsauswertung lässt sich erreichen, indem jeweils die Klassenobergrenzen eingegeben werden. Für die teuerste Kategorie ist ein besonders hoher Wert einzugeben. Ansonsten kann analog zur bisherigen Verfahren vorgegangen werden.

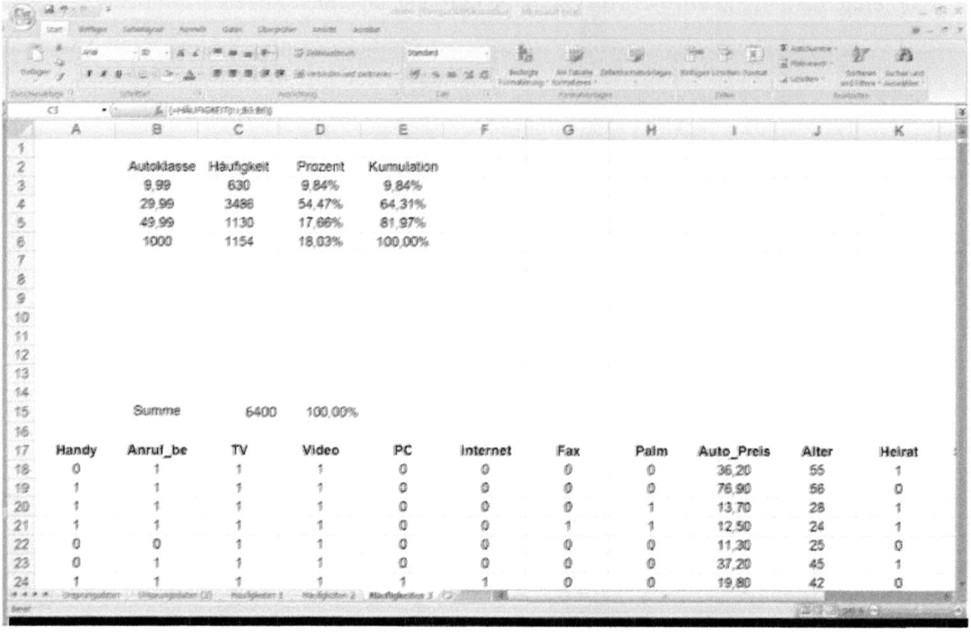

Autoklasse	Häufigkeit	Prozent	Kumulation
9,99	630	9,84%	9,84%
29,99	3486	54,47%	64,31%
49,99	1130	17,66%	81,97%
1000	1154	18,03%	100,00%
Summe	6400	100,00%	

Handy	Anruf_be	TV	Video	PC	Internet	Fax	Palm	Auto_Preis	Alter	Heirat
0	1	1	1	0	0	0	0	36,20	55	1
1	1	1	1	0	0	0	0	76,90	56	0
1	1	1	1	0	0	0	1	13,70	28	1
1	1	1	1	0	0	1	1	12,50	24	1
0	0	1	1	0	0	0	0	11,30	25	0
0	1	1	1	0	0	0	0	37,20	45	1
1	1	1	1	1	1	0	0	19,80	42	0

Abbildung 31: Klassifikationen

3.2.4.5 Kreuz- bzw. Pivottabellen

Häufig werden bei statistischen Analysen zwei Merkmale miteinander in Bezug gesetzt, um mögliche Zusammenhänge zwischen diesen Variablen zu ergründen. Hierfür stehen zahlreiche Analyseverfahren zur Verfügung, die jedoch für den schulischen Einsatz im Rahmen des forschenden Lernens zu anspruchsvoll sein dürften. Neben spezifischen Diagrammen, die im Folgeabschnitt vorgestellt werden, steht mit dem Instrument der Kreuztabelle bzw. der Pivottabelle jedoch auch eine leicht zu bedienende Methode zur Verfügung.

Im Rahmen des vorliegenden Datensatzes können damit beispielsweise Zusammenhänge zwischen dem Einkommen und der technischen Ausstattung oder dem Bildungsabschluss ermittelt werden.

Die nun zu erstellende Pivottabelle strebt an, einen möglichen Zusammenhang zwischen dem Haushaltseinkommen und der Häufigkeit von Palm Pilots zu ergründen.

1. Markieren Sie zunächst ein Feld der ursprünglichen Datentabelle und fügen Sie dann eine neue Pivottabelle ein (Menü Einfügen, PivotTable):

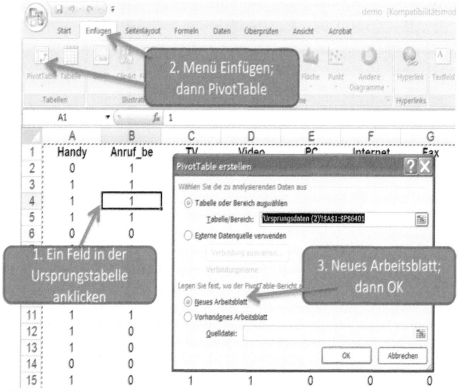

Abbildung 32: Kreuztabelle I

2. Anschließend wird eine neue Tabelle erstellt, die einen Bereich für die Pivottabelle und eine Feldliste enthält. Ziehen Sie einfach die Felder aus der Feldliste in den entsprechenden Bereich der Pivottabelle:

- Das Feld „Einkommensklasse" in den Bereich der Zeilenüberschriften.
- Das Feld „Palm" in den Bereich der Spaltenüberschriften.
- Ein weiteres Feld, das immer einen Eintrag enthält (z.B. wieder „Einkommensklasse") in den Wertebereich.

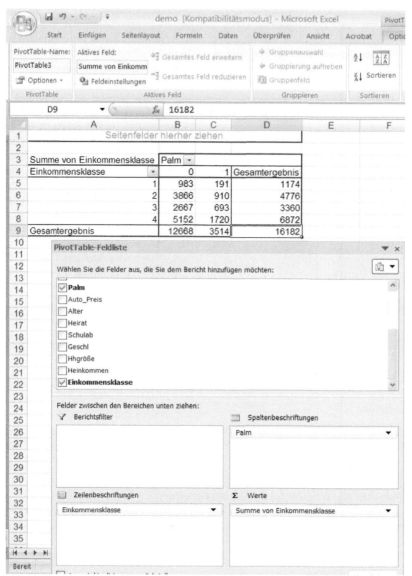

Abbildung 33: Kreuztabelle II

Zu dieser Vorgehensweise sind einige Erläuterungen nötig. Prinzipiell hätten Sie „Einkommensklasse" auch in den Bereich der Spaltenüberschriften und „Palm" in den für Zeilenüberschriften ziehen können. Generell empfiehlt sich jedoch aus Gründen der Übersichtlichkeit, das Merkmal mit mehr Ausprägungen („Einkommensklasse" hat vier Varianten, „Palm" nur zwei) als Zeilenüberschrift zu verwenden. Wichtig ist ferner, nicht das Feld „Heinkommen" zu verwenden, da dieses Merkmal zu viele Ausprägungen für eine übersichtliche Darstellung hat. Das war einer der Gründe, das Feld bei der Datenerfassung neu dazu zunehmen. Sonst sähe die Tabelle wie folgt aus:

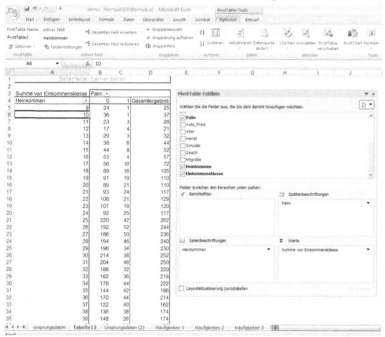

Abbildung 34: Kreuztabelle III

Welches Feld in den Datenbereich gezogen wird, hängt von dem Erkenntnisinteresse und der beabsichtigten Auswertung ab. In diesem Fall soll lediglich die Anzahl von Haushalten ermittelt werden, die einen Palm Pilot haben bzw. nicht haben. Dies ist dann nach Einkommensklassen gestaffelt anzuzeigen. Da also lediglich die Anzahl ermittelt werden soll, kann irgendein Feld gewählt werden, das immer einen Datenwert enthält. Momentan wird jedoch nicht die Anzahl, sondern die Summe ermittelt, was nun noch zu ändern ist.

3. Ändern Sie nun noch die Berechnungsmethode, indem Sie das Kontextmenü mit einem Rechtsklick auf ein Feld des Datenbereichs öffnen und dann „Daten zusammenfassen nach" und „Anzahl" auswählen.

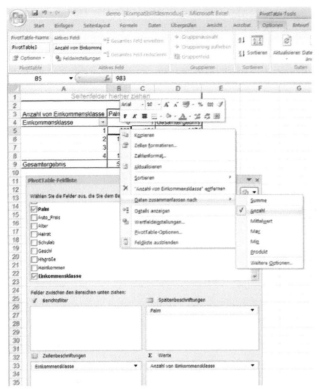

Abbildung 35: Kreuztabelle IV

Nun können Sie sehen, wie viele Haushalte der jeweiligen Einkommensklassen über einen Palm Pilot verfügen. Mit 455 Stück sind Palm Pilots in Haushalten der zweiten Einkommensklasse am verbreitetsten. Dies ist allerdings wenig überraschend, da diese Haushalte ohnehin am häufigsten vertreten sind. Um die Hypothese zu testen, dass einkommensschwächere Haushalte sich seltener einen Palm Pilot leisten und diese Geräte bei einkommensstarken Haushalten stärker vertreten sind, wäre eine relative Auszählung der Daten deutlich hilfreicher als eine Angabe in absoluten Zahlen.

4. Klicken Sie mit der rechten Maustaste auf ein Datenfeld der Pivottabelle und wählen dann im Kontextmenü den Punkt „Wertfeldeinstellungen" aus. Gehen Sie im erscheinenden Menü auf die Registerkarte „Werte anzeigen als" und öffnen Sie das Drop-Down-Feld. Als Auswahl kommt prinzipiell in Frage „% der Zeile" und „% der Spalte".

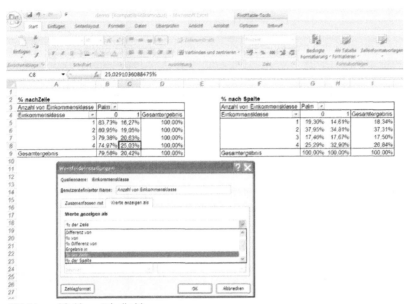

Abbildung 36: Kreuztabelle V

Aufgabe: Schauen Sie sich beide Varianten an. Überlegen Sie, welche der beiden Varianten eine Aussage über Einfluss des Einkommens (unabhängige Variable) auf die Häufigkeit von Palm Pilots (abhängige Variable) erlaubt.

Lösung:
Die spaltenweise Auswertung (im obigen Bild die Tabelle) sagt beispielsweise aus, dass Haushalte mit Palm Pilots zu 14,6% in der ersten Einkommensklasse und Haushalte mit Palm Pilots zu 34,8% in der zweiten Einkommensklasse liegen. Diese Informationen wären hilfreich, wenn die Hypothese getestet werden sollte, dass der Besitz von Palm Pilots (unabhängige Variable) zu höherem Einkommen (abhängige Variable) führt.

Im Gegensatz hierzu sagt die zeilenweise Auswertung, dass von der ersten Einkommensklasse lediglich 16% einen Palm Pilot besitzen (während der Durchschnitt bei 20,4% liegt), Haushalte der zweiten Klasse zu 19%, Haushalte der dritten Klasse zu 20% und Haushalte der höchsten Einkommensklasse zu 25% einen Palm Pilot besitzen. Diese Darstellung verdeutlicht klar, dass mit höherem Einkommen ein häufigerer Besitz von Palm Pilots einhergeht und ist insofern die geeignetere Variante im Hinblick auf die Fragestellung.

Allgemein formuliert lässt sich festhalten, dass die „%-Werte nach Zeilen" dann ermittelt werden sollten, wenn die unabhängige Variable in Zeilen dargestellt ist. Umgekehrt bietet sich die Auswertung „%-Werte nach Spalten" an, wenn die unabhängige Variable in Spalten dargestellt wird.

3.2.4.6 Diagramme

Der entscheidende Vorteil von Diagrammen besteht in ihrer Anschaulichkeit und Übersichtlichkeit. Werden Sachverhalte lediglich mit Zahlen in Tabellen dargestellt, bedarf es
zum Erfassen eines Sachverhalts recht viel Zeit und Konzentration. Im Gegensatz dazu
erschließen sich die Aussagen von Diagrammen meist leichter und schneller. Allerdings ist
die Gefahr von Fehlinterpretationen bzw. bewussten Manipulationen bei Diagrammen relativ groß, wie folgende Aufgabe verdeutlicht.

Aufgabe:
Vergleichen und beurteilen Sie untenstehende Diagramme, die jeweils die gleichen Umsatzzahlen eines Unternehmens abbilden.

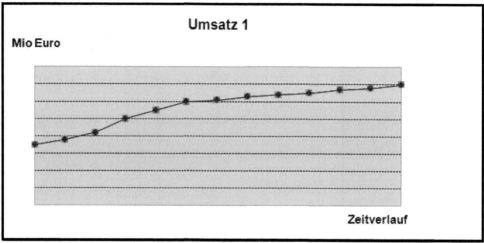

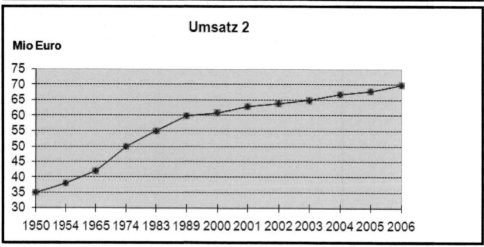

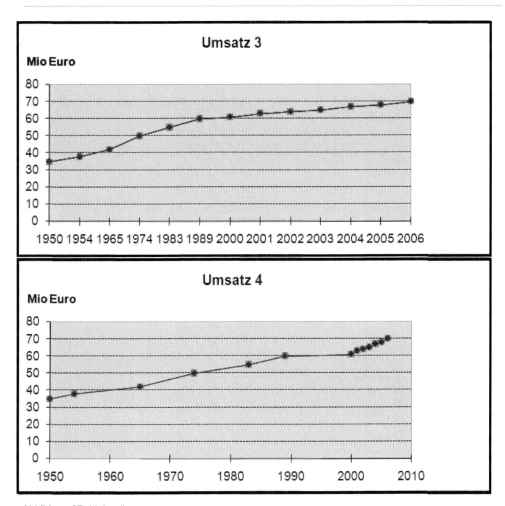

Abbildung 37: Liniendiagramme

Lösung:

Dem ersten Diagramm kann lediglich entnommen werden, dass die Umsätze irgendwie gestiegen sind; und selbst das nur unter der Annahme, dass auf der Zeitachse links die kleinsten Jahreszahlen stehen. Genauere Aussagen sind wegen der fehlenden Achsenbeschriftung nicht möglich.

Das zweite Diagramm ist deutlich informativer, allerdings suggeriert es eine bessere Umsatzentwicklung als das dritte Diagramm, da die Steigung der Linie größer ist. Dies liegt an der unterschiedlichen Skalierung der Größenachse. Da sie im zweiten Bereich einen engeren Bereich abdeckt (von 30 bis 85 Mio. Euro) erscheint der Anstieg stärker als im dritten Diagramm, das den gesamten Bereich von 0 bis 80 Mio. Euro abbildet.

Sowohl das zweite als auch das dritte Diagramm deuten auf einen sich abschwächenden Umsatzanstieg seit dem Jahr 2000 hin. Dies ist jedoch irreführend, wie das vierte Diagramm zeigt. Dort ist erkennbar, dass der Umsatz seit 2000 sogar stärker ansteigt, als dies in den bisherigen Jahren der Fall war. Die Ursache hierfür ist in den unterschiedlichen Abständen der Datenerhebung und in der Skalierung der Zeitachse zu sehen. So wurden Daten bis zum Jahr 2000 nur relativ selten erhoben, danach jedoch jährlich. Das zweite und dritte Diagramm bringen dies zwar zum Ausdruck, jedoch ist der Abstand von einem Datenpunkt zum nächsten Datenpunkt immer gleich, während im vierten Diagramm der zeitliche Abstand berücksichtigt wird, da dort die Skalierung der Zeitachse einheitlich ist.

Als wichtigstes Fazit der Diagramminterpretation ist festzuhalten, dass auf die Skalierung der Achsen besonders zu achten ist, da sich dort die größten Gestaltungs- bzw. Manipulationsspielräume ergeben.

3.2.4.6.1 Grundlagen der Diagrammerstellung und -bearbeitung

Sie können Diagramme in Excel relativ leicht erstellen. Zunächst sind die Daten (inkl. Überschriften), die im Diagramm veranschaulicht werden sollen, zu markieren. Gehen Sie dann auf den Menüpunkt „Einfügen" und wählen den entsprechenden Diagrammtyp aus. Untenstehende Grafik zeigt, wie ein Säulendiagramm auf Basis der Tabelle „Häufigkeiten 2" erstellt wird:

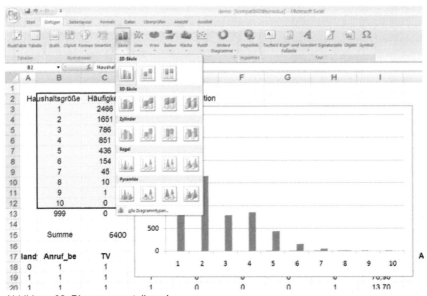

Abbildung 38: Diagrammerstellung I

Wenn Sie das Diagramm markieren, stehen drei diagrammspezifische Menüpunkte zur Auswahl (Entwurf, Layout, Format), die weitere Optionen zur Diagrammbearbeitung anbieten. Darüber hinaus besteht die Möglichkeit, ein zu bearbeitendes Element des Diagramms direkt zu markieren und mit der rechten Maustaste das Kontextmenü zu öffnen. So können Sie beispielsweise die Achsenskalierung ändern, indem Sie die Achse mit der rechten Maustaste anklicken und im Kontextmenü den Punkt „Achse formatieren ..." auswählen:

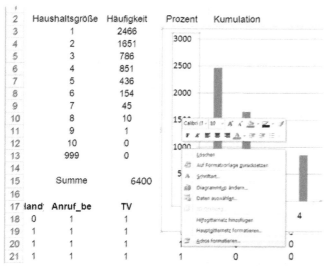

Abbildung 39: Diagrammerstellung II

3.2.4.6.2 Wichtige Diagrammtypen

Das *Säulendiagramm* eignet sich nicht nur für die einfache Darstellung von Häufigkeiten (wie im obigen Beispiel gezeigt), sondern auch zum Vergleich von Elementen. Hier sehen Sie ein Säulendiagramm, das die monatlichen Umsatzzahlen von drei Vertriebskräften miteinander vergleicht:

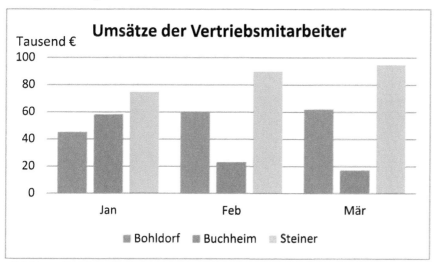

Abbildung 40: Säulendiagramm

Kreisdiagramme eignen sich, um die relative bzw. prozentuale Verteilung eines Merkmals zu veranschaulichen. Das untenstehende Diagramm basiert auf der Häufigkeitsauswertung der Autoklassen in der Tabelle „Häufigkeiten 3"

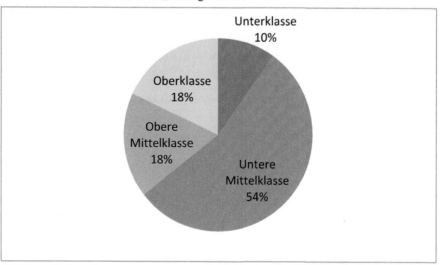

Abbildung 41: Kreisdiagramm

Liniendiagramme werden verwendet, um die Entwicklung von Daten im Zeitverlauf zu visualisieren. Dabei können ggf. auch Trends erkannt werden.

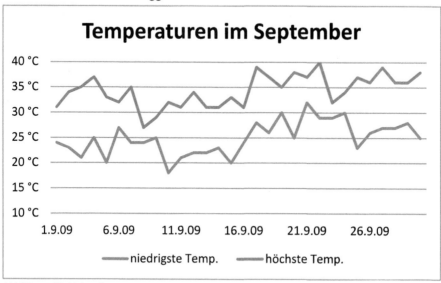

Abbildung 42: Liniendiagramm

Neben Kreuztabellen sind *Punktdiagramme* ein leicht zu handhabendes Instrument, um mögliche Zusammenhänge zwischen zwei Variablen zu ergründen. Das nachstehende Diagramm setzt sämtliche Einkommenswerte mit den Preisen des gefahrenen Autos in Bezug.

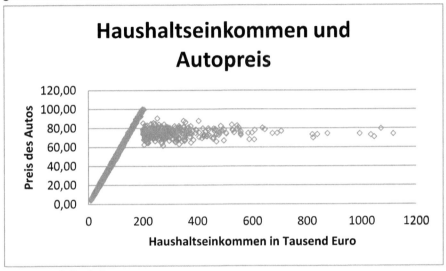

Abbildung 43: Punktdiagramm

Hierbei wird ein sehr starker Zusammenhang zwischen Autopreis und Haushaltseinkommen offensichtlich. Dieser geht primär aus den vielen Datenpunkten hervor, die insgesamt als Gerade von unten links nach rechts oben erscheinen. Die „Wolke" rechts von der Geraden oberhalb eines Jahreseinkommens von 200.000€ beeinflusst diesen Trend nur geringfügig.

3.3 Geschichte der Methode

Bereits Dewey und Kerschensteiner formulierten Positionen, die wesentliche Aspekte des Forschungsprozesses in den Unterricht zu integrieren suchten. Bruners Konzept des entdeckenden Lernens (vgl. 1.5.2) und Schwabs Überlegungen zu forschendem Lernen wurden in Deutschland in den 70er Jahren auf breiter Ebene aufgegriffen. Die Methode des forschenden Lernens hat sich primär in den naturwissenschaftlichen Fächern etabliert. Aber auch in sozialwissenschaftlichen Fachgebieten kommt ihr größere Bedeutung zu, besonders im Zusammenhang mit Forderungen nach verstärkter Handlungsorientierung und Kompetenzentwicklung.

3.4 Verlauf

Der Unterrichtsverlauf bei der Umsetzung des forschenden Lernens kann sich prinzipiell an den in Abschnitt 3.2.2 geschilderten Phasen des wissenschaftlichen Forschungsprozesses orientieren. Darüber hinaus ist an dieser Stelle lediglich darauf hinzuweisen, dass nicht alle dieser Phasen von den Schülern selbst gestaltet werden müssen. So kann die Lehrkraft einzelne Aufgaben abhängig von der verfügbaren Zeit, den Lernzielen und den Fähigkeiten der Schüler selbst übernehmen und deren Ergebnisse den Schülern zur Verfügung stellen bzw. vorgeben. So ist durchaus denkbar, dass die Lehrkraft die Ziele des Forschungsvorhabens vorgibt, den Schülern im Rahmen „normalen" Unterrichts die notwendigen theoretischen Kenntnisse vermittelt und ihnen die Datenerhebungsinstrumente (z.B einen Fragebogen) zukommen lässt, wodurch sich die Schüler auf die Erhebung und Auswertung der Daten konzentrieren können.

Weiterhin empfiehlt sich bei der Gestaltung des Verlaufs den Schülern zu Beginn eines Forschungsprojekts mit einem advance organizer (vgl. 1.5.2) einen groben Überblick über die einzelnen Phasen zu geben. Im Hinblick auf die Zeiteffizienz und den hohen Anspruchsgrad der Gestaltung der Datenerhebungsinstrumente und der Datenauswertung sollte die Lehrkraft unmittelbar vor diesen Phasen die Schüler zielgerichtet instruieren, was in diesem Fall gut in der Aktionsform des Lehrvortrags geschehen kann.

3.5 Ziele

Schüler können durch forschendes Lernen …

- eine wissenschaftliche Geisteshaltung (Neugierde; Bereitschaft, Sachverhalten auf den Grund zu gehen; systematisches Vorgehen) entwickeln;
- den Prozess der wissenschaftlichen Erkenntnisgewinnung kennenlernen;
- lernen, wissenschaftliche Methoden der Erkenntnisgewinnung vorzubereiten und anzuwenden;
- ihre Fähigkeit zur Dokumentation von Sachverhalten verbessern;
- lernen, die erhobenen Daten auszuwerten;
- im Zusammenhang mit der Datenauswertung bedeutsame Anwendungsgebiete der Mathematik zu erfahren;
- ihre Fähigkeit verbessern, kooperativ in Gruppen zu arbeiten;
- lernen, fachbezogen auch mit fremden Personen in Kontakt zu treten und mit ihnen zu kommunizieren;
- und nicht zuletzt: die Inhalte bzw. Gegenstandsbereiche des erkundeten Gebiets besser verstehen und nachhaltiger lernen.

Generell können empirische Forschungsmethoden mit Gewinn angewendet werden, wenn Hypothesen oder Theorien (z.B. Annahmen der Ökonomik oder Funktionsweise des Preisbildungsprozesses) überprüft oder Antworten auf spezifische Fragen und Probleme gesucht werden sollen. Im Wirtschaftunterricht wird forschendes Lernen besonders häufig und mit Erfolg im Zusammenhang mit Marktforschung eingesetzt.

3.6 Einsatzvoraussetzungen

Da forschendes Lernen äußerst anspruchsvoll ist, bedarf es zunächst einer *Lehrkraft*, die hinsichtlich der Wissenschaftsmethoden gut orientiert ist. Sie sollte zumindest die obigen Ausführungen verinnerlicht und diese ggf. noch etwas vertieft haben. Derlei ist notwendig, um …

- den Schwierigkeitsgrad des Vorhabens einschätzen zu können und somit den notwendigen Unterstützungsgrad und den Zeitbedarf antizipieren zu können;
- die Schüler rechtzeitig auf Defizite aufmerksam machen zu können (z.B. überambitionierte Ziele, schlecht entwickelte Datenerhebungsinstrumente);
- die Schüler bei Bedarf klar strukturiert instruieren zu können (z.B. im Vorfeld der Entwicklung der Datenerhebungsinstrumente oder der Datenauswertung);
- die Schüler fundiert unterstützen und beraten zu können;
- den Lernenden ggf. einzelne Phasen des Forschungsprozesses abnehmen zu können (ihnen beispielsweise die Datenerhebungsinstrumente zur Verfügung zu stellen).

Seitens der *Schüler* bedarf es generell einer hinreichenden Bereitschaft zum sorgfältigen Arbeiten und auch einer gewissen Frustrationstoleranz, da davon auszugehen ist, dass immer wieder Schwierigkeiten auftreten und zu überwinden sind. Im Zusammenhang mit der Datenerhebung mithilfe von Interviews sind gut entwickelte kommunikative Kompetenzen hilfreich, während bei der Auswertung Abstraktionsvermögen benötigt wird.

3.7 Vorteile und Probleme

Ein zentraler Vorteil des forschenden Lernens sind die anspruchsvollen Lernziele, die sich damit verwirklichen lassen. Neben potenziell hoher Motivation – hierfür ist ein angemessener Schwierigkeitsgrad und passende Unterstützung durch die Lehrkraft Voraussetzung – lassen sich mit der Methode folgende didaktische Prinzipien umsetzen:

Offensichtlich ist die *Wissenschaftsorientierung*, die sich mit dem forschenden Lernen so stark umsetzen lässt, wie mit keiner anderen Methode.

Problemorientierung ist beim forschenden Lernen in der Regel gewährleistet, da der Forschungsprozess von einer Problem- oder Fragestellung ausgeht und versucht, Lösungen und Antworten hierauf zu finden.

Schülerorientiert lässt sich forschendes Lernen vor allem umsetzen, wenn die zu untersuchende Fragestellung die Interessen oder den Lebensbereich der Schüler zumindest teilweise zum Gegenstand hat.

Ganzheitlich im Sinne der Vollständigkeit einer Handlung wird forschendes Lernen insbesondere dann sein, wenn die Schüler den gesamten Forschungsprozess durchlaufen.

Lebens- und Praxisnähe dürfte sich gerade bei der Datenerhebung ergeben, da die Daten meist außerhalb der Schulen gesammelt werden und einen Bezug zum realen Wirtschaftsleben aufweisen.

Da die Schüler möglichst große Teile des Forschungsprozesses gestalten sollen, werden sie stark *aktiviert* und haben die Gelegenheit, *selbstständig* zu arbeiten.

Die entscheidende Einsatzbarriere des forschenden Lernens dürfte, neben den Anforderungen an die Fachkompetenz der Lehrkraft, der hohe Zeitaufwand sein. Weiterhin besteht die Gefahr der Überforderung der Schüler. Deswegen ist zunächst darauf zu achten, dass die Lerngruppe über hinreichende Voraussetzungen verfügt und die Lehrkraft ggf. einige Phasen des Forschungsprozesses selbst übernimmt. Ferner ist wichtig, die Projekte nicht mit überambitionierten Zielen zu überfrachten, sondern relativ einfache und konkret formulierte Fragestellungen zu untersuchen.

3.8 Vertiefung

Schnell, Rainer; Hill, Paul; Esser, Elke: Methoden der empirischen Sozialforschungen. 6. Auflage. München 1999.
Dieses Werk vermittelt anschaulich und verständlich die wichtigsten Inhalte, die zur Durchführung eines Forschungsprojekts notwendig sind. Insbesondere die Ausführungen zur Entwicklung von Datenerhebungsinstrumenten sind für das forschende Lernen bedeutsam.

Monka, Michael; Voß, Werner: Statistik am PC. Lösungen mit Excel. 5. Auflage. München 2008.
Dieses Buch stellt wichtige Datenauswertungsmethoden vor und zeigt, wie sie in Excel durchgeführt werden. Die Darstellungen sind sehr konkret und dadurch gut nachvollziehbar.

3.9 Aufgaben

1. Geben Sie zu jeder der fünf dargestellten Forschungsvarianten ein Beispiel an, das im Rahmen des Wirtschaftsunterrichts umgesetzt werden könnte.
2. Skizzieren Sie kurz die wichtigsten Phasen im Prozess empirischer Forschung.
3. Konzipieren Sie zu einem geeigneten Thema aus dem Lehrplan eine Unterrichtsreihe zum forschenden Lernen, die (möglichst) den gesamten Forschungsprozess behandelt. Setzen Sie sich klare Ziele, entwickeln Sie hierzu auch geeignete Datenerhebungsinstrumente und passende Auswertungsfragen.
4. Sie möchten mit Ihrer Klasse die Zufriedenheit der Schüler Ihrer Schule mit dem Schulkiosk untersuchen. Stellen Sie einzelne Planungsschritte zur Durchführung dieses Vorhabens dar.
5. Vergleichen Sie die jeweiligen Vor- und Nachteile der mündlichen und der schriftlichen Befragung.
6. Erstellen Sie einen Fragebogen zu einem selbstgewählten Thema des Fachs.
7. Warum kommt der Gestaltung des Fragebogens bei schriftlichen Befragungen eine so große Bedeutung zu? Worauf ist hierbei zu achten?

8. Beurteilen Sie diese Aussage:„Ein Onlinefragebogen ist eine gute Methode, um Ergebnisse von Gruppenarbeiten zusammenzutragen und bildet eine sinnvolle Alternative zur üblichen Form der Präsentation."
9. Sammeln Sie erste Erfahrungen mit Onlineumfragen, indem Sie unter www.wirtschaftlernen.de eine Onlineumfrage zu einem selbstgewählten Thema anlegen, einige (evtl. fiktive) Testdaten eingeben und die Daten dann auswerten.
10. Erklären Sie, welche Informationen aus Mittelwerten, Häufigkeitsverteilungen und Kreuztabellen hervorgehen.
11. Erläutern Sie kurz die wichtigsten Diagrammarten und ihre Einsatzgebiete.
12. Welche Ziele lassen sich mit der Methode des forschenden Lernens anstreben?

4. Spiele

4.1 Merkmale von Spielen

Eine exakte Definition des Spielbegriffs anzuführen, ist angesichts des großen Spektrums und Variantenreichtums von Spielen schwierig und für didaktische Zwecke auch nur bedingt zielführend. Gleichwohl lassen sich Spiele anhand folgender Merkmale charakterisieren:

- Spiele haben *Regeln*, welche die Spieler befolgen müssen. Durch Regeln, die die Handlungsfreiheit der Spieler einschränken, erhält das Spiel sowohl Struktur als auch seinen herausfordernden Charakter. Sie setzen die Grenzen der spielerischen Freiheiten und erfordern Kreativität, um innerhalb ihres Rahmens zu den gewünschten Ergebnissen zu kommen. In traditionellen Spielen sind Regeln normalerweise schriftlich oder mündlich festgehalten und ihre Einhaltung muss von den Spielern (oder Schiedsrichtern) kontrolliert werden. Bei computergestützten Spielen sind sie fest in das Spiel eingebaut.
- Darüber hinaus haben Spiele *Ziele*, die im Rahmen des Spiels verfolgt werden und anhand derer die Qualität des Spielerfolgs gemessen wird. Ziele sind insbesondere im Hinblick auf die Motivation bedeutsam.
- Wichtig ist ferner, dass Spielhandlungen zu *Ergebnissen* führen und die Spieler somit *Feedback* zu ihrem Verhalten bekommen, beispielsweise in Form von Punkten oder Spielgeld. Dies ist nicht nur hilfreich, um seinen Stand im Verhältnis zum Ziel ermitteln zu können, sondern ermöglicht auch Lernprozesse im Spiel. Ein besonderes Qualitätsmerkmal von Spielen ist in diesem Zusammenhang die Adaptivität des Feedbacks bzw. des Anspruchsniveaus. Passt das Spiel diese Merkmale an die Leistungsstärke des Spielers an, ist dies positiv sowohl für die Motivation als auch für potenzielle Lerneffekte. Technisch relativ leicht realisierbar ist diese Adaptivität durch aufsteigende Spiellevel mit zunehmendem Schwierigkeitsgrad. Alternativ ist auch denkbar, dass das Spiel den Schwierigkeitsgrad nicht selbst anpasst (Adaptivität), sondern die Spieler die Auswahl des Schwierigkeitsgrads selbst vornehmen (Adaptierbarkeit).
- Außerdem benötigen Spiele ein zu lösendes *Problem*, eine zu überwindende Herausforderung oder eine Wettbewerbssituation mit anderen Spielern. In gewisser Hinsicht lässt sich Spielen als Problemlöseprozess interpretieren. Gerade durch diese Eigenschaft von Spielen ergeben sich didaktische Anknüpfungspunkte, z.B. im Hinblick auf das Prinzip des problemorientierten Lernens. Eine angemessene Herausforderung ist ebenfalls aus motivationalen Gründen bedeutsam.
- Wenngleich dies kein zwingendes Element eines Spiels ist, so zeichnen sich Spiele in der Regel durch *Interaktionsmöglichkeiten* mit anderen Spielern aus. Dies macht einerseits mehr Spaß und hat außerdem den didaktischen Vorteil, dass sich hiermit soziale und kommunikative Kompetenzen fördern lassen (vgl. Prensky 2007).

Im Vergleich zu herkömmlichen Spielen können *Computerspiele* die Spielerfahrung verbessern und einige Vorteile bieten, die ebenfalls im Hinblick auf Lernprozesse bedeutsam sind. Hier eine stichwortartige Auswahl: Computerspiele ...

- kümmern sich um Regeln;
- sind schneller;
- haben eine bessere Graphik und können multisensorische Elemente (Videos, Audiodateien) integrieren;
- können zahlreiche (lernrelevante) Zusatzinhalte zur Verfügung stellen;
- erleichtern das Auffinden geeigneter Gegner bzw. Partner über das Internet;
- erlauben eine erhöhte Komplexität;
- ermöglichen einen zum Niveau des Spielers passenden Schwierigkeitsgrad, wodurch eine hohe Motivation erzielbar ist (Prensky 2007).

4.2 Vorteile spielerischen Lernens

Spielen führt häufig zu einer Art der Auseinandersetzung mit dem Spielgegenstand bzw. einem Sachverhalt, die auch für Lernprozesse wünschenswert wäre. So ist Spielen eine *motivierende*, befriedigende und hoch-konzentrative Tätigkeit. Es kann dabei zum „Eintauchen" in die Spielwelt und zum Flow-Zustand kommen. Im Flow-Zustand ist der Betroffene stark konzentriert, hat großes Vergnügen, kann schwierige Sachverhalte lösen und die Zeit vergeht schnell. Eine wesentliche Voraussetzung dieses Zustands ist ein angemessener Schwierigkeitsgrad:

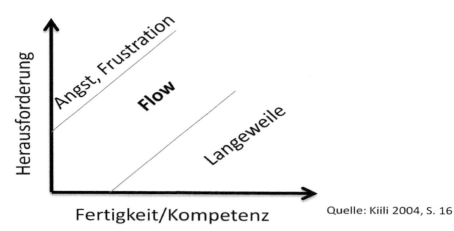

Abbildung 44: Flow-Zustand, Quelle: Kiili 2004, S. 16

Beim Spielen kommt es jedoch nicht nur zur Bereitschaft, sich länger mit etwas auseinanderzusetzen, sondern auch zu Experimentierverhalten. Neue bzw. ungewöhnliche Variationen, Strategien und Entscheidungen können in Spielen gefahrlos getestet werden, da sich Misserfolge im Spiel nicht negativ in der Wirklichkeit auswirken.

Neben der bereits angesprochenen *Problemorientierung* und hohen *Motivation* lassen sich mit spielerischem Lernen weitere wichtige didaktische Prinzipien umsetzen. *Ganzheitlichkeit* ergibt sich dadurch, dass Spiele neben kognitiven auch affektive und psychomotorische Bereiche ansprechen können. Offensichtlich geht auch eine hohe *Schüleraktivitä* mit spielendem Lernen einher.

Gerade bei Computerspielen lässt sich mit Medien wie Grafiken, Videos und Simulationen ein hoher Grad an *Anschaulichkeit* der Sachverhalte erreichen.

Da viele Spiele zur Anwendung, Vertiefung und Wiederholung geeignet sind, lässt sich mit Spielen dem Prinzip der *Erfolgssicherung* gut gerecht werden.

Kritisch anzumerken ist allerdings, dass sich die hohe Motivation des Spielens häufig in ihrem (scheinbar) zweckfreien Charakter begründet. Ist sich der Spieler bzw. Lernende bewusst, dass das Spiel gewissermaßen zum Lernen instrumentalisiert wird, kann die Motivation sinken.

4.3 Inhalte und Ziele des Lernens mit Spielen

Grundsätzlich lassen sich Spiele bzw. spielerische Elemente zur Erarbeitung fast aller *Inhalte* und Lernbereiche des Wirtschaftsunterrichts verwenden, beispielsweise zum Erwerb oder zur Verbesserung von Faktenwissen, Theorien, (Fach-)Sprache, Kommunikation/ Argumentation, Kooperation, Kreativität, Logik, Können, Beobachtung und Beurteilung.

Damit sind gleichzeitig wesentliche *Ziele* des Fachs angesprochen. Prinzipiell sind Spiele gut zur Förderung von Fach-, Methoden-, Sozial- und Kommunikationskompetenz. Welche konkreten Inhalte vermittelbar sind, hängt von Art und Gegenstand des Spiels ab. Angesichts des großen (Lern-)Spielangebots und der Heterogenität der Spiele würde eine Auflistung der Ziele und Inhalte an dieser Stelle zu weit führen. Einen Eindruck können jedoch die entsprechenden Ausführungen bei Rollenspielen und Planspielen oder die weiter unten skizzierten Spiele vermitteln.

Wenn sich auch die Ziele und Inhalte nicht wesentlich von anderen handlungsorientierten Methoden unterscheiden, gilt es doch sich der spezifischen *Art des Lernens* mit Spielen bewusst zu sein:

So kann *implizites* bzw. beiläufiges *Lernen* unterstützt werden, bei dem der Lernende sich des Lerneffekts zunächst nicht bewusst ist. Durch die aktive Auseinandersetzung mit einem Sachverhalt im Rahmen eines Spiels lassen sich viele Inhalte lernen, die der Spieler häufig ohne weitere Unterstützung oder Reflexionsprozesse nicht explizieren bzw. mündlich zum Ausdruck bringen kann. Durch das Spielen von beispielsweise SimCity (vgl. 4.5.1.1) lernen die Spieler wesentliche kausale Zusammenhänge und Wirkungen im Zeitverlauf kennen. Dadurch sind sie in der Lage, komplexe Sachverhalte richtig zu beurteilen und ihre Kenntnisse erfolgreich anzuwenden, wenngleich sie die theoretischen Hintergründe dafür nicht oder nur diffus artikulieren können. Insofern bietet sich nach dem derart erworbenen Wissen eine systematische Reflexion an, innerhalb derer sich die Lernenden die gelernten Sachverhalte bewusst machen. Deswegen sind z.B. bei den Methoden Planspiel und Rollenspiel Reflexionsphasen von großer Bedeutung.

Durch Spielen lässt sich jedoch auch *deklaratives Wissen* (insbes. Faktenwissen) erwerben. So könnte ein Spiel eine Aufgabe enthalten, die der Spieler mit seinem jetzigen Wissensstand noch nicht beantworten kann. Entsprechend kann das Spiel die Lernenden dazu motivieren, sich mit neuen Sachverhalten auseinanderzusetzen. Diese neuen Informationen können sowohl unmittelbar in das Spiel integriert sein oder müssen ggf. erst recherchiert werden. Insofern können Spiele als Auslöser dienen, sich mit neuen Sachverhalten auseinanderzusetzen.

Außerdem eignen sich Spiele, um bereits vorhandene Fähigkeiten und Fertigkeiten *zu üben, zu vertiefen, anzuwenden* oder auszudifferenzieren.

4.4 Integration von Spielen in den Lernprozess

Wie aus den obigen Ausführungen hervorgeht, lassen sich Spiele für unterschiedliche Bereiche und verschiedene Arten des Lernens verwenden. Gleichwohl ist bedeutsam, Spiele nicht lediglich zu spielen, sondern sie gezielt in ein umfassenderes didaktisches Szenario einzubetten. In diesem Zusammenhang stellt sich die Frage, wie bzw. wo Spiele in den Lernprozess eingebunden werden können.

Zunächst ist festzuhalten, dass ein einzelnes Phasenschema, wie sie bei den anderen Methoden vorgestellt sind, der Vielfalt der Spiele kaum gerecht würde. So gibt es Spiele, die sich als Makromethode (z.B. Rollenspiele, Planspiele aber auch Spiele wie SimCity) interpretieren lassen und ein eigenes Phasenschema haben, wodurch sich der gesamte Lernprozess strukturieren lässt.

Andere Spiele sind als Mikromethode punktuell innerhalb einzelner Phasen des Lernprozesses einbindbar:

Zur *Einführung oder Motivation* zu einer längeren Lernsequenz, bei der Gruppenarbeit und Kooperation im Vordergrund steht, bieten sich Spiele zur Förderung von Gruppendynamik (z.B. „Bis 21 zählen" „Teppich umdrehen") an. Kennen sich die Schüler noch nicht, was gelegentlich zum Anfang des Schuljahres oder innerhalb einer aus verschiedenen Klassen zusammengesetzten Arbeitsgemeinschaft der Fall ist, empfiehlt sich der Einsatz von Kennenlernspielen.

Darüber hinaus finden sich zahlreiche Spiele, die sich je nach konkreter Ausgestaltung in der *Anwendungs-, Übungs-, Wiederholungs- oder Transferphase* gewinnbringend verwenden lassen. Aus diesem Bereich werden nachstehend sowohl für den Unterricht angepasste Versionen bekannter Spiele (Tabu, Activity, Was bin ich, Kreuzworträtsel) als auch spezifische Lernspiele (Ballwerfen, Luftballons) vorgestellt.

Unabhängig von der jeweiligen Lernphase lassen sich Spiele auch einsetzen, um die Lerngruppe zu *aktivieren* und um das *Konzentration*svermögen wiederherzustellen (Bälle werfen, Huhn und Ei, 4-Farben-erinnern).

4.5 Vorstellung ausgewählter Spiele

Auf der Website des Buchs www.wirtschaft-methodik.de sind die Spiele mit Screencasts und Videos veranschaulicht

4.5.1 Komplexe Simulationsspiele

Komplexe Simulationsspiele sind Planspielen sehr ähnlich, weswegen die nachfolgenden Ausführungen zur Abgrenzung beider Konzepte mehr einer grundlegenden Orientierung als einer scharfen begrifflichen Abgrenzung dienen. Der entscheidende Unterschied kann darin gesehen werden, dass Planspiele mit didaktischen Intentionen entwickelt wurden und entsprechende den Lernprozess unterstützende Zusatzmaterialien wie Arbeitsblätter, Reflexionsaufgaben oder Unterrichtshinweise für Lehrkräfte mitgeliefert werden. Im Gegensatz hierzu sind komplexe Simulationsspiele für die Zielgruppe der Spieler konstruiert. Solche Spiele weisen in der Regel einen noch höheren Spaßfaktor als Planspiele auf, da sie von den Anwendern nur bei hinreichender intrinsischer Motivation genutzt werden, während Planspiele mit dem Ziel des Wissens- und Kompetenzerwerbs gespielt werden und der Spaßaspekt nachrangig ist. Allerdings gibt es für komplexe Simulationsspiele seitens der Softwareentwickler keine didaktisch aufbereiteten Zusatzmaterialien. Diese sind dann von den Lehrkräften zu entwickeln, um die Spiele lernwirksam nutzen zu können.

In der Regel empfiehlt sich bei komplexen Simulationsspielen das gleiche Phasenverlaufsschema wie bei Planspielen:

Konfrontation, Information und Einarbeitung: Zunächst sind die Schüler mit der Ausgangssituation des Spiels zu konfrontieren. In diesem Zusammenhang werden die zu übernehmenden Rollen angesprochen, die kausalen Wirkungszusammenhänge nach Möglichkeit offengelegt und erläutert, die Ziele dargelegt, die Regeln vorgegeben und ggf. Bezüge zum relevanten Vorwissen der Schüler hergestellt. Ferner wären hier inhaltliche Aspekte zu klären bzw. zu erarbeiten, die für das Planspiel wichtig sind. Auch sollten die im Spiel verwendeten Materialien vorgestellt und erläutert werden, falls diese nicht selbsterklärend sind.

All dies erfolgt normalerweise im Rahmen eines Lehrvortrags. Allerdings können sich insbesondere bei komplexeren Spielen die Schüler mithilfe von Informationsblättern Teile der Sachverhalte auch eigenständig aneignen. Anschließend können die Spielgruppen gebildet und Materialien ausgeteilt werden.

Abbildung 45: Verlauf komplexer Simulationsspiele

Diese Schritte sollten erst nach Klärung der Rahmenbedingungen erfolgen. Bei umgekehrter Reihenfolge besteht die Gefahr, dass die Schüler sich bereits während der Ausführungen mit dem Material beschäftigen und ihre Aufmerksamkeit entsprechend reduziert ist. Außerdem kann dann leicht eine unruhige Atmosphäre entstehen.

Die Informationsphase ist bei komplexen Simulationsspielen gut mit der Einarbeitungsphase kombinierbar, bei der die Schüler sich einen ersten eigenen Eindruck von dem Spiel verschaffen, beispielsweise indem sie frei experimentieren und sich dadurch mit dem Spiel vertraut machen.

In der *Durchführungsphase* wird das Spiel in mehreren, häufig strukturgleichen Runden gespielt.

Zunächst sind bestimmte Entscheidungen zu treffen und entsprechende Aktionen im Spiel durchzuführen. Die Entscheidungen sollten selbstverständlich nicht unreflektiert und auf Basis gedankenfreien Experimentierens und Ratens getroffen werden. Vielmehr wären die eigentlichen Problemstellungen des Spiels hinreichend zu berücksichtigen, Lösungsmöglichkeiten zu erarbeiten, gegeneinander abzuwägen und auf dieser Basis eine qualifizierte Entscheidung zu treffen. Im Hinblick auf die spätere Reflexion sollten die wichtigsten Überlegungen auch kurz schriftlich festgehalten werden. Die Entscheidungen wirken sich entweder in der Folgerunde oder auch erst mit einiger zeitlicher Verzögerung in Form bestimmter Konsequenzen aus. Die Analyse dieser Ergebnisse kann helfen, neue Erkenntnisse zu gewinnen und diese in die Folgeentscheidung einfließen zu lassen.

Die Durchführungsphase komplexer Simulationsspiele kann sich von der Durchführung von Planspielen in mehrerlei Hinsicht unterscheiden, was spezifische Modifikationen im Ablauf nahelegt:

- Im Gegensatz zu vielen Planspielen ist bei komplexen Simulationsspielen der kausale Wirkungszusammenhang zwischen einer Entscheidung und ihren Konsequenzen nicht immer klar ersichtlich, was durch die oft höhere Komplexität als auch durch die fehlende Transparenz der Modellannahmen begründet ist. Vor diesem Hintergrund können häufigere Zwischenreflexionen im Klassenverband hilfreich sein, da sich so die gemachten Erfahrungen besser strukturieren, systematisieren und in Bezug zu den Vorkenntnissen bzw. Lernzielen setzen lassen.
- Die einzelnen Spielrunden sind oft nicht strukturgleich. So haben viele Simulationsspiele zu Beginn eine Art Aufbauphase, in der zunächst etwa Fabriken zu bauen oder Städte zu entwickeln sind. Erst anschließend beginnt die aktive Phase des Managens und Optimierens der erstellten Umgebung. Dies ist einerseits sehr zeitaufwändig und kann andererseits zu sehr heterogenen Situationen führen. Deswegen sollte die Lehrkraft ggf. den Schülern eine gemeinsame Ausgangsbasis zur Verfügung stellen, indem sie die Aufbauphase selbst übernimmt und so gestaltet, dass sie zur Erarbeitung der gewünschten Kenntnisse geeignet ist. Dieser Spielstand kann bei vielen Spielen kopiert und somit den Schülern zur Verfügung gestellt werden.

Nach Durchführung des Spiels sind dessen Ergebnisse *auszuwerten* und zu vergleichen. Zentral für den Lernerfolg ist eine intensive *Reflexion* des Spiels, bei der zahlreichen Fragestellungen nachgegangen werden kann und sollte, z.B.:

- Analyse der Spielstrategien: Waren Sie erfolgreich? Warum bzw. warum nicht? Wie könnten die Strategien noch verbessert werden?
- Fachliche Vertiefung: Mehrere Fragen und Aufgaben sollten gestellt werden, die sich auf die fachlichen Inhalte des Spiels beziehen.
- Soziale Aspekte: Wie verlief die Zusammenarbeit in der Gruppe? Welche Probleme ergaben sich? Wie könnte damit umgegangen werden?
- Metareflexion des Lernprozesses: Was wurde während des Spiels gelernt?
- Modellkritik: Was war an dem Simulationsspiel unrealistisch? Wie könnte es verbessert werden?
- Transfer: Auf welche Lebensbereiche lassen sich die im Spiel gewonnenen Erkenntnisse übertragen? Welche Einschränkungen sind dabei angesichts der Modellprämissen zu berücksichtigen?

Ferner ist im Rahmen des nachfolgenden systematisierenden Unterrichts darauf zu achten, dass die im Einzelfall gewonnenen Erkenntnisse erweitert, generalisiert und dekontextualisiert werden.

4.5.1.1 SimCity

SimCity ist eine Wirtschaftssimulation, bei der der Spieler eine Stadt entwickelt unter Berücksichtigung zahlreicher Faktoren wie Haushaltslage, Attraktivität für Unternehmen und Einwohner, Umwelt, Verkehr, Kriminalität und Bildung. Zunächst sind auf einer noch unbebauten Landschaft spezifische Zonen für Wohnen, Handel bzw. Dienstleistungen und Industrie bzw. Gewerbe festzulegen und mit adäquater Infrastruktur (Straßennetz, Wasser- und Stromversorgung) zu versehen.

Mit zunehmender Entwicklung und steigender Einwohnerzahl sollten zahlreiche weitere Bauten zur Erhöhung der Attraktivität an geeigneten Orten errichtet werden, beispielsweise Schulen, Bibliotheken, Polizeistationen, Feuerwehrhäuser, Krankenhäuser, Parks, öffentliche Nahverkehrsmittel, Häfen und Flughäfen, Kraftwerke und Regierungsgebäude. Die entsprechenden Maßnahmen sind über die Symbole am linken Bildschirmrand aktivierbar.

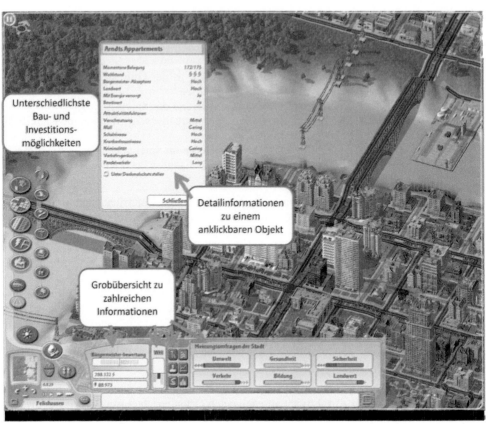

Abbildung 46: SimCity – Überblick

Weitere Maßnahmen, das Spielgeschehen maßgeblich zu steuern, ergeben sich durch Ein-
stellmöglichkeiten im Budgetfenster und seinen Unterfenstern, die durch jeweiliges Anklicken geöffnet werden:

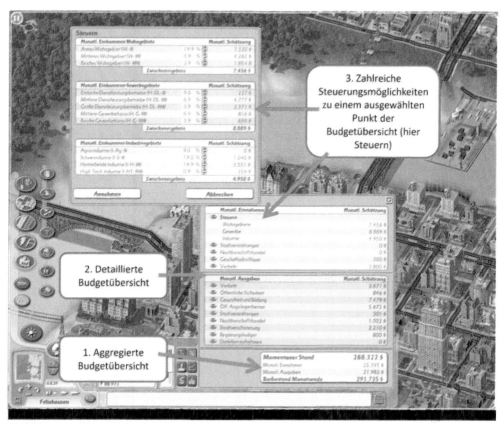

Abbildung 47: SimCity – Budgetplanung

Hier lassen sich die wesentlichen Einnahmen- und Ausgabenbereiche der Stadt nicht nur im Detail ansehen, sondern auch spezifische Entscheidungen treffen, beispielsweise über Ausgaben für Verkehr, Sicherheit, Gesundheit, Bildung und spezifische politische Maßnahmen. Darüber hinaus können Kredite aufgenommen oder mit benachbarten Städten Handelsabkommen abgeschlossen werden. Ein wichtiges Element der Spielsteuerung sind die Steuersätze, die je nach Zielgruppe ganz unterschiedlich gestaltbar sind. So differenziert das Programm sowohl zwischen Bewohnern mit niedrigem, mittlerem und hohem Einkommen als auch zwischen unterschiedlichen Gewerbetypen und verschiedenen Industrieunternehmen, die sich hinsichtlich ihrer Ertragskraft und Umweltverschmutzung unterscheiden. Generell geht mit wohlhabenden Einwohnern ein erhöhtes Steueraufkommen (selbst bei niedrigeren Steuersätzen) und eine niedrigere Kriminalitätsrate und Belastung der Infrastruktur einher. High-Tech-Unternehmen sind insofern attraktiv, als sie hohe Steuern zahlen, wohlhabende und gebildete Einwohner anlocken und die Umwelt kaum verschmutzen. Andererseits haben diese Einwohner und Unternehmen hohe Anforderungen an Lebensqualität und Bildung, weswegen sie deutlich schwerer zu erhalten sind als einkommensschwache Bevölkerungsschichten und umweltverschmutzende Schwerindustrie.

Ein Großteil der Spielmotivation und der potenziellen Lernziele ergibt sich aus den bereits angedeuteten Zielkonflikten, die es mittels durchdachter und abgewogener Entscheidungen zu managen gilt. Meistens bestehen Zielkonflikte zwischen Maßnahmen, die die Attraktivität der Stadt erhöhen (Einrichtung von Schulen, Parks, Krankenhäusern etc.) und deren Finanzierung. Darüber hinaus finden sich jedoch auch andere Zielkonflikte wie kurze Pendelzeiten und Verkehrslärm. So lassen sich die Pendelzeiten durch den (kostenpflichtigen) Bau und Unterhalt zusätzlicher oder schnellerer Straßen verkürzen, andererseits steigt dadurch die Lärmbelästigung der Anwohner und die Luftverschmutzung vor Ort.

Ein Schlüsselfaktor ist das Bildungsniveau, das jedoch nur durch zahlreiche aufeinander abgestimmte und kostspielige Maßnahmen zu erhöhen ist, was außerdem einen langen Atem benötigt. Gleichwohl gehen mit einer gebildeteren Bevölkerung attraktivere Arbeitsplätze und höhere Steuereinnahmen genauso einher, wie eine reduzierte Kriminalitätsrate.

Interessant sind auch die zeitlich unterschiedlichen Effekte von Maßnahmen, wodurch ein wichtiger Aspekt systemischen Denkens im Spiel abgebildet wird. Beispielsweise führen Steuererhöhungen zunächst zu erhöhten Einnahmen. Diese können jedoch auch zur Abwanderung von Einwohnern und Unternehmen führen, so dass die Einnahmen nach einer gewissen Zeit deutlich sinken, was dann nicht mehr leicht zu revidieren ist.

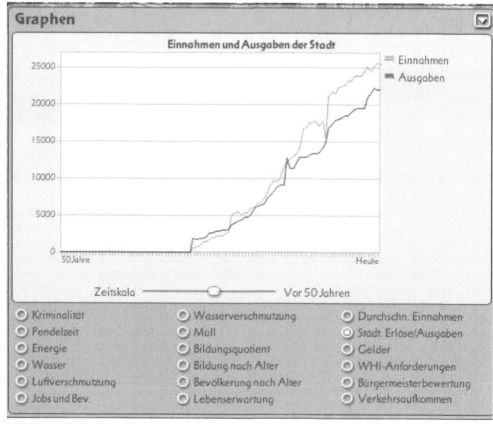

Abbildung 48: SimCity – Einnahmen- und Ausgabenentwicklung

All diese Zusammenhänge sind vielfältig miteinander vernetzt, so dass eine einzelne Maßnahme mehrere Wirkungen haben kann. Außerdem ist es recht schwer, die Konsequenzen
einer Maßnahme bzw. eines Bündels von aufeinander abgestimmten Maßnahmen (einer
Stadtentwicklungsstrategie) zu erfassen. Vor diesem Hintergrund sind die zahlreichen Informationsquellen äußerst wertvoll, da sie eine detaillierte Analyse des Spielverlaufs bzw.
des Verlaufs kritischer Spielelemente ermöglichen. Auf Basis so durchführbarer Untersuchungen können die jeweiligen Strategien bewusst weitergeführt oder modifiziert werden.

Wichtige Graphen sind beispielsweise die Entwicklung der Einnahmen und Ausgaben,
da sich daraus der finanzielle Handlungsspielraum erkennen lässt.

Bedeutsam sind auch die Nachfragekurven verschiedener Bevölkerungs- und Unternehmensbereiche.

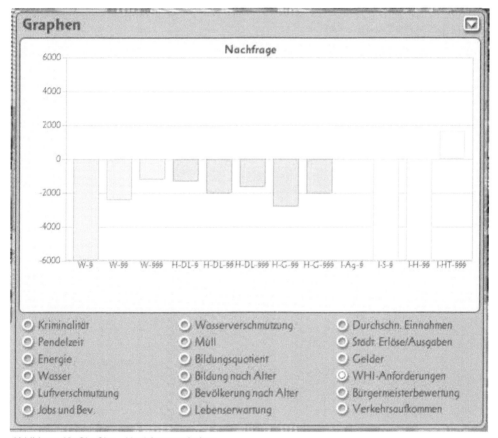

Abbildung 49: SimCity – Nachfrageverhalten

Daraus lässt sich die Migrationstendenz erkennen, so dass bei Bedarf Maßnahmen getroffen
werden können. Das obenstehende Bild zeigt beispielsweise eine sehr starke Abwande-
rungstendenz der einkommensschwachen Bevölkerung, der Schwerindustrie und des
herstellenden Gewerbes. Wäre dieser Zustand vom Spieler unerwünscht, sollte er die für

diese Bereiche sehr hohen Steuersätze (vgl. Abbildung 44) senken. In diesem Fall wurden vom Spieler die Steuersätze dieser Betroffenen bewusst erhöht, um den angestrebten Strukturwandel innerhalb der Stadt zu beschleunigen. Das Ziel bestand darin, die umweltverschmutzende Industrie aus der Stadt zu entfernen und zunehmend durch die attraktive High-Tech-Industrie zu ersetzen. Da dadurch die ärmere Bevölkerung ohnehin ihre Arbeitsplätze verlieren würde, was mit steigender Arbeitslosigkeit und einer unzufriedeneren Gesamtbevölkerung einherginge, wird sie mit erhöhten Steuersätzen gleich „motiviert", die Stadt zu verlassen. Außerdem sinken dadurch sowohl die Kriminalitätsrate als auch der kostenintensive Bedarf an Infrastruktur. Diese Strategie kann jedoch erst bei einer recht weit entwickelten Stadt mit hohem Bildungsniveau und weiteren Attraktivitätsfaktoren erfolgreich umgesetzt werden. Ferner stellt sich die Frage, ob dies unter ethischen und sozialen Gesichtspunkten eine wünschenswerte Strategie ist. Weil bei SimCity jedoch kein explizites Spielziel vorgegeben ist, können die Spieler unterschiedliche Strategien verfolgen und zahlreiche Szenarien testen.

Da Bildung ein zentraler Faktor ist, sollten sich die Spieler häufig über die Entwicklung des Bildungsquotienten der Bevölkerung informieren:

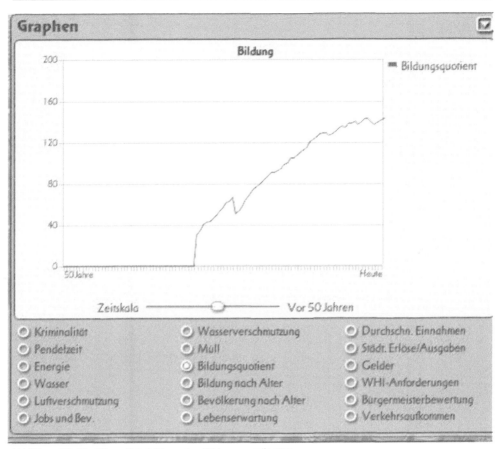

Abbildung 50: SimCity – Entwicklung des Bildungsquotienten

Ferner sind Graphen zur Umweltverschmutzung häufig zu kontrollieren, da dieser Aspekt die Lebensqualität maßgeblich beeinflusst:

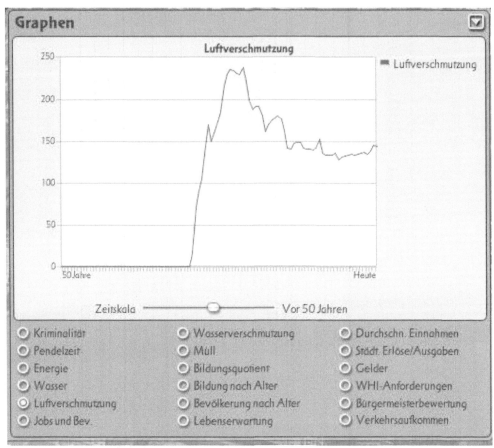

Abbildung 51: SimCity – Entwicklung der Luftverschmutzung

Der zunächst sehr starke Anstieg im Graphen erklärt sich durch die Verwendung von luft-
verschmutzenden, aber kostengünstigen Kohlekraftwerken und viel Schwerindustrie. Im
späteren Verlauf konnten die Kohlekraftwerke aufgrund einer erhöhten Finanzkraft durch
teurere, umweltfreundlichere Kraftwerke ersetzt werden. Außerdem zeigt sich die Wirkung
der oben beschriebenen Strategie, umweltbelastende Industrien durch erhöhte Steuersätze
zur Abwanderung zu bewegen.

Viele Sachverhalte lassen sich nicht nur im Zeitverlauf als Graphen, sondern auch in
der örtlichen Verteilung in Landkarten darstellen, woraus sich nochmals gezielte Maßnahmen ableiten lassen. Hier eine Darstellung der Luftverschmutzung, aus der einige kritische
Stellen offensichtlich werden:

Abbildung 52: SimCity – Regionale Verteilung der Luftverschmutzung

Die bisherigen Ausführungen machen deutlich, dass sich mit SimCity zahlreiche *Inhalte* des Wirtschaftsunterrichts bearbeiten und viele seiner Ziele anstreben lassen. So werden die Konsequenzen der Steuerpolitik, der Umweltpolitik, der Bildungspolitik, der Sicherheitspolitik und der Infrastrukturpolitik sehr gut erfahrbar. Weiterhin lassen sich übergeordnete *Ziele* gut vermitteln, beispielsweise vernetztes Denken angesichts der zahlreichen Beziehungen und Zielkonflikte, aber auch dynamisches Denken, da etliche Wirkungen erst verspätet eintreten bzw. kurz- und langfristige Wirkungen unterschiedlich sind.

Darüber hinaus können mit SimCity ähnliche Ziele wie mit Planspielen verfolgt werden. So können Schüler lernen,

- Strategien zu entwickeln und zu formulieren,
- (komplexe) Probleme zu analysieren, zu beurteilen und diese angemessen zu lösen,
- logische Bilder (Graphen und Landkarten) zu interpretieren,
- Entscheidungen unter Unsicherheit und Zeitdruck zu treffen,
- Rückmeldungen zu interpretieren und auf dieser Basis ggf. neue Strategien zu entwickeln,
- in einer Gruppe zu arbeiten und zu kommunizieren,

- in Modellen zu denken und sich deren Einschränkungen beim Transfer in die Wirklichkeit bewusst zu sein.

Gleichwohl bleibt anzumerken, dass sich SimCity durch einen hohen Komplexitätsgrad auszeichnet, was spezifische *didaktische Maßnahmen* notwendig macht, da die Schüler sonst oft überfordert sind. Wie im vorigen Abschnitt erwähnt, empfiehlt sich eine systematische Einführung in das Spiel und seine wesentlichen Zusammenhänge durch die Lehrkraft, beispielsweise in Form eines Lehrvortrags. Darüber hinaus sollten die Schüler über Hilfestellungen während des Spiels verfügen. Dies kann die Lehrkraft selbst sein, aber häufig finden sich auch Schüler, die sich mit dem Spiel sehr gut auskennen und deren Kompetenz durchaus genutzt werden sollte. Des Weiteren sollte den Schülern das Spielhandbuch zugänglich sein. Ferner erlaubt das Spiel im Vorfeld, unterschiedliche Schwierigkeitsgrade einzustellen. Für die meisten Lerngruppen bietet sich zunächst die leichteste Stufe an, um frühzeitige Frustrationserlebnisse zu vermeiden. Eine weitere Maßnahme zur Reduzierung des Schwierigkeitsgrads und der benötigten Zeit besteht darin, den Schülern eine von der Lehrkraft (teil-)vorgefertigte Stadt zur Verfügung zu stellen. Auf dieser Basis können die Gruppen die Stadt dann untersuchen, was sich gut mit Arbeitsblättern kombinieren lässt. Dort könnte beispielsweise gefragt sein, wie sich eine Steuermaßnahme kurz- und langfristig auf bestimmte Zielgrößen auswirkt. Alternativ könnten die Schüler aufgefordert werden, bestimmte Ziele (z.B. einen Haushaltsüberschuss oder eine verbesserte Umweltsituation) zu erreichen.

Um eine fundierte Reflexion am Ende des Spiels (oder bereits zwischen einzelnen Spielphasen) zu gewährleisten, sollten die Schüler aufgefordert werden, ihren Spielprozess, ihre Probleme, ihre Überlegungen und Beobachtungen zu dokumentieren. Daraus sollte auch hervorgehen, warum sie welche Maßnahmen ergriffen haben und welche Konsequenzen wahrgenommen wurden.

Da die Arbeit mit SimCity recht zeitaufwändig ist, bietet sich eine Kooperation mit anderen Fächern wie Geographie und Politik an. Durch die Zusammenarbeit steht den Schülern zunächst insgesamt mehr Spielzeit zur Verfügung, wodurch eine tiefergehende Auseinandersetzung ermöglicht wird. Darüber hinaus wird das Spiel nicht lediglich aus der wirtschaftlichen Perspektive betrachtet, was eine ganzheitlichere Erfassung der Sachverhalte begünstigt.

Hinsichtlich des Einsatzes im Unterricht stellt sich noch die Frage nach der Version von SimCity. Die ursprüngliche Version kann mittlerweile kostenlos per Internetbrowser gespielt werden. Ferner findet sich mit dem Spiel „LinCity" ein SimCity sehr ähnliches kostenloses Spiel. Gleichwohl sind diese Varianten weniger anschaulich und weniger intuitiv bedienbar als beispielsweise die Version SimCity 4, die bereits für knapp 10€ erhältlich ist. Da SimCity im Unterricht ohnehin in Gruppen gespielt werden sollte, ist der damit einhergehende finanzielle Aufwand noch recht überschaubar.

4.5.1.2 Weitere Simulationsspiele

Neben SimCity finden sich noch zahlreiche weitere Simulationsspiele, die mit Gewinn in den Wirtschaftsunterricht integrierbar sind. In der Wirtschaftssimulation Kapiland[11] können die Spieler unterschiedlichste Unternehmen aufbauen und miteinander handeln. Das Spiel

---

11 Vgl. www.kapiland.de.

ist motivierend, ansprechend gestaltet, kostenlos und benötigt lediglich einen Internetzugang als Voraussetzung. Interessant ist hierbei, dass die Spieler online unmittelbar miteinander in Beziehung zueinander stehen.

Andere erwähnenswerte Spiele sind u.a. Railroad Tycoon, Ars Regendi und IndustryMasters. Einen guten Überblick zu Wirtschaftsspielen bietet die Seite *www. wirtschaftssimulation.info*.

4.5.2 Bis 21 zählen

Das Spiel „Bis 21 zählen" dient primär der Aktivierung und der Gruppendynamik bzw. der verbesserten Wahrnehmung der Gruppenmitglieder. Die Aufgabe besteht darin, von 1 bis 21 (oder der maximalen Anzahl der Gruppenmitglieder) zu zählen, wobei folgende Regeln zu beachten sind:

- Jeder darf nur eine Zahl sagen.
- Nebeneinandersitzende dürfen nicht nacheinander sprechen.
- Außer Zahlen darf nichts gesagt werden.
- Wenn eine Zahl gleichzeitig von mehreren Spielern gesagt wird, ist von vorne zu beginnen.

So trivial die Aufgabe zunächst erscheinen mag, stellt sie die Teilnehmer in der Regel vor größere Herausforderungen, da ausschließlich nonverbal kommuniziert werden kann und dennoch eine gemeinsame Strategie zu verfolgen ist.

4.5.3 Teppich umdrehen

Auch dieses Spiel ist zur Aktivierung und zur Verbesserung gruppendynamischer Prozesse geeignet. Die Gruppenmitglieder stehen auf einem Teppich. Dieser muss umgedreht werden, wobei die Gruppenmitglieder durchgängig „auf dem Teppich bleiben" müssen, also den Boden nicht berühren dürfen. Der Schwierigkeitsgrad des Spiels lässt sich steuern durch die Teppichgröße bzw. die Anzahl der Menschen auf einem Teppich. Je weniger Freiraum zur Verfügung steht, desto größer die Herausforderung. Eine weitere Erhöhung des Schwierigkeitsgrads ist durch ein Verbot verbaler Kommunikation erreichbar.

4.5.4 Kennenlernspiele

Kennenlernspiele kommen häufig zum Einsatz, wenn sich die Mitglieder einer Lerngruppe noch unbekannt sind, beispielsweise innerhalb einer neu gegründeten Klasse oder bei einer Arbeitsgemeinschaft. Hierdurch wird ein Vertrauensverhältnis zwischen den Schülern aufgebaut und die Atmosphäre verbessert, was insbesondere für erfolgreiche Gruppenarbeiten bedeutsam ist. Unter http://www.gruppenspiele-hits.de/kennenlernspiele.html sind sehr viele hierfür geeignete Spiele beschrieben.

4.5.5 Tabu

Das bekannte Gesellschaftsspiel Tabu lässt sich nach
kleineren Veränderungen sehr gut für Wiederholungen
und zur Verbesserung der Kommunikationsfähigkeit
verwenden.

Zunächst sollte die Klasse in zwei Gruppen aufgeteilt werden. Jede Gruppe erhält nun die Aufgabe, Begriffe auf Karten zu schreiben, die mit dem behandelten Thema in Zusammenhang stehen. Zwar könnte
diese Aufgabe auch von der Lehrkraft übernommen
werden, doch ergeben sich durch diese Vorgehensweise mehrere Vorteile: der Lehrer wird zeitlich entlastet,
die Schüler sind aktiv und außerdem ist bereits das
Suchen passender Begriffe ein guter Anlass, die behandelten Inhalte erneut zu durchdenken.

Auf eine zusätzliche Aufführung von Wörtern, die bei der Erklärung nicht verwendet
werden dürfen, kann im Gegensatz zum Gesellschaftsspiel in der Regel verzichtet werden,
da der Schwierigkeitsgrad meist ohnehin hoch genug ist.

Nachdem die Karten erstellt sind, werden sie in zwei Stapeln verdeckt auf das Pult gelegt. Nun muss von jeder Gruppe ein Mitglied eine Karte, die von der anderen Gruppe
geschrieben wurde, aufdecken und der eigenen Gruppe so erklären, dass diese den Begriff
möglichst schnell errät. Sobald der Begriff erraten ist, erhält die Gruppe einen Punkt und
der vorne stehende Schüler deckt die nächste Karte auf und erklärt den entsprechenden
Begriff. Dies geschieht so lange, bis ein vorher definierter Zeitraum (meist eine Minute)
abgelaufen ist. Dann ist die andere Gruppe an der Reihe. Anschließend werden die Schüler
am Pult durch andere Schüler der Gruppe ausgetauscht, so dass möglichst viele bzw. alle
Schüler einmal agieren können.

Da die Begriffe manchmal sehr schwer zu erklären oder dem vorne stehenden Schüler
unbekannt sein könnten, bietet sich an, dem Schüler zu erlauben, einzelne Karten zu über-
springen. Damit dies nicht überhand nimmt und nur sehr einfache Wörter erklärt werden,
sollte hierfür eine Obergrenze (z.B. von drei) gesetzt werden. Bei Überschreitung dieser
Grenze könnte entweder ein Punkt abgezogen oder die Erklärungsphase dieser Gruppe
abgebrochen werden.

4.5.6 Activity

Activity entspricht weitgehend dem Spiel Tabu, wenngleich hierbei die Begriffe nicht nur
mündlich, sondern auch pantomimisch oder durch Malen erklärt werden. Insofern eignet es
sich ebenfalls zur Wiederholung von Sachverhalten, aber ebenfalls zur Förderung der Kreativität.

Da sich zahlreiche Begriffe des Wirtschaftsunterrichts aufgrund ihres hohen Abstrakti-
onsgrads nur bedingt für diese Art der Erklärung eignen, sollten sie eher von der Lehrkraft
ausgewählt werden. Angebracht sind beispielsweise Berufsbilder oder bestimmte Tätigkeiten.

4.5.7 Was bin ich?

Dieses Spiel entstammt einer Fernsehsendung, bei der Kandidaten die Berufe ausgewählter Gäste erraten mussten. Sie durften ihnen lediglich Fragen stellen, die mit „ja" oder „nein" zu beantworten waren.

Die für Lernzwecke modifizierte Variante dieses Spiels eignet sich sowohl zum Vorstellen bestimmter Berufe als auch zur Wiederholung zahlreicher weiterer Inhalte und Begriffe des Wirtschaftsunterrichts. Darüber hinaus wird die Fähigkeit, anderen zuzuhören, geschult.

Das Spiel wird in Gruppen gespielt, deren Größe überschaubar sein und eher nicht über acht liegen sollte (bei größeren Gruppen können diese aufgeteilt werden). Dadurch erhalten alle Mitglieder hinreichend Gelegenheit, aktiv am Spiel mitzuwirken. Die Gruppenmitglieder setzen sich in einen Kreis. Dann schaut sich ein Spieler einen zu erratenden Begriff an, den er von einer vom Lehrer zur Verfügung gestellten Karte abliest. Das rechts von diesem Schüler sitzende Gruppenmitglied stellt eine geschlossene Frage, die lediglich mit „ja" oder „nein" beantwortet wird. Der Schüler darf so lange Fragen stellen, bis er ein „nein" als Antwort erhält, woraufhin der nächste Schüler an die Reihe kommt. Der Schüler, der den Begriff errät, darf die nächste Karte ziehen.

Wertvolle Lerneffekte ergeben sich durch das Überlegen sinnvoller Fragen, da sich die Schüler hierfür an die Inhalte der letzten Stunden erinnern müssen.

4.5.8 Kreuzworträtsel

Im Gegensatz zu den meisten anderen hier vorgestellten Spielen werden Kreuzworträtsel in Einzelarbeit durchgeführt. Auch sie sind zur Wiederholung von Inhalten hilfreich. Da Kreuzworträtsel allseits bekannt sein dürften, bedarf es an dieser Stelle keiner Erläuterung der Regeln. Gleichwohl sollten Lehrkräfte Softwaretools kennen, mit deren Hilfe sie eigene, zur Thematik passende Kreuzworträtsel schnell und optisch ansprechend gestalten können. Hilfreich sind beispielsweise die kostenlosen Programme „TooHot Kreuzworträtsel Generator"[12] oder „CrissCross"[13].

4.5.9 Luftballons

Ein weiteres Spiel, das sich ebenfalls zur Wiederholung von Inhalten eignet und die Schüler gleichzeitig aktiviert, wird mit Luftballons umgesetzt. Dazu sind zu erklärende Begriffe oder Themen auf einen Zettel zu schreiben. Dann legt jeweils ein Schüler einen Zettel in einen Luftballon und bläst diesen auf. Die aufgeblasenen Luftballons werden durcheinan-

---

12 Link: http://www.chip.de/downloads/TooHot-Kreuzwortraetsel-Generator-0.5.0_13008119.html.
13 Link http://www.eigene-kreuzwortraetsel.de/.

dergeworfen, woraufhin jeder Schüler sich einen Ballon nimmt und versucht, diesen zum Platzen zu bringen. Der darin enthaltene Sachverhalt ist anschließend zu erläutern.

4.5.10 Ballwerfen – Inhalte

Ein letztes hier vorgestelltes Spiel zur Wiederholung wird mit Hilfe eines gut fangbaren Balls umgesetzt. Zunächst formuliert jeder Schüler einige Fragen zur Thematik und skizziert mögliche Lösungen. Dann erhält ein Schüler den Wurfball, der eine seiner Fragen laut stellt. Hierauf wirft er den Ball zu einem Mitschüler, der sich jedoch nicht zwingend melden muss. Gleichwohl ist beim Werfen auf Blickkontakt zwischen Werfer und Fänger zu achten. Der fangende Schüler beantwortet die Frage und der werfende Schüler kommentiert die Qualität der Antwort. Dann stellt der zweite Schüler eine seiner Fragen und wirft den Ball einem anderen Schüler zu etc.

Neben der spielerischen und aktivierenden Komponente besteht ein Vorteil dieser Wiederholungsvariante darin, dass die Lehrkraft nicht lenkend in das Geschehen einzugreifen braucht.

4.5.11 Bälle werfen – Aktivierung

Ein Spiel zur Aktivierung von Gruppen bis ca. 13 Teilnehmern (bei größeren Gruppen können diese aufgeteilt werden) besteht im Werfen von Bällen in immer der gleichen Reihenfolge. Dazu stellen sich die Teilnehmer in einem größeren Kreis auf. Zuerst ist die Reihenfolge des Ballwurfs festzulegen. Hierfür wirft ein erster Spieler einen Ball einem Mitspieler zu. Dieser wirft ihn an einen anderen Spieler weiter. Dieser Prozess geht so lange, bis jeder Spieler den Ball einmal erhalten hat. Zum Ende ist er wieder dem ersten Spieler zuzuwerfen. Um diesen Verteilprozess zu erleichtern, sollten alle Spieler zunächst ihre Arme nach oben halten, wodurch sie signalisieren, dass sie noch keinen Ball erhielten und prinzipiell noch „anwerfbar" sind. Sobald ein Spieler den Ball erhalten hat, nimmt er seine Arme herunter und bekommt ihn dadurch nicht erneut zugeworfen. Ferner sind die Spieler darauf hinzuweisen, dass sie sich dauerhaft zwei Personen merken sollen: von wem sie den Ball zugeworfen bekamen und an wen sie ihn weitergeworfen haben. Ist die Reihenfolge des Ballwurfs definiert, sollte diese in einem langsamen Testlauf überprüft werden. Anschließend wirft der Spielleiter immer zusätzliche Bälle in die Runde, so dass ca. halb so viele Bälle wie Spieler im Spiel sind. Bei schwächeren Gruppen kann der Schwierigkeitsgrad durch weniger Bälle reduziert werden. Dabei sollten die Spieler darauf hingewiesen werden, sich primär auf die Person zu konzentrieren, die ihnen den Ball zuwirft. Aus Gründen haptischer Abwechslung sollten sich die Bälle möglichst voneinander unterscheiden.

Nach einiger Zeit dürfte sich soweit alles eingespielt haben, worauf noch eine Zusatzherausforderung einbaubar ist. Die Spieler werden während des Werfens darüber informiert, dass in Kürze die Wurfrichtung umgedreht wird. Nach einem Hinweis wird dies dann umgesetzt. Da sich die Spieler auf die ursprüngliche Richtung eingestellt haben, führt dieser Wechsel zu teilweise größeren Herausforderungen, was erhebliche Konzentration erfordern kann.

4.5.12 Huhn und Ei

Der Hintergrund dieses Spiels besteht in der Annahme, dass sogenannte Überkreuzbewegungen, bei denen z.B. die linke Hand an die rechte Körperhälfte geführt wird und umgekehrt, zu einer stärkeren Aktivierung und Synchronisation beider Gehirnhälften führen. Hierdurch soll die Konzentration, die kognitive Leistungsfähigkeit und die Kreativität gestärkt werden.

Zunächst stellen sich die bis zu ca. 13 Spieler (bei größeren Gruppen können diese aufgeteilt werden) in einem engen Kreis auf. Dann kann der Spielleiter die „philosophische Frage" stellen, ob zuerst das Huhn oder das Ei dagewesen sei und den Hinweis geben, dass dies im Rahmen des Spiels herausgefunden werde. Nun nimmt er ein (Stoff)-Huhn und -Ei, wobei beides auch durch andere Gegenstände ersetzbar ist. Er gibt das Huhn einem Nachbarn mit dem Satz „Das ist ein Huhn" und unmittelbar danach das Ei an den anderen Nachbarn mit dem Satz „Das ist ein Ei". Die angesprochenen tun zunächst so, als hätten sie dieses Objekt noch nie gesehen und den Satz nicht richtig verstanden, weswegen sie das Huhn bzw. das Ei mit der Frage „Was ist das?" zurückgeben. Der Spielleiter nimmt die Gegenstände in seine Hand und reicht sie mit den gleichen Sätzen „Das ist ein Huhn" bzw. „Das ist ein Ei" an seine Nachbarn zurück. Wenn diese das Huhn bzw. Ei bereits hatten, fragen sie nicht erneut nach, sondern reichen das Objekt an den nächsten Nachbarn mit den Sätzen „Das ist ein Huhn" bzw. „Das ist ein Ei" weiter. Wenn diese Nachbarn das Huhn oder Ei noch nicht vorher bekamen, reichen sie es mit der Frage „Was ist das" zurück. Da im Spiel jedoch lediglich der Spielleiter sich dauerhaft merken kann, um welche Objekte es sich handelt, wird das Objekt so lange mit der Frage „Was ist das" zurückgereicht, bis es den Spielleiter erreicht. Dieser reicht die Objekte seinen Nachbarn mit den Sätzen „Das ist ein Huhn" bzw. „Das ist ein Ei" zurück. Das Huhn oder Ei wandert mit jedem Durchlauf eine Person weiter und endet, sobald entweder das Huhn oder das Ei die ganze Runde bis zum Spielleiter schafft.

Bei der Durchführung des Spiel ist darauf zu achten, dass nicht nur das Objekt weitergereicht wird, sondern auch die Sätze „Das ist ein Huhn/Ei" und „Was ist das" laut gesagt werden, auch wenn dies zunächst etwas zäh erscheinen mag. Auf den ersten Blick wirkt dieses Spiel vom Regelwerk kompliziert und vom Verlauf langweilig. Dies ändert sich in der Regel jedoch erheblich, sobald die Objekte eine Kreishälfte durchlaufen haben und somit einzelne Spieler mit beiden Objekten (und den zugehörigen Aussagen) in Kontakt kommen, was im Video auf der Website verdeutlicht wird.

5. Rollenspiele

5.1 Gegenstand

Das Rollenspiel ist eine handlungsorientierte Methode, bei der die Lernenden spielerisch eine bestimmte Rolle in einer der Realität nachgestellten Situation übernehmen.

Die drei wesentlichen Elemente dieser Definition sind hier vertieft erläutert:

1. Rolle

Unter dem Begriff der sozialen Rolle (Beispiele sozialer Rollen: Vorgesetzter, Bewerber, Gewerkschaftsvertreter, Lehrer, Schüler, Soldat, Mutter) ist nach Ralph Linton ein „kulturelles Modell" zu verstehen. Es konkretisiert sich durch die allgemeinen Erwartungen hinsichtlich Werten, Handlungsmustern und Verhaltensweisen. Diesen Anforderungen hat ein Akteur im Rahmen seiner Rolle in der Regel zu entsprechen.

So existieren spezifische Erwartungshaltungen z.B. an die Rolle eines Bankangestellten hinsichtlich Kleidung, Umgangsformen, Fachkompetenz und Zuverlässigkeit. Außerhalb dieser Rolle gelten diese Erwartungen an den gleichen Menschen nicht mehr bzw. weniger stark.

Traditionelle soziologische Rollentheorien betonten die Bedeutung rollengemäßen Verhaltens zum möglichst effizienten und reibungsarmen Funktionieren eines sozialen Systems (Beispiele sozialer Systeme: Unternehmen, Schulen, Familien). Entsprechend stand im Vordergrund, rollengemäßes Verhalten zu erlernen und die gegebenen Rollen (-erwartungen) widerspruchslos hinzunehmen (*role-taking*). Ein entsprechendes Rollenverständnis ist teilweise noch immer aktuell, z.B. wenn Schüler auf ihre Rolle als Bewerber um einen Ausbildungsplatz vorbereitet werden.

Bei neueren Rollentheorien werden die individuellen Interessen und Anlagen genauso verstärkt berücksichtigt wie Wechselwirkungen mit anderen Akteuren oder gesellschaftlichen Gruppen. Ferner wird gesehen, dass ein Individuum teilweise mehrere Rollen gleichzeitig ausfüllt, woraus sich auch Zielkonflikte ergeben. Entsprechend dieses Verständnisses sind Rollendefinitionen weniger eng und dynamischer. Die Rolleninhaber sind insofern stärker gefordert, die Freiräume zu nutzen und die Rolle zu interpretieren (*role-making*), was jedoch recht anspruchsvoll ist. Um unterschiedliche Rollen in einer komplexen Gesellschaft erfolgreich ausfüllen zu können, bedarf es gewisser Kompetenzen und Fähigkeiten, die sich durch Rollenspiele fördern lassen.

2. Spiel

Ein wesentlicher Vorteil des Rollenspiels liegt in seinem Spielcharakter begründet. Spielerische Elemente vermögen den Lernprozess positiv zu beeinflussen, da Spielen eine motivierende, befriedigende und hochkonzentrative Tätigkeit ist bzw. sein kann. Vertiefende Ausführungen zum Spielcharakter finden sich in 4.1. und 4.2.

3. Situation

Die Situation, die den Rahmen des Rollenspiels ausmacht, kann dem Erfahrungsbereich der Lernenden entnommen bzw. erfahrungsvorbereitend sein, z.B. bei Bewerbungsgesprächen oder Kundenberatungen. Je nach Lernziel und -inhalt können sich jedoch auch situative

Kontexte für Rollenspiele eignen, die nicht dem (künftigen) Lebensbereich entstammen, wie beispielsweise Tarifverhandlungen. Entsprechend ist die Methode, die zahlreiche Vorteile hat und mit der sich viele Lernziele verfolgen lassen, für ein breites inhaltliches Spektrum geeignet, insbesondere wenn es darum geht,

- Interessengegensätze und Konflikte zu beleuchten und
- soziale Handlungsweisen zu üben.

5.2 Verlauf

Abbildung 53: Verlauf von Rollenspielen

Motivation und Information: Zunächst werden die Schüler über die konkrete Spielsituation und das zugrunde liegende Problem oder den Konflikt informiert. Bei einem fachlich anspruchsvollen Rollenspiel lässt sich der Schwierigkeitsgrad reduzieren, indem Bezüge zum relevanten Vorwissen der Schüler hergestellt werden. Ggf. könnten die Vorkenntnisse auch ergänzt werden, wenngleich dies normalerweise bereits im Vorfeld des Rollenspiels geschieht. Ferner sind die Spielregeln und Rahmenbedingungen (z.B. Zeitvorgaben) zu erörtern. Derlei erfolgt normalerweise im Rahmen eines Lehrvortrags, wenngleich Teile dieser Phase auch durch Medien übernommen werden können (z.B. einen kurzen Filmbericht über einen Streik bei einem Rollenspiel zu Tarifverhandlungen).

Vorbereitung: Im Rahmen dieser Phase sind den Schülern zunächst ihre Rollen im Rahmen des Rollenspiels oder ein Beobachterstatus zuzuweisen. Dann erhalten die Spieler ihre Rollenkarten, auf der sowohl die zu spielende Rolle beschrieben ist als auch Ausgangsbedingungen und zu verfolgende Ziele aufgeführt sind. Auf dieser Basis finden sich die Spieler in ihre jeweilige Rolle ein, recherchieren bei Bedarf hilfreiche Informationen, sammeln Argumente und entwickeln eine Verhaltensstrategie für das Spiel.

Da derlei recht anspruchsvoll sein kann, lässt sich diese Phase gut in der Sozialform der Gruppenarbeit umsetzen, so dass qualitativ bessere Ergebnisse zu erwarten sind. Die Gruppenmitglieder sind insbesondere dann hinreichend zur Mitarbeit motiviert, wenn alle Mitglieder davon ausgehen müssen, dass sie selbst als Spieler aktiv werden könnten. Wenn die Vorbereitung also anspruchsvoller ist und in Gruppenarbeit durchgeführt werden soll, sind die Spieler nicht zu Beginn sondern erst gegen Ende der Vorbereitungsphase auszuwählen bzw. auszulosen. Alternativ lässt sich die Motivation erhöhen, indem angekündigt wird, dass das Spiel mehrmals von verschiedenen Schülern durchgeführt wird.

Die Schüler, die keine Rolle im Rahmen des Spiels erhalten, sollten Beobachtungsaufträge erhalten. Dadurch ist nicht nur deren Aufmerksamkeit während der Durchführungsphase gewährleistet, sondern auch eine qualitativ hochwertige Diskussion möglich, die dann auf Basis gezielter Beobachtungen erfolgen kann.

Durchführen des Rollenspiels: Die Spieler spielen das Rollenspiel und die Beobachter halten relevante Aspekte schriftlich fest. Die Lehrkraft sollte sich in dieser Phase weitgehend zurückhalten und nur bei zwingenden Gründen in das Spielgeschehen eingreifen.

Diskussion: Falls das Spiel mehrmals durchgeführt werden soll, bietet sich eine recht kurze Diskussion nach den einzelnen Spieldurchgängen an. Dort ist dann über das Spielergebnis und seinen Verlauf, über die Qualität der Argumente bzw. der Argumentation und über alternative Problemlösungsstrategien zu sprechen. Eine wiederholte Durchführung kann aufgrund mehrerer Aspekte geboten sein. So haben mehr Schüler die Möglichkeit, eine Rolle zu spielen. Ferner lassen sich durch mehrere Spieldurchläufe das potenzielle Spektrum und die Variationsmöglichkeiten des Sachverhalts besser ausleuchten. Außerdem ist aufgrund der Diskussion nach einer Runde davon auszugehen, dass ein Spiel in der Folgerunde qualitativ höherwertiger verläuft.

Reflexion, Generalisierung und Transfer: Der Übergang von der Diskussion zu dieser Phase dürfte in der Regel fließend sein. Falls nur ein Spieldurchgang angestrebt wird, lassen sich beide Phasen auch gut gemeinsam behandeln. Wichtig ist, die in der konkreten Spielsituation gewonnenen Erkenntnisse zu verallgemeinern, sie ggf. mit Lösungen in der Wirklichkeit zu vergleichen und das Transferpotenzial der gewonnenen Einsichten und Problemlösestrategien auf andere Problemsituationen aufzuzeigen.

5.3 Varianten

Im Unterricht eingesetzte Rollenspiele unterscheiden sich primär hinsichtlich der Freiräume bei der Interpretation der Rollen. Im Extremfall reduziert sich die Aufgabe eines Spielers auf das Ablesen bzw. Aufsagen eines vorgegebenen Texts. Dies kann zur Veranschaulichung eines bestimmten Sachverhalts oder Konflikts dienen. Das andere Extrem bestünde darin, dem Spieler lediglich die Rolle mitzuteilen und ihm deren Ausgestaltung z.B. hinsichtlich Zielen, Hintergrundinformationen und Argumenten komplett selbst zu überlassen.

Des Weiteren ergeben sich Unterschiede bei Freiräumen der Rahmenbedingungen und des Spielverlaufs. So ist beim sogenannten spontanen Rollenspiel lediglich die Ausgangssituation vorgegeben, während der Spielverlauf offen ist. Letzteres ist beim gebundenen Rollenspiel nur bedingt der Fall, da der Verlauf sich an bestimmten Rahmenbedingungen zu orientieren hat (z.B. bei Tarifverhandlungen).

Ingo Scheller hat darüber hinaus weitere Techniken des Rollenspiels identifiziert:

- *Doppelrolle*: Ein Spieler spielt zwei Rollen. Neben seinem öffentlichen Auftritt (*öffentliches Ich*) gibt er auch zu erkennen, was er im Verborgenen wahrnimmt, fühlt, denkt (*verborgenes Ich*). Das kann er in Form des „Beiseite-Sprechens" oder im öffentlichen Selbstgespräch machen.
- *Beiseitereden*: Während der Interaktion im Spiel wird das Spiel unterbrochen: Ein Spieler spricht zur Seite das aus, was ihn innerlich bewegt: Ängste, Erwartungen, Wünsche, (Tillmann 1977, S.30).
- *Selbstgespräch*: Ein Spieler versucht, im Selbstgespräch die Ereignisse und Absichten, eigene Möglichkeiten und Unfähigkeiten öffentlich zu klären, (Scherf 1973, S. 119).
- *Rollentausch*: Ein Spieler wechselt ständig die Rolle mit dem Mitspieler, der die Bezugspersonen spielt. Er spielt also sich selbst und den Gegenpart. Der Mitspieler wechselt zwar auch die Rolle, spricht aber nur die Sätze des Hauptspielers nach. Damit kann der Mitspieler in die Rolle der Bezugspersonen eingeführt werden, gleichzeitig erlebt sich der Hauptspieler aus der Sicht des Ge-

genspielers (Beispiel: ein Junge spielt die Rolle eines Mädchens und umgekehrt.), (Tillmann 1977, S. 29f.).

- *Rollenübernahme*: Ein Beobachter versucht, die Rolle eines Spielers so zu spielen, wie dieser sie entwickelt hat. Er gibt diesem damit die Möglichkeit, sein Verhalten und die Wirkung dieses Verhaltens auf die anderen zu beobachten.
- *Rollenwechsel*: Die Rollen eines Spielers werden nacheinander von mehreren Teilnehmern gespielt. Dadurch können unterschiedliche Verhaltens- und Reaktionsweisen, bezogen auf die gleiche Situation, sichtbar gemacht werden. Der Rollenwechsel kann auch spontan vorgenommen werden: Wer den Wunsch hat, die Rolle eines Mitspielers zu übernehmen, legt ihm die Hand auf die Schulter.
- *Einführung neuer Rollen*: Zur Rekonstruktion der Vorgeschichte von Erlebnissituationen, aber auch zur Erprobung unterschiedlicher Verhaltensweisen können neue Personen ins Spiel eingeführt werden.
- *Autodrama*: Ein Spieler übernimmt selbst alle Rollen und Personen, die in der Situation auftreten.
- *„Hilfs-Ich"*: Der Spielleiter oder ein Gruppenmitglied sitzt als Hilfs-Ich hinter einem Spieler und spricht alles aus, was dieser nur denkt. Er sagt dem Spieler, was dieser empfindet und nicht sagt (Eindoppeln) oder spricht es an seiner Stelle aus (Ausdoppeln), (Schützensberger 1976, S. 49).
- Das Hilfs-Ich kann auch durch momentane oder permanente Rollenunterstützung die unterdrückten Anteile des Hauptspielers stärken: diese Rollenunterstützung geschieht am besten durch Einflüsterung. Schließlich kann das Hilfs-Ich die tatsächlichen Gefühle des Spielers nicht nur verbal ausdrücken, sondern es kann sich auch handelnd in das Geschehen einbringen, (Binge 1977, S. 10f.).
- *Fragen stellen*: Der Spielleiter hilft durch Fragen, verschüttete Erlebnisse und Erfahrungen zu rekonstruieren. Er versucht, Unsicherheiten, Ratlosigkeit und Rationalisierungen durch Insistieren auf möglichst genauer Darstellung der Erlebnissituation aufzulösen, (Scherf 1973, S. 117).
- *Rollenverfremdung*: Der Spielleiter (oder ein Gruppenmitglied) reagiert auf das Spiel eines Spielers, als würde es ihn in Wirklichkeit treffen. Dadurch wird der Spieler gezwungen, über seine „Rolle" nachzudenken, sie zu zeigen und zu verfremden.

Darüber hinaus gibt es verschiedene Möglichkeiten für die Beobachter, direkt oder mittelbar ins Spiel einzugreifen durch

- *Unterbrechung* (oder Abbruch) des Spiels, weil ihnen etwas nicht klar ist, wenn die Konzentration nachlässt, wenn ein Konflikt sich festgelaufen hat usw. Der Abbruch kann etwa durch ein Handzeichen oder durch „Stop" Rufe signalisiert werden, (Scherf 1973, S. 117).
- *„Zeiger"*: Die Beobachter können durch ein Signal (in die Hände klatschen, „Stop"-Ruf) den Spielfluss unterbrechen, wenn sie etwas zeigen wollen (z.B. eine neue Person erscheint auf der Bühne, eine bestimmte Haltung oder Geste). Die Spieler versteinern in ihrer Pose, (ebenda, S. 123).
- *Echo*: Ein Beobachter unterbricht das Spiel und wiederholt allein oder zusammen mit anderen einen Satz, den er wichtig findet. Dann geht das Spiel weiter, (ebenda, S. 125).
- *Identifizierung*: Die Mitglieder der Beobachtergruppe werden aufgefordert, sich innerlich zu Mitspielern zu machen, indem sie sich mit einem Spieler identifizieren und in der Reflexionsphase ihre Reaktionsweisen veröffentlichen, (Tillmann 1977, S. 31).
- *Personenbeobachtung*: Jeder Spieler wird von einem Zuschauer genau beobachtet.
- *Hinter dem Rücken*: Der Hauptspieler verlässt symbolisch den Raum, indem er der Gruppe den Rücken zuwendet. Die anderen schätzen sein Verhalten ein, (Scheller 1981; zitiert nach Meyer 1987b, S. 363f.).

5.4 Ziele

Schüler können durch die Arbeit mit Rollenspielen lernen, ...

* besser zu kommunizieren, Gesprächspartner ausreden zu lassen, ihnen zuzuhören und auf deren Argumente einzugehen (Kommunikationskompetenz),
* sich in andere Menschen bzw. Positionen hineinzuversetzen und diese besser zu verstehen (Empathie, Teil der Sozialkompetenz),
* Konfliktsituationen erfolgreicher zu begegnen (Sozialkompetenz),
* soziale Rollen in ihren Anforderungen, Verhaltensweisen und Grenzen besser zu verstehen, diese kritisch zu hinterfragen und an ihre persönlichen Bedürfnisse anzupassen (Rollendistanz),
* unterschiedliche und gegensätzliche Erwartungshaltungen, Werte, Positionen, Bedürfnisse und Zielsetzungen zu akzeptieren (Ambiguitätstoleranz, Teil der Sozialkompetenz)
* und nicht zuletzt: die Inhalte bzw. Gegenstandsbereiche des Rollenspiels besser zu verstehen, nachhaltiger zu lernen und künftig in den gespielten Rollen erfolgreicher zu agieren. Dies ist bei intrinsischer Motivation, die durch Rollenspiele stärker im Vordergrund steht, eher der Fall.

5.5 Voraussetzungen

Einige der angestrebten Ziele müssen die Schüler bis zu einem gewissen Grad als Voraussetzungen bereits mitbringen. So bedarf es hinreichender Kommunikationskompetenz, Empathiefähigkeit, Rollendistanz und Ambiguitätstoleranz, um sich auf ein Rollenspiel einlassen zu können. Auch müssen die Schüler die prinzipielle Bereitschaft aufweisen, sich spielerisch im Unterricht zu engagieren und sollten mit möglichen Misserfolgen oder Kommentaren der Mitschüler umgehen können.

5.6 Vorteile, Nachteile und Probleme

Vorteilhaft an der Arbeit mit Rollenspielen ist neben der *hohen Motivation* und den *anspruchsvollen Lernzielen*, dass sich außerdem mehrere relevante *fachdidaktische Prinzipien* umsetzen lassen:

Die Prinzipien der *Problemorientierung, Situationsorientierung* und *Lebens- bzw. Praxisnähe* ergeben sich beim Lernen mit Rollenspielen quasi von selbst, da Konflikte, Probleme bzw. Herausforderungen, in möglichst authentische Situationen eingebettet, ein zentrales Element von Rollenspielen darstellen.

Mit dem Durchspielen eines Sachverhalts ist auch dessen *Anschaulichkeit* gewährleistet.

Ferner nimmt die Dominanz des Lehrenden zugunsten erhöhter *Schülerselbstständigkeit* und *-selbsttätigkeit* ab.

Auch *Ganzheitlichkeit* ist im Hinblick auf die Lernziele gegeben. So werden nicht nur kognitive, sondern häufig auch affektive und psychomotorische Lernziele verfolgt.
Weitere Vorteile von Rollenspielen ergeben sich aus ihrem Spielcharakter. So ist nicht nur die *Motivation* potenziell sehr hoch, sondern auch die Bereitschaft zu *Experimentierverhalten*, da sich Misserfolge im Spiel nicht negativ in der Wirklichkeit niederschlagen.

Wie bei den meisten handlungsorientierten Methoden ist der Zeitaufwand verhältnismäßig hoch und Schüler, die nicht über hinreichende Voraussetzungen verfügen, könnten überfordert werden.

Die Arbeit mit Rollenspielen ist in der Regel sehr motivierend und in vielerlei Hinsicht lernfördernd bzw. kompetenzentwickelnd. Gleichwohl müssen die Schüler bis zu einem gewissen Grad bereits über entsprechende Kompetenzen verfügen. Da diese Voraussetzungen weitgehend den Lernzielen entsprechen, empfiehlt sich, die Methode des Rollenspiels wiederholt im Unterricht zu verwenden, da sich dadurch die Voraussetzungen verbessern und die Spiele dann auf höherem Niveau durchführbar sind.

Im Zusammenhang mit den (gering ausgeprägten) Kompetenzen mag sich das Problem ergeben, dass Schüler Hemmungen haben, sich spielerisch in eine Rolle zu begeben und fürchten, sich vor den Mitschülern zu blamieren. Dem lässt sich begegnen, indem die Kompetenzen schrittweise entwickelt werden (z.B. durch Präsentationen von Gruppenarbeitsergebnissen) und durch Etablierung einer Fehlerkultur, so dass Schüler nicht fürchten müssen, bei ungeschicktem Verhalten bloßgestellt zu werden.

Schüler könnten Schwierigkeiten haben, sich in eine Rolle einzufinden, wenn diese weit von ihrem Lebens- bzw. Erfahrungsbereich entfernt ist (z.B. Rolle eines Gewerkschaftsmitglieds). Solche Probleme lassen sich durch entsprechend ausdifferenzierte und anschauliche Rollenkarten genauso reduzieren, wie durch erhöhte Einarbeitungszeit.
Rollenspiele sind nur wenig lernförderlich, wenn die Schüler das zu bewältigende Problem nicht hinreichend verstanden oder sich nicht ausreichend mit ihrer Rolle auseinandergesetzt haben. Deshalb ist im Rahmen der Vorbereitung und Information auf eine klare Vermittlung zu achten und entsprechend Zeit einzuplanen.

Als problematisch mag auch die ungleiche Aktivitätsverteilung innerhalb der Lerngruppe gesehen werden. Dies ist durch die Verteilung differenzierter Beobachtungsaufgaben und ggf. die wiederholte Durchführung bei wechselnden Akteuren entschärfbar.
Möglicherweise nehmen einige Schüler die Methode aufgrund ihres Spielcharakters nicht hinreichend ernst. Dieser suboptimalen Einstellung lässt sich durch Hinweise auf das Lernpotenzial und die Nähe zu realistischen Situationen begegnen.

Auch das Verhalten der Lehrkraft kann sich negativ auswirken, wenn diese häufig oder stark lenkend in den Spielverlauf eingreift. Die naheliegende Lösung besteht darin, derlei nach Möglichkeit zu vermeiden.

5.7 Aufgaben der Lehrkraft

Zunächst einmal muss der Lehrer das Rollenspiel auswählen bzw. anpassen oder entwickeln, unter Berücksichtigung der Lerngruppe, der zu behandelnden Inhalte und der angestrebten Ziele.

In der Regel gestaltet die Lehrkraft die Motivation und Einführung anhand eines (ggf. durch Medien unterstützten) Lehrvortrags. Weiterhin stellt sie den Gruppen die benötigten Materialien (insbesondere Rollenkarten und Beobachtungsbögen) zur Verfügung.

Während der Spielphase sollte sich der Lehrer weitgehend zurückhalten. Punktuell mag es notwendig sein, Impulse zu setzen oder das Spiel zu unterbrechen und eine Zwischenreflexion einzuschieben.

Bei der Diskussion und Reflexion bietet sich eher eine moderierende Rolle der Lehrkraft an, so dass die Schüler hinreichend Gelegenheit haben, sich einzubringen. Dies schließt jedoch nicht aus, dass sie Expertenwissen einfließen lässt und Ergebnisse zusammenfasst bzw. dokumentiert, beispielsweise an der Tafel.

5.8 Beispiele

5.8.1 Beispiel Tarifverhandlungen

Als *inhaltliche Voraussetzung* zur erfolgreichen Durchführung dieses Rollenspiels sollten die Schüler nach Möglichkeit bereits über den Verlauf von Tarifverhandlungen, über Druckmittel der Verhandlungspartner und über die wichtigsten gesetzlichen Grundlagen informiert sein. Ferner ist eine grundlegende Orientierung über volks- und betriebswirtschaftliche Sachverhalte wichtig, um ein hinreichendes qualitatives Niveau der Diskussion zu gewährleisten.

Im Rahmen der *Information* und Motivation sollten insbesondere folgende Aspekte geklärt werden:

- Einigung auf eine Branche, in der die Tarifverhandlung stattfinden soll (z.B. abhängig von aktuellen Tarifverhandlungen oder besonderen Interessen der Lerngruppe).
- Aufteilung der Klasse in drei Gruppen auf: Arbeitgebervertreter, Arbeitnehmervertreter und Schlichter.
- Information der Schüler hinsichtlich des weiteren Vorgehens insbesondere bei der Vorbereitungsphase inkl. der zeitlichen Rahmenbedingungen.

Während der *Vorbereitungsphase* sind von den Schülern Aufgaben entsprechend der nachstehenden Anleitung zu bewältigen:

- Lesen Sie Ihre zugehörige Rolleninformation mit sachlichen Argumenten. Finden Sie nach Möglichkeit weitere Argumente, die Sie in Ihrer Verhandlungsposition unterstützen.
- Beschaffen Sie sich aktuelle Informationen, die Ihre Argumente bekräftigen. Erstellen Sie ggf. Folien dazu. Interessant könnte u.a. sein: Inflation, Gewinnsituation der Unternehmen, Produktivitätsentwicklung, Arbeitslosigkeit, Lohnentwicklung der letzten Jahre.
- Entscheiden Sie aufgrund der recherchierten Informationen, mit welcher Lohnforderung Sie den Verhandlungsprozess beginnen und welche Mindestforderung Sie unbedingt erreichen wollen. Möglicherweise haben Sie weitere Forderungen, die Sie in den Verhandlungsprozess einbringen möchten, z.B. Veränderung der Arbeitszeit oder Maßnahmen zur Sicherung/Schaffung von Arbeitsplätzen.

- Entwickeln Sie eine Verhandlungsstrategie, mit der Sie Ihre Vorstellungen am besten umsetzen können. Überlegen Sie sich auch alternative Forderungen und Kompromissangebote, die Sie gegenüber Ihren Verbandsmitgliedern ggf. als Verhandlungserfolg präsentieren können.

Zur *Durchführung* des Rollenspiels entsenden die Arbeitgeber und die Arbeitnehmer jeweils bis zu drei Vertreter mit jeweils einem Verhandlungsführer. Die Arbeitgeber und Arbeitnehmer sitzen sich in der Klasse frontal gegenüber – möglichst so, dass die anderen Schüler das Geschehen gut beobachten können.

Aus der Gruppe der Schlichter werden zwei bis drei Schüler benötigt. Sie beobachten das Geschehen intensiv und greifen erst ein, wenn die Verhandlungen feststecken und sie um Hilfe gebeten werden.

Die verbleibenden Mitglieder aus den Gruppen beobachten den Verhandlungsverlauf, wobei sie sich an ihren Beobachtungsaufträgen orientieren.

Bei der *Diskussion* ist über das Spielergebnis und seinen Verlauf, über die Qualität der Argumente bzw. der Argumentation und über alternative Problemlösungsstrategien zu sprechen. Dabei können die Rollenspielakteure zunächst auf Fragen eingehen wie: Wie zufrieden sind Sie mit dem Verhandlungsergebnis? Wie fühlten Sie sich während der Verhandlungen? Hätten Sie sich einen anderen Verlauf gewünscht? Was würden Sie das nächste Mal anders machen?

Anschließend sollten sich die Beobachter verstärkt einbringen und ihre Wahrnehmungen mitteilen und diskutieren.

Die *Reflexion* könnte getragen werden von der Systematisierung der Diskussion und einem Vergleich mit realen Tarifverhandlungen.

Materialien

Rede eines Gewerkschaftsfunktionärs

Liebe Genossinnen und Genossen,

es wird Zeit für bessere Arbeitsbedingungen. Wir fordern mehr Gehalt und niedrigere Arbeitszeiten. Nur so können wir Deutschland aus der Krise führen. Wenn die Leute kein Geld haben, können sie nichts ausgeben, dann haben die Unternehmen keine Kunden und müssen ihre Mitarbeiter entlassen. Deshalb fordern wir: Durchbrecht diesen Teufelskreis! Schluss mit dem neoliberalen Geschwätz! Auch die Arbeitszeit muss runter! Wir müssen die Arbeit auf mehr Schultern verteilen – wenn wir weniger arbeiten, gibt es mehr Arbeit für alle! Weiterhin fordern wir mehr Geld für gute Arbeit, weil das Leben teurer geworden ist. Mieten und Kosten für Lebensmittel steigen, also müssen auch die Löhne steigen. Und wer sagt, ein Anstieg der Löhne in Höhe der Inflationsrate ist das Höchste was uns zusteht, dem sage ich: Wir wollen mehr. Und wir haben mehr verdient!
Die meisten Unternehmen machen riesige Gewinne auf Kosten von uns Arbeitnehmern – und wir sollen zurückstecken? Sind wir denn Schuld, wenn Unternehmen Verluste machen? Ich sage euch: Nein, wir sind es nicht. Die Manager versagen auf ganzer Linie. Sie investieren zu wenig in Deutschland und zu viel im Ausland. Sie nutzen unsere hohe Qualifikation nicht ausreichend. Sie verpassen internationale Entwicklungen. Sie genehmigen sich selbst riesige Gehälter – und bei uns soll gespart werden!

Deshalb müssen wir ihnen klarmachen: Wir wollen nicht unbedingt streiken – wir wollen aber Gerechtigkeit! Und wenn wir müssen – dann streiken wir auch. Solange es nötig ist! Mit uns nicht! Es reicht!

Rede eines Arbeitgebervertreters

Sehr geehrte Damen und Herren,

die Gewerkschaften gehen mit völlig überzogenen Forderungen in die neue Tarifrunde und werden somit ihrer gesellschaftlichen Verantwortung nicht gerecht. Die Arbeitskosten sind in Deutschland bereits die höchsten weltweit. Hinzu kommen hohe Steuern, teure Umwelt-auflagen, staatliche Bürokratie und lange behördliche Genehmigungsverfahren, sehr hohe Lohnnebenkosten, geringe Flexibilität bei den Arbeitszeiten und kurze Arbeitszeiten. All dies zusammen lässt den Standort Deutschland immer unattraktiver werden. Viele Unter-nehmen können sich ein „Weiter so" angesichts der internationalen Konkurrenz und wach-senden Globalisierung nicht mehr leisten. Die Billigkonkurrenz sitzt nicht nur in China und dem restlichen Asien, sondern durch die Osterweiterung der EU direkt an unserer Haustüre. Bei unseren Rahmenbedingungen müssen viele Unternehmen Insolvenz anmelden oder ihre Arbeitsplätze ins Ausland verlagern. Wenn Gewerkschaften noch höhere Löhne verlangen, verstärkt das diese Effekte. Höhere Löhne führen zum Verlust von Arbeitsplätzen in Deutschland. Gleiches gilt für kürzere Arbeitszeiten. Was wir für Deutschland brauchen, ist das genaue Gegenteil, dann lohnt es sich auch wieder, in Deutschland zu investieren.
Ich appelliere an die Gewerkschaftsvertreter, ihre wirtschaftlich unsinnige Klientelpolitik zu korrigieren und einen Pfad der Vernunft einzuschlagen – zum Wohle der Arbeitslosen, der Arbeitnehmer und Deutschlands insgesamt.

Die Schlichtung bei Tarifvertragsverhandlungen

Eine Schlichtung ist ein bei Tarifverhandlungen zwischen Gewerkschaften und Arbeitge-bern vereinbartes Verfahren, um die ins Stocken geratenen Tarifverhandlungen zum Ende zu bringen. Eine Schlichtung kann von jedem der beiden Tarifpartner gefordert werden. Sie ist aber nur möglich, wenn beide der Schlichtung zustimmen. In dem Schlichtungsverfahren sitzen die beiden Tarifpartner und ein unabhängiger Schlichter, der von beiden Seiten ak-zeptiert wurde. Normalerweise hört sich der Schlichter beide Parteien an und bildet daraus einen Kompromiss. Diesem Kompromiss können dann die beiden Tarifpartner zustimmen oder auch nicht – dann wird wahrscheinlich (weiter) gestreikt.

Hinweise für Schlichter:
Hören Sie sich die Argumente der beiden Parteien in Gesprächen an. Suchen Sie nach Ge-meinsamkeiten der Tarifpartner und entwickeln Sie einen Vorschlag, der für alle vertretbar sein könnte.
Besprechen Sie anschließend Ihren Vorschlag mit den Tarifparteien – evtl. in getrennten Verhandlungen.
Versuchen Sie im gemeinsamen Gespräch eine Einigung zu erzielen.
Weitere Aspekte zur Gesprächsführung: Zeigen Sie Verständnis für die Argumente der Parteien – Verdeutlichen Sie die negativen Folgen eines Tarifkonflikts (Produktionsausfall,

Lieferschwierigkeiten, nachlassender Absatz, Arbeitslosigkeit, Lohnausfall, Belastung der Streikkasse, …) – Berücksichtigen Sie die gesamtwirtschaftlichen Rahmenbedingungen, in die ein Tarifkonflikt eingebettet ist. Unter normalen Umständen ist eine Lohnerhöhung realistisch, die etwas über der Inflationsrate liegt.

Hinweise für die Beobachter

1. Was war gut am Spiel der Gruppe?
2. Haben die Personen ihre Rolle glaubwürdig vorgestellt?
3. Ist das Rollenspiel so verlaufen, wie es während der Vorbereitung abgesprochen wurde?
4. Was könnte man verbessern?

5.8.2 Beispiel Bewerbungsgespräch

Die *Motivation* kann mittels einer projizierten Stellenanzeige erfolgen. So sollte sie derart gestaltet sein, dass sie die Basis für das Bewerbungsgespräch ist und sich der Bewerber gezielt auf ein Gespräch vorbereiten könnte. Ferner benötigen die Schüler Informationen über Inhalte und Verlaufsformen typischer Bewerbungsgespräche. Diese eigenen sie sich in der *Informationsphase* an.

Bei der *Vorbereitung* setzen sich die Schüler auf Basis ihrer Rollenkarten mit ihren jeweiligen Rollen auseinander. Dabei empfiehlt sich die Sozialform der Gruppenarbeit, um qualitativ bessere Ergebnisse zu erzielen. Da relativ wenige Personalchefs benötigt werden, dürfte eine Gruppe zur Vorbereitung dieser Rolle genügen, während für Bewerber (und Beobachter) vermutlich mehrere Gruppen zu bilden sein dürften.

Rollenkarte Personalchef
Auf die ausgeschriebene Stelle haben sich über 40 Bewerber gemeldet, von denen Sie vier besonders vielversprechende Kandidaten zum Vorstellungsgespräch eingeladen haben. Ihre Aufgabe besteht darin, den Bewerber auszuwählen, der am besten für die Stelle geeignet ist.
Überlegen Sie sich, was sie über die Bewerber erfahren möchten und bereiten Sie die Gespräche entsprechend vor. Evtl. stehen Ihnen hierfür auch die schriftlichen Bewerbungen der Kandidaten zur Verfügung.

Rollenkarte Bewerber
Sie finden die ausgeschriebene Stelle sehr attraktiv und möchten sie deshalb bekommen. Da sie wissen, dass von allen Bewerbern nur einer den Zuschlag erhält, möchten Sie sich gut vorbereiten.
Folglich sollten Sie sich über das Unternehmen informieren, um überzeugende Antworten auf mögliche Fragen (z.B. warum Sie für das Unternehmen arbeiten möchten, was Sie an der Stelle interessiert, warum gerade Sie die Stelle erhalten sollten) geben zu können. Rechnen Sie auch damit, dass evtl. kritische Fragen zu Ihrem Lebenslauf oder zu Ihrer Qualifikation gestellt werden.
Ferner sollten Sie berücksichtigen, dass neben Ihren Antworten auch Ihre Persönlichkeit und Ihr gesamtes Auftreten die Entscheidung des Personalchefs beeinflussen werden.

Rollenkarte Beobachter
Achten Sie in Abstimmung mit den anderen Beobachtern besonders auf einen dieser Aspekte und halten Sie Ihre Eindrücke schriftlich fest:
- Verbale und nonverbale Kommunikation des Bewerbers
- Verbale und nonverbale Kommunikation des Personalchefs
- Inhalt des Gesprächs
- Verbesserungsmöglichkeiten

Zur *Durchführung* der Rollenspiele sind Gruppen derart zu bilden, dass jeweils ein Personalchef und mehrere Bewerber eine Gruppe bilden. Nun spricht der Personalchef immer mit einem Bewerber, während die anderen Schüler das Gespräch anhand der Kriterien beobachten. Dabei sind so viele Gespräche zu führen, dass alle Bewerber aktiv werden können. Abschließend soll der Personalchef einen Bewerber auswählen und seine Entscheidung begründen.

Die *Diskussion* über den Verlauf und die Rückmeldung der Ergebnisse erfolgt zunächst innerhalb der Gruppen. Sie kann geführt werden, wenn alle Gespräche beendet sind oder bereits nach jedem einzelnen Vorstellungsgespräch. Letzteres hätte den Vorteil, dass die späteren Gespräche aufgrund der verstärkten Aufarbeitung auf einem höheren Niveau stattfinden könnten.

Im Rahmen der *Reflexion* sollten die Erfahrungen und gewonnenen Erkenntnisse im Klassenverband besprochen und systematisiert werden. Denkbar ist auch, nochmals gemeinsam ein Rollenspiel, das evtl. per Video aufgenommen wurde, detailliert zu analysieren.

5.9 Vertiefung

Onlineressourcen
Schmieg, Christa; Barnert, Thomas; Hamberger, Andreas; Hölzl, Christof; Nietmann; Dieter (1996):Rollenspiel „Industrieansiedlung in Schöndorf?" Winklers Flügelstift 1/1996, S. 34–41.
Link: http://www.sowi-online.de/methoden/dokumente/schmieg.htm

Literatur
Schaller, Georg: Das große Rollenspiel-Buch: Grundtechniken, Anwendungsformen, Praxisbeispiele. Weinheim 2006.

5.10 Aufgaben

1. Finden Sie mindestens drei Inhaltsbereiche aus dem für Sie relevanten Lehrplan, die sich für Rollenspiele eignen. Skizzieren Sie jeweils kurz, wie das Rollenspiel zu konzipieren und umzusetzen ist.
2. Vertiefungsaufgabe: Konzipieren Sie ein Rollenspiel inkl. der benötigten Materialien.

3. Falls Sie sich schon mit einer der nachstehenden Methoden auseinandergesetzt haben,
   arbeiten Sie bitte deren Gemeinsamkeiten und Unterschiede heraus: Fallstudie, Planspiel, System Dynamics.
4. Beurteilen Sie die Eignung der Rollenspielmethode für den Wirtschaftsunterricht.

6. Planspiel

6.1 Gegenstand

Ein Planspiel ist ein mehrperiodisches Entscheidungsspiel auf Basis eines Modells.

Die drei wesentlichen Elemente dieser Definition nun im Detail:

1. Spiel
Ein wesentlicher Vorteil des Rollenspiels liegt in seinem Spielcharakter begründet. Spielerische Elemente vermögen den Lernprozess positiv zu beeinflussen, da Spielen eine motivierende, befriedigende und hochkonzentrative Tätigkeit ist bzw. sein kann. Vertiefende Ausführungen zum Spielcharakter finden sich in 4.1. und 4.2.

2. Modelle
In den Wirtschaftswissenschaften wird vielfach mit theoretischen Modellen gearbeitet, um die Komplexität der Wirklichkeit einzuschränken und dadurch relevante Strukturen und Zusammenhänge deutlicher hervortreten zu lassen. Die Komplexität der Wirklichkeit wird durch vereinfachende Annahmen bzw. Prämissen im Modell reduziert. Dadurch kann der Lernende sich auf die als bedeutsam erachteten Zusammenhänge konzentrieren. Gleichwohl ist bei den am Modell erlernten Sachverhalten zu berücksichtigen, dass diese wegen der vereinfachenden Annahmen nicht ohne weiteres auf die Wirklichkeit übertragen werden können. Der Transfer in die Wirklichkeit setzt insbesondere voraus, sich der Modellprämissen bewusst zu sein. Deswegen empfiehlt sich bei der Arbeit mit Planspielen, den Lernern das zugrunde liegende Modell und dessen Prämissen offenzulegen und diese im Rahmen der Reflexionsphase zu diskutieren.

Bei der Frage, wie komplex das dem Planspiel zugrundeliegende Modell sein sollte, ergibt sich ein Zielkonflikt. Einerseits geht mit hoher Komplexität eine größere Wirklichkeitsnähe und damit ein besserer Transfer des Gelernten auf reale Probleme einher. Andererseits kann eine zu große Komplexität die Lernenden überfordern, so dass sie die Motivation verlieren bzw. bei ihren Entscheidungen nicht mehr nachdenken, sondern einfach raten oder gedankenlos experimentieren.

Vertiefte Ausführungen zum Modellcharakter finden sich bei den theoretischen Ausführungen zur Methode System Dynamics.

3. Mehrperiodizität
Ein drittes relevantes Merkmal von Planspielen besteht darin, dass sie in der Regel in mehreren strukturgleichen Perioden oder Runden gespielt werden. In jeder Runde treffen die Spieler Entscheidungen (im Rahmen der Spielregeln auf Basis des dem Spiel zugrundeliegenden Modells). Anschließend erhalten sie eine Rückmeldung dazu, so dass sie ihre Entscheidungen überprüfen können. Auf Basis dieser Rückmeldung lässt sich in der Folgeperiode ggf. eine verbesserte Entscheidung treffen.

6.2 Entwicklung der Methode

Die Ursprünge der Planspielmethode werden auf Kriegsspiele und Spiele wie Schach zurückgeführt, die bereits vor mehreren tausend Jahren entstanden. Ab ca. 1800 wurden
Kriegsspiele verstärkt als Methode zur Ausbildung künftiger Offiziere verwendet. Um 1900
Begann der Einsatz von Planspielen auch im wirtschaftlichen Bereich, beispielsweise um
logistische Probleme besser zu verstehen. Waren solche Unternehmensplanspiele zunächst
primär auf Manager ausgerichtet, wurden sie seit den 1960er Jahren zunehmend auch für
schulische Zwecke verwendet und dort insbesondere im Wirtschaftsunterricht.

6.3 Verlauf

Konfrontation und Information:
Zunächst sind die Schüler mit der Ausgangssituation des Spiels zu konfrontieren. In diesem
Zusammenhang werden die zu übernehmenden Rollen angesprochen, die Annahmen des
Modells nach Möglichkeit offengelegt und erläutert, die Ziele dargelegt, die Regeln vorgegeben und Bezüge zum relevanten Vorwissen der Schüler hergestellt. Ferner wären hier
inhaltliche Aspekte zu klären bzw. zu erarbeiten, die für das Planspiel wichtig sind. Auch
sollten die im Spiel verwendeten Materialien vorgestellt und erläutert werden, falls diese
nicht selbsterklärend sind.

All dies erfolgt normalerweise im Rahmen eines Lehrvortrags (z.B. beim Planspiel Piece of Cake).[14] Allerdings können sich bei komplexeren Planspielen die Schüler mithilfe von
Informationsblättern Teile der Sachverhalte auch eigenständig aneignen (z.B. beim Planspiel SkateUp).

---

14 Zur Verdeutlichung der angesprochenen Sachverhalte wird bereits in diesem Abschnitt ein Bezug zu den
    später ausführlicher vorgestellten Beispielen hergestellt.

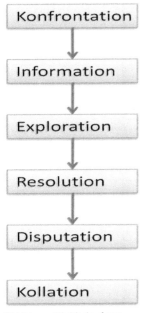

Abbildung 54: Verlauf von Planspielen

Anschließend können die Spielgruppen gebildet und Materialien ausgeteilt werden. Diese Schritte sollten erst nach Klärung der Rahmenbedingungen erfolgen. Bei umgekehrter Reihenfolge besteht die Gefahr, dass die Schüler sich bereits während der Ausführungen mit dem Material beschäftigen und ihre Aufmerksamkeit entsprechend reduziert ist. Außerdem kann dann leicht eine unruhige Atmosphäre entstehen.

Einarbeitung:
Nun müssen sich die Spieler mit den Informationen auseinandersetzen und sie kognitiv durchdringen.

Bei komplexeren Spielen wie SkateUp empfiehlt sich, noch vor Spielbeginn Fragen und Aufgaben bearbeiten zu lassen, die sich mit den Sachverhalten auseinandersetzen. Anschließend wären die Antworten bzw. Lösungen zu besprechen und Verständnisschwierigkeiten aufzuarbeiten.

Die erste Spielrunde hat häufig Einarbeitungscharakter, weswegen den Schülern hierfür mehr Zeit als in späteren Runden zugestanden werden sollte. Außerdem bietet sich nach der ersten Runde eine intensivere Besprechung an, um aufgetretene Schwierigkeiten oder Fragen zu klären.

Durchführung:
Hier wird das Spiel in mehreren, meist strukturgleichen Runden gespielt.

Zunächst sind bestimmte Entscheidungen zu treffen (bei Piece of Cake über die Produktionsmenge und den Verkaufspreis) und dem Spielleiter abzugeben. Die Entscheidungen sollten selbstverständlich nicht unreflektiert und auf Basis gedankenfreien Experimentierens und Ratens getroffen werden. Vielmehr wäre das eigentliche Problem des Spiels hinreichend zu berücksichtigen, Lösungsmöglichkeiten zu erarbeiten, gegeneinander abzuwägen und auf dieser Basis eine qualifizierte Entscheidung zu treffen. Im Hinblick auf die spätere Reflexion sollten die wichtigsten Überlegungen kurz schriftlich festgehalten werden.

Nach Abgabe der Entscheidungen werden diese von der Lehrkraft oder dem Computer ausgewertet und die Gruppen erhalten eine entsprechende Rückmeldung (bei Piece of Cake über die tatsächlich verkauften Kuchen und über die Preise der Konkurrenten).

Auf Basis der Ergebnisse sollten die Gruppen die Qualität ihrer vorangegangen Entscheidung analysieren. Möglicherweise ergeben sich dabei neue Erkenntnisse, die in die Folgeentscheidung einfließen.

Anmerkungen zum Ablauf:
Der Ablauf muss nicht zwingend so starr sein, dass auf eine Spielrunde unmittelbar die nächste folgt. Vielmehr können zwischen die einzelnen Runden unterschiedlichste Aspekte eingebunden werden.

Wenn der Schwierigkeitsgrad zu hoch ist und die Schüler deshalb unreflektiert entscheiden und unmotiviert spielen, bietet sich eine Phase der Zwischenreflexion an, in der die Probleme erörtert oder Hinweise angeboten werden.

Ferner kann zwischen den einzelnen Runden auch eine Instruktionsphase (also „normaler Unterricht") erfolgen, die Bezug zu den Inhalten des Planspiels hat.

Außerdem ist denkbar, die Schüler etwas mit Bezug zum Planspiel bearbeiten zu lassen, dessen Qualität in den weiteren Spielverlauf mit einfließt. Bei guten Ergebnissen könnten die Gruppen beispielsweise zusätzliche Punkte oder Spielgeld gutgeschrieben bekommen. Gegenstand dieser Aufgaben könnten Arbeitsblätter sein, aber auch komplexere Sachverhalte, wie die Erstellung und Präsentation eines passenden Marketingkonzepts. Durch diese Maßnahme lassen sich sehr viele Unterrichtsinhalte in Planspiele integrieren und dessen motivierende Wirkung auf andere Unterrichtsstunden übertragen.

Anmerkung zum Zeitmanagement:
Bei der Durchführung der Spielrunden stellt sich häufig die Frage nach der verfügbaren Zeit. Meist haben die Gruppen Schwierigkeiten, sich in der vorgegebenen Zeit zu einer Entscheidung „durchzuringen", da die Zusammenhänge komplex sind und teilweise nicht alle Informationen vorliegen, was die Unsicherheit erhöht. Die Fähigkeit, Entscheidungen unter Unsicherheit und Zeitdruck treffen zu können, ist jedoch ein wichtiges Lernziel der Planspielmethode. Deshalb – und um den geplanten Unterrichtsverlauf einhalten zu können – sollten die Zeitvorgaben auch entsprechend durchgesetzt werden.

Bei Spielen, deren Komplexität von Runde zu Runde nicht zunimmt, lässt sich das Problem mindern, indem Schülern in den ersten Runden zunächst mehr Zeit zugestanden wird. Bei späteren Runden, wenn die Zusammenhänge bereits vertrauter sind, kann das Zeitfenster dann entsprechend gekürzt werden.

Auswertung und Reflexion:
Nach Durchführung des Spiels sind dessen Ergebnisse auszuwerten und zu vergleichen. Zentral für den Lernerfolg ist eine intensive Reflexion des Spiels, bei der zahlreichen Fragestellungen nachgegangen werden kann und sollte, z.B.:

- Analyse der Spielstrategien: Waren Sie erfolgreich? Warum bzw. warum nicht? Wie könnten die Strategien noch verbessert werden?
- Fachliche Vertiefung: Mehrere Fragen und Aufgaben sollten gestellt werden, die sich auf die fachlichen Inhalte des Planspiels beziehen.
- Soziale Aspekte: Wie verlief die Zusammenarbeit in der Gruppe? Welche Probleme ergaben sich? Wie könnte damit umgegangen werden?
- Metareflexion des Lernprozesses: Was wurde während des Spiels gelernt?
- Modellkritik: Was war an dem Planspiel unrealistisch? Wie könnte es verbessert werden?
- Transfer: Auf welche Lebensbereiche lassen sich die im Planspiel gewonnenen Erkenntnisse übertragen? Welche Einschränkungen sind dabei angesichts der Modellprämissen zu berücksichtigen?

Außerdem ist im Rahmen des nachfolgenden systematisierenden Unterrichts darauf zu achten, dass die im Einzelfall gewonnenen Erkenntnisse erweitert, generalisiert und dekontextualisiert werden.

6.4 Planspielvarianten

Der Markt für Planspiele ist sehr groß und ausdifferenziert, so dass sich für viele zu vermittelnde Inhalte, unterschiedliche Zielgruppen und didaktische Intentionen passende Planspiele finden lassen. Diese unterscheiden sich in mehrerlei Hinsicht. Neben Fragen, ob ein Planspiel auf eine bestimmte Branche ausgerichtet ist oder auf welcher Ebene des Unternehmens die Spieler angesiedelt sind (Geschäftsführung oder lediglich Verantwortung für Teilbereiche) sind vor allem folgende Klassifikationskriterien relevant:

Computereinsatz:
Planspiele, denen relativ einfache Modelle zugrunde liegen, können auch gut ohne den Computer gespielt werden. Mit zunehmender Komplexität empfiehlt sich der Einsatz des Computers, da dieser den Spielleiter entlastet, indem er die Ergebnisse berechnet, differenzierte Rückmeldungen gibt oder auf Einhaltung der Regeln achtet.

Onlineplanspiele wie SkateUp entlasten die Lehrkraft noch weiter, da sie die Gruppenergebnisse nicht mehr selbst eintragen muss und auch die Rückmeldung an die Spieler durch den PC erfolgt. Dadurch kann sich die Lehrkraft auf andere Aufgaben während des Planspielverlaufs konzentrieren.

Interaktion:
Bei manchen Planspielen, wie bei der momentanen Version von SkateUp, spielt jede Gruppe für sich selbst; die Entscheidungen der anderen Gruppen haben hierbei keinen Einfluss auf die eigene Situation. Die andere Variante, bei der die Gruppen nicht voneinander isoliert sind sondern miteinander in Verbindung stehen, haben in der Regel einen deutlich dynamischeren Verlauf, machen mehr Spaß und sind motivierender. Piece of Cake erhält einen Großteil seiner Attraktivität aus dem Aspekt der Konkurrenzorientierung.

Transparenz und Veränderbarkeit der Modellannahmen:
Einige Planspiele legen die wesentlichen Zusammenhänge des zugrunde liegenden Modells nicht oder nur in ungefährer Form (ohne genaue Angaben der Zahlenwerte) offen. Dies führt dazu, dass die Spieler, um erfolgreich zu sein, Vermutungen über die Modellprämissen anstellen müssen und dafür einen Großteil ihrer Denkkapazität verwenden. Somit kommt die Auseinandersetzung mit dem echten Sachverhalt und der Entwicklung einer realistischen, plausiblen Strategie ggf. zu kurz. Ein Beispiel hierfür ist SkateUp, was eine der Schwächen dieses Spiels ausmacht. Insofern sind Planspiele vorzuziehen, deren Modellannahmen einsehbar sind. Dies ist beispielsweise bei Piece of Cake der Fall.

Manche Planspiele, die ihre Modellprämissen offenlegen, erlauben auch, diese zu verändern. Dadurch kann der Spielleiter das Planspiel an die Bedürfnisse der Lernsituation noch besser anpassen. Teilweise ist dies bei Piece of Cake möglich, noch weitergehende Veränderungen der Zusammenhänge lässt etwa das Planspiel Ecopolicy[15] zu.

Berechenbarkeit:
Es gibt Planspiele, deren optimale Lösung im Vorfeld berechenbar ist. Wenn dies anstrebt wird, geht der Spielcharakter allerdings weitgehend verloren; es handelt sich dann eher um

---

15 Link: http://www.frederic-vester.de/deu/ecopolicy/.

eine Aufgabe. Andererseits ist derlei eine recht anspruchsvolle Leistung und die Motivation hierzu kann sich aus dem potenziellen Spielgewinn ergeben. Berechenbar sind nur solche Planspiele, die nicht interaktiv und deren Modellannahmen komplett verfügbar sind. Ferner dürften keine Zufallsereignisse enthalten sein. Dieser Spieltyp wird als deterministisches Spiel bezeichnet, während stochastische Spiele immer auch eine Zufalls- und Unsicherheitskomponente enthalten.

Komplexität:
Ein weiteres wichtiges Kriterium zur Auswahl eines Planspiels ist sein Komplexitätsgrad, der der intellektuellen Leistungsfähigkeit der Lerngruppen angemessen sein sollte. Eine hohe Komplexität ergibt sich insbesondere, wenn viele Entscheidungen zu treffen sind, diese miteinander in Verbindung stehen (also vernetzt sind) und manche Entscheidungen sich im Zeitverlauf unterschiedlich auswirken (z.B. führen reduzierte Investitionen in Forschung kurzfristig zu einem höheren Gewinn aufgrund niedrigerer Kosten. Langfristig könnten sich jedoch sinkende Gewinne ergeben, da das Produkt technisch veraltet und nicht mehr konkurrenzfähig ist).

Flexibler einsetzbar sind Planspiele, deren Komplexität vom Spielleiter angepasst werden kann. Besonders interessant ist die Möglichkeit, über die allerdings nur wenige Planspiele verfügen, die Komplexität während des Spielverlaufs schrittweise zu erhöhen. So würden die Spieler in den ersten Runden mit einer geringen Komplexität spielen und das Spiel dann recht schnell beherrschen. Auf der Basis des verbesserten Verständnisses kann der Spielleiter dann die folgenden Spielrunden komplexer und in diesem Fall dadurch sowohl der Lerngruppe angemessener und interessanter als auch wirklichkeitsnäher gestalten.

Integration zusätzlicher Leistungen:
Wie bereits angeführt, kann ein Planspiel dadurch bereichert werden, dass die Spieler zusätzliche Leistungen erbringen, die jedoch außerhalb des Planspiels selbst erfolgen. Beispiele hierfür könnten die Entwicklung einer Werbemaßnahme oder eine Präsentation des Geschäftsverlaufs auf der Hauptversammlung sein. Diese Leistung wäre dann vom Lehrer (oder ggf. von der gesamten Klasse) zu bewerten. Manche Planspiele eröffnen die Möglichkeit, diese Leistungen durch Eingabe der Note im Planspiel abzubilden. Beispielsweise hätten dann die Ausgaben für Werbung im Planspiel einen höheren Effekt bzw. Wirkungsfaktor, wenn die Schüler außerhalb des Planspiels eine gute Werbemaßnahme entwickelt haben.

6.5 Ziele

Schüler können durch die Arbeit mit Planspielen lernen,

- Strategien zu entwickeln und zu formulieren,
- (komplexe) Probleme zu analysieren, zu beurteilen und diese angemessen zu lösen (Problemlösekompetenz),
- Entscheidungen unter Unsicherheit und Zeitdruck zu treffen (Entscheidungskompetenz),

- Rückmeldungen zu interpretieren und auf dieser Basis ggf. neue Strategien zu entwickeln (Problemlösekompetenz),
- in einer Gruppe zu arbeiten und zu kommunizieren (Sozial- und Kommunikationskompetenz),
- systemisch zu denken und Vernetzungen und Zeitverzögerung adäquat zu berücksichtigen,
- in Modellen zu denken und sich deren Einschränkungen beim Transfer in die Wirklichkeit bewusst zu sein (Wissenschaftsorientierung)
- und nicht zuletzt: die Inhalte bzw. Gegenstandsbereiche des Planspiels besser zu verstehen und nachhaltiger zu lernen. Planspiele sind geeignet, das Verständnis bereits behandelter Gebiete zu vertiefen aber auch, um neue Sachverhalte zu lernen. Dies ist bei intrinsischer Motivation, die durch Planspiele stärker im Vordergrund steht, eher der Fall.

Angesichts des zahlreichen Angebots an Planspielen können prinzipiell fast alle wirtschaftlich relevanten Sachverhalte im Zusammenhang mit Planspielarbeit gelernt werden. Sei es, weil sie Gegenstand des Planspiels selbst sind oder weil sie an das Planspiel „angedockt" und deren Ergebnisse dort integriert werden können.

6.6 Vorteile und Probleme

Vorteilhaft an der Arbeit mit Planspielen ist neben der *hohen Motivation* und den *anspruchsvollen Lernzielen*, dass sich außerdem mehrere relevante *fachdidaktische Prinzipien* umsetzen lassen:

Die Prinzipien der *Problemorientierung*, *Situationsorientierung* und *Lebens- bzw. Praxisnähe* ergeben sich beim Lernen mit Planspielen quasi von selbst, da Probleme bzw. Herausforderungen, in möglichst authentische Situationen eingebettet, ein zentrales Element von Planspielen darstellen.

Aber auch das Prinzip der *Wissenschaftsorientierung* ist umsetzbar, wenn der Modellcharakter des Planspiels hinreichend thematisiert wird. Schließlich ist die Arbeit mit Modellen eine zentrale Erkenntnismethode der Wirtschaftswissenschaften.

Ferner nimmt die Dominanz des Lehrenden zugunsten verstärkter Schüler*selbstständigkeit* und *-selbsttätigkeit* ab. Mit den erhöhten Freiräumen kann auch eine gewisse *Individualisierung* und *Differenzierung* einhergehen.
Auch *Ganzheitlichkeit* ist in mehrerlei Hinsicht gegeben: Sowohl hinsichtlich der Inhalte (vernetztes, komplexes, fallbezogenes Denken), der Lernziele (kognitiv, affektiv, psychomotorisch) als auch bzgl. der Vollständigkeit einer Handlung (planen, durchführen, kontrollieren).

Wie bei den meisten handlungsorientierten Methoden ist der Zeitaufwand hoch und unselbstständige Schüler könnten überfordert werden. Darüber hinaus sind manche Planspiele verhältnismäßig teuer. Weitere potenzielle Probleme können sich bei der Umsetzung ergeben:
Zunächst besteht die Gefahr, dass die Lernenden nicht über die notwendigen Voraussetzungen verfügen, wie insbesondere:

- inhaltliche Vorkenntnisse: Vielfach sind Planspiele so konstruiert, dass damit nicht primär neues Wissen erworben, sondern vorhandenes vertieft wird. Entsprechend müssen diese Inhalte im Vorfeld auch erworben werden.
- Kompetenzen: Mit Planspielen lassen sich zahlreiche Kompetenzen (z.B. Methoden-kompetenzen) fördern. Gleichwohl sollten diese bis zu einem gewissen Grad bereits vorhanden sein, um von der Arbeit mit dem Planspiel zu profitieren. Entsprechend wäre auch hier darauf zu achten, die Mindestvoraussetzungen vorher zu vermitteln. Alternativ könnte der Lehrer bei Problemen die betroffenen Gruppen(mitglieder) während des Planspielverlaufs unterstützen oder zwischen den Spielrunden eine Instruktionsphase einbauen, die diese Defizite abbaut.

Planspiele sind ebenfalls nicht lernförderlich, wenn die Schüler das zu bewältigende Problem, die Regeln oder das Modell nicht hinreichend verstanden haben. Deshalb ist im Rahmen der Informationsphase auf deren klare Vermittlung zu achten und entsprechend Zeit einzuplanen. Weiterhin können bei der Einarbeitungsphase zugehörige Aufgaben gestellt und anschließend besprochen werden.

Probleme ergeben sich auch, wenn der Schwierigkeitsgrad des Planspiels nicht den Fähigkeiten der Lerngruppe entspricht. Zu leichte Planspiele sind durchschaubar, wenig motivierend und langweilig. Außerdem ergeben sich kaum Lerneffekte. Hingegen wirken zu schwere Planspiele demotivierend und die Teilnehmer raten eher, statt nachzudenken.

Da es nicht immer gelingt, im Vorfeld ein Planspiel mit angemessenem Schwierigkeitsgrad auszuwählen, stellt sich die Frage, wie er während des Spielverlaufs angepasst werden kann. Reduzieren lässt er sich beispielsweise, indem den Schülern zusätzliche Informationen bzw. Hilfen (etwa in Form strategischer Tipps oder Visualisierungen der Modellzusammenhänge) gegeben werden. Eine Erhöhung des Schwierigkeitsgrads ist möglich durch komplexere Regeln oder zusätzliche Aufgaben auf anspruchsvolleren Ebenen. So kann z.B. eine Begründung und Beurteilung der getroffenen Entscheidungen genauso eingefordert werden wie die Reflexion und Beurteilung des Modells. Besonders attraktiv sind in dieser Hinsicht jedoch Planspiele, deren Komplexitätsgrad sich vom Spielleiter während des Spielverlaufs anpassen lässt.

Ein wesentliches Element von Spielen besteht darin, dass sich Entscheidungen im Spiel nicht negativ auf die Realität auswirken, weswegen dort mehr variiert und experimentiert wird. Im Hinblick auf Planspiele ist insofern zunächst mit einer – teilweise unrealistisch – hohen Risikoaffinität der Teilnehmer zu rechnen. Dann werden ggf. im Rahmen des Spiels bewusst Entscheidungen getroffen, die die Lernenden in der Wirklichkeit so nicht treffen würden, auch weil sie dort andere Ziele verfolgen.

Wer beispielsweise im Planspiel Börse (einen Preis) gewinnen möchte, sollte in möglichst volatile, riskante Aktien investieren. Steigen sie, wird das Planspiel evtl. gewonnen. Fallen die Kurse der im Spiel gekauften Wertpapiere haben die Spieler zumindest in der Wirklichkeit nichts verloren. Unter realistischen Umständen sind Investoren jedoch nicht daran interessiert, den höchsten Gewinn zu erzielen, sondern einen angemessenen Gewinn, der die Risikobereitschaft des Anlegers adäquat berücksichtigt.

Reduzieren lässt sich diese Problematik durch ein geeignetes Ziel- und Anreizsystem im Rahmen des Planspiels. So sollte der Erfolg einer Gruppe nicht unbedingt daran gemessen werden, den höchsten Gewinn in der Klasse zu erzielen, sondern eher daran, einen relativ sicheren Überschuss zu erwirtschaften. Ferner könnte in die Bewertung des Spielerfolgs die Qualität der Überlegungen der Spieler mit einfließen, so dass nicht nur das Ergebnis zählt, sondern auch der (gedankliche) Weg dorthin.

Möglicherweise nehmen einige Schüler ein Planspiel aufgrund seines Spielcharakters nicht hinreichend ernst. Dieser suboptimalen Einstellung lässt sich durch Hinweise auf das Lernpotenzial und die Nähe zu realistischen Situationen begegnen.

In der Regel ist damit zu rechnen, dass die Spielgruppen eine Tendenz zeigen, die Zeitvorgaben zu überschreiten, da die zu lösenden Aufgaben recht anspruchsvoll sind. Zwar ist darauf zu achten, den Gruppen genügend Zeit zu geben, um auch anspruchsvollere Aufgaben lösen zu können. Gleichzeitig ist die Fähigkeit, Entscheidungen unter Zeitdruck zu treffen, ein durchaus relevantes Lernziel des Wirtschaftsunterrichts. Außerdem leidet der Spielfluss, wenn sich aufgrund von Zeitüberschreitungen einzelner Gruppen die Spielrunden in die Länge ziehen. Vor dem Hintergrund empfiehlt sich, klare Zeitvorgaben zu geben und diese auch durchsetzen. So könnten bei nicht rechtzeitiger Abgabe der Entscheidungen einfach die Werte der Vorperiode übernommen werden.

Problematisch ist ferner, wenn Lernende die Erkenntnisse, die sie im Rahmen des Planspiels gewonnen haben, unreflektiert auf die Realität übertragen. Bei dem Transfer sind die Modellprämissen hinreichend zu berücksichtigen. Deshalb empfiehlt sich, im Rahmen der Reflexion die Annahmen des Modells zu verdeutlichen und sie mit Gegebenheiten in Realität zu vergleichen.

6.7 Aufgaben der Lehrkraft

Zunächst einmal muss der Lehrer das Planspiel auswählen bzw. anpassen oder entwickeln, unter Berücksichtigung der Lerngruppe, der zu behandelnden Inhalte und der angestrebten Ziele.

In der Regel gestaltet die Lehrkraft die Konfrontation und Einführung anhand eines (ggf. durch Medien) unterstützten Lehrvortrags. Weiterhin stellt sie den Gruppen die benötigten Materialien zur Verfügung.

Während der Durchführungsphase – falls es sich nicht um Onlineplanspiele handelt – nimmt der Lehrer die Ergebnisse der Spielgruppen entgegen, wertet sie (evtl. mithilfe eines Computers) aus und gibt den Gruppen entsprechende Rückmeldungen. Ferner achtet er auf die Einhaltung der Regeln und der Zeitvorgaben. Auch ist eine gewisse Kontrolle denkbar; so könnten völlig unrealistische Entscheidungen ggf. zurückgewiesen werden. Des Weiteren kommt dem Lehrer die Aufgabe zu, bei Bedarf den Schwierigkeitsgrad des Planspiels anzupassen.

Während der Reflexionsphase sollte der Lehrer eher die Rolle eines Moderators annehmen.

6.8 Beispiel: Piece of Cake

Das hier vorgestellte Beispiel basiert auf dem verbreiteten Planspiel „Tommys Törtchen". Es unterscheidet sich hiervon insbesondere durch die etwas höhere Komplexität und die zusätzlichen Materialien. Zwar lassen sich die einzelnen Rundenergebnisse relativ leicht berechnen. Gleichwohl kann sich der Lehrer durch Verwendung einer auf der Website herunterladbaren Excel-Datei (entwickelt von Ernst Gamber) entlasten. In den ersten vier Tabellen sind die fixen und variablen Kosten der einzelnen Gruppen einzutragen. in der fünften Tabelle werden die Entscheidungen der einzelnen Runden erfasst. Die letzte Tabelle dient der Auswertung.

Angesichts des relativ einfachen Charakters von Piece of Cake mag überraschen, welche Vielfalt von Inhalten daran festgemacht werden kann, z.B. Aspekte aus den Bereichen Marketing, Preisfindung, Rechnungswesen, Mikroökonomie, Markt, Marktformen, Wettbewerb, strategische Aspekte (Outsourcing, fixe vs. variable Kostenstrukturen).

Informationen zum Gegenstand und Verlauf des Planspiels:
Im Planspiel übernehmen die Lernenden die Rollen eines Verantwortlichen für die Produktion und den Verkauf von Spezialkuchen. Auf dem Markt sind insgesamt vier Unternehmen (Gruppen) tätig, es handelt sich also um ein Angebotsoligopol. Die hergestellten Kuchen einer Spielperiode können nicht gelagert werden; alle hergestellten, aber nicht verkauften Kuchen stehen in der Folgeperiode nicht mehr zur Verfügung. Entsorgungskosten werden nicht berechnet.

Weiterhin hat eine Marktforschung ergeben, dass die Kunden für die Kuchen bis zu maximal 80€ zu zahlen bereit sind. Die Nachfrage nach diesen Kuchen liegt konstant bei 2.000 Stück. Es ist nicht davon auszugehen, dass sie sich während des Planspiels ändert. Da die Kuchen der vier Unternehmen qualitativ identisch sind, orientieren sie sich hauptsächlich am Preis. Wegen spezieller Werbemaßnahmen und persönlicher und räumlicher Präferenzen der Kunden kaufen jedoch nicht alle beim günstigsten Anbieter. Die Nachfrage verteilt sich deshalb wie folgt:

günstigster Anbieter:	50% der Nachfrage
zweitgünstigster Anbieter:	30% der Nachfrage
drittgünstigster Anbieter:	15 % der Nachfrage
teuerster Anbieter:	5% der Nachfrage

Bleibt noch Nachfrage übrig, weil ein günstigerer Anbieter ‚seine' Nachfrage aufgrund niedriger Produktion nicht befriedigen kann, geht diese auf den nächstgünstigeren Anbieter über.

Zu Beginn des Spiels entscheiden sich die Spieler für eine Produktionstechnologie (eine spezielle Maschine), die sich im Wesentlichen durch ihre unterschiedliche Zusammensetzung von fixen und variablen Kosten voneinander unterscheiden. Die Spieler sind während des ganzen späteren Spielverlaufs an ihre Entscheidung gebunden, können also die Maschine im Spielverlauf nicht mehr austauschen. Folglich sollten sie sich vor dem Kauf der Maschine eine Strategie überlegen und die dazu passende Maschine auswählen. Je nach Lerngruppe sollte für diese Überlegungen ca. 10 20 Minuten zur Verfügung gestellt werden. Dabei sollten die Gruppen ihre Überlegungen für die spätere Reflexion schriftlich festhalten.

Anschließend werden insgesamt sieben Perioden gespielt. In jeder Runde sind zwei Entscheidungen zu treffen: wie viele Kuchen sollen hergestellt und zu welchem Preis auf dem Markt angeboten werden? Diese Ergebnisse sind dem Spielleiter vor Ablauf der Zeitfrist mitzuteilen. Nachdem dieser alle Preise kennt, informiert er die Gruppen über die Anzahl

der verkauften Kuchen. Ferner sollten durchaus auch die Preise und ggf. die Produktions-
mengen sämtlicher Gruppen mitgeteilt werden. Dadurch können die Gruppen versuchen,
die Strategien ihrer Konkurrenten zu ergründen und deren künftiges Verhalten auf dem
Markt zu antizipieren. Nicht mitgeteilt (bzw. erst nach der Durchführungsphase) werden
sollte hingegen, über welche Maschine die einzelnen Gruppen verfügen, weil dann deren
grundsätzliche Strategie und sinnvolle Preisuntergrenzen zu leicht ermittelbar sind. Die
Rückmeldung an die Klassen kann recht effizient mithilfe der fünften Tabelle der Excel-
Datei in Kombination mit einem Beamer erfolgen.

Nachdem die Gruppen über die Information der tatsächlich verkauften Kuchen verfügen, können sie ihre Entscheidungskarten ausfüllen und ihren unternehmerischen Erfolg
ermitteln. Weiterhin sollten sie ihre getroffenen Entscheidungen vor dem Hintergrund des
Verhaltens ihrer Konkurrenten reflektieren. Waren sie erfolgreich? Haben sich die anderen
so verhalten, wie sie es von ihnen erwartet haben? Können sie ihre bisherige Strategie bei-
behalten oder muss sie ggf. dem Verhalten der Konkurrenten angepasst werden? Wie werden sich die Konkurrenten vermutlich in der Folgeperiode entscheiden? Die entsprechenden
Überlegungen sind nach Möglichkeit schriftlich zu fixieren.

Für die ersten beiden Perioden sollten jeweils zehn Minuten Zeit zur Verfügung gestellt werden, in den verbleibenden fünf Runden genügen ca. fünf Minuten. Hier kann der
Hinweis erfolgen, dass die Zeit zwar knapp ist, was aber durchaus der Situation im privaten
und beruflichen Leben entspricht: auch dort müssen Entscheidungen unter Unsicherheit und
Zeitdruck getroffen werden.

Die Reflexionsphase kann mit einer themendifferenzierten Gruppenarbeit beginnen, bei
der die Gruppen verschiedene relevante Aspekte durchdenken, präsentieren und mit dem
Klassenplenum vertiefend diskutieren.

Folien zur Konfrontation und Information:

Planspiel – piece of cake

- **Verkaufsrelevantes**
  - die Kunden sind nicht bereit, mehr als 80€ pro Kuchen auszugeben.
  - es besteht eine Nachfrage von 2.000 Kuchen pro Periode
  - Vom Preis hängt die absetzbare Menge gemäß folgender
    Preis-Absatz-Funktion ab:
    - günstigster Anbieter: 50% der Nachfrage
    - zweitgünstigster Anbieter: 30% der Nachfrage
    - drittgünstigster Anbieter: 15 % der Nachfrage
    - teuerster Anbieter: 5% der Nachfrage
  - bleibt noch Nachfrage übrig, weil ein günstigerer Anbieter ‚seine‘
    Nachfrage nicht befriedigen kann, geht diese auf den
    nächstgünstigeren Anbieter über.

www.
arndt-sowi.
de
7

Planspiel
„piece of cake"

- **Ausgangssituation**
  - Ihr Unternehmen stellt Kuchen her
  - Sie sind verantwortlich für Produktion und Verkauf
  - Insgesamt sind 4 Unternehmen auf dem Markt
  - Kuchen können nicht gelagert werden
    → nach der Periode gehen alle unverkauften Kuchen verloren

Friedrich-Alexander-Universität
Erlangen-Nürnberg

www.
arndt-sowi.
de
6

Arbeitslehre
Wirtschaft
und Recht

Spielverlauf
- **Zu Beginn:** Entscheiden Sie sich für eine Produktionstechnologie
  Zeit: 7 Minuten
- **Jede Runde während des Spiels (max. 7 Runden)**
  - Entscheiden Sie sich für die **Anzahl** der herzustellenden Kuchen und für den **Verkaufspreis**
  - Der Spielleiter teilt Ihnen die Anzahl der abgesetzten Kuchen und Preise mit
  - Füllen Sie die Entscheidungskarte aus
    - ermitteln Sie Ihren Erfolg
    - reflektieren Sie Ihre Entscheidung

  - Zeit pro Runde: 8 Minuten (**Verspätete** Abgaben bleiben unberücksichtigt)

Friedrich-Alexander-Universität
Erlangen-Nürnberg

www.
arndt-sowi.
de
8

Abbildung 55: Planspiel Piece of Cake: Folien zur Konfrontation und Information I

Wickert Maschinenbau GmbH – Produktionsprogramm

Unser Unternehmen ist Weltmarktführer für Kuchenherstellungsmaschinen. Wir haben derzeit fünf Maschinen im Programm, die Sie erwerben können. Alle haben eine voraussichtliche Nutzungsdauer von 7 Perioden.

Modell AXJ 2000
Dieses Glanzstück unserer Produktpalette kann bis zu 5.000 Kuchen pro Periode herstellen. Aufgrund der hohen Effizienz fallen pro Kuchen Kosten von nur 14,60 Euro an. Für Wartung und Abschreibung des Kaufpreises müssen Sie mit 9.000 Euro pro Periode rechnen.

Modell BCD 1414 – Luxury Edition
Dieses Modell kann neben Kuchen auch Plätzchen und Brot herstellen, mit einer Kapazität von bis zu 20.000 Einheiten pro Periode. Die Herstellung eines Kuchens kostet 19,20 Euro bei Fixkosten von 12.000 Euro.

Modell Ecoman M1
Mit einer Kapazität von max. 1.500 Stück pro Periode fallen bei dieser Produktionstechnologie variable Kosten in Höhe von 18,60 Euro an, während pro Periode mit 8.000 Euro gerechnet werden muss.

Modell Ecoman Z3

Mit einer Kapazität von max. 1.000 Stück pro Periode fallen bei dieser Produktionstechnologie variable Kosten in Höhe von 24,50 Euro an, während pro Periode mit 6.000 Euro gerechnet werden muss.

Modell Smart XJ

Dieses Einsteigermodell bietet bei einer Kapazität von 800 Stück mit 4.200 Euro die niedrigsten laufenden Kosten. Pro Kuchen werden 28,40 Euro benötigt

Entscheiden Sie sich für eine Maschine und halten Sie Ihre Gründe schriftlich fest! Bedenken Sie: Sie können Ihre Entscheidung im Lauf des Planspiels nicht mehr ändern!

F i r m a / G r u p p e :

Fixkosten der Spielperiode in €:

variable Kosten je Einheit in €:

Entscheidungskarte

S p i e l r u n d e n :

	1	2	3	4	5	6	7
Verkaufspreis							
Anzahl der produz. Einh.							
Zahl der Verkauften Einh.							

Gewinn- und Verlustrechnung

S p i e l r u n d e n :

	1	2	3	4	5	6	7
Zahl der produz. Einh.							
variable Kosten insges.							
fixe Kosten der Periode							
Gesamtkosten							
Verkaufspreis je Einheit							
Anzahl der verk. Einh.							
Verkaufserlöse							
Erfolg (Verk.erl. − Ges.kosten)							
kumulierter Erfolg							

Abbildung 56: Planspiel Piece of Cake: Folien zur Konfrontation und Information II

Mögliche Reflexionsaufgaben:

Gruppe Gewinner
- Analysieren Sie die Ursachen Ihres Erfolgs.
- Würden Sie in einem erneuten Spiel andere Entscheidungen treffen? Welche?

Gruppe 2. Platz
- Informieren Sie sich, welche Produktionsmaschinen die anderen Gruppen verwendeten. Gibt es einen Trend in eine bestimmte Richtung? (eher Maschinen mit niedrigen Fixkosten oder niedrigen variablen Kosten?)
- Welcher Teilaspekt des Outsourcing ist durch die Maschinenwahl berührt?
- Wie wirkt sich die relativ hohe Unsicherheit bei Produktionsmengenentscheidungen auf die Wahl der Maschine aus?

Gruppe 3. Platz
- Was haben Sie mit Hilfe des Planspiels gelernt?
- Welchen Nutzen haben Planspiele/Modelle in der betrieblichen Wirklichkeit?
- Nennen Sie Ansatzpunkte zur Verbesserung des Planspiels.

Gruppe 4. Platz
- Analysieren Sie die Ursachen Ihres Misserfolgs.
- Wo müssten Sie in einem neuen Spiel anders handeln? Begründen Sie!

6.9 Vertiefung

Onlineressourcen
http://www.bibb.de/de/29264.htm
Das Planspielforum des Bundesinstituts für Berufsbildung…
  - gibt einen Überblick zu verschiedenen Planspielarten,
  - verlinkt zu Artikeln, die wissenschaftliche Modellversuche beschreiben,
  - gibt zahlreiche relevante Links und Literaturquellen an
  - und stellt ein Forum zur Verfügung, dass dem Austausch zum Thema Planspiel dient.

http://www.lehrer-online.de/wirtschaftsplanspiele.php?sid=106643285580447
52623322252226990
Diese Seite von Lehrer-Online stellt einige interessante und kostenlose bzw. preiswerte Planspiele vor.

Literatur
Blötz, Ulrich (Hrsg): Planspiele in der beruflichen Bildung. Auswahl, Konzepte, Lernarrangements, Erfahrungen: Aktueller Planspielkatalog 2008. Bonn 2008.
Diese Publikation enthält nicht nur theoretische Grundlagen zur Planspielmethode, sondern gibt darüber hinaus einen umfassenden Überblick zur Vielzahl erhältlicher Planspiele, die auf der beiliegenden CD gut recherchierbar sind.

6.10. Aufgaben

1. Die Vielfalt der Planspiele lässt sich durch mehrere Kriterien strukturieren. Ordnen Sie das Planspiel Piece of Cake (und ggf. ein weiteres Planspiel) diesen Typen zu.
2. Bearbeiten Sie folgende Reflexionsaufgaben des Planspiels „Piece of Cake":
   a) Wie könnten die Unternehmen höhere Gewinne erwirtschaften?
   b) Welche Konsequenzen hätten dauerhaft hohe Gewinne für die Marktkonstellation?
   c) Was lässt sich mit Hilfe dieses Planspiels lernen?
   d) Welchen Nutzen haben Planspiele/Modelle in der schulischen und betrieblichen Wirklichkeit?
   e) Nennen und diskutieren Sie Ansatzpunkte zur Verbesserung des Planspiels.
3. Bewerten Sie die Bedeutung der Reflexionsphase bei der Arbeit mit Planspielen.
4. Welche Schwierigkeiten (außer den bereits erwähnten) könnte es beim Einsatz von Planspielen noch geben? Lassen Sie hierbei auch Ihre Erfahrungen aus den Planspielen einfließen, die Sie evtl. bereits durchgeführt haben. Wie könnten Sie damit umgehen?
5. Finden (oder entwickeln) Sie ein Planspiel zu einem Themenbereich, der im Lehrplan Ihres Fachs aufgeführt ist.
6. Beurteilen Sie die Eignung der Planspielmethode für den Wirtschaftsunterricht.
7. Wodurch unterscheiden sich Planspiele von
   a) Rollenspielen
   b) Fallstudien
   c) System Dynamics?

7. Fallstudie

7.1 Gegenstand

Die Fallstudienmethode ist ein strukturiertes Lehr-Lernverfahren, bei dem eine (authentische oder fiktive) Situation in einem konkreten, praxisnahen und problemhaltigen Fall dargestellt ist, zu dem die Lernenden möglichst eigenständig eine Problemlösung entwickeln.

Zwei Aspekte dieser Definition sind erläuterungsbedürftig: Der Aspekt des strukturierten Lehr-Lernverfahrens ist dahingehend zu verstehen, dass das Lernen mit dieser Methode einem spezifischen Phasenschema folgt, das im Detail etwas später dargestellt wird.

Das zweite zentrale Element der Methode ist der Fall, an dem sich der Lernprozess kristallisiert. Anhand des Falls, der bestimmten Kriterien genügen sollte (s.u.), lassen sich Theorie und Praxis miteinander verbinden. Einerseits können theoretische Erkenntnisse auf konkrete Situationen angewendet werden (Deduktion). Andererseits besteht die Möglichkeit, ausgehend vom Einzelfall allgemeinere theoretische Einsichten zu gewinnen (Induktion), was auch als Schritt von der Kasuistik zur Systematik bezeichnet wird.

Damit die Methode ihr Lernpotenzial weitgehend ausschöpfen kann, sollten die Fälle möglichst den nachstehenden Kriterien genügen. Der Fall sollte …

- zu bewältigende Probleme (oder Konflikte) enthalten, die von den Lernenden als relevant erachtet werden,
- genügend Informationen beinhalten, um qualifizierte Rückschlüsse ableiten zu können (was nicht ausschließt, dass die Lernenden weitere Informationen recherchieren müssen),
- so gestaltet sein, dass sich die gewünschten Inhalte daran erarbeiten lassen und hinreichend exemplarisch sind, um allgemeinere Erkenntnisse gewinnen zu können,
- lebensnah, konkret, authentisch, anschaulich und abwechslungsreich gestaltet sein, beispielsweise durch Integration von Bildern, Diagrammen, wörtlicher Rede, Tabellen, Zeitungsberichten, Geschäftsbriefen, Darstellung unterschiedlicher Perspektiven bzw. Betroffenengruppen,
- Bezug zu den Vorerfahrungen der Lerner aufweisen,
- hinsichtlich Umfang, Komplexitätsgrad und notwendigen Vorkenntnissen der Lerngruppe angemessen sein und
- unterschiedliche Lösungen zulassen.

Der Schwierigkeitsgrad eines Falls lässt sich erhöhen, indem Informationen integriert werden, die für die Lösung nicht benötigt werden bzw. falsche Denkrichtungen suggerieren. Hierdurch wird die Fähigkeit der Informationsbewertung und -selektion eingefordert und trainiert. Dies kann weiter gestärkt werden, indem die Informationen nicht linear und klar strukturiert, sondern recht durcheinander im Text bzw. in den Materialien enthalten bzw. verborgen sind.

7.2 Geschichte

Bereits 1870 wurde an der Harvard Law School mit Fallstudien gelernt. Ca. 50 Jahre später fand die Methode verstärkt Eingang in die wirtschaftswissenschaftliche Ausbildung an der Harvard Business School. In den darauf folgenden Jahrzehnten verbreitete sich die Fallstudienmethode weltweit zunächst zur Ausbildung von Wirtschaftswissenschaftlern und zur Weiterqualifikation von Managern. Später fand sie auch zunehmend Eingang in den Wirtschaftsunterricht an Schulen.

7.3 Verlauf

Konfrontation: Zunächst werden die Schüler mit dem Fall konfrontiert. Sie sollen die darin enthaltene Problemstellung erfassen und sich ein Ziel (i.d.R. eine sachadäquate Problemlösung) setzen. Da das Erkennen des Problems elementar für den Lernprozess ist, sollte zum Ende dieser Phase etwa durch ein Lehrgespräch sichergestellt werden, dass dies den Schülern gelungen ist. In dem Zusammenhang ist ebenfalls darauf zu achten, dass die dargestellte Situation korrekt analysiert wurde und den Schülern der Zusammenhang des Falls zu ihrem Leben bzw. der Wirtschaftspraxis deutlich wird.

Abbildung 57: Verlauf von Fallstudien

Information: Nun sind dem Fall die zur Lösungsentwicklung relevanten Informationen zu entnehmen, zu analysieren und im Hinblick auf Bedeutsamkeit und Glaubwürdigkeit zu bewerten. Da die Informationen in Fallstudien oft verteilt bzw. unstrukturiert vorliegen und außerdem vielfach irrelevante Informationen ausselektiert werden müssen, ist dies eine durchaus anspruchsvolle Aufgabe. Der Schwierigkeitsgrad kann weiter steigen, falls die Schüler zusätzliche Informationen eigenständig recherchieren müssen.

Exploration: Auf Basis der erkannten Problemstellung und verfügbarer Informationen sind mögliche Problemlösungen zu entwickeln. Um eine qualitativ gute Problemlösung zu finden und außerdem differenziertes Denken in Alternativen zu unterstützen, sollten dabei zunächst mehrere Lösungsvarianten erarbeitet werden. Somit wird auch gewährleistet, dass nicht die erstbeste Idee unkritisch akzeptiert wird.

Resolution: Die gefundenen Lösungsvarianten sind nun vergleichend zu bewerten, um sich qualifiziert und begründet für eine Problemlösung entscheiden zu können.

Dies ist in der Regel eine herausfordernde Aufgabe, da jede Variante vermutlich unterschiedliche Vor- und Nachteile hat und es somit nicht die objektiv beste Lösung gibt. Welche Lösung bevorzugt wird, hängt insbesondere von der teilweise subjektiven Gewichtung der einzelnen Kriterien ab.

Die Frage, welche der Lösungen gewählt werden sollte, kann mithilfe einer Entscheidungsbewertungstabelle strukturierter und besser beantwortet werden. Das Instrument wird am Beispiel der Frage der Eigenfertigung oder des Fremdbezugs eines Produkts veranschaulicht:

Entscheidungsbewertungstabelle			Eigenfertigung			Fremdbezug (Outsourcing)		
Entscheidungs-kriterium (1)	Gewich-tung (1-10) (2)	verbale Begründung (3)	verbale Begründung (4)	Bewertung (1-10) (5)	Gesamt (GxB) (6)	verbale Begründung (4)	Bewertung (1-10) (5)	Gesamt (GxB) (6)
Preis	8	das Unternehmen agiert in einem preissensiblen Martkumfeld	bei 500 Stück beträgt der Stückpreis 1092€	8	64	1.200,00 €	5	40
Konsequenzen eines Misserfolgs	9	die Prognose von 500 Stück ist unsicher, die Nachfrage könnte auch deutlich niedriger sein	hohes Risiko, da die Maschine nur mit hohen Abschlägen verkauft werden kann.	2	18	Das Risiko trägt der Lieferant	10	90
Kapital-belastung	7	Wichtiges Kriterium, da das Unternehmen derzeit einen Kapitalengpass hat	Es müssten 500.000€ aufgebracht werden.	2	14	Kein Kapital nötig	10	70
Gestaltungs-möglichkeiten	3	Nicht so wichtig, da das Produkt klar spezifizierbar ist und nicht geändert werden muss	hohe Einflussmöglichkeiten	9	27	geringerer Einfluss	3	9
					(7) 123			(7) 209

Abbildung 58: Entscheidungsbewertungstabelle

Die Vielzahl von Faktoren, die bei einer Outsourcing-Entscheidung berücksichtigt werden sollten, lassen sich mit Hilfe einer Entscheidungsbewertungstabelle strukturieren. Dazu werden die relevanten Kriterien aufgelistet (1) und mit einer Gewichtung (2) versehen. Diese Gewichtung muss für den Einzelfall begründet werden (3), darf also nicht willkürlich sein. Dann erhalten die zur Verfügung stehenden Alternativen (in diesem Fall die Eigenfertigung und der Fremdbezug) einen begründeten (4) Punktwert (5). Diese Punkte werden mit der Gewichtung multipliziert (6), und anschließend addiert (7). Die Alternative mit dem höchsten Punktwert ist die günstigste.

Disputation: Die einzelnen Gruppen stellen ihre Problemlösung vor und begründen ihre Entscheidung in der Diskussion im Klassenplenum. Dabei werden möglicherweise vorhandene Defizite aufgedeckt und Verbesserungsmöglichkeiten erörtert.

Kollation: Handelt es sich um einen echten Fall der bereits abgeschlossen ist, lassen sich die erarbeiteten Lösungen der Gruppen mit der tatsächlichen Umsetzung vergleichen. Anhand dieses Vergleichs können ggf. neue und differenziertere Erkenntnisse gewonnen werden. Allerdings ist auch denkbar, dass die von der Lerngruppe erarbeitete Lösung der tatsächlich umgesetzten Variante überlegen ist.

Im Anschluss an diese Phasen bietet sich an, die am konkreten Einzelfall gewonnenen Erkenntnisse zu *verallgemeinern* und deren Transferpotenzial zu erörtern. So ist gewährleistet, dass das Wissen nicht auf den Fall beschränkt bleibt, sondern zur Bearbeitung eines breiteren Spektrums von Problemen anwendbar wird.

7.4 Varianten

Die Vielzahl der Fallstudien lässt sich nach unterschiedlichen Kriterien klassifizieren, z.B.
nach …

- Umfang
- Verfügbarkeit der Informationen: Sind alle vorhanden oder müssen zusätzliche Informationen recherchiert werden?
- Benennung des Problems: Ist das Problem explizit genannt oder muss es aus dem Fall erst herausgearbeitet werden?
- Verfügbarkeit von Lösungen: Gibt es eine Lösung des Problems? Falls ja, wann wird diese den Lernenden zur Verfügung gestellt?

Je nach Akzentuierung dieser Aspekte ergeben sich unterschiedliche Schwerpunkte des Bearbeitungs- und Lernprozesses (vgl. Abbildung). Bedeutsam sind insbesondere folgende Methoden:

	Erkennen von Problemen	Informations-gewinnung	Ermitteln alternativer Lösungsvarianten/ Problemlösung, Entscheidung	Lösungskritik
1. Case-study-Method	Schwerpunkt: Verborgene Probleme müssen analysiert werden	Informationen werden gegeben	Mit Hilfe der gegebenen Informationen werden Lösungsvarianten des Problems ermittelt und Entscheidungen gefällt	Vergleich der Lösung mit der Entscheidung in der Wirklichkeit
2. Case-problem-Method	Probleme sind ausdrücklich genannt	Informationen werden gegeben	Schwerpunkt: Mit Hilfe der vorgegebenen Probleme und der Informationen werden Lösungsvarianten ermittelt und Entscheidungen getroffen	Evtl. Vergleich mit der Entscheidung in der Wirklichkeit
3. Case-incident-Method	Der Fall wird lückenhaft dargestellt	Schwerpunkt: Informationen müssen selbständig beschafft werden		
4. Stated-problem-Method	Probleme sind vorgegeben	Informationen werden gegeben	Die fertigen Lösungen einschließlich der Begründungen werden gegeben: evtl. Suche nach zusätzlichen Alternativen	Schwerpunkt: Kritik der vorgegebenen Lösungen

Tabelle 10: Fallstudientypen; Quelle: Kaiser, Franz-Josef; Kaminski, Hans: Methodik des Ökonomie-Unterrichts. Bad Heilbrunn 1999, S. 148

Case-Study-Method: Dies ist die klassische Variante der Fallstudienmethode, bei der die Informationen vorgegeben sind und die Schwerpunkte der Arbeit sowohl im Erkennen des Problems als auch in der Entwicklung möglicher Lösungen liegen.

Case-Problem-Method: Im Unterschied zur Case-Study-Method werden hier die Probleme explizit genannt.

Case-Incident-Method: Der Fall wird lediglich lückenhaft dargestellt, so dass die Probleme oft nicht klar sind und vielfältige Informationen noch eigenständig recherchiert werden müssen, was den Schwerpunkt der Arbeit mit dieser Variante ausmacht.

Stated-Problem-Method: Hierbei sind die Probleme, die relevanten Informationen und auch die tatsächliche Lösung gegeben. Die Aufgabe der Lernenden besteht darin, die Lösung zu beurteilen und ggf. eine bessere Lösung zu entwickeln.

7.5 Ziele

Schüler können durch die Arbeit mit Fallstudien lernen, …

- Probleme zu erkennen, zu analysieren und eigenständig Lösungen zu entwickeln und zu bewerten,
- differenziert und in Alternativen zu denken,
- begründete Entscheidungen zu treffen,
- Informationen zu beschaffen und zu bewerten,
- kooperativ in Gruppen zu arbeiten,
- zu kommunizieren (im Rahmen der Gruppenarbeit und der Disputation)
- und nicht zuletzt: die Inhalte bzw. Gegenstandsbereiche der Fallstudie besser zu verstehen und nachhaltiger zu lernen.

7.6 Vorteile und Probleme

Vorteilhaft an der Arbeit mit Fallstudien ist neben den *anspruchsvollen Lernzielen* der unmittelbare *Anwendungsbezug*, so dass die Gefahr, lediglich träges Wissen zu vermitteln, gering ist. Da sich die Fälle oftmals auf die unmittelbare Realität beziehen, sind die gewonnenen Erkenntnisse – im Gegensatz zur Planspielmethode – gut auf reale Probleme anwendbar.

Darüber hinaus lassen sich mehrere relevante *fachdidaktische Prinzipien* umsetzen: Die Prinzipien der *Problemorientierung, Situationsorientierung* und *Lebens- bzw. Praxisnähe* ergeben sich beim Lernen mit Fallstudien quasi von selbst, da Probleme bzw. Herausforderungen, in möglichst authentische Situationen eingebettet, ein zentrales Element der Methode darstellen.

Auch das Prinzip des *exemplarischen Lernens* geht fast zwingend mit der Fallstudienarbeit einher, da der ausgewählte konkrete Fall (mindestens) eine relevante allgemeine Erkenntnis enthalten muss, die sich auf andere Situationen anwenden lässt.

Anschaulichkeit ist bei entsprechend vielschichtig und abwechslungsreich gestalteten Fällen ebenfalls gegeben.

Aufgrund der starken Gruppenarbeitskomponente und der zurückhaltenden Rolle des Lehrers ergibt sich erhöhte Schüler*selbstständigkeit* und -*selbsttätigkeit*.

Inhaltliche *Ganzheitlichkeit* ist insofern gegeben, als die Schüler beim fallbezogenen Denken Vernetzungen und Nebenwirkungen berücksichtigen müssen. Die Lösungen sind in der Regel ambivalent und zeichnen sich durch spezifische Vor- und Nachteile aus, die gegeneinander abzuwägen sind.

Wie bei den meisten handlungsorientierten Methoden ist der Zeitaufwand hoch und unselbstständige Schüler könnten überfordert werden.

Probleme können sich ergeben, wenn der Fall schlecht konstruiert ist oder nicht zu den angestrebten Lernzielen bzw. zu erarbeitenden Inhalten passt.

Dem potenziellen Problem überforderter Schüler kann begegnet werden, indem sie schrittweise an die Methode herangeführt werden. So wäre ggf. zu überlegen, nicht gleich mit der Case-Study-Method, sondern zunächst mit der Case-Problem-Method oder der Stated-Problem-Method zu beginnen. Außerdem lässt sich die Gefahr der Überforderung durch verstärkte Instruktionsphasen bzw. Lehrgespräche im Klassenplenum reduzieren. So können die Schüler zum Ende der einzelnen Phasen auf einen einheitlichen Mindeststand gebracht werden, wodurch sie besser weiterarbeiten können.

Des Weiteren besteht die Gefahr, dass das Erlernen allgemeinerer Sachverhalte und Theorien unter der Arbeit am konkreten Fall leidet. Insofern empfiehlt sich zum Ende der Fallstudienarbeit, die am Einzelfall gewonnenen Erkenntnisse zu verallgemeinern und zu systematisieren.

7.7 Aufgaben der Lehrkraft

Eine wesentliche Aufgabe besteht in Auswahl, Modifikation oder Erstellung einer im Hinblick auf die Ziele und Inhalte geeigneten Fallstudie.

Ansonsten muss sich die Lehrkraft noch weniger aktiv einbringen, als dies bei anderen handlungsorientierten Methoden der Fall ist, da die Hauptarbeit von den Schülern in ihren Lerngruppen geleistet wird. Das grundlegende Rollenverständnis sollte dem eines Moderators und Beraters entsprechen.

Als Aufgaben fallen insbesondere an, …

- den Übergang zwischen den einzelnen Phasen zu gestalten. Dabei sind beispielsweise die Aufgaben der kommenden Phase zu erläutern und auf die Einhaltung der Zeitvorgaben zu achten.
- Hilfen zur Verfügung zu stellen (z.B. das Instrument der Entscheidungsbewertungstabelle).
- den Gruppen bei Bedarf beratend zur Seite zu stehen.
- die Disputationsphase zu moderieren.
- die tatsächliche Lösung im Rahmen der Kollation vorzustellen.
- die Verallgemeinerung und Reflexion zu gestalten.

7.8 Beispiel: Fallstudie zur Rentag GmbH

Die Rentag GmbH – ein mittelständisches Unternehmen
Ein Unternehmen stellt sich vor (Grobübersicht):

Bei der Rentag GmbH handelt es sich um ein (fiktives) mittelständisches Unternehmen, das seit Jahren erfolgreich im Verkauf von Fahrrädern und allem damit zusammenhängendem Zubehör tätig ist. Der Hauptmarkt ist Deutschland einschließlich der neuen Bundesländer. Jedoch werden auch gute Verkaufserfolge in der Schweiz und Österreich sowie zunehmend in den osteuropäischen Ländern (Polen, Tschechien und Ungarn) erzielt. Es ist leider noch nicht gelungen, in den großen süd- und westeuropäischen Fahrradländern Fuß zu fassen. Entsprechende Bemühungen sind bisher gescheitert.

Das Unternehmen hat ein verkehrsgünstig gelegenes Stammwerk im südwestdeutschen Raum. Weiterhin gibt es ein Zweigwerk in Norddeutschland. Kürzlich wurde eine Produktionsstätte in Polen zugekauft. Im Jahr 2012 betrug der Umsatz des Gesamtunternehmens 25 Mio. EUR.

Folgende Personen sind im Unternehmen in verantwortlichen Positionen bzw. sind in der jetzt geschilderten Situation von Bedeutung:

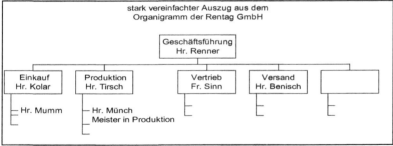

Abbildung 59: Organigramm Rentag GmbH

Die Situation des Unternehmens an einem Freitag im Juni 2012:

Herr Renner sitzt an seinem Schreibtisch. Er ist verärgert über ein Telefonat, das er gerade mit seinem Produktionsleiter, Herrn Tirsch, führte. Dieser beschwerte sich wieder einmal – über die Vertriebsleiterin, Frau Sinn. Sie hatte aus einem noch nicht ganz zu Ende produzierten Fertigungslos 15 Einheiten entnommen, um einem (angeblich) sehr wichtigen Kunden noch schnell vor dem Wochenende per Express diese Teile zukommen zu lassen. Tirsch war empört. Von ihm würden kostenoptimale Losgrößen mit einer vernünftigen Arbeitsplanung für seine Leute verlangt, bei den vielen kurzfristigen Änderungen sei dies aber nicht möglich.

Renner kennt die Argumente von Tirsch längst auswendig, die dieser in den letzten Monaten in sich quälend hinschleppenden Sitzungen mit Frau Sinn immer wieder vorbringt. Renner hat Tirsch, der schon seit zwanzig Jahren im Unternehmen ist, viel zu verdanken. Mit hohem Engagement hat er in den letzten Jahren die Umstellung auf das neue flexible Fertigungszentrum bewältigt, mit dem es möglich ist, auch kleine Lose effektiv zu produzieren. Der Ausstoß ist gerade in den letzten beiden Jahren erfreulich gestiegen. Dabei fertigt die Rentag GmbH heute allerdings nicht mehr nur 8 Standardprodukte nach Katalog, sondern 14 und geht mit Spezialanfertigungen immer servicefreundlicher auf die speziellen Bedürfnisse und Wünsche der Kunden ein. Aber dies erzwingt der Wettbewerb. Weiterhin schätzt Renner an Tirsch, dass dieser die Wertschöpfung im Unternehmen gesteigert hat. So werden kaum noch Fremdteile zugekauft, sondern überwiegend selbst gefertigt. Dadurch kann die Rentag optimal an ihre Fahrräder angepasste Bauteile wie Bremsen und Gangschaltungen produzieren und muss den Gewinn nicht mit anderen Unternehmen teilen.

In Gedanken geht er die Argumente durch, die Frau Sinn in diesen Streitgesprächen immer wieder gebetsmühlenartig wiederholt und die er auch heute seinem Werkleiter sagte, um ihn zu beruhigen. Es würden kaum noch Lieferzeiten akzeptiert, die bei Standardausführungen mehr als eine Woche betragen. Selbst bei Spezialanfertigungen erwarten die Kunden Lieferzeiten von unter zwei Wochen. Sofern es sich um langfristige Kontrakte handelt, ließen sich die Kunden immer weniger mit Lieferversprechungen abspeisen, sondern wollen schon Wochen im Voraus Liefertermine und -mengen genau bestätigt haben. Sinn erzählt immer wieder und in letzter Zeit vermehrt von den Fällen, wo Kunden durch nicht eingehaltene Liefertermine verärgert waren. „Wozu haben wir denn ein neues flexibles Fertigungszentrum?" Diese Standardfrage markierte dann häufig den Schluss der Diskussion und führte vollends zum Konflikt zwischen Vertriebsleiterin und Werksleiter.

Renner weiß, dass es so nicht weitergehen kann. Aber was soll er machen? Will Sinn eventuell doch nur ihren eigenen Schlendrian in der Bearbeitung der Kundenaufträge kaschieren? Ist Tirsch, wie von Sinn behauptet, in der Zwischenzeit wirklich so unflexibel, pedantisch und egozentrisch auf seine Produktion ausgerichtet?

Ein weiteres Problem zwischen Vertriebs- und Produktionsabteilung scheint der Umgang mit Kunden zu sein. Kürzlich rief ein Kunde bei Herrn Tirsch an, um sich über sein Fahrrad zu beschweren, dessen Bremsen versagt haben. Tirsch hat ihn an Frau Sinn verbunden, da er sich nicht für Kundenkontakte verantwortlich fühlt. Der Kunde war entsprechend verärgert, als er vom Vertrieb an Tirsch zurückverbunden wurde.

Am späten Nachmittag geht Renner, wie immer vor dem Wochenende, durch den gesamten Betrieb. Die Versandrampe ist jetzt, im Gegensatz zum Vormittag, ordentlich aufgeräumt. Im Gebäude selbst sieht es dagegen weniger ordentlich aus. Auf den Fahrwegen steht noch Ware, teils lose verpackt in Kleinmengen, teils versandverpackt in Gitterboxen. Provisorisch aufeinander gestapelt stehen mehrere Pakete vor dem Büro von Versandleiter Benisch. Dies war sicher der Eilauftrag, der am Montag vom Paketdienst abgeholt werden soll. Ob diesmal alle Teile dabei sind? Vergangene Woche musste er selbst für einen Hauptkunden, den er besuchte, zwei Pakete ins Auto laden, die irrtümlich nicht mitgeliefert wurden.

Renner weiß nicht, wie er die Arbeit von Benisch einschätzen soll. Positiv ist sicherlich, dass er ohne zusätzliches Personal die Umsatzsteigerung im Versandbereich bewältigt hat. Benisch klagt jedoch laufend, dass auf Grund des gestiegenen Umsatzvolumens der Lagerplatz nicht mehr reiche. Die letzte Inventur weist einen höheren Fertigbestand von 55% aus, gleichzeitig kommt es zu diesen kurzfristigen Entnahmen aus der laufenden Produktion, die dort die ganze Planung stören.

Etwas verärgert bei diesem Gedanken geht Renner weiter. In der Fertigung ist es zwar sehr sauber. Überall stehen jedoch zwischen den Maschinen Behälter, Kisten und Kartons. Soll er nun Münch bewundern, dass er trotz des hier vorherrschenden Prinzips „Chaos" es schafft, jeden Tag die Aufträge zu erledigen? Ob eigentlich jemand weiß, was aktuell alles zwischen den Kisten an Material bzw. Halbfertigprodukte abgestellt ist? Wahrscheinlich hat Tirsch dazu die beste Übersicht.

Ohnehin ist das ganze Wissen des Unternehmens nur in den Köpfen der Mitarbeiter gespeichert. Als letzten Sommer Herr Kolar einen Autounfall hatte und mehrere Monate ausfiel, hat der ganze Einkauf nicht mehr funktioniert. Herr Mumm war über viele grundlegende Sachverhalte und Abläufe nicht informiert und brauchte Wochen, bis er wenigstens die dringendsten Aufgaben bewältigen konnte. Gut nur, dass er Herrn Kolar immer wieder im Krankenhaus anrufen konnte. Was wird erst passieren, wenn Herr Tirsch in zwei Jahren in Rente geht?

Renner verlässt die Fertigung und kommt in das angrenzende Materiallager. Auffallend ist, dass dort wenig freier Platz ist. Zwischen und vor den Regalen ist auch auf dem Boden allerhand „gelagert"; von kleinen Ersatzteilpackungen bis hin zu Ölkanistern für die Maschinenwartung. In einem Regal fällt sein Blick auch auf einige Motoren, die schon völlig verstaubt sind. Ob man diese wohl jemals noch gebrauchen kann?

Für den Einkauf ist Herr Kolar zuständig, ihm obliegt auch die Verantwortung für die Lagerung der beschafften Waren. Betreut wird das Wareneingangslager von Herrn Mumm, einem Mitarbeiter von Herrn Kolar. Soweit Renner bekannt ist, erfolgt die Bestellung aufgrund der Anforderung der Arbeitsvorbereitung, die dem Produktionsleiter, Herrn Tirsch unterstellt ist. Auch hier gibt es in den letzten Monaten zunehmend Probleme. Zum einen klagt Tirsch, dass geplante Losgrößen häufiger zurückgestellt werden müssen, da das Material nicht rechtzeitig geliefert ist. Andererseits hält Herr Kolar dem entgegen, dass durch die gestiegenen Umsätze der Lagerraum ohnehin nicht ausreiche. Außerdem müsse man an die Kosten von hohen Lagerbeständen denken. Gewisse Engpässe seien da eben in Kauf zu nehmen. Irgendwie scheinen sich auch hier Probleme zu ergeben, die den Erfolg des Unternehmens beeinträchtigen. Außerdem sei die Produktion an den späten Lieferungen selbst schuld, da sie ihre Aufträge immer sehr spät und in großen Mengen dem Einkauf mitteilt. So kurzfristig kann der Lieferant seine Produkte nicht herstellen. Der hat sich ohnehin schon darüber beschwert, dass er wochenlang keine einzige Bestellung erhält und dann plötzlich riesige Mengen auf einmal.

Missmutig geht Renner ins Wochenende, ohne dass er die Fragen, die ihn am Freitagnachmittag beschäftigt haben, vergessen kann. Immer wieder fragt er sich, warum diese Probleme in den letzten beiden Jahren, ja verstärkt erst in den letzten sechs Monaten so deutlich zu Tage treten. Vorher lief es doch auch. Voller Nostalgie denkt er an die Jahre des Aufbaus in den 70er Jahren und an die Zeit um 1985, wo er bei deutlich geringeren Umsätzen mit einer Eigenkapitalrendite von 10–12 % im Schnitt hoch zufrieden sein konnte. Mit Skepsis denkt er dagegen an die nächste Bilanzauswertung, da er allenfalls mit 2,5% Eigenkapitalrentabilität rechnet. Aber, so versucht er dies vor sich selbst zunächst zu rechtfertigen, dies bringt der zunehmende Wettbewerbsdruck mit sich, gerade auch durch die neuen Anbieter aus Italien und Spanien, die sich zunehmend auf dem gesamten europäischen Binnenmarkt tummeln. Renner hat gerade eine Studie gelesen, der zufolge die europäischen Marktführer im Fahrradbereich bei niedrigeren Verkaufspreisen, kürzeren Lieferzeiten und mehr Fahrradvarianten höhere Gewinne erwirtschaften als die Rentag GmbH. Ob dies nur an den niedrigeren Lohnkosten liegt?

Bei diesem Gedanken fällt ihm eine Unterhaltung mit einem Mitarbeiter aus der Produktion ein. Dieser sprach Renner kürzlich in der Kantine an, weil er wissen wollte, was der Geschäftsführer von seinem Vorschlag zur Verbesserung der Produktionsabläufe hält. Renner hatte jedoch noch nie etwas davon gehört. Er erzählte Renner seine Ideen, die sehr interessant waren. Tirsch wird den Vorschlag wohl vergessen haben. Schade, dass nicht mehr Mitarbeiter gute Ideen haben.

Aber wirklich gute Ideen sind selten. Beispielsweise wollte Frau Sinn mit dem Internet einen neuen Vertriebsweg aufbauen und ließ eine Homepage programmieren. Aber das Ganze war ein Flop: anfänglich kamen kaum Bestellungen per E-Mail ins Unternehmen, weshalb sie nur noch zweimal pro Monat abgerufen werden. In den letzten beiden Wochen gingen gerade vier Bestellungen ein.

Große Sorgen bereitet Renner auch der Zukauf des polnischen Unternehmens. Mit dem Kauf wollte er einen besseren Marktzugang für den osteuropäischen Markt erreichen und sich außerdem das spezielle Gangschaltungs-Know-how des Unternehmens sichern. Allerdings funktioniert die Zusammenarbeit mit dem teuer erworbenen Unternehmen nicht gut. Die dortigen Mitarbeiter haben eine andere Mentalität und wollen sich wenig von uns sagen lassen. Außerdem haben die besten Mitarbeiter das Unternehmen bereits verlassen.

Angesichts all dieser Probleme ist Renner fast verzweifelt. Er überlegt, ob er vielleicht einen Unternehmensberater um Hilfe bitten sollte.

Zusatzinformationen zur Rentag GmbH

Kunden-Nr	Umsatz
AK307-100	5.926
AK307-101	228.661
AK307-102	15.974
AK307-103	275.934
AK307-104	18.502
AK307-105	17.882
AK307-106	17.100
AK307-107	20.946
AK307-108	20.167
AK307-109	243.331
AK307-110	15.805
AK307-111	20.517
AK307-112	5.519.298
AK307-113	18.079
AK307-114	16.800
AK307-115	90.795
AK307-116	9.883
AK307-117	17.189
AK307-118	10.548

Die Kunden der Rentag GmbH sind überwiegend Fahrradeinzelhändler, aber auch einige Supermarktketten und andere Handelshäuser. Insgesamt sind es ungefähr 100 Kunden. Prinzipiell werden alle Kunden bzgl. Lieferzeiten und Kundenpflege gleich behandelt. So werden die Aufträge in der Reihenfolge des Auftragseingangs bearbeitet. Allerdings bemühen sich die Vertriebsmitarbeiter bei besonders dringlichen Aufträgen um deren beschleunigte Abwicklung. Dies gilt verstärkt für einige Kunden, mit denen schon besonders lange Geschäftsbeziehungen bestehen – dies sind die Kunden mit den Nummern AK307-100 bis AK307-110. Weiterhin werden Kunden bevorzugt, die den Vertriebsmitarbeitern besonders sympathisch sind.

Um einen besseren Überblick über die Kundenstruktur zu erhalten, wurde ein Praktikant beauftragt, sämtliche in Word erstellten Rechnungen auszuwerten und so den Jahresumsatz aus 2009 eines jeden Kunden zu ermitteln. Ein Auszug seiner Ergebnisse ist nachstehend aufgeführt. Zur genaueren Analyse der Kunden steht die gesamte Excel-Datei auf der Homepage des Buchs zum Download zur Verfügung.

Üblicherweise gehen Kundenaufträge per Fax oder Telefon im Unternehmen ein, wo sie von Vertriebsmitarbeitern in eine Auftragsdatenbank erfasst werden. Anschließend wird geprüft, ob die bestellten Räder auf Lager sind. Falls dies der Fall ist, wird mit Word eine Auftragsbestätigung geschrieben und die Ware versendet. Ansonsten wird der Auftrag ausgedruckt und an die Produktion weitergegeben, die ihn prüft und einen Liefertermin festlegt. Darüber wird der Kunde meistens telefonisch informiert.

Einige Kunden beschweren sich über zu hohe Lieferzeiten. Die Mitarbeiter der Rentag sehen die Verantwortung hierfür jedoch bei den Kunden: Wenn sie gut planen und frühzeitig bestellen, würden sie ihre Fahrräder auch zum gewünschten Termin erhalten. Manchmal kommen die Lieferzeiten auch durch besonders hohe Bestellmengen zustande. Plötzlich benötigt ein Kunde Hunderte von Fahrrädern, und dann ist monatelang nichts mehr von ihm zu hören.

Die Mitarbeiter der Produktionsabteilung beschweren sich regelmäßig über große Auftragsspitzen und relativ lange Zeiten mit nur geringem Auftragsbestand. In diesen Phasen werden dann Standardräder in großen Stückzahlen „auf Lager produziert", um die Mitarbeiter zu beschäftigen und den Maschinenpark sinnvoll zu nutzen. Als wichtigste Kennziffer für ihren Erfolg betrachtet der Abteilungsleiter der Produktion die durchschnittlichen Stückkosten.

Aufgrund der Vorgehensweise der Produktion kommt es immer wieder zu hohen Beständen im Fertigteilelager. Um Platz zu schaffen und Kapital freizusetzen, versuchen die Vertriebsmitarbeiter dann die Lager mit Hilfe von Rabattaktionen zu räumen.

Die Rentag GmbH bezieht ihre Materialien und Vorprodukte von ca. 230 verschiedenen Lieferanten, die überwiegend in der Region des Stammwerks angesiedelt sind. Dies wird mit kürzeren Lieferzeiten und niedrigeren Transportkosten begründet.

Ein Bestellprozess verläuft in etwa wie folgt: Die Produktion meldet einen Bedarf, wenn eine kritische Bestandsmenge unterschritten wird oder in Folge eines Großauftrags ein Fehlbestand absehbar ist. Daraufhin kontaktiert der zuständige Mitarbeiter der Beschaffungsabteilung ca. fünf Unternehmen, die das benötigte Produkt liefern können und erfragt aktuelle Preise und Lieferzeiten. Nach einem Vergleich der Konditionen erfolgt die Bestellung bei einem Lieferanten, meistens in sehr großen Stückzahlen, um Rabatte zu erhalten und nicht so oft bestellen zu müssen. Seitdem die Schreibmaschine durch eine Textverarbeitung ersetzt wurde, ist der Bestellvorgang jedoch deutlich einfacher geworden: man öffnet die Word-Datei der letzten Bestellung, ändert per Hand das Datum und die Bestellmenge, speichert die Datei unter einem neuen Namen, druckt das Dokument aus und faxt es zum Lieferanten.

Nachdem die Ware eingeht und von der Produktion hinsichtlich Quantität und Qualität überprüft wurde, wird der Rechnungsbetrag überwiesen. Immer wieder trifft zum vereinbarten Liefertermin keine Ware ein, was dann meistens von der Produktion an die Beschaffung gemeldet wird. Der dort zuständige Mitarbeiter kümmert sich dann um die Verzögerung.

Einige Lieferanten führen die nicht eingehaltenen Liefertermine oder hohe Lieferzeiten auf eine mangelhafte Kooperation der Rentag GmbH zurück. So wünschen sich viele Lieferanten Bedarfsprognosen, verstärkte IT-Integration sowie kleinere und dafür regelmäßige Bestellungen. Darauf ging die Rentag GmbH jedoch nicht ein. So wären die Kosten für eine Verzahnung der IT mit über 200 Lieferanten sehr hoch. Bedarfsprognosen kann die Beschaffungsabteilung ebenfalls nur schwer vornehmen. Einerseits weiß sie selbst nur wenig über den künftigen Bedarf, andererseits will sie sich in ihrer Flexibilität nicht einschränken lassen und von Fall zu Fall beim geeignetsten Lieferanten bestellen. In kleineren Mengen zu bestellen kommt für Mitarbeiter wegen des erhöhten Bestellaufwands nicht in Frage. Außerdem wird ihre Leistung auch nach den erzielten Rabatten beurteilt.

Bei einigen Lieferanten scheint die Rentag GmbH keinen besonderen Stellenwert zu besitzen, immer wieder werden Aufträge anderer Unternehmen vorgezogen. Auch scheinen andere Kunden der Lieferanten im Schnitt deutlich kürzere Lieferzeiten zugesagt – und eingehalten – zu bekommen.

Die Mitarbeiter der Rentag GmbH fühlen sich hauptsächlich den Zielen ihrer Abteilung verpflichtet. Dies liegt auch darin begründet, dass nur wenig Transparenz bzgl. der abteilungsübergreifenden Prozesse besteht. Entsprechend gering ist die Kundenorientierung außerhalb der Vertriebsabteilung.

Veränderungen stehen die Mitarbeiter des Unternehmens in der Regel skeptisch gegenüber, sie sehen den Status quo durch die bisherigen Erfolge als optimal an. Das betriebliche Vorschlagswesen fristet lediglich ein Schattendasein und steht eigentlich nur als Konzept auf dem Papier.

Anmerkungen und mögliche Arbeitsaufträge für die Fallstudie
Um die Lernenden in den Phasen der Konfrontation und Information zu unterstützen, können verschiedene Arbeitsaufträge verwendet werden, z.B.:

1. Sichten Sie die verfügbaren Informationen zur Rentag GmbH.
2. Diese Informationen sind noch relativ unstrukturiert. Stellen Sie den Ist-Zustand möglichst übersichtlich und anschaulich dar, u.a. mittels einer erweiterten Ereignisgesteuerten Prozesskette (eEPK). Zeigen Sie dabei auch die Probleme der Rentag GmbH auf.
3. Erstellen Sie ein möglichst konkretes Konzept (Soll-Zustand) zur Lösung dieser Probleme.
4. Unterbreiten Sie Vorschläge, wie Sie Ihre Überlegungen im Unternehmen um- bzw. durchsetzen können.

7.9 Vertiefung

Onlineressourcen
http://www.sowi-online.de/methoden/fallstu.htm
Hier finden Sie Beispiele von Fallstudien.

Literatur
Ellet, William: Das Fallstudien-Handbuch der Harvard Business School Press. Bern 2008.
Neben vertieften Ausführungen zum Wesen der Fallstudienmethode und Hinweisen zum Bearbeiten von Fällen finden sich in dem Buch mehrere komplexe Fallstudien.

Thommen, Jean-Paul; Rosenheck, Michèle; Atteslander, Yves: Fallstudien zur Betriebswirtschaft. Zürich 2008.
Das Buch enthält 13 abwechslungsreiche, ansprechend gestaltete Fallstudien zu betriebswirtschaftlichen Fragestellungen. Zu den einzelnen Fällen sind Aufgaben inkl. Lösungsskizzen formuliert.

7.10 Aufgaben

1. Um welchen der vier geschilderten Fallstudientypen handelt es sich bei der Fallstudie zur Rentag GmbH?
2. Beurteilen Sie die Fallstudie zur Rentag GmbH im Hinblick auf die Gestaltungskriterien von Fällen. Erarbeiten Sie ggf. Verbesserungsvorschläge.
3. Für welche Zielgruppe und zur Behandlung welcher Inhalte ist die Fallstudie zur Rentag GmbH geeignet? Modifizieren Sie die Fallstudie derart, dass sie zu einem Themenbereich des Lehrplans Ihres Fachs passt und der Schwierigkeitsgrad der Lerngruppe (im Hinblick auf Alter, Schulform) entspricht.
4. Vertiefungsaufgabe: Entwickeln Sie eine Fallstudie zu einem Thema Ihres Fachs.
5. Beurteilen Sie die Eignung der Fallstudienmethode für den Wirtschaftsunterricht.

8. System-Dynamics

8.1 Überblick

System-Dynamics ist eine in Deutschland momentan noch wenig verbreitete Methode, mit deren Hilfe die Struktur komplexer Systeme und deren Verhalten im Zeitverlauf untersucht werden kann. Mit System-Dynamics lässt sich sowohl vertiefte Fachkompetenz als auch die Fähigkeit zum Denken und Modellen und zum systemischen Denken vermitteln, weswegen die Methode gerade für den Wirtschaftsunterricht geeignet ist.

Im Rahmen der *theoretischen Grundlagen* wird zunächst ein Verständnis für komplexe Systeme geschaffen. Anschließend wird aufgezeigt, welche Lernschwierigkeiten in diesem Zusammenhang bestehen und inwiefern System-Dynamics geeignet ist, diese zu überwinden. Außerdem werden sowohl der Unterschied zwischen Fluss- und Bestandsgrößen als auch die System-Dynamics-Notation erläutert. Abschließend ist gezeigt, wie sich die Methode im Unterricht verwenden lässt. Diese Struktur findet sich in folgenden Fragestellungen wieder:

- Warum ist systemisches Denken bedeutsam?
- Wie findet Lernen innerhalb komplexer Systeme statt?
- Welchen Nutzen hat System-Dynamics?
- Welcher Voraussetzungen bedarf es zur Arbeit mit System-Dynamics?
- Wie kann System-Dynamics im Unterricht verwendet werden?
- Welche Ziele können mit System-Dynamics verfolgt werden?
- Welche Vor- und Nachteile gehen mit dem Einsatz von System-Dynamics einher?

Bei den *Beispielen* wird zunächst aufgezeigt, welche Softwaretools zur Verfügung stehen. Dort ist ein Link zum Download einer kostenlosen Version von Powersim angegeben, mit der die Beispiele bearbeitet werden können. Zunächst empfiehlt sich die Bearbeitung des Tutorials, wodurch nicht nur eine Vertrautheit mit der Software, sondern auch ein verbessertes Verständnis der Methode insgesamt erreicht wird. Anschließend findet sich eine im Unterricht einsetzbare Lernsequenz zum Thema Preisbildung an Märkten. Als drittes Beispiel ist eine umfangreichere Lernsequenz zu wirtschaftspolitischen Maßnahmen und deren langfristigen Folgen aufgeführt.

8.2 Zur Relevanz systemischen Denkens – Schlechte Entscheidungen in komplexen Situationen

Sowohl kognitionspsychologische Studien als auch alltägliche Beobachtungen zeigen, dass Menschen in komplexen Situationen überwiegend schlechte Entscheidungen treffen, was teilweise gravierende negative Konsequenzen hat. Beispiele hierfür finden sich unter anderem in ...

- ökologischen Systemen: Überfischung, Treibhauseffekt,
- politischen Systemen: Wettrüsten, Konsequenzen des demographischen Wandels, Fiskalpolitik und in
- wirtschaftlichen Systemen: Investitionsentscheidungen, Beschaffungsstrategien.

Gemeinsam ist diesen Situationen, dass beispielsweise sowohl Zeitverzögerungen und Vernetzungen als auch Ziele und Handlungen anderer Akteure nicht adäquat berücksichtigt werden.

Ein besonders bekanntes und anschauliches Beispiel für schlecht funktionierende komplexe Systeme ist der Schweinezyklus. Wie aus dem Diagramm hervorgeht, oszillieren die Schweinefleischpreise sehr regelmäßig, wobei ca. alle drei bis vier Jahre ein neuer Zyklus beginnt:

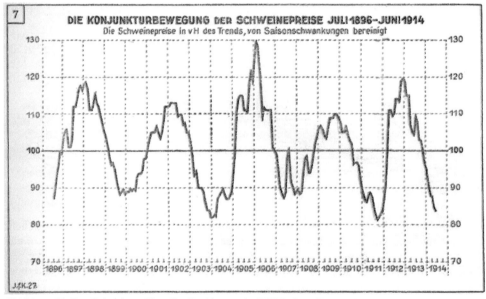

Abbildung 60: Der Schweinezyklus; Quelle: Hanau, A. (1927): Grundlagen einer Schweinepreisvorhersage für Deutschland. Berlin, S. 15

Denkanregung: Wie kommt dieses Phänomen zustande?

Erklärung:
Das Phänomen kann leicht mithilfe des elementaren Modells von Angebot und Nachfrage erklärt werden. So führt beispielsweise ein Nachfrageüberhang zu steigenden Preisen, was die Landwirte zu verstärkter Zucht veranlasst. Bis diese Schweine auf dem Markt sind, bleiben die Preise hoch. Dann kommen verstärkt die neu gezüchteten Schweine auf den Markt, woraus sich ein relativ plötzlich auftretendes Überangebot und damit fallende Preise ergeben. Diese niedrigeren Preise führen jedoch zu geringeren Schweinezuchtzahlen, so dass es wieder zu einer Phase des Nachfrageüberhangs kommt und der Zyklus erneut beginnt.

Bemerkenswert ist hierbei insbesondere die Stabilität des Musters, das über Jahrzehnte hinweg beobachtbar war.

Denkanregung: Welches Verhalten der bzw. einzelner Landwirte wäre eigentlich zu erwarten? Welche Konsequenzen hätte dies für die Entwicklung der Schweinepreise?

Erklärung:
Eigentlich wären Lerneffekte der Akteure zu erwarten gewesen. Sie hätten zu antizyklischem Verhalten geführt, denn für einzelne Akteure besteht die erfolgreichere Strategie darin, in Hochpreisphasen nur wenige Schweine zu züchten und die Zucht in Zeiten niedriger Preise zu erhöhen. Dies hätte dann zu einer Abschwächung des Phänomens geführt, was abnehmende Preisschwankungen zur Folge gehabt hätte:

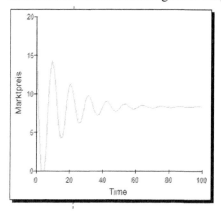

Abbildung 61: Oszillierende Preise mit abnehmender Amplitude

8.3 Lernen in komplexen Systemen: Double-loop-learning: Lernen als Feedbackprozess

In komplexen Situationen werden – wie ausgeführt – oft falsche Entscheidungen getroffen und aus den Konsequenzen wird nur wenig gelernt. Zum Verständnis dieses überraschenden Phänomens hilft ein Lernbegriff, der Lernen als Feedbackprozess versteht. Die Abbildung veranschaulicht das so genannte Double-loop-learning:

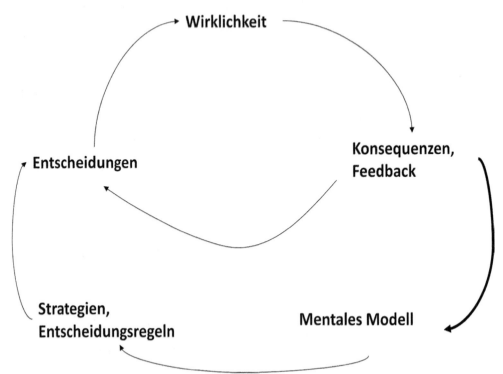

Abbildung 61: Double-loop-learning, modifizierte Abbildung nach: Sterman, J. (2000): Business Dynamics. Systems Thinking and Modeling for a Complex World. Boston, S. 19

Die obere Schleife beschreibt, dass getroffene Entscheidungen zu Konsequenzen in der Welt führen. Diese werden (möglicherweise verzerrt) als Informationsfeedback wieder beim Entscheider wahrgenommen. Abhängig von diesem Feedback werden ggf. neue oder andere Entscheidungen getroffen, um bestimmte Ziele zu erreichen.

Entscheidungen sind jedoch nicht nur abhängig von den wahrgenommenen Konsequenzen vorangegangener Entscheidungen und angestrebten Zielen, sondern auch von Strategien und Entscheidungsregeln (untere Schleife). Diese wiederum werden auf Basis des jeweiligen mentalen Modells[16] entwickelt. Double-loop-learning findet statt, wenn auf Basis des Feedbacks der Konsequenzen früherer Entscheidungen die mentalen Modelle und damit die Entscheidungsregeln angepasst werden.

Denkanregung: Erklären Sie den Schweinezyklus anhand obiger Grafik. Findet double-loop-learning statt?

Konkretisiert am Beispiel des Schweinezyklus' ist klar erkennbar, dass bei den Akteuren kein Double-loop-learning stattfindet. Auf der Basis von statischen und isolierten mentalen Modellen, die weder Zeitverzögerungen noch die Aktionen anderer Marktteilnehmer berücksichtigen, leiten sich Entscheidungsregeln ab wie: „Züchte viele Schweine, wenn die

---

16   Unter einem mentalen Modell wird das domänenspezifische Wissen eines Individuums inklusive Strukturzu-
     sammenhängen und dynamischen Verhaltensweisen eines Gegenstandsbereichs verstanden.

Schweinefleischpreise hoch sind!" und „Züchte wenige Schweine in Zeiten niedriger Schweinepreise!". Abhängig von der jeweiligen Marktsituation wird dann die entsprechende Entscheidung getroffen. Diese wird zeitverzögert auf dem Markt in Form einer steigenden oder fallenden Angebotsmenge wirksam und bildet daraufhin als Feedback durch den Schweinefleischpreis die Basis erneuter Zuchtentscheidungen.

Von Double-loop-learning könnte erst gesprochen werden, wenn – aufgrund der ungewünschten Konsequenzen früherer Entscheidungen – die mentalen Modelle verändert und daraus abgeleitet die Entscheidungsregeln verbessert würden.

8.4 Lernbarrieren in komplexen Systemen

Interessant ist die Frage, warum in komplexen Systemen häufig keine entsprechenden Lernprozesse zu beobachten sind und stattdessen die gleichen Fehler immer wieder gemacht werden. Die Ursachen hierfür sind einerseits in den Eigenschaften der mentalen Modelle zu sehen: Sie sind im Allgemeinen stabil, unvollständig und unwissenschaftlich. Andererseits liegen die Ursachen in Eigenschaften der realen Welt:

- Die Struktur des Systems ist den Akteuren unbekannt.
- Die Komplexität des Systems ist hoch, beispielsweise aufgrund von nichtlinearem Verhalten, Irreversibilität, Vernetzungen, Kontraintuitivität und Rückkopplungsschleifen.
- Zeitverzögerungen zwischen der Aktion und den Konsequenzen behindern Lernen, da…
  - nur relativ wenige Durchläufe erlebt werden und somit typische Muster schwer erkennbar sind;
  - nach längerer Zeit ein Phänomen oft nicht mehr auf eigene, frühere Handlungen zurückgeführt, sondern als gegeben angesehen wird;
  - die Rahmenbedingungen, die zu einer Entscheidung führten, nicht mehr klar erinnert werden.
- Experimente sind nicht durchführbar, beispielsweise aufgrund hoher Kosten, möglicher negativer Konsequenzen für die Betroffenen oder der Nichtwiederholbarkeit eines Experiments wegen einmaliger Rahmenbedingungen.

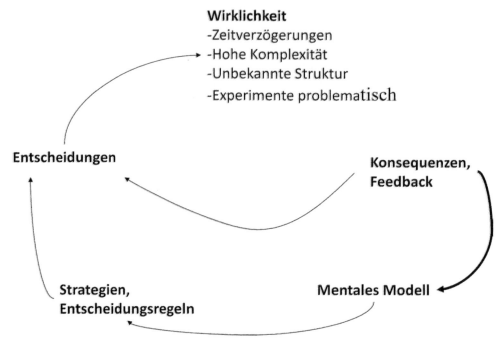

Abbildung 63: Lernbarrieren in komplexen Systemen, modifizierte Abbildung nach: Sterman, J. (2000): Business Dynamics. Systems Thinking and Modeling for a Complex World. Boston, S. 20

8.5 Verbessertes Lernen mit System-Dynamics – Modelle als Lernhilfe bei komplexen Problemen

Mithilfe quantitativer Modelle lassen sich komplexe Systeme nicht nur anschaulich darstellen sondern auch Simulationen durchführen, so dass diesen Lernbarrieren erfolgreich begegnet werden kann. Vorteile sind:

- Die Struktur kann anschaulich dargestellt werden: Das Erfassen der relevanten Größen und Zusammenhänge wird verbessert.
- Die Komplexität wird auf die für den Sachverhalt wesentlichen Aspekte reduziert: Dies erlaubt eine stärkere Fokussierung. Ferner lässt sich die Komplexität in Computermodellen an die Bedürfnisse bzw. den Kenntnisstand der Lernenden adaptieren.
- Computersimulationen können beliebig schnell – ohne Zeitverzögerungen – durchgeführt werden.
- Experimente sind möglich: Es kann beobachtet werden, wie ein System auf unterschiedliche Parameter reagiert. ‚Negative' Simulationsergebnisse haben keine problematischen Auswirkungen in der Wirklichkeit.

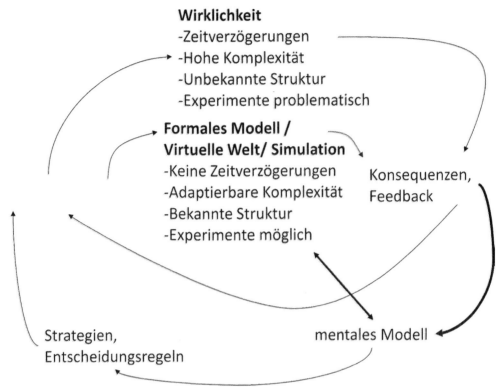

Abbildung 64: Überwindung von Lernbarrieren durch Modellierung und Simulation; modifizierte Abbildung nach: Sterman, J. (2000): Business Dynamics. Systems Thinking and Modeling for a Complex World. Boston, S. 34

Eine dafür besonders geeignete Methode ist System-Dynamics. Mit Hilfe von Modellbildungs- und Simulationssoftware lassen sich quantitative Modelle mathematisch und grafisch erstellen, was intuitiv und anschaulich ist.

8.6 Voraussetzungen zur Arbeit mit System-Dynamics

Die erfolgreiche Arbeit mit System-Dynamics setzt voraus:

- Bestands- und Flussgrößen unterscheiden zu können,
- die Notation zu kennen und
- ein Softwaretool zu beherrschen.

Genaueres in den folgenden Abschnitten:

8.6.1 System-Dynamics-Kompetenz I: Fluss- und Bestandsgrößen unterscheiden

Die untenstehende Aufgabe sensibilisiert für zwei elementare Kategorien der System-Dynamics-Methode:

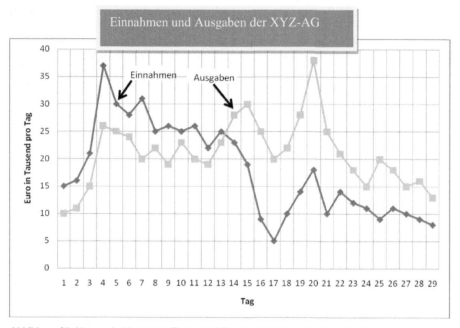

Abbildung 65: Unterscheidung von Fluss- und Bestandsgrößen; Quelle: Modifizierte Variante auf Basis von: Sweeney, L.; Sterman, J. (2000): Bathtub Dynamics: Initial Results of a Systems Thinking Inventory. In: System Dynamics Review, 16(4), S. 249–294

Beantworten Sie anhand des Diagramms bitte folgende Fragen:

1. An welchem Tag nahm das Unternehmen am meisten ein?

Tag: _____

2. An welchem Tag waren die Ausgaben am größten?

Tag: _____

3. An welchem Tag war der Geldbestand am größten?
Tag: _____

4. An welchem Tag war der Geldbestand am geringsten?
Tag: _____

Der Test wurde vom Autor modifiziert und geht auf Sweeney und Sterman zurück, die ihn mit Studierenden des MIT durchführten. Bemerkenswert sind die relativ schlechten Ergebnisse selbst bei diesen leistungsstarken Probanden:

Die beiden ersten Aufgaben testen die Fähigkeit, ein Diagramm zu interpretieren. Sie wurden zu 94% richtig beantwortet (Tag vier und Tag 20).

Zur korrekten Lösung der dritten Aufgabe bedarf es eines (intuitiven) Verständnisses von Fluss- und Bestandsgrößen. Der Geldbestand (eine Bestandsgröße) wächst, solange die Einnahmen (Flussgröße) größer sind als die Ausgaben (Flussgröße). Dies ist bis zum dreizehnten Tag der Fall. Danach sinkt der Geldbestand, da jeden Tag mehr ausgegeben als eingenommen wird. Diese Aufgabe wurde von 42% der Probanden richtig beantwortet.

Analog ist die vierte Aufgabe zu lösen, wenngleich sie ein wenig anspruchsvoller ist. Prinzipiell kommen zwei Zeitpunkte in Frage: So könnte der Geldbestand am niedrigsten sein, bevor die Einnahmen die Ausgaben übersteigen, also ganz zu Beginn an Tag 1. Die zweite Möglichkeit besteht zum letzten Zeitpunkt, an dem die Ausgaben die Einnahmen übersteigen, also an Tag 29. Der Ausgabenüberschuss von Tag 14 bis Tag 29 ist größer als der Einnahmenüberschuss von Tag 1 bis Tag 13. Dies lässt sich durch Schraffieren des Raums zwischen beiden Linien erkennen, kann aber auch ausgerechnet werden. Da nun die Ausgaben im betrachteten Zeitraum die Einnahmen übersteigen, kommt als richtige Antwort nur Tag 29 in Frage, was von lediglich 30% der Probanden erkannt wurde.

8.6.2 System-Dynamics-Kompetenz II: Die Elemente der Notation kennen

Die vorigen Testaufgaben zeigen, inwiefern zwischen Fluss- und Bestandsgrößen differenziert wird, was eine wichtige Grundlage zur Entwicklung von System-Dynamics-Modellen und zum Verständnis komplexer Systeme ist. Was ist nun genau darunter zu verstehen? Und wie werden sie in System-Dynamics-Modellen dargestellt?

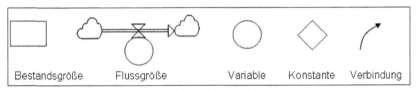

Abbildung 66: Elemente der System Dynamics-Notation

- *Bestandsgrößen* haben einen Anfangswert, der sich im Zeitverlauf durch Zu- und Abflüsse ändern kann. Beispiele: Kontostand, Lagerbestand, Menschen im Rentenalter.
- *Flussgrößen* verändern die Bestandsgrößen durch Zu- und Abflüsse, zum Beispiel Einzahlungen, Auszahlungen, Lagerzugänge, Lagerabgänge.
- *Variable* werden in jeder Periode neu berechnet. Sie sind durch mathematische Formeln definiert und beziehen sich oft auf andere Größen des Modells, mit denen sie durch Verbindungspfeile verknüpft sein müssen. Beispiele: Zinserträge, Kapitalkosten, Rentenversicherungsbeitrag.
- *Konstante* werden im Unterschied zu Variablen nicht berechnet sondern als gegeben betrachtet. Sie werden vielfach für Berechnungen in Variablendefinitionen verwendet, zum Beispiel Zinssatz, Geburtenrate, Berufsaustrittsalter.

- *Informationsverbindungen* werden durch Pfeile dargestellt. Sie sind nötig, um Informationen an die Variablen weiterzugeben.

8.6.3 System-Dynamics-Kompetenz III: Ein Softwaretool beherrschen

Wer den Unterschied zwischen Fluss- und Bestandsgrößen versteht und die grundlegende Notation beherrscht, könnte grafische Modelle komplexer Systeme auch auf Papier erstellen. Sowohl die aktive Auseinandersetzung mit den Sachverhalten während des Erstellens als auch deren visuelle Veranschaulichung mit der System-Dynamics-Notation fördern das Verständnis der zu untersuchenden Thematik.

Ein wesentlicher Nutzen der Methode besteht jedoch darin, relativ leicht analysieren zu können, wie sich das System im Zeitverlauf (dynamische statt statische Betrachtungsweise) verändert. Dies ist bedeutsam, da komplexe Systeme sich (oft erst nach einer gewissen Zeit) häufig anders verhalten, als es der intuitiven Erwartungshaltung entspräche. Ist der Sachverhalt mit einer geeigneten Software im Computer modelliert, lässt sich das Verständnis durch Simulationsläufe vertiefen.

Empfehlung zum weiteren Vorgehen: Bevor Sie sich im Folgenden mit der Frage auseinandersetzen, wie System-Dynamics im Unterricht verwendbar ist, könnten Sie Ihr Verständnis der Methode verbessern, indem Sie zunächst das Powersim-Tutorial durcharbeiten (vgl. 8.11.2).

8.7 Umsetzungsmöglichkeiten im Unterricht

8.7.1 Expressive Modellierung

Beim expressiven Arbeiten erstellen Schüler selbst Modelle zu komplexen Sachverhalten. Die Lernenden erhalten normalerweise zu Beginn eine verbale Fallschilderung, die im Hinblick auf die relevanten Größen analysiert wird. Dabei sind zunächst Fluss- und Bestandsgrößen des Systems zu identifizieren. Anschließend wird das System mit einer Software modelliert. Nachdem alle Elemente (Fluss- und Bestandsgrößen, Variable und Konstante) definiert und miteinander verbunden sind, lässt sich das Modell simulieren. Um die Schüler nicht zu überfordern, sollte der zugrunde liegende wirtschaftliche Sachverhalt anfangs recht einfach sein und sukzessive komplexer werden.

Für das expressive Modellieren spricht die intensive Auseinandersetzung der Lernenden mit den Prämissen, den Elementen und der Struktur des Modells. Darüber hinaus beschäftigen sich Schüler nachhaltig mit der dem Modell zugrunde liegenden Thematik. Da mit den Inhalten aktiv und in einem bedeutungsvollen Zusammenhang gearbeitet wird, lassen sie sich besser und nachhaltiger in deren kognitive Struktur integrieren.
Ein Beispiel des expressiven Modellieransatzes zeigt das Powersim-Tutorial.

	Expressives Modellieren
Problem-darstellung	Fallschilderung
Problem-strukturierung	Identifikation relevanter Größen und Zusammenhänge Modellierung
Problemlösung	Simulation Vergleich mit erwarteten Ergebnissen
Anwendung der Problemlösung	Transfer auf reales Problem

Iterativer Prozess

Abbildung 67: Verlaufsform expressiver Modellierung im problemorientierten Unterricht

8.7.2 Umsetzungsmöglichkeiten im Unterricht: Explorative Modellierung

Bei der explorativen Arbeit wird den Lernenden ein bereits (in Teilen oder komplett) konstruiertes Modell zur Verfügung gestellt. Mit Hilfe erkenntnisleitender Fragestellungen und Aufgaben sollen sie dieses Modell untersuchen und analysieren, wie es auf Parametervariationen reagiert. Dieser Ansatz empfiehlt sich insbesondere bei gering ausgeprägten Modellierkompetenzen der Lerner und wenig verfügbarer Zeit.

Expressives und exploratives Modellieren sind kombinierbar. So lassen sich Lernumgebungen entwickeln, die den Fähigkeiten der Lerngruppe, dem Komplexitätsgrad des Sachverhalts und der verfügbaren Zeit optimal angepasst sind. Beispielsweise kann Schülern ein verbesserungsbedürftiges Grundmodell zur Verfügung gestellt werden. Nachdem sie dieses untersucht und dessen Defizite erkannt haben, wäre es eigenständig weiterzuentwickeln.

	Expressiv	Explorativ
Problem-darstellung	Fallschilderung	Modellanalyse, Simulation
Problem-strukturierung	Identifikation relevanter Größen und Zusammenhänge Modellierung	Modellanalyse Modell-modifikation
Problemlösung	Simulation	
Anwendung der Problemlösung	Transfer auf reales Problem	

Iterativer Prozess

Abbildung 68: Verlaufsformen expressiver und explorativer Modellierung im Vergleich

8.7.3 Umsetzungsmöglichkeiten im Unterricht: Simulationen

Unabhängig von der gewählten Modellierungsmethode ist der Umgang mit Simulationsläufen bedeutsam. Idealerweise sind vor Durchführung einer Simulation deren Ergebnisse zu antizipieren. Die tatsächlichen Simulationsergebnisse können dann mit den erwarteten Resultaten verglichen werden. Im Falle größerer Abweichungen sind deren Ursachen zu untersuchen. Diese können im Computermodell begründet liegen, das dann zu verbessern ist. Andererseits könnte die Diskrepanz auch aus falschen inhaltlichen Vorstellungen bzw. defizitären mentalen Modellen der Schüler resultieren. Simulationen helfen somit dabei, Verständnisdefizite aufzudecken und zu deren Beseitigung beizutragen. Dieses Potenzial lässt sich jedoch nur nutzen, wenn die Ergebnisse der Simulationen bewusst hinterfragt werden. Ein gedankenloses Simulieren führt zu einem wenig lernförderlichen Video-Spiel-Syndrom.

8.8 Einsatz im Unterricht: Die ersten Schritte …

Der erfolgreiche Einsatz von System-Dynamics setzt hinreichende Vertrautheit der Lehrkraft mit der relativ anspruchsvollen Methode voraus. Vor dem erstmaligen Einsatz im Unterricht empfiehlt sich, das Tutorial und einige System-Dynamics-basierte Lernumgebungen selbst zu bearbeiten. Ferner sollte für die ersten Unterrichtsstunden bevorzugt mit bereits erstellten Lehr-Lernumgebungen gearbeitet werden, was auch die Vorbereitungszeit erheblich verkürzt.

Zum Einstieg in die unterrichtliche Arbeit mit System-Dynamics empfiehlt sich der in 8.6.1 aufgeführte Test zu Fluss- und Bestandsgrößen. Bei der Besprechung sollte erklärt werden, was unter Fluss- und Bestandsgrößen zu verstehen ist. Idealerweise wären zur Festigung weitere Beispiele zu finden.

Anschließend sollten die Schüler über die anderen Elemente der System-Dynamics-Notation informiert werden und evtl. ein Beispiel eines kleinen Modells gezeigt und erläutert bekommen. Alternativ könnten die ersten beiden Aufgaben des Tutorials gemeinsam mit den Schülern erarbeitet werden.

Auf dieser Basis könnte dann das Powersim-Tutorial durchgeführt werden, das ca. eine Doppelstunde in Anspruch nimmt. Zwar ist dies keine zwingende Voraussetzung für die spätere explorative Arbeit mit vorgegebenen Modellen. Gleichwohl würde das Verständnis dadurch gestärkt, wodurch die folgenden Lernsequenzen leichter bearbeitbar wären. Zunächst sollte angesichts lediglich geringer Modellierkompetenzen der explorative Ansatz gewählt werden. Modelle und Unterrichtsbeispiele hierfür sind in der Vertiefung (vgl. 8.12) aufgeführt.

8.9 Lernziele

Neben einer vertieften *Fachkompetenz* lässt sich durch die Arbeit mit System-Dynamics die Fähigkeit zum *systemischen Denken* fördern, was sich in folgenden Teilfähigkeiten konkretisiert:

- Denken in Modellen – Hierzu gehört das Bewusstsein, dass Modelle ein aufgrund spezifischer Prämissen vereinfachtes Abbild der Wirklichkeit sind, und die Fähigkeit, die im Rahmen des Modells gewonnenen Erkenntnisse unter Berücksichtigung dieser einschränkenden Annahmen auf die Wirklichkeit zu übertragen. Auf einer höheren Kompetenzstufe können die Lernenden komplexe Sachverhalte auch eigenständig modellieren und deren Verhalten im Zeitverlauf untersuchen.
- Vernetztes Denken – Dieser Aspekt bezieht sich auf die Befähigung, sowohl indirekte Wirkungen als auch Rückkopplungsschleifen zu erkennen und deren Konsequenzen abzuschätzen.
- Berücksichtigung von Dynamik – Dazu gehört sowohl die Fähigkeit, künftige Entwicklungsmöglichkeiten eines Sachverhalts bzw. Systems abzuschätzen als auch die Unterscheidungsfähigkeit zwischen kurz- und langfristigen Wirkungen einer Handlung.

Während sich die Fachkompetenz unmittelbar durch die Arbeit mit System-Dynamics-Lernumgebungen verbessern lässt, bedarf es zur Förderung des systemischen Denkens eines längeren Zeitraums bzw. einer häufigeren Auseinandersetzung mit der Methode. Wenn diese Lernziele angestrebt werden, sollte folglich wiederholt damit gearbeitet werden. Dies braucht sich nicht auf das Fach Wirtschaft zu beschränken, da System-Dynamics in einer Vielzahl von Fächern (z.B. Sozialkunde, Biologie, Geographie, Physik, Mathematik) gewinnbringend eingesetzt werden kann. Hierdurch ergeben sich auch Ansatzpunkte für fächerübergreifendes Lehren und Lernen.

8.10 Vorteile und Probleme

Vorteilhaft an der Arbeit mit System-Dynamics ist neben den *anspruchsvollen Lernzielen*, dass sich außerdem das fachdidaktische Prinzip der *Wissenschaftsorientierung* in besonderem Maße umsetzen lässt. Schließlich ist die Arbeit mit Modellen und auch mit System-Dynamics eine zentrale Erkenntnismethode der Wirtschaftswissenschaften. Mit dem Entwickeln eigener oder der Analyse vorgegebener Modelle geht außerdem ein hoher Grad an Schüler*selbstständigkeit* und *-selbsttätigkeit* einher. Gerade im Zusammenhang mit expressiver Modellierung ergeben sich viele Möglichkeiten der *Individualisierung* und *Differenzierung*. Da komplexe Sachverhalte und Modelle mit der System-Dynamics-Notation grafisch dargestellt werden, ist außerdem ein hoher Grad an *Anschaulichkeit* gegeben. Last but not least ist Unterricht, der die Methode System-Dynamics verwendet, leicht *problemorientiert* zu gestalten, da dem Gegenstand eines modellierten Sachverhalts in der Regel ein bestimmtes Problem zugrunde liegt. Das zugehörige Ablaufschema wurde bereits besprochen (vgl. 8.7.2).

Ein weiterer Vorteil des expressiven Modellierens besteht darin, dass beim eigenständigen Modellieren eines Sachverhalts den Schülern Informationsdefizite unmittelbar bewusst werden. Gleichzeitig ist die Motivation, diese zu beheben groß, da dies die
Voraussetzung zur Weiterentwicklung des Modells ist. Entsprechend ergeben sich quasi
organisch (und damit weniger künstlich und konstruiert als im herkömmlichen Unterricht)
Anlässe zur Informationsrecherche und -verarbeitung. Auch werden passende Instruktionsphasen des Lehrers eher begrüßt, da sie als willkommene Hilfe und Unterstützung des Mo-
dellierprozesses wahrgenommen werden.

Wie bei den meisten handlungsorientierten Methoden ist der Zeitaufwand hoch. Ferner ist
die Methode hinsichtlich der theoretischen Grundlagen und des geforderten Abstraktions-
vermögens anspruchsvoller als andere Unterrichtsmethoden. Dies gilt sowohl für Schüler
als auch für Lehrkräfte. Insofern ist die Hürde für Lehrer, die mit System-Dynamics arbeiten möchten, etwas höher. Die eigene Auseinandersetzung mit der Methode ist intellektuell
fordernder und zeitaufwändiger. Außerdem ist das eigene Entwickeln einer entsprechenden
Lernumgebung aufwändiger, so dass in der Regel auf verfügbare Lernumgebungen zurückgegriffen wird, was das umsetzbare Inhaltsspektrum einschränkt. Ferner ist einschränkend
anzumerken, dass die Entwicklung des systemischen Denkens ein anspruchsvolles Lernziel
ist, das sich nicht innerhalb weniger Stunden umsetzen lässt und eine längerfristige Strategie erfordert.

8.11 Anwendung und Beispiele

8.11.1 Softwaretools

System-Dynamics-Modelle können mit Modellbildungs- und Simulationssoftware erstellt
werden. Mit ihrer Hilfe lassen sich quantitative Modelle nicht nur mathematisch sondern
auch grafisch erstellen und darstellen, was intuitiv und anschaulich ist. Softwaretools
kommt bei diesen Anwendungen die Bedeutung eines hilfreichen kognitiven Werkzeugs zu,
da sie den Anwender und Lernenden von Routineaktivitäten wie mathematischen Berechnungen entlasten, wodurch er seine Konzentration auf die Systemzusammenhänge richten
kann.
    Bei der Wahl der Software ist allerdings auf deren leichte Handhabbarkeit zu achten.
Ansonsten besteht die Gefahr, dass mehr Aufmerksamkeit auf die Softwarebedienung als
auf die Modelle gelenkt wird. Ein wichtiges Element der Softwaretools besteht in der Funk-
tionalität, auf Basis eines im Computer generierten Modells Simulationen durchzuführen.
Dadurch kann in kürzester Zeit untersucht werden, wie ein Modell auf Parametervariationen reagiert, wodurch sich verschiedene Szenarien analysieren und miteinander vergleichen
lassen.
    Bedeutsame und am Markt etablierte Softwaretools sind insbesondere Powersim,[17]
Vensim[18] und Stella,[19] die sich hinsichtlich ihres Leistungsumfangs und ihrer Zielgruppe

---

17 Vgl. http://www.powersim.com.
18 Vgl. http://www.vensim.com/.
19 Vgl. http://www.iseesystems.com.

voneinander unterscheiden. Für die beiden erstgenannten Programme sind kostenlose Versionen für Bildungszwecke verfügbar. Zwar ist deren Leistungsspektrum eingeschränkt, sie sind jedoch gut für Lehr-Lernzwecke verwendbar. Die folgenden Beispiele sind mit *Powersim* modelliert, da für diese Software das Angebot an Simulationen und Lernumgebungen im Wirtschaftsbereich besonders umfangreich ist.

Auf der Website des Buchs ist eine etwas ältere, aber hinreichend leistungsfähige Powersim-Version verlinkt. Auf diese Software ist das nachstehende Tutorial abgestimmt.

8.11.2 Powersim-Tutorial: Lisa-Sophies Taschengeld

Falls Sie Powersim noch nicht heruntergeladen und installiert haben, holen Sie dies bitte mit diesem Link [20] nach, um das Tutorial durchführen zu können.

8.11.2.1   Ausgangsfall

Lisa-Sophie bekommt von ihren Eltern zum 15. Geburtstag ein Girokonto mit einem Startguthaben von 200€ geschenkt. Spätere monatliche Einzahlungen bestehen aus 30€ Taschengeld und 25€, die Lisa-Sophie durch gelegentliches Zeitungsaustragen verdient. Weiterhin werden die Kontoeinlagen mit 2,3% jährlich verzinst, wobei die Zinsen monatlich auf das Konto fließen. Als Auszahlungen fließen jeden Monat 35€ vom Konto ab, die sich aus 10€ für ein Abonnement und aus 25€ für andere Ausgaben zusammensetzen.
Aufgabe 1: Welche Informationen bzw. Größen sind für die Modellierung des Sachverhalts bedeutsam? Ordnen Sie sie den nachstehenden Typen zu.

Bestandsgröße(n):

_____

Flussgröße(n):

_____

Variable:

_____

Konstante:

_____

20 Link: http://www.uni-klu.ac.at/users/gossimit/sw/PSLite.exe.

Aufgabe 2: Überlegen Sie, in welcher Beziehung die Elemente stehen könnten und halten Sie dies grafisch auf Papier fest. Gegebenenfalls sind einige Elemente mit Informationspfeilen miteinander zu verbinden.

8.11.2.2 Umsetzung des Sachverhalts in Powersim

Erstellen Sie zuerst die Bestandsgröße Kontostand. Hierfür ist das entsprechende Symbol auszuwählen und auf die Mitte des Bildschirms zu klicken. Geben Sie gleich den Namen „Kontostand" ein. Ein Fragezeichen im Symbol deutet an, dass hier weitere Angaben erwartet werden. Tätigen Sie dazu einen Doppelklick auf „Kontostand". Daraufhin geht ein Fenster auf, in dem Sie das Feld genauer beschreiben können. Geben Sie als Startwert bei „Definition" 200 ein und setzen Sie als „Unit of Measure"(Maßeinheit) das €-Zeichen. Bestätigen Sie nun Ihre Änderungen mit OK.

Modellieren Sie als nächstes die Einzahlungen. Ziehen Sie dazu einen „Flow-with-Rate" (Fluss mit Rate) von links in den Level Kontostand hinein und benennen Sie das Element mit „Einzahlungen". Ziehen Sie nicht nur bis an den Rand von „Kontostand", sondern bis in die Mitte. Achten Sie dabei darauf, dass eine Verbindung zwischen den beiden Elementen besteht. Falls auch an der rechten Seite des neuen Elements eine Wolke erscheint, haben Sie keine Verbindung hergestellt.

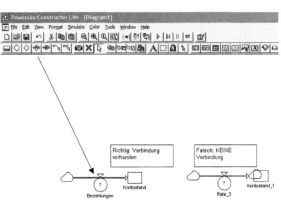

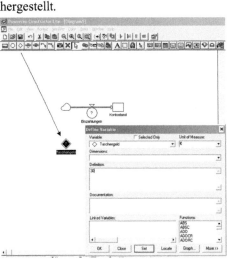

Das Fragezeichen in „Einzahlungen" deutet darauf hin, dass hier noch eine Definition erforderlich ist. Sie ergibt sich als Summe der Konstanten „Taschengeld" und „Verdienst", die jetzt zu erstellen sind. Wählen Sie dazu in der Symbolleiste die Konstante aus, klicken unterhalb von „Einzahlungen" und benennen die erste Konstante mit „Taschengeld". Anschließend definieren Sie „Taschengeld" mit einem Doppelklick. Geben Sie im erscheinenden Fenster bei „Definition" 30 ein und setzen sie als „Unit of Measure" wieder das €-Zeichen. Gehen Sie analog für die Konstante „Verdienst" vor.

Zur Berechnung der Bestandsände-
rungsgröße „Einzahlungen" werden die
beiden Konstanten benötigt. Damit
deren Werte auch für „Einzahlungen"
verfügbar sind, müssen Informationspfeile von „Taschengeld" und „Verdienst" auf „Einzahlungen" gezogen
werden. Tätigen Sie nun einen Doppelklick auf „Einzahlungen" und geben Sie
bei Definition die Formel zur Berechnung ein, also „Taschengeld + Verdienst". Hierbei brauchen Sie die
Namen der Konstanten nicht selbst
einzugeben. Schneller und weniger
fehleranfällig ist ein Doppelklick auf
den entsprechenden Namen im unteren
Teil des Definitionsfensters. Falls dort
die Namen der Konstanten nicht erscheinen, haben Sie vermutlich die
Informationspfeile vergessen.

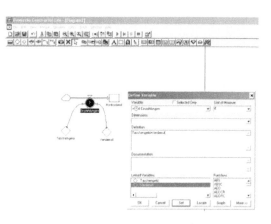

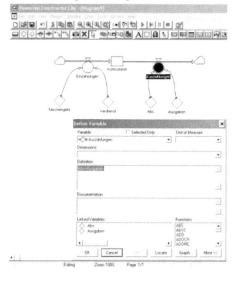

Modellieren Sie nun analog zum bisherigen
Vorgehen die Auszahlungen. Erzeugen Sie
einen Fluss-mit-Rate namens „Auszahlungen", der aus dem „Kontostand" herausfließt.
Erstellen Sie dann die Konstanten „Abo" und
„Ausgaben", die Sie mit „Auszahlungen"
durch Informationspfeile verbinden. Anschließend definieren Sie die Auszahlungen
als Summe dieser beiden Konstanten:
„Abo+Ausgaben". Vergeben Sie dabei kein
negatives Vorzeichen. Da der Fluss mit Rate
aus dem Kontostand herausfließt ist schon
festgelegt, dass Abflüsse den Stand reduzieren.

Möglicherweise fragen Sie sich zu diesem Zeitpunkt, warum die Auszahlungen nicht direkt mit 35€ (10€ für das Abonnement und 25€ für die weiteren Ausgaben) definiert werden. So könnte sowohl auf die Konstanten als auch auf die Berechnungsformel verzichtet werden. Prinzipiell ist ein solches Vorgehen möglich, allerdings gehen damit zwei Nachteile einher. Erstens ist so die Zusammensetzung der Einzahlungen nicht auf den ersten Blick ersichtlich – allgemeiner formuliert: die Struktur des Modells wird nicht transparent. Außerdem muss bei späteren Änderungen (beispielsweise der Ausgaben) nichts in evtl. sehr komplizierten Formeln geändert werden, sondern nur in leicht überschaubaren Konstanten.

Abschließend ist das Modell noch um die Zinsen zu ergänzen. Dazu wird eine Konstante mit dem Zinssatz benötigt. Geben Sie unter „Defintion" als Wert „2.3" ein; als Dezimaltrennzeichen ist der Punkt zu verwenden. Die Variable „Zinsen" benötigt Informationen sowohl von „Zinssatz" als auch von der Bestandsgröße „Kontostand". Deshalb müssen Sie entsprechende Informationspfeile ziehen. Als Formel geben Sie in „Zinsen" ein: „(Kontostand*Zinssatz/100)/12". Die Division durch 12 ist nötig, da der Zinssatz sich auf die Zeiteinheit Jahre bezieht, während die restlichen Größen monatlich berechnet werden.

Nun sind die Zinsen noch als Einzahlung zu modellieren. Ziehen Sie entsprechend einen Informationspfeil von „Zinsen" nach „Einzahlungen" und ergänzen Sie dort die Formel auf „Taschengeld+Verdienst+Zinsen".

8.11.2.3 Simulation des Modells

Damit ist das Modell vorläufig erstellt und kann nun in diversen Simulationsläufen untersucht werden. Hierzu werden folgende vier Symbole verwendet, die Ihnen vermutlich von Ihrer Musikanlage bekannt sind.

Mit dem ersten Symbol beginnen Sie eine neue Simulation, die ununterbrochen abläuft.
Das zweite Symbol lässt die Simulation schrittweise laufen. Mit jedem Mausklick geht die Simulation genau eine Periode weiter.

Wollen Sie die schrittweise Simulation auf einmal zu Ende durchführen, klicken Sie auf das dritte Symbol.

Mit dem letzten Symbol wird die Simulation abgebrochen. Dies ist wichtig, wenn Sie vorher schrittweise simuliert haben und die Simulation noch nicht beendet ist. Sie können im noch aktiven Simulationsmodus nichts an Ihrem Modell ändern. Der Computer ist jedoch nicht abgestürzt, Sie müssen nur die Simulation abbrechen.

Nach einem Simulationslauf erscheinen an allen Bestandsgrößen (in diesem Modell nur am „Kontostand") Zahlen über den Wert des Objekts. Ähnliche Informationen sind auch für die anderen Elemente des Modells interessant. Um sie sich anzeigen zu lassen gehen Sie in das Menü Format/Options und setzen jeweils bei „Constants" und „Auxiliaries" unter „Number" ein Häkchen.

Standardmäßig wird eine Simulation über 100 Perioden durchgeführt. Vielfach sind jedoch längere Zeiten sinnvoll. So auch im vorliegenden Beispiel, um das exponentielle Wachstum der Zinsen erkennen zu können. Ändern Sie dazu die Simulationsdauer, indem Sie im Menü Simulate/Simulation Setup die Stop Time auf 1000 erhöhen. Starten Sie dann einen erneuten Simulationslauf.

8.11.2.4 Zusätzliche Auswertungsinstrumente

Neben den bisher vorgestellten Funktionen bietet Powersim noch eine Vielzahl weiterer Gestaltungsoptionen, von denen exemplarisch vier dargestellt sind. Sie werden mit folgenden Symbolen aktiviert:

Die beiden letzten Symbole dienen der detaillierten Auswertung von Simulationsläufen. Das dritte Symbol erstellt eine Tabelle, das vierte ein Diagramm. Nach dem Anklicken eines dieser Symbole ist ein Bereich aufzuziehen, in dem das Objekt erstellt wird. Anschließend brauchen aus dem Modell die Elemente, die darin angezeigt werden sollen, nur noch in das Objekt hineingezogen werden. Nach einem neuerlichen Simulationslauf werden diese Objekte gefüllt sein.

Die ersten beiden Symbole erlauben eine komfortable Veränderung der Konstanten während einer Simulation. Bei dem ersten werden die Werte direkt als Zahl eingegeben, beim zweiten Symbol erfolgt die Veränderung mittels eines Schiebers. Die Vorgehensweise ähnelt der eben beschriebenen: Zuerst das Symbol anklicken, dann einen Bereich aufziehen und abschließend die entsprechende Konstante in den aufgezogenen Bereich hineinziehen. Das erste Symbol bietet sich zur Veränderung der Ausgaben an, während Sie mit dem zweiten Symbol gut den Zinssatz ändern können. Allerdings muss dabei noch die Achsenskalierung angepasst werden: Doppelklicken Sie auf den Schiebebalken, markieren im erscheinenden Fenster im rechten Bildbereich (Parameters) den Zinssatz, klicken anschließend unten links im Fenster auf „Axis" und passen dort die Minimal- und Maximalwerte an.

Verändern können Sie die Werte jedoch erst durch Starten einer schrittweisen Simulation, die mit dem zweiten Symbol der Simulationssymbole aktiviert wird. Hier können die Konstanten nun in jeder Periode (jedem Monat) verändert werden, was insbesondere für die Ausgaben realistisch ist.

8.11.3 Unterrichtsbeispiel: Markt und Preisbildung

Die dargestellte Unterrichtseinheit wird mithilfe der Software Powersim erstellt.[21] Gleichwohl lässt sie sich für andere Programme zur Modellierung und Simulation wie Dynasys oder VENSIM adaptieren.

8.11.3.1 Variable Nachfrage

Die Aufgabe des Einstiegsmodells, in das sich die Schüler mithilfe des ersten Arbeitsblatts einarbeiten, besteht zum einen darin, die Lernenden mit der Oberfläche der Software vertraut zu machen. Weiterhin sollen sie sich mit den einzelnen Größen des Marktmodells auseinandersetzen und deren Beziehungsgeflecht analysieren. Der inhaltliche Schwerpunkt liegt auf der Nachfragekurve. In diesem Zusammenhang kann im Unterricht auch auf Fragen nach einer Verschiebung der Nachfragekurve eingegangen werden, beispielsweise aufgrund von Veränderungen des Einkommens, bei Preisen von Substitutionsgütern oder Präferenzen der Kunden.

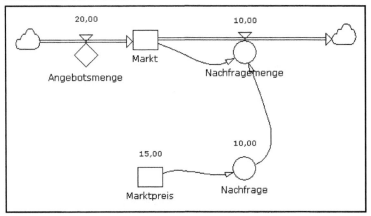

Abbildung 69: Grundmodell der Preisbildung am Markt

Um die Lernenden nicht zu überfordern, wird das Marktmodell schrittweise ausgebaut. So geht das erste Modell noch von einem konstanten Marktangebot aus. Auch der Preismechanismus ist als exogene Größe noch realitätsfern; die Preise können mit Hilfe eines Reglers willkürlich festgelegt werden. Dies ermöglicht den Schülern den Zusammenhang zwischen Nachfrage und Preisen zu erkennen.

Die Überlegung, dass bei niedrigem Preis die potenzielle Nachfrage größer ist als das Angebot und damit auch der realisierbaren tatsächlichen Nachfrage führt zu der Erkenntnis, dass die Anbieter über Preisänderungen ein Marktungleichgewicht (Über- oder Unterangebot) ausgleichen können und dies in der Realität auch würden. Damit ist die kognitive Grundlage für das Modell des folgenden Lernabschnitts gelegt.

---

21 Eine kostenlose 60-Tage-Übungsversion kann heruntergeladen von www.powersim.com.

8.11.3.2 Variabler Preis

Im zweiten Lernabschnitt wird der Preis von einer systemexogenen in eine endogene Größe umgewandelt. Der Preis ist also nicht mehr von außen vorgegeben, sondern verändert sich aufgrund des Verhältnisses von Angebots- und Nachfragemenge. Die Preisfindung ist hier als iterativ-dynamischer Prozess zu sehen, bei dem die Anbieter ihre Preise schrittweise den Marktgegebenheiten anpassen. Dabei gilt im Allgemeinen, dass die Preisanpassungen absolut umso größer sind, je höher die Differenz von Angebot und Nachfrage ist. Eine Formel zur Beschreibung dieses Sachverhalts könnte lauten:

Preisänderung = (Nachfrage-Angebotsmenge)/Preisanpassungsfaktor

Der Preisanpassungsfaktor bringt gewissermaßen die Geschwindigkeit bzw. Stärke zum Ausdruck, mit der die Preise von Zeiteinheit zu Zeiteinheit geändert werden. Je nach Produkt und der zugehörigen Volatilität sind hier unterschiedliche Preisanpassungsfaktoren bzw. Preisänderungsalgorithmen angemessen. In Modell2a ist er mit einem Wert von 7 voreingestellt, wobei der Startpreis bei 20€ liegt. Hier untersuchen die Schüler im Rahmen der vorgegebenen Werte die Zusammenhänge zwischen den Größen und erkunden den Preisänderungsmechanismus.

Auf diesem Verständnis aufbauend haben sie in Modell2b die Möglichkeit, die Werte *Startpreis*, *Preisanpassungsfaktor* und die zu diesem Zeitpunkt noch modellexogene *Angebotsmenge* zu verändern. Durch dieses Experimentieren und entsprechende erkenntnisleitende Fragestellungen (vgl. Arbeitsblatt 2) werden die Zusammenhänge noch deutlicher.

Relativ anspruchsvoll ist die letzte Aufgabe des Arbeitsblatts, die zur Erkenntnis führen soll, dass bei Variationen der Angebotsmenge sich der Marktpreis abhängig von der Nachfragekurve einpendelt. Gibt es ein Angebot von beispielsweise nur 5 Stück, wird sich der Preis bei der gegebenen Nachfragekurve (siehe auch die Skizze des Arbeitsblatts 1) auf 17,50€ einpendeln. Volkswirtschaftlich ist dies so zu erklären, dass bei einem Angebot von 5 der Preis für ein Marktgleichgewicht so hoch sein muss, dass auch nur noch eine Nachfrage von 5 Stück besteht.

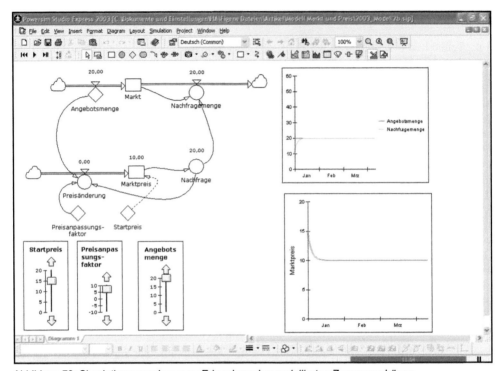

Abbildung 70: Simulationsumgebung zur Erkundung der modellierten Zusammenhänge

8.11.3.3 Variables Angebot und Verzögerungseffekte

In der dritten Lernsequenz wird das Modell um die Angebotskurve ergänzt. So wandelt sich die bisher konstante Angebotsmenge ebenfalls zu einer systemendogenen Variable. Je höher die am Markt erzielbaren Preise, desto größer ist prinzipiell das Angebot. So lohnen sich Investitionen in Kapazitätserweiterungen und aufgrund der Marktattraktivität dürften neue Anbieter in den Markt eintreten.[22]

Kapazitätserweiterungen und neue Markteintritte benötigen jedoch einige Zeit. Aufgrund dieser Verzögerungseffekte des Angebots – sie treten in abgeschwächter Form auch bei der Nachfrage auf – kommt es zu Effekten, die bei der herkömmlichen statischen Betrachtungsweise nicht zum Tragen kommen, die aber durchaus in der Realität zu beobachten sind. So wird der Gleichgewichtspreis nicht direkt und nach kurzer Zeit gefunden. Vielmehr hat der Marktpreis einen sinuskurvenförmigen Verlauf um den Gleichgewichtspreis mit abnehmender Amplitude, so dass erst nach deutlich späterer Zeit ein Marktgleichgewicht gefunden ist. Bis dahin wechseln sich Phasen von Käufermärkten und Verkäufermärkten ab.

---

22 Ergänzend ließe sich zu diesem Zeitpunkt analog zur Vorgehensweise bei der Nachfragekurve erläutern, wie sich die Angebotskurve verschiebt, beispielsweise durch veränderte Input-Preise, Produktionstechnologien oder rechtliche Rahmenbedingungen.

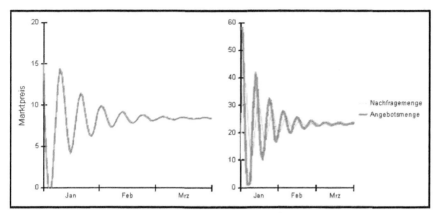

Abbildung 71: Auswirkungen von Verzögerungseffekten auf Marktpreise, Angebot und Nachfrage

Ab gewissen Verzögerungszeiten – der konkrete Wert hängt von der Startmenge, der Preis-
änderungsformel und insbesondere den Steigungen der Angebots- und Nachfragekurven
ab – findet sich überhaupt kein Marktgleichgewicht mehr, was der wirtschaftlichen Realität
entspricht.[23] Das bekannteste Beispiel dieses Phänomens ist der sog. Schweinezyklus, der
sich ca. alle drei bis vier Jahre wiederholt. So führt beispielsweise ein Nachfrageüberhang
zu hohen Preisen, was die Landwirte zu verstärkter Zucht veranlasst. Bis diese Schweine
auf dem Markt sind, bleiben die Preise hoch. Dann kommen verstärkt die neu gezüchteten
Schweine auf den Markt, woraus sich ein relativ plötzlich auftretendes Überangebot und
damit fallende Preisen ergeben. Diese niedrigen Preise führen jedoch zu geringeren
Schweinezuchtzahlen, so dass es wieder zu einer Phase des Nachfrageüberhangs kommen
wird. Ähnlichen Schwankungen unterliegen beispielsweise der Immobilienmarkt und viele
Rohstoffmärkte. Darüber hinaus führen Verzögerungseffekte häufig im Wirtschaftsleben
aber auch in privaten Situationen zu unerwünschten Ergebnissen. Allerdings ermöglicht die
Kenntnis um Verzögerungen und die Fähigkeit zur Antizipation ihrer Auswirkungen bessere Entscheidungen, so dass Probleme vermieden werden können. Auf den Schweinezyklus
angewendet hieße das, in Hochpreisphasen nur wenige Schweine zu züchten und die Zucht
in Zeiten niedriger Preise zu erhöhen.

---

23 Dieses Phänomen wird in den Wirtschaftswissenschaften als Spinnweb-Theorem bezeichnet.

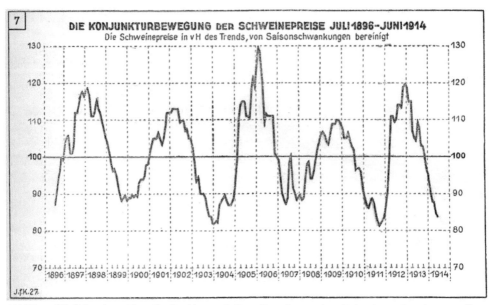

Abbildung 72: Schweinezyklus, Quelle: Hanau, Arthur: Grundlagen einer Schweinepreisvorhersage für Deutschland, Berlin 1927, S. 15

Modell Markt und Preis 1

Untersuchen Sie Modell1, indem Sie es mit Mausklicks auf das Symbol ▶‖ schrittweise simulieren. Mit jedem Klick schreitet das Modell um einen Tag voran. Mit ▶ wird die Simulation komplett durchlaufen, mit ‖◄ setzen Sie sie wieder zurück.

Sie können während der Simulation den Marktpreis mit dem Schieberegler verändern. Durch einen Doppelklick auf einzelne Größen können Sie sich deren Programmierung ansehen.

1. Gehen Sie bei Ihrer Analyse des Modells auf folgende Größen ein:
- Angebotsmenge
- Nachfragemenge
- Nachfrage
- Marktpreis

Welche dieser Größen sind konstant, welche können sich verändern?

2. Beschreiben und erklären Sie den Zusammenhang zwischen Marktpreis und Nachfragemenge. Zeichnen Sie die Nachfragekurve des Modells im Koordinatensystem ein.

3. Angenommen, es handelt sich bei dem Produkt um Speiseeis. Wie würde sich die Nachfragekurve verändern, wenn
   a) der Sommer besonders heiß ist
   b) Erfrischungsgetränke günstiger werden
   c) das durchschnittliche Haushaltseinkommen ansteigt

d) sich in breiten Kreisen der Bevölkerung die Ansicht durchsetzt, dass Speiseeis aufgrund des hohen Zuckergehalts ungesund sei.

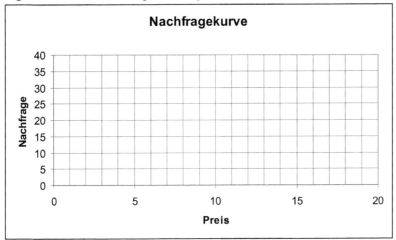

4. Warum ist die tatsächliche *Nachfragemenge* (so viele Produkte werden gekauft) manchmal geringer als die potenzielle *Nachfrage* (so viele Produkte wollen die Nachfrager kaufen)?
Wann tritt diese Situation ein?

5. Wie ist das Verhältnis von Angebotsmenge und Nachfragemenge bei einem Marktpreis von
   a) 3€
   b) 10€
   c) 15€

Modell Markt und Preis 2
1. Wie würden Anbieter/Verkäufer ihre Preise verändern, wenn
   a) die Nachfrage größer als das Angebot ist?
   b) die Nachfrage kleiner als das Angebot ist?

2. Geben Sie Beispiele an, in denen Anbieter mit Preisänderungen auf Marktungleichgewichte reagiert haben.

3. Öffnen Sie Modell2a. Es unterscheidet sich von dem vorigen Modell dadurch, dass der Marktpreis automatisch berechnet wird. Durchlaufen Sie eine Simulation.
   a) Beschreiben Sie, wie sich der Preis und die Nachfrage ändern.
   b) Erklären Sie, wie der Preis errechnet wird.

4. Öffnen Sie nun Modell2b. Es ist das gleiche Modell, aber Sie können hier den Startpreis, den Preisanpassungsfaktor und die Angebotsmenge verändern. Verändern Sie (vorerst) bei den nachfolgenden Aufträgen immer nur den zu untersuchenden Parameter und lassen Sie die anderen beiden auf den Ausgangswerten.
   a) Lassen Sie Simulationen mit unterschiedlichen Startpreisen laufen. Was fällt Ihnen auf?

b) Experimentieren Sie auch mit dem Preisanpassungsfaktor. Was passiert, wenn Sie einen negativen Preisanpassungsfaktor wählen? Was würde das in der Realität bedeuten?

c) Nehmen Sie Veränderungen an der Angebotsmenge vor. Welche Größe ändert sich abhängig von der gewählten Angebotsmenge? Versuchen Sie den Zusammenhang zu erklären.

Modell Markt und Preis 3

1. Welche Konsequenzen hätten langfristig sehr a) hohe und b) niedrige Preise auf die Anzahl der Anbieter und damit indirekt auch auf die Höhe der Angebotsmenge?

2. Öffnen Sie Modell3. Wodurch unterscheidet es sich vom vorhergehenden Modell?

3. Beschreiben und erklären Sie den Zusammenhang zwischen Marktpreis und Angebotsmenge. Tragen Sie die Angebotskurve in das Koordinatensystem des 1. Arbeitsblatts ein.

4. Überlegen Sie, bei welchem Preis und bei welcher Menge sich ein Marktgleichgewicht einstellen wird. Testen Sie anschließend Ihre Vermutung, indem Sie das Modell simulieren.

5. Öffnen Sie Modell4 und führen Sie einen Simulationslauf durch. Das Modell unterscheidet sich von Modell3 durch eine zeitliche Verzögerung der Angebotsmenge.
   a) Beschreiben und erklären Sie die Entwicklung des Marktpreises, der Angebotsmenge und der Nachfrage.
   b) Experimentieren Sie mit unterschiedlichen Verzögerungszeiten. Wie wirken sie sich auf das Finden eines Gleichgewichtspreises aus?
   c) Geben Sie Beispiele an, in denen Verkäufer nicht sofort, sondern erst mit einiger zeitlicher Verzögerung mit Mengenänderungen auf Preisänderungen reagieren.
   d) Finden Sie Märkte, deren Preise permanent schwanken und kein dauerhaftes Gleichgewicht finden.

8.11.4.   *Unterrichtsbeispiel: Wirtschaftspolitische Maßnahmen und ihre langfristigen Folgen*

8.11.4.1 Thematische Einführung und didaktische Vorüberlegungen

Zahlreiche (wirtschafts-)politische Entscheidungen haben mehrere Wirkungen, die oft den ursprünglichen Zielen entgegenlaufen. Ferner stehen häufig kurz- und langfristige Konsequenzen einer Entscheidung in einem diametralen Verhältnis. Da regierende Politiker im Allgemeinen bei ihren Entscheidungen sowohl deren Durchsetzbarkeit als auch deren Konsequenzen im Hinblick auf die kommende Wahl berücksichtigen, handeln sie aus ihrer Sicht rational, wenn sie die kurzfristigen Wirkungen stärker gewichten. Empirische Belege hierfür finden sich beispielsweise bei Betrachtung der sozialen Sicherungssysteme, der Staatsverschuldung, der Umweltpolitik oder bei Investitionen in Forschung und Bildung (vgl. Arndt 2006). Zumindest aus der Perspektive der Alterskohorten, die noch eine längere verbleibende Lebenserwartung haben, wären jedoch Entscheidungen wünschenswert, die deren langfristige Wirkungen hinreichend berücksichtigen. In Demokratien könnten Wähler dies fördern, indem sie bei ihrer Wahlentscheidung auch die Nebenwirkungen und langfristigen Effekte der jeweiligen Programme adäquat berücksichtigen.

Angesichts international weitgehend freier Informations-, Waren- und Kapitalströme wächst die Mobilität der Unternehmen und somit die Standortkonkurrenz zwischen den Volkswirtschaften. Insofern greifen Analysen zu kurz, wenn wirtschaftspolitische Entscheidungen primär unter intranationalen Gesichtspunkten wie Verteilungsgerechtigkeit oder kurzfristiger Interessen diskutiert werden ohne deren Auswirkungen auf die Standortattraktivität hinreichend zu berücksichtigen.

Die skizzierte Unterrichtsreihe sucht dem gerecht zu werden, indem bei wirtschaftspolitischen Entscheidungen über beispielsweise Steuersätze oder Ausgabenstruktur und –höhe immer auch betrachtet wird, wie sie sich auf die Standortattraktivität auswirken und welche langfristigen Effekte mit ihnen einhergehen.

Um die Reihe auch in Klassen einsetzen zu können, die keine oder wenig Erfahrung mit System Dynamics verfügen und sparsamer mit Unterrichtszeit umzugehen, wurde der explorative Ansatz gewählt, bei dem die Schüler vorgegebene Modelle mit Hilfe von Arbeitsanleitungen untersuchen und die so gewonnenen Erkenntnisse reflektieren. Unabhängig von den vorgeschlagenen Arbeitsaufträgen können die Modelle jedoch jederzeit von den Schülern modifiziert oder erweitert werden, so dass auch Elemente expressiver Modellierung in den Unterricht einfließen können.

Bei der Arbeit mit den Modellen ist zu berücksichtigen, dass sie Reduktionen und Abstraktionen der Wirklichkeit und somit nicht mit ihr gleichzusetzen sind. Im Vordergrund der Betrachtung stehen die grundlegenden Zusammenhänge und langfristige Auswirkungen. Gleichwohl können die Modelle als Basis zur Entwicklung weiterer, detaillierterer Modelle verwendet werden.

8.11.4.2 Skizze der Unterrichtseinheit

Analyse des Basismodells
Der Sachverhalt internationaler Konkurrenz wird in den Modellen durch zwei Länder abgebildet. „Land 1" ist das „eigene" Land, in dem wirtschaftspolitische Entscheidungen wirken. In der Größe „Land 2" sind prinzipiell alle anderen Länder zusammengefasst.
Über die Größe „Anzahl Unternehmen" wird in den Modellen etwas abstrahiert die Wirtschaftskraft eines Landes erfasst, da davon u.a. Wohlstand der Bevölkerung, Arbeitslosigkeit und Steuereinnahmen wesentlich betroffen sind.

Zu Beginn haben beide Länder gleich viele Unternehmen. Bei unterschiedlichen Standortattraktivitäten werden Unternehmen jedoch in das attraktivere Land wechseln. Die Migrationshöhe hängt von drei Faktoren ab:

1. Der Differenz der Standortattraktivitäten: Je stärker die Unterschiede zwischen den Ländern, desto mehr Unternehmen werden in das attraktivere Land wechseln.

2. Der verbliebenen Unternehmenszahl im unattraktiveren Land. Die Abwanderung wird nicht absolut berechnet, sondern relativ bzw. prozentual zur verbliebenen Unternehmenszahl. Hat ein Land noch sehr viele Unternehmen, werden mehr abwandern, als wenn nur noch wenige verblieben sind.

3. Dem Migrationsfaktor: Über den Migrationsfaktor wird die Wanderungsgeschwindigkeit bzw. Affinität und Möglichkeit zum Standortwechsel abgebildet. In einem protektionistischem Umfeld wäre ein niedriger Faktor zu wählen, während liberale und konkurrenzorientierte Szenarien mit größeren Zahlen abzubilden sind.
Da diese Zusammenhänge grundlegend für die späteren Überlegungen sind, sollen sich die Schüler intensiv damit auseinandersetzen, wozu das erste Modell dient.

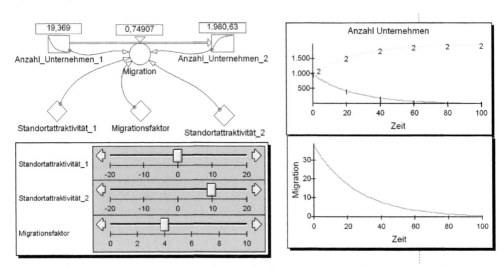

Abbildung 73: Das Basismodell zur Unterrichtseinheit „Wirtschaftspolitische Maßnahmen und ihre langfristigen Folgen"

Sowohl durch Analysen des Modells selbst als auch durch Simulationsläufe mit unterschiedlichen Einstellungen der Standortattraktivitäten und des Migrationsfaktors erarbeiten sich die Lernenden ein entsprechendes Verständnis. Notwendig ist darüber hinaus ein Transfer des Modells auf die Wirklichkeit, indem die abstrakten Modellgrößen konkretisiert werden. Dies geschieht beispielsweise mit anspruchsvollen Fragen wie:

- Was könnte die Attraktivität eines Landes für Unternehmen beeinflussen?
- Wie hat sich Ihrer Meinung nach der Migrationsfaktor (die Mobilität der Unternehmen) in den letzten Jahrzehnten geändert? Begründen Sie!
- Welche Konsequenzen hat die Veränderung des Migrationsfaktors für die Wirtschaftspolitik eines Landes?

Die Auswirkungen von Steuern
Auf dem Grundmodell aufbauend werden – mit zunehmendem Komplexitätsgrad – die Konsequenzen unterschiedlicher Besteuerungsstrategien untersucht. Ausgangspunkt ist ein negativer Zusammenhang zwischen Standortattraktivität und Höhe des Steuersatzes, der durch eine doppelt geknickte Kurve in das Modell eingeht.

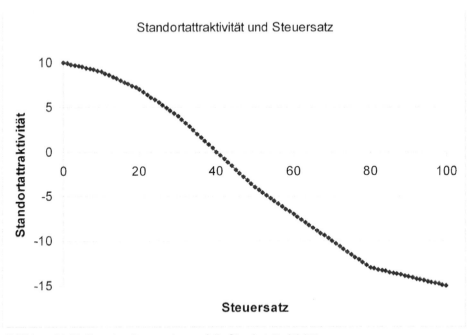

Abbildung 74: Einfluss des Steuersatzes auf die Standortattraktivität

Die entsprechende Kurve sollte im Unterricht besprochen und (kritisch) hinterfragt werden. Eine diesbezügliche Frage des Arbeitsblatts nach der „richtigen" Kurve soll zur Erkenntnis führen, dass es eine solche nicht gibt, da die zugrunde liegenden Sachverhalte zu komplex sind, um sich exakt erfassen zu lassen. So erkennen die Schüler die Prämissengebundenheit wissenschaftlicher Modelle und können besser verstehen, warum Wirtschaftswissenschaftler oft konträre Positionen vertreten.

Der Steuersatz beeinflusst jedoch nicht nur die Standortattraktivität, sondern – in Kombination mit der Anzahl der Unternehmen, die Steuern zahlen – auch die Steuereinnahmen und damit die Handlungsfähigkeit des Staats. Mithilfe von Simulationsläufen erarbeiten sich die Schüler das Verständnis eines komplexeren Zusammenhangs: Die Höhe des Steuersatzes hat kurz- und langfristig unterschiedliche Steuereinnahmen zur Folge. Ein höherer Steuersatz führt beispielsweise anfangs zu höheren Steuereinnahmen. Gleichzeitig wandern Unternehmen ab, so dass die Einnahmen sinken. Wie stark sich dieses Phänomen auswirkt – und welche Steuerstrategie folglich empfehlenswerter ist – wird wesentlich vom Migrationsfaktor beeinflusst. Durch zielgerichtete Simulationsläufe, deren Ergebnisse in Tabellen einzutragen sind, und Analysen von Zeitgraphen wird das entsprechende Verständnis erleichtert.

Steuersatz	Migrationsfaktor	Vermögen bei Zeit 100
30	1	
40	1	
50	1	
Steuersatz	Migrationsfaktor	Vermögen bei Zeit 100
30	10	
40	10	
50	10	

Tabelle 11: Hilfsmittel zur Unterstützung zielgerichteter Simulationsläufe

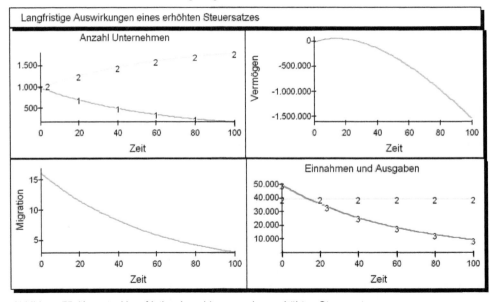

Abbildung 75: Kurz- und langfristige Auswirkungen eines erhöhten Steuersatzes

Das nachfolgende Modell berücksichtigt zusätzlich die Zinsen für erspartes Vermögen bzw. Schulden, wodurch das Modell noch komplexer und realitätsnäher wird. Da aufgrund der Zinsen die kurzfristigen Haushaltsüberschüsse bzw. Defizite stärker ins Gewicht fallen, ist die vorher erarbeitete Steuerstrategie (leicht verminderte Steuersätze führen langfristig zu den besten Ergebnissen) nicht mehr so allgemein gültig. Je nach Migrationsfaktor und Zinssatz sind unterschiedliche oder gar konträre Steuerstrategien sinnvoll. Diese Erkenntnis kann bei den Schülern eine differenzierte Denkweise und Skepsis gegenüber vermeintlich überzeugenden Patentrezepten fördern. Darüber hinaus erfolgt zum Ende dieser Lernsequenz ein Transfer auf die Situation in Deutschland, in dessen Rahmen die Verschuldung und Zinszahlungen Deutschlands zu eruieren und zu bewerten sind.

Höhe und Zusammensetzung der Ausgaben

Aufbauend auf den bisherigen Erkenntnissen wird die Perspektive auf die Ausgabenseite des Haushalts ausgeweitet. Die Schüler können in den folgenden Modellen jeweils angeben, wie viel sie für Investitionen und Konsum ausgeben wollen. Diese beiden Begriffe sind im Unterricht hinreichend zu präzisieren und zu problematisieren; z.B. zählen Ausgaben für Bildung zurzeit nicht als Investition im Sinne des Artikels 115 GG.

Im Rahmen der Modelle wirken sich Investitionen positiv auf die Standortattraktivität aus. Die Stärke dieses Einflusses ergibt sich aus einem Investitionswirkungsfaktor – mit diesem einstellbaren Regler können unterschiedliche Szenarien getestet werden, so haben in reiferen Volkswirtschaften Investitionen einen anderen Wirkungsgrad als in weniger entwickelten. Ferner lässt sich damit abbilden, wie effektiv die Ressourcen genutzt werden, auch hier bestehen teilweise erhebliche Unterschiede zwischen einzelnen Ländern.

Die Konsumausgaben wiederum haben – neben der Anzahl der Unternehmen und dem Vermögen eines Landes – Einfluss auf die Zufriedenheit der Bevölkerung. Dies ist zugegebenermaßen eine sehr starke Vereinfachung. So hat der Staatskonsum auch wirtschaftsstimulierende und somit standortattraktivitätssteigernde Effekte. Außerdem wird die Zufriedenheit in erheblichem Maße von nichtwirtschaftlichen Aspekten geprägt. Dies in Modellen abzubilden und zu untersuchen, wäre jedoch sehr zeitintensiv, weswegen entsprechende Fragen eher mündlich zu vertiefen sind.

Mithilfe von Simulationsläufen können die Lernenden unterschiedliche Strategien zur Verbesserung der Standortattraktivität und Bürgerzufriedenheit testen und bewerten. Dabei sollten sie bemerken, dass kurzfristig und langfristig häufig gegenteilige Effekte eintreten. So hat eine kurzfristige Erhöhung der Zufriedenheit aufgrund erhöhter Konsumausgaben, die durch Schulden finanziert werden, langfristig eine sinkende Zufriedenheit zur Folge.

Auch diese Untersuchungen sind möglichst auszuweiten und auf die Wirklichkeit zu übertragen. So drängt sich die Frage auf, wie Regierungen eine auf langfristigen Erfolg ausgerichtete Politik verfolgen können ohne dadurch ihre Chancen auf eine erneute Amtszeit übermäßig zu reduzieren.

Einfluss des Wirtschaftswachstums

Die bisherigen Betrachtungen gingen von einem statischen Wirtschaftssystem aus, bei der ein Land seine Wirtschaftsleistung (im Modell abgebildet durch die Anzahl der Unternehmen) nur auf Kosten eines anderen Lands steigern konnte. Durch Ergänzung der Modelle um Wirtschaftswachstum wird verdeutlicht, wie stark sich Wachstum auf die Haushaltslage und Zufriedenheit der Bevölkerung auswirkt. Durch Experimentieren mit unterschiedlichen Wachstumsraten erkennen Schüler auch, wie erheblich sich bereits ein Unterschied der Wachstumsrate um lediglich ein Prozent auswirkt. Aus dieser Erkenntnis heraus sind im Unterricht wachstumsfördernde wirtschaftspolitische Maßnahmen zu erörtern, die bei hinreichender Modellierkenntnis und Zeit auch modelliert werden können. Gleichzeitig empfiehlt sich eine gewisse Relativierung, beispielsweise durch die Frage nach negativen Konsequenzen des Wirtschaftswachstums wie Umweltbelastung und Ressourcenverbrauch.

Zwei miteinander konkurrierende Länder

In Konkurrenzsituationen beeinflussen Handlungen eines Akteurs in der Regel die Entscheidungen seiner Konkurrenten. Das Ausland bzw. Land 2 war in seinem Entscheidungsverhalten bisher stets passiv. Um die Eigendynamik von Systemen mit konkurrierenden Akteuren besser zu erfassen, ist das nachstehende Modell als konkurrenzorientiertes Plan-

spiel angelegt. Dabei spielen jeweils zwei Gruppen gegeneinander, wobei sie in jeder Spielrunde sowohl über Steuersatz als auch über Ausgaben für Konsum und Investitionen entscheiden. Bei den Spielverläufen sind folgende Szenarien wahrscheinlich, die ähnlich auch
in der Wirklichkeit zu beobachten sind:

- Race to the bottom: Die Spieler versuchen eine höhere Standortattraktivität als der
  Konkurrent zu erreichen, hauptsächlich über immer geringere Steuersätze. Da vielfach
  beide Konkurrenten so reagieren, ergeben sich keine Zuwächse bei den Unternehmens-
  zahlen und stark reduzierte Steuereinnahmen. Die weggefallenen Steuern werden dann
  über eine höhere Verschuldung oder geringere Ausgaben für Konsum finanziert, was
  negative Konsequenzen an anderer Stelle zu Folge hat.
- Um diesem Phänomen zu entgehen können alternativ Absprachen mit den Konkurrenten getroffen werden, was im europäischen Kontext als „Harmonisierung" bezeichnet
  wird. Gleichwohl sind solche Absprachen labil, da ein Ausbrechen für einzelne Mitglieder kurzfristig attraktiv ist. Global betrachtet dürften angesichts der Vielzahl der
  Länder und deren unterschiedlichen Ausgangsbedingungen solche Absprachen ohnehin
  kaum umsetzbar sein.

Ferner finden sich zwei weitere Möglichkeiten auf Konkurrenzsituationen zu reagieren, die
zwar nicht im Planspiel selbst angelegt sind, aber sehr nahe liegen und bei der Besprechung
erörtert werden sollten:

- Durch protektionistische Maßnahmen wie Kapitalverkehrsbeschränkungen und Ein-
  fuhrzölle lässt sich der Konkurrenzdruck abmildern. Diese Maßnahme hat sich historisch jedoch nur bedingt bewährt, da die inländischen Unternehmen durch die
  geringere Konkurrenz bequemer werden, sie an internationalen Märkten an Wettbe-
  werbsfähigkeit verlieren und die Leistungen im Inland dadurch schlechter und teurer
  werden. Darüber hinaus reagieren andere Länder häufig ebenfalls mit Zugangsbe-
  schränkungen zu ihren Märkten und die Vorteile internationaler Arbeitsteilung gehen
  verloren. In den Modellen lässt sich die Strategie des Protektionismus durch eine Reduzierung des Migrationsfaktors (im Extremfall bis auf null) abbilden.
- Eine attraktive aber nur schwer umsetzbare Option besteht darin, die Investitionen
  effektiver zu nutzen. Anders formuliert: Manche Länder investieren ihr Geld intelligen-
  ter und wirksamer als andere. Entsprechende Strategien sind auf die landesspezifischen
  Besonderheiten hin auszurichten. Prinzipiell sollte ein Land sich jedoch permanent um
  die Neuerarbeitung seiner komparativen Vorteile bemühen.

Zum Abschluss der Unterrichtsreihe könnten die Schüler ihr vertieftes Verständnis über
wirtschaftspolitische Zusammenhänge und langfristiger Wirkungen anwenden, indem Sie
beispielsweise die Parteiprogramme der relevanten Parteien analysieren oder die Regie-
rungspolitik bzw. die Kritik der Opposition beurteilen.

8.11.4.3 Arbeitsblätter

Das Basismodell
Im Modell M011 ist der grundlegende Sachverhalt zweier miteinander konkurrierender
Länder abgebildet. Zu Beginn hat jedes Land eine bestimmte Anzahl an Unternehmen, die
sich im Zeitverlauf jedoch durch Migration verändern kann. Diese Wanderung zwischen
den Ländern hängt von bestimmten Variablen ab.

Sie können das Modell (und ebenso die folgenden Modelle) auf zwei Arten untersuchen:

a) Doppelklicken Sie auf Elemente und sehen Sie sich die Definition an (sollte dies einmal nicht funktionieren, müssen Sie nur den evtl. aktivierten Simulationsmodus ▢ mit beenden).

b) Ändern Sie die Parameter und beobachten Sie das Modellverhalten im Zeitverlauf. Dazu benötigen Sie folgende Symbole:

▶ Durchführen der Simulation an einem Stück.

▶❙ Schrittweises Durchführen der Simulation. Mit jedem Klick auf dieses Symbol schreitet die Simulation um einen Zeitschritt voran.

❙❙ Umschalten von schrittweiser Simulation auf durchgehende Simulation. Häufig empfiehlt sich, das Systemverhalten die ersten Perioden genau zu beobachten (hier für das vorige Symbol verwenden) und dann den Simulationslauf insgesamt zu analysieren (dies geht mit diesem Symbol am schnellsten).

▢ Beenden der Simulation.

1. Erklären Sie, wie und von welchen Faktoren die Migration beeinflusst wird.
2. Was bedeutet ein positiver und was ein negativer Wert bei Migration?
3. Unter welchen Bedingungen kommen zusätzliche Unternehmen in Land_1?
4. Wovon hängt ab, mit welcher Geschwindigkeit Unternehmen die Länder wechseln?
5. Wesentlichen Einfluss auf die Migration haben die Standortattraktivitäten.
   a) Führen Sie eine Simulation durch, bei der sich die Standortattraktivitäten (abgekürzt SAT) beider Länder unterscheiden. Wie entwickelt sich die Migration im Zeitverlauf? Warum wurde dies so modelliert?
   b) Beschreiben und Erklären Sie den Verlauf des Diagramms „Migration", wenn
   I) Standortatttraktivität_1 > Standortatttraktivität_2
   II) Standortatttraktivität_1 < Standortatttraktivität_2
   c) Die Standortattraktivität ist eine abstrakte Größe und fasst zahlreiche Aspekte der Wirklichkeit zusammen.
   d) Was könnte alles die Attraktivität eines Landes für Unternehmen beeinflussen?
6. Der Migrationsfaktor ist eine abstrakte Größe.
   a) Welche Funktion hat er im Modell bzw. was bildet er aus der Wirklichkeit ab?
   b) Welche Konsequenzen hätte ein Migrationsfaktor von 0?
   c) Wie hat sich Ihrer Meinung nach der Migrationsfaktor (die Mobilität der Unternehmen) in den letzten Jahrzehnten geändert? Begründen Sie!
   d) Welche Konsequenzen hat die Veränderung des Migrationsfaktors für die Wirtschaftspolitik eines Landes?
7. Beschreiben Sie das Modell mit seinen unterstellten Zusammenhängen und Grundannahmen (Prämissen) in eigenen Worten. An welchen Stellen halten Sie es für (zu) unrealistisch? An welchen Stellen sollte das Modell Ihrer Ansicht nach detaillierter sein?

Die Auswirkungen von Steuern
1. Beschreiben Sie den Einfluss von (Unternehmens-)steuern auf die Standortattraktivität eines Landes.
2. In Modell M021 wird die Standortattraktivität_1 nicht mehr von außen bzw. durch einen Schieberegler vorgegeben, sondern berechnet sich aus dem Steuersatz. Der entsprechenden Programmierung der Variablen SAT_1_Steuersatz liegt folgender Zusammenhang zugrunde:

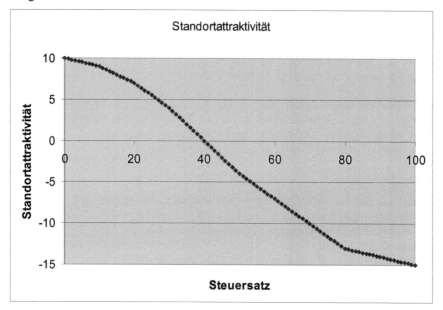

a) Beschreiben Sie den Zusammenhang zwischen Standortattraktivität und Steuersatz.
b) Die Steigung des Graphen ändert sich zweimal, er ist doppelt geknickt. Wie erklären Sie sich diesen Sachverhalt?
c) Wenn Sie der Meinung sind, dass der Graph das Verhältnis zwischen Standortattraktivität und Steuersatz nicht gut abbildet, zeichnen Sie einen alternativen Verlauf in das Diagramm ein.
d) Diskutieren Sie unterschiedliche Kurvenverläufe in der Klasse. Wie glauben Sie, sieht der „richtige" Kurvenverlauf genau aus und wo kann man ihn finden?
3. In Modell M022 hat der Steuersatz nicht nur Einfluss auf die Standortattraktivität, sondern auch auf die Steuereinnahmen und damit indirekt auch auf das Vermögen.
a) Wie berechnen sich die Steuereinnahmen?
b) Wie berechnet sich das Vermögen?
c) Wie lautet der Fachbegriff, wenn die Ausgaben des Staats größer sind als seine Einnahmen?
d) Wie wird ein negatives Vermögen des Staats bezeichnet?
4. Bei einem Steuersatz von 40% befindet sich das Modell im Gleichgewicht – die Standortattraktivitäten beider Länder sind gleich, so dass die Unternehmenszahl konstant bleibt. Weiterhin sind Einnahmen und Ausgaben im Gleichgewicht.

a) Beantworten Sie diese Frage, ohne vorher das Modell zu simulieren: Wie wird sich das Vermögen bei einem Steuersatz von 50% entwickeln? Begründung angeben.

b) Beantworten Sie diese Frage, ohne vorher das Modell zu simulieren: Wie wird sich das Vermögen bei einem Steuersatz von 30% entwickeln? Begründung angeben.

c) Simulieren Sie nun das Modell mit unterschiedlichen Steuersätzen und füllen Sie die Tabelle aus:

Steuersatz	Migrationsfaktor	Vermögen bei Zeit 100
30	4	
40	4	
50	4	

d) Möglicherweise haben die Simulationsergebnisse Sie überrascht. Erklären Sie die Ergebnisse.

e) Wie würden Sie den Steuersatz angesichts dieser Rahmenbedingungen festlegen?

f) Angenommen, Sie wären Politiker und müssten sich alle 4 Jahre zu Wahlen stellen – würden Sie genauso entscheiden?

5. Wie sich die Steuerpolitik auf die kurz- und langfristige Vermögenslage auswirkt, hängt auch erheblich vom Migrationsfaktor ab.

a) Überlegen Sie, ohne vorher eine Simulation durchzuführen, wie sich ein hoher und wie ein niedriger Migrationsfaktor auf die Vermögenslage bei unterschiedlichen Steuerstrategien auswirkt. Begründen Sie Ihre Vermutung.

b) Testen Sie nun Ihre Vermutung, indem Sie die Strategien mit unterschiedlichen Migrationsfaktoren simulieren:

Steuersatz	Migrationsfaktor	Vermögen bei Zeit 100
30	1	
40	1	
50	1	

Steuersatz	Migrationsfaktor	Vermögen bei Zeit 100
30	10	
40	10	
50	10	

c) Geben Sie eine ökonomische sinnvolle Erklärung für die Bedeutung des Migrationsfaktors für Steuerstrategien.

6. Bisher wurden noch keine Zinsen für Guthaben bzw. Schulden berücksichtigt.

a) Wie werden Zinsen berechnet?

b) Welchen Einfluss haben Zinsen auf das Vermögen?

c) Schätzen Sie (analog zur Vorgehensweise beim Migrationsfaktor), wie sich hohe und niedrige Zinsen auf die Steuerstrategien auswirken.

7. Öffnen Sie nun Modell M023, bei dem die Zinsen berücksichtigt werden.

a) Testen Sie Ihre Vermutungen aus Aufgabe 6 und füllen Sie die untenstehende Tabelle aus. Achten Sie bei den Simulationen auch auf den Verlauf des Vermögens. Hierüber geben Ihnen die Diagramme Auskunft.

Steuersatz	Zinssatz	Vermögen bei Zeit 100
30	3	
40	3	
50	3	
Steuersatz	**Zinssatz**	**Vermögen bei Zeit 100**
30	1	
40	1	
50	1	
Steuersatz	**Zinssatz**	**Vermögen bei Zeit 100**
30	10	
40	10	
50	10	

b) Interpretieren Sie die Ergebnisse und gehen Sie auf die Bedeutung der Zinsen ein.
8. Die Analyse des Modells dürfte Ihnen verdeutlicht haben, dass Schulden insbesondere bei langfristiger Betrachtung problematisch sind.
   a) Ermitteln Sie den aktuellen Schuldenstand und die Neuverschuldung in Deutschland.
   b) Wie hoch sind die jährlichen Zinszahlungen im Moment?
   c) Wie schätzen Sie die zukünftige Vermögensentwicklung ein? Und die Zinszahlungen?
   d) Welche Altersgruppen sind von (Neu-)Verschuldung stärker betroffen, welche weniger?

Konsequenzen der Ausgabenstruktur
1. Analysieren Sie den Ausgabenteil des aktuellen Bundeshaushalts im Hinblick auf folgende Fragen:
   a) Welche Ausgabenblöcke erhöhen die Standortattraktivität? Begründen Sie Ihre Einschätzung.
   b) Welche Ausgaben haben keinen wesentlichen Einfluss auf die Standortattraktivität? Welche Bedeutung haben Sie?
2. In den bisherigen Modellen waren die Ausgaben fest vorgegeben bzw. nur abhängig über die Zinszahlungen. In Modell M031 kann die Höhe und Zusammensetzung der Ausgaben in Simulationsläufen verändert werden.
   a) Untersuchen und beschreiben Sie, welchen Einfluss das Ausgabenverhalten auf die Standortattraktivität hat.
   b) Der Investitionswirkungsfaktor legt fest, wie stark sich Investitionen auf die Standortattraktivität auswirken. Welcher Sachverhalt der Realität wird hiermit abgebildet?
   c) Untersuchen Sie in verschiedenen Simulationsläufen, wie sich Variationen bei Investitionen und Konsum auf wichtige Modellgrößen auswirken.

3. Durch reduzieren der Konsumausgaben können Spielräume zur Erhöhung der Standortattraktivität geschaffen werden. Gleichzeitig sind Kürzungen im konsumtiven Bereich in
   der Bevölkerung unpopulär und somit politisch nur schwer durchzusetzen. M032 bildet
   die Zufriedenheit der Bevölkerung mit der wirtschaftlichen Situation ab.
   a) Welche Größen beeinflussen die Zufriedenheit im Modell?
   b) Wieso haben diese Modellgrößen Einfluss auf die Zufriedenheit der Bevölkerung?
   c) Testen Sie in Simulationsläufen verschiedene Strategien zur Erhöhung der Zufriedenheit.
   Welche Maßnahmen versprechen kurzfristige Erfolge? Wie können Sie langfristig und
   nachhaltige Zufriedenheit im Modell erreichen?
   d) Welche weiteren Faktoren sind in der Realität noch bedeutsam für die Zufriedenheit
   der Bevölkerung?
   e) Welche Aspekte beeinflussen die Abwahl bzw. Wiederwahl einer Regierung? Wie
   bedeutsam erachten Sie dabei die Zufriedenheit mit der wirtschaftlichen Situation?
   f) Kurzfristige und langfristige Effekte einer Maßnahme sind häufig gegenläufig. So sind
   für langfristig positive Wirkungen oft kurzfristige Nachteile in Kauf zu nehmen, die sich
   negativ in der Zufriedenheit auswirken. Was könnten Regierungsmitglieder tun, um trotz
   kurzfristiger Nachteile erneut gewählt zu werden?

Einfluss des Wirtschaftswachstums
In den bisherigen Modellen konnte ein Land (=die Anzahl der Unternehmen eines Landes)
nur auf Kosten des anderen Landes wachsen. In der Wirklichkeit wächst die Wirtschaftskraft eines Landes auch, ohne andere Länder nachteilig zu beeinflussen. Modell M041
berücksichtigt die Möglichkeit des Wirtschaftswachstums.
   a) Untersuchen Sie das Modellverhalten bei unterschiedlichen (auch negativen) Wachstumsraten. Wie wirkt sich Wirtschaftswachstum auf die wichtigsten Modellgrößen aus?
   b) Im Modell wird die Wachstumsrate durch den Regler eingestellt bzw. von außen
   vorgegeben. In Wirklichkeit hängt das Wirtschaftswachstum von anderen Faktoren ab.
   Von welchen?
   c) Vertiefungsaufgabe: Ergänzen Sie das Modell, indem Sie Ihre Überlegungen aus der
   vorangegangen Aufgabe abbilden.
   d) Recherchieren Sie die Wachstumsraten der Bundesrepublik Deutschland in den vergangenen Jahrzehnten und vergleichen Sie sie mit anderen Ländern, beispielsweise mit
   denen der USA, Chinas, Japans und Spaniens.
   e) Welche Vorteile haben hohe Wachstumsraten? Sehen Sie evtl. auch Probleme bei
   hohen Wachstumsraten der Wirtschaft?
   f) Mit welchen Maßnahmen kann die Regierung das Wirtschaftswachstum erhöhen?
   g) Falls Sie Vertiefungsaufgabe c) bearbeitet haben: Testen Sie, wie Ihr Modell kurz-
   und langfristig auf verschiedene Maßnahmen zur Förderung des Wachstums reagiert.

Zwei miteinander konkurrierende Länder
Sie haben sich bisher mit zahlreichen wirtschaftlichen Zusammenhängen auseinandergesetzt. Ein wichtiger Aspekt war die Migration zwischen Ländern abhängig von deren unterschiedlicher Standortattraktivität. Das zweite Land war dabei jedoch immer passiv, was in
echten Konkurrenzsituationen anders ist. Normalerweise beeinflussen die Maßnahmen
eines Landes die eines anderen.

Im Modell M051 können zwei Länder aktiv miteinander interagieren. Das zugrunde liegende Modell ist mit den vorangegangen identisch – allerdings wurde auf die Modellierung des Wirtschaftswachstums verzichtet um einfachere Vergleiche zwischen beiden Ländern zu ermöglichen.

Die Ausgangssituation ist für beide Länder identisch. Außerdem gelten für beide Länder die gleichen Migrationsfaktoren, Zinssätze und Investitionswirkungsfaktoren, die theoretisch zu Beginn eines Spiels verändert werden können, während des Spielverlaufs jedoch konstant bleiben sollten.

Während jeder Spielrunde, die immer 5 Jahre abdeckt, können Sie die Investitionen, den Konsum und den Steuersatz neu festlegen. Insgesamt sind können 20 Runden (=100 Jahre) gespielt werden, Sie können sich jedoch auch auf kürzere Durchgänge einigen.

1. Bilden Sie Kleingruppen in Ihrer Klasse, von denen jeweils zwei gegeneinander spielen.
2. Spielen Sie das Spiel, wobei jeder Durchgang folgende Schritte beinhaltet:
   – Einigen Sie sich in jeder Runde mit Ihrer Gruppe auf eine sinnvolle Strategie und halten Sie Ihre Entscheidungsparameter (Investitionen, Konsum, Steuersatz) schriftlich fest. Schreiben Sie bitte auch Ihre jeweiligen Überlegungen, die zu der Entscheidung geführt haben, kurz nieder. Dies ermöglicht eine hochwertige Besprechung des Spielverlaufs.
   – Geben Sie gleichzeitig mit der anderen Gruppe Ihre Werte in das Modell ein und lassen Sie die Simulation einen Schritt weiterlaufen. Sie können dann mithilfe der Graphen und Tabelle die Konsequenzen Ihrer Entscheidung analysieren und daraus Rückschlüsse für die nächste Runde ziehen.
3. Werten Sie nach dem Spiel Ihre Ergebnisse aus. Waren Sie erfolgreich, haben sich die relevanten Kennziffern positiv entwickelt? Wurden Sie von einigen Entwicklungen und Entscheidungen der anderen Gruppe überrascht? Würden Sie Ihre Strategie ändern, wenn Sie erneut spielen könnten?
4. Entwickeln Sie in der Klasse unterschiedliche Ansätze, mit der wirkliche Länder auf Konkurrenzsituationen reagieren können. Finden Sie nach Möglichkeit Beispiele von Ländern (auch aus der Geschichte), die diese Strategien verfolgen. Welche ungewünschten Konsequenzen können diese Strategien haben?

Abschlussaufgabe
Analysieren Sie die Wahlprogramme der relevanten politischen Parteien im Hinblick auf deren Wirtschaftspolitik.

1. Wie schlüssig werden die kausalen Zusammenhänge und langfristigen Wirkungen berücksichtigt?
2. Welche gesellschaftlichen Gruppen profitieren von den vorgeschlagenen Maßnahmen, welche verlieren?
3. Welches Programm spricht Sie persönlich am meisten an? Was würden Sie an diesem Programm evtl. noch verändern?

8.12 Vertiefung

Onlinematerialien
www.clexchange.org – Zahlreiche Onlineressourcen für allgemeine Fragestellungen zu System-Dynamics im Unterricht finden sich bei Creative Learning Exchange. Dort sind beispielsweise die am MIT entwickelten Road Maps publiziert, die didaktisch fundiert und ausführlich in systemisches Denken und System-Dynamics einführen.

www.uni-klu.ac.at/users/gossimit/sw/PSLite.exe – *Downloadmöglichkeit einer kostenlosen Light-Version der Modelliersoftware Powersim.*

Literatur
Arndt, H. (2006): Enhancing System Thinking in Education Using System Dynamics. In: Simulation: Transactions of The Society for Modeling and Simulation International. 11/2006, 795–806.
In diesem Artikel sind die Lernpotenziale von System-Dynamics dargestellt und anhand zweier Beispiele veranschaulicht. Ferner werden die Ergebnisse eines zugehörigen Forschungsprojekts zu Lernwirkungen der Methode erläutert.

Hillen, S./ Paul, G./ Puschhof, F. (2002): Systemdynamische Lernumgebungen. Modellbildung und Simulation im kaufmännischen Unterricht. Frankfurt am Main.
Dieses Buch beinhaltet u.a. explorative und expressive Lernsequenzen mit Modellen und Arbeitsblättern zu den Themen Lagerhaltung, Produktion und Marketing.

Sterman, J. (2000): Business Dynamics. Systems Thinking and Modeling for a Complex World. Boston.
Dieses Buch ist eine ideale Grundlage zur vertieften Auseinandersetzung mit System Dynamics im wirtschaftlichen Umfeld. Neben theoretischen Fundierungen enthält es zahlreiche Fallbeispiele, deren Modelle auch auf der beiliegenden CD verfügbar sind.

8.13 Aufgaben

1. Durch welche Eigenschaften müsste sich ein Thema auszeichnen, um für die Bearbeitung mit System-Dynamics geeignet zu sein?
2. Finden Sie Themen des Wirtschaftsunterrichts, die sich mit System-Dynamics bearbeiten lassen.
3. Anspruchsvolle Zusatzaufgabe: Entwickeln Sie eine zugehörige Unterrichtseinheit inkl. Verlaufsplanung, System-Dynamics-Modellen, Arbeitsblättern und ggf. weiteren Materialien (z.B. Einstiegsfolien).
4. Erklären Sie den Unterschied zwischen explorativem und expressivem Modellieren. Diskutieren Sie die Faktoren, die für die didaktische Entscheidung relevant sind, welche Modelliermethode einzusetzen ist.
5. Worauf ist beim Durchführen von Simulationen im Unterricht zu achten?

6. Die Ursache des Schweinezyklus' sind die wirkenden Zeitverzögerungen. Finden Sie weitere Beispiele, bei denen Verzögerungen zu Schwierigkeiten führen.

7. Modellieren Sie folgenden Sachverhalt in Powersim:

   Das Land X hat zu Beginn ein Vermögen von 10 Mrd. €. Jährlich hat es Ausgaben von 3 Mrd. Euro. Seine jährlichen Einnahmen ergeben sich aus Steuern in Höhe von 3,5 Mrd. € und Zinserträgen des Vermögens. Der Zinssatz beträgt 10% pro Jahr.

8. Beurteilen Sie differenziert die Eignung der Methode System-Dynamics für den Wirtschaftsunterricht.

9. Schülerfirma

9.1 Gegenstand

Eine Schülerfirma ist eine Gruppe von Schülern, die mit echten Produkten oder Dienstleistungen aktiv an realen Märkten agieren. Die Arbeit ist grundsätzlich im schulischen Bereich verortet und wird von Lehrkräften betreut. Unterschiede zu echten Unternehmen bestehen in der Regel primär hinsichtlich Zielen, Kostenstrukturen und rechtlichen Rahmenbedingungen, da Schülerfirmen im Schutzraum der Schule agieren. Zu den Unterschieden im Einzelnen:

1. Ziele: Während das Hauptziel von Unternehmen in der Regel darin besteht, ihren Gewinn zu maximieren, spielt dies bei Schülerfirmen eine untergeordnete Rolle. Zwar streben Schülerfirmen durchaus auch an, erfolgreich zu wirtschaften, aber die primären Ziele haben keinen wirtschaftlichen, sondern pädagogischen Charakter. So ist die Arbeit in Schülerfirmen hauptsächlich auf die Entwicklung von Kompetenzen und die Verbesserung des Unterrichts ausgerichtet. Gelegentlich bestehen andere Ziele darin, bestehende Defizite der Schule auszugleichen. Ist beispielsweise kein Kiosk vorhanden, kann ein entsprechendes Angebot von einer Schülerfirma zum Nutzen aller Schüler erbracht werden.

2. Kostenstrukturen: Richtige Unternehmen müssen ihr Angebot und ihre Preisstruktur so ausrichten, dass langfristig mindestens sämtliche Kosten gedeckt sind. Dies ist bei Schülerfirmen nicht zwingend der Fall. So können sie normalerweise kostenfrei auf Ressourcen der Schule wie beispielsweise einen geheizten Raum und Strom zurückgreifen. Ferner fallen bei Schülerfirmen keine oder deutlich geringere Arbeitskosten an, da mitarbeitende Schüler in der Regel gar nicht oder relativ schlecht entlohnt werden. Außerdem besteht für Schülerfirmen die Möglichkeit, zusätzliche Einnahmen durch Sponsoring zu generieren.

3. Rechtliche Rahmenbedingen:
- *Schulisches Projekt*: Die Grundlage der Arbeit einer Schülerfirma ist deren Genehmigung und Anerkennung als schulisches Projekt durch die Schulleitung. Hierfür bietet sich eine schriftliche vertragliche Regelung an.
- *Grenzen*: Um von Umsatz- und Kapitalertrags- bzw. Einkommenssteuer befreit zu bleiben, darf der Umsatz die Grenze von 30.678€ und der Gewinn 3.835€ nicht übersteigen. Falls in einer Schule mehrere Schülerfirmen aktiv sind, dürfen die Gesamtumsätze bzw. der Gesamtgewinn nicht über diesen Beträgen liegen. Sollte die Schülerfirma so erfolgreich sein, dass die Grenzen überschritten werden, ist darüber nachzudenken, ob ggf. ein Verein zu gründen ist. In diesem Fall bietet sich die Inanspruchnahme eines Steuerberaters an.
- *Buchführung*: Die Einhaltung der genannten Grenzen ist durch eine ordnungsgemäße Buchführung zu belegen. Zur Gewinnermittlung genügt eine einfache Einnahmenüberschussrechnung.

- *Anmeldepflichten*: Wenn die Geringfügigkeitsgrenzen eingehalten werden, braucht eine Schülerfirma sich weder ins Handelsregister eintragen zu lassen noch muss sie sich beim Gewerbeaufsichtsamt anmelden.
- *Wettbewerb*: Durch die Aktivität der Schülerfirmen darf den Unternehmen vor Ort keine starke Konkurrenz entstehen. Dieses Kriterium gilt als unproblematisch, wenn die Tätigkeit nur geringen Umfang hat und die oben aufgeführten Grenzwerte eingehalten werden.
- *Versicherung*: Da es sich nach der Genehmigung durch den Schulleiter um eine schulische Veranstaltung handelt, sind die mitarbeitenden Schüler sowohl auf dem Schulgelände als auch außerhalb der Schule durch die gesetzliche Unfallversicherung geschützt. Die eingebrachten Materialien und Geräte sind versichert, wenn die Schule ihr Eigentümer ist. Alternativ können die Geräte auch im Eigentum der Projektbeteiligten belassen werden. Diese haben dadurch eine größere Verfügungsgewalt über die Gegenstände, die dann allerdings zusätzlich zu versichern sind oder unversichert bleiben.
- *Kennzeichnungspflicht*: Bei den Außenkontakten (z.B. auf Visitenkarten, Rechnungen, Werbematerialien) muss deutlich erkennbar sein, dass es sich um eine Schülerfirma handelt.
- Ansonsten sind die üblichen relevanten Gesetzesregelungen zu beachten, z.B. bzgl. Geschäftsfähigkeit, Haftungsfragen, Vertragsrecht oder einer Gaststättenerlaubnis.

9.2 Entwicklung der Methode

Die Idee, lernen und arbeiten im Rahmen der Institution Schule zu kombinieren, findet sich bereits früh. So gründete der Pietist Francke (1663- 1727) 1695 eine Schulstadt, die neben einer Armenschule und einem Waisenhaus über zahlreiche Wirtschaftsgebäude (Manufakturen, Apotheke, Druckerei mit Versandhandel) verfügte, in denen die Schüler arbeiteten.
Auch die Industrieschulbewegung, die auf Pestalozzi (1747 1827) und Kindermann (1740−1838) zurückgeführt wird, kombinierte Elementarschulen mit wirtschaftlich verwertbaren Arbeitstätigkeiten, wobei u.a. pädagogische Ziele verfolgt wurden.

In der von Kerschensteiner (1854- 1932) begründeten Arbeitsschulidee kommt der Arbeit ebenfalls große Bedeutung zu, da er ihr einen besonderen Bildungswert beimaß.

Vorläufer von Schülerfirmen im engeren Sinne, bei denen die Schüler nicht nur ausführender Arbeit nachgingen, sondern für das gesamte Unternehmen inkl. seiner Leitung verantwortlich waren, fanden sich ab 1920 zunächst in den USA und ab ca. 1960 in Großbritannien.

In Deutschland entstand die erste Juniorenfirma (der Unterschied zum Konzept der Schülerfirma ist im Folgeabschnitt erläutert) 1975 in der Zahnradfabrik Friedrichshafen AG. Seitdem hat sich die Arbeit mit Schülerfirmen und ihren Varianten in Deutschland sowohl in allgemeinbildenden als auch in berufsbildenden Schulen sehr stark verbreitet. Hierzu trugen zahlreiche Modellversuche, ein Förderprogramm der Bund-Länder-Konferenz, das Projekt „Junior" des Instituts der deutschen Wirtschaft Köln und wissenschaftliche Studien in erheblichem Maße bei.

9.3 Varianten

Eine *Juniorenfirma* ist fast identisch mit einer Schülerfirma. Der wesentliche Unterschied besteht darin, dass sie nicht im Schutzraum einer Schule, sondern in dem eines Unternehmens angesiedelt ist und deshalb in der Regel von Auszubildenden betrieben wird. Daraus ergeben sich zunächst andere rechtliche Rahmenbedingungen. So sind beispielsweise die Geringfügigkeitsgrenzen hier nicht relevant, da Umsatz und Gewinn dem Gesamtunternehmen zugeordnet werden. Außerdem haben Juniorenfirmen häufig Zugang zur Infrastruktur des Unternehmens, so dass sie teilweise deutlich anspruchsvollere und qualitativ hochwertigere Produkte herstellen können.

Während Schüler- und Juniorenfirmen komplett in der Realwirtschaft angesiedelt sind, ist dies bei einer *Übungsfirma* nicht mehr der Fall. Dort ist die das Unternehmen umgebende Volkswirtschaft genauso simuliert bzw. ausgedacht wie der Warenverkehr, die Warenherstellung oder das benötigte Kapital. Lediglich die Außenkontakte zu Banken, Finanzamt, Lieferanten und Kunden wirken echt. Diese werden von anderen Übungsfirmen gespielt. Der Austausch zwischen den verschiedenen Übungsfirmen wird normalerweise durch einen Übungsfirmenring organisiert.

Beim *Lernbüro* sind auch die Außenkontakte völlig fiktiv und werden normalerweise durch den Lehrer oder andere Schüler simuliert. So könnte der Lehrer einen Kunden spielen und dem Lernbüro einen Auftrag geben. Dies wäre dann ein Impuls zur rein kaufmännischen Bearbeitung des Auftrags im Lernbüro. Die Schüler würden also beispielsweise Vormaterialien bestellen, das gewünschte Produkt jedoch nicht tatsächlich herstellen und es dann dem ausgedachten Kunden in Rechnung stellen. Bei einer Übungsfirma käme der Auftrag nicht vom Lehrer, sondern von einer anderen Übungsfirma. Lediglich bei einer Schülerfirma oder Juniorenfirma wäre der Auftrag echt. Nur in diesen Fällen würden Waren tatsächlich hergestellt und mit echtem Geld gearbeitet.

Insofern ergeben sich bei diesen Varianten unterschiedliche Ausprägungen hinsichtlich Realitätsnähe, Komplexität und Ernsthaftigkeit:

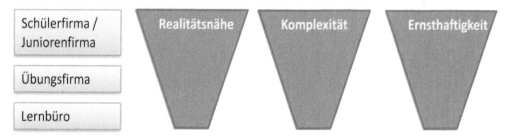

Abbildung 76: Unterschiede zwischen Schülerfirmen, Übungsfirmen und Lernbüros

Die Vorteile des Lernbüros und der Übungsfirma können insbesondere darin gesehen werden, dass bei Erfolglosigkeit keine negativen wirtschaftlichen Konsequenzen zu befürchten sind und kein echtes Kapital benötigt wird. Ferner lässt sich der Komplexitätsgrad optimal an die Lerngruppe anpassen. Andererseits können Schülerfirmen deutlich stärker motivieren, da die zu bewältigenden Probleme echt sind und von den Lernenden nicht als „didaktisch zurechtgebastelt und gekünstelt" wahrgenommen werden. Des Weiteren ist der Lernprozess ganzheitlicher und es lassen sich weitere Lernziele anstreben.

9.4 Verlauf

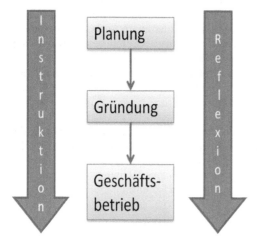

Planungsphase: Zunächst sind zahlreiche grundlegende Aufgaben zu erfüllen.

Klärung der Rahmenbedingungen: Elementar ist die Frage, ob die Schülerfirma im Rahmen des Klassenverbands arbeiten soll. Falls ja, wäre damit bereits festgelegt, dass die Arbeit daran überwiegend während der Unterrichtszeit erfolgen müsste. Diese Variante hätte den Vorteil, dass sich die Arbeit in der Schülerfirma optimal für Lehr-Lernzwecke nutzen lässt, da sowohl Reflexions- und Instruktionsphasen gut in den „normalen" Unterricht integrierbar sind. Alternativ können die Mitarbeiter der Schülerfirma aus unterschiedlichen Klassen und Klassenstufen rekrutiert werden.

Abbildung 77: Verlauf der Arbeit mit Schülerfirmen

Für diese Variante spricht die höhere Motivation der Beteiligten, da diese freiwillig mitarbeiten und sich ggf. aktiv um eine Stelle bewerben müssen. Bei dieser Konstruktion ist die Schülerfirmenarbeit jedoch etwas schwerer für den Unterricht nutzbar zu machen, da nicht alle Schüler einer Klasse über den gleichen Erfahrungshorizont bzw. die gleichen Wissensbedürfnisse verfügen.

Entwicklung einer Geschäftsidee und Erstellen eines Businessplans: Zentral für den Erfolg der Schülerfirma ist die Frage, welche Kundenbedürfnisse befriedigt bzw. welche Produkte oder Dienstleistungen angeboten werden sollen. Beispiele hierfür könnten sein:

- Schülercafé betreiben
- Fahrräder reparieren
- Autos waschen und reinigen
- Partys organisieren
- Websites erstellen
- Kurierdienste
- Mit bestimmten Produkten handeln oder diese herstellen (z.B. Holzspielzeug, Postkarten, T-Shirts, Visitenkarten, Bilderrahmen, Kerzen und Drucksachen)

Zunächst sind potenzielle Geschäftsideen z.B. im Rahmen eines Brainstormings zu sammeln. Anschließend wären die besonders in Frage kommenden Ideen genauer zu untersuchen, so dass eine begründete Entscheidung getroffen werden kann. In diesem Zusammenhang sollten sich die Schüler beispielsweise mit folgenden Fragen auseinandersetzen:

- Welche Voraussetzungen werden benötigt (z.B. Räume, Geräte, Know-how)? Verfügen wir darüber bzw. wie können wir Defizite beheben?
- Welche Interessen und Kompetenzen haben wir?

- Wie viel Kapital wird zunächst benötigt?
- Welche Preise wären am Markt durchsetzbar? Welche Absatzmengen brauchen wir, um Gewinn zu erzielen (Ermittlung des Break-Even)?
- Wie viel Arbeitszeit muss investiert werden? Sind wir dazu in der Lage?
- Mit welchen Konsequenzen ist zu rechnen, wenn wir unser Produkt bzw. unsere Dienstleistung mit Mängeln anbieten?

Die Antworten auf diese (und weitere) Fragen sind nach Möglichkeit schriftlich in einem sogenannten Businessplan festzuhalten. Dies zwingt die Beteiligten dazu, ihr Vorhaben gut zu durchdenken. Ferner wird dadurch der komplexe Sachverhalt der Unternehmensgründung nicht nur den mitarbeitenden Schülern klarer, sondern auch externen Partnern. Auf Basis des Businessplans können der betreuende Lehrer oder andere Berater hilfreiche Rückmeldungen geben. Er ist ebenfalls gut verwendbar bei der Ansprache von Sponsoren und potenziellen Geschäftspartnern (Kunden und Lieferanten).

Gründung
Die zentrale Voraussetzung für die Gründung einer Schülerfirma besteht in deren Anerkennung als pädagogisches Projekt durch den Schulleiter. Angesichts der anspruchsvollen Lernziele und Vorteile der Methode dürften die meisten Schulleiter durchaus kooperativ sein, wenn der Businessplan hinreichend überzeugend ist. Die Anerkennung und die Absprache weiterer relevanter Rahmenbedingungen sollte nach Möglichkeit schriftlich festgehalten werden. Bedeutsam ist in diesem Zusammenhang, dass eine Lehrkraft zur Betreuung benannt und in angemessenem Umfang von Unterrichtsstunden freigestellt wird. Auch sollte festgehalten werden, welche Ressourcen (insbesondere Räume) der Schule verwendet werden können. Darüber hinaus ist eine Satzung oder ein Gesellschaftervertrag zu erstellen. Im Zusammenhang mit der Gründung ist noch der Name des Unternehmens (Fachbegriff: die Firma) zu finden. Hierin sollte auch das Wort „Schülerfirma" zur klaren Kennzeichnung enthalten sein. Außerdem ist zu klären, wer in der Schülerfirma mitarbeitet und welche Aufgaben dabei zu übernehmen sind. Derlei lässt sich in einem Organigramm, das die wesentlichen betrieblichen Funktionen abbildet, veranschaulichen und in Stellenbeschreibungen konkretisieren. Wichtige Funktionen sind Geschäftsführung (und Vertreter), Finanzen, Personal, Einkauf, Verkauf und ggf. Produktion. Minderjährige Schüler sollten sich die Zustimmung ihrer Eltern schriftlich bestätigen lassen.

In der Regel wird eine nennenswerte Summe Startkapital zur Gründung der Schülerfirma benötigt. Ein Teil davon kann möglicherweise als Fremdkapital in Form eines Kredits bezogen werden. Weiterhin besteht die Möglichkeit, Geld und Sachmittel vom Förderverein der Schule oder von Sponsoren zu erhalten. Das Spektrum potenzieller Sponsoren ist groß; so kommen beispielsweise Fahrschulen genauso in Frage, wie Unternehmen, bei denen die Eltern der Schüler angestellt sind. Auch gemeinnützige Vereine, Stiftungen, lokale Banken oder Clubs wie Rotary-International können potente Geldgeber sein. Erfolgversprechend wird die Ansprache von Sponsoren insbesondere dann sein, wenn ihnen der Nutzen der Schülerfirma und ihr potenzieller Erfolg z.B. anhand des Businessplans vermittelt werden kann. Ferner könnte den Sponsoren noch eine werbewirksame Nennung als Sponsor in Aussicht gestellt werden.

Eine weitere Möglichkeit, Eigenkapital zu erhalten, besteht in der Ausgabe von Anteilsscheinen bzw. „Aktien". In Anlehnung an die Rechtsform der GmbH bzw. der AG können entsprechende Varianten als Schüler-GmbH bzw. Schüler-AG gegründet werden.

Bei einer Schüler-AG können Namensaktien auch an Interessierte ausgegeben werden, die nicht selbst im Unternehmen mitarbeiten. Im Rahmen der jährlich stattfindenden Hauptversammlung wäre dann auch über die Ausschüttung eines Teils des Gewinns als Dividende an die Aktionäre zu befinden.

Ist genügend Kapital beschafft, können die nötigen Investitionen getätigt werden. Gerade bei größeren Anschaffungen sollten mehrere Angebote eingeholt und miteinander verglichen werden. Da dies teilweise etwas komplexer ist, bietet sich die flankierende Behandlung des Themas Beschaffung inkl. Kaufvertragsrecht im Unterricht an.

Wenn die Schülerfirma im Hinblick auf Mitarbeiter, Kapital und Gerätschaften hinreichend ausgestattet ist um den Geschäftsbetrieb aufnehmen zu können, sollte nach Möglichkeit zunächst ihr Bekanntheitsgrad gesteigert werden, so dass potenzielle Kunden über das Angebot informiert sind. Neben üblichen Maßnahmen (z.B. Flyer) könnte eine Schülerfirma ihren Bekanntheitsgrad durch Berichte der Mitarbeiter an ihre Freunde und Familienmitglieder erhöhen. Ferner besteht häufig die Möglichkeit, die Gründung der Schülerfirma im redaktionellen Teil einer lokalen Zeitung kostenlos vorstellen zu lassen.

Geschäftsbetrieb
Nach der Gründung ist die Geschäftsidee kontinuierlich umzusetzen. Folglich sind Dienstleistungen anzubieten bzw. Produkte herzustellen, Rechnungen zu schreiben, Waren zu beschaffen, der Mitarbeitereinsatz zu planen u.v.m.

Außerdem ist ein Kassenbuch bzw. die Einnahmenüberschussrechnung zu führen. Mindestens einmal jährlich sollten – je nach simulierter Rechtsform – die Gesellschafter oder Aktionäre zusammentreten. Bei der entsprechenden Versammlung präsentiert der Geschäftsführer oder Vorstandsvorsitzende die Geschäftsberichte und den Gewinn. Im Rahmen der Versammlung sollte es zu einer Aussprache über den Geschäftsverlauf, die bisherige Strategie, über Veränderungswünsche und Optimierungsmöglichkeiten kommen. Ferner ist über die Verwendung des Gewinns z.B. die Höhe der Ausschüttung und über die Besetzung der Geschäftsführerposition zu entscheiden.

Instruktion
Da die Gründung und das Führen eines Unternehmens sehr anspruchsvoll und komplex ist, außerdem eine Vielzahl von Kenntnissen (fast das gesamte Spektrum der Betriebswirtschaftslehre inkl. Rechnungswesen und kaufmännisches Recht, aber je nach Geschäftsmodell auch technische oder hauswirtschaftliche Bereiche) benötigt werden, sollten die Schüler im Rahmen der flankierenden Lehr-Lernphasen systematisch instruiert werden. Durch die enge Anbindung an die Arbeit einer Schülerfirma profitiert der Unterricht, da die theoretischen Kenntnisse an authentische, praktische Problemstellungen ausrichtet werden und die beteiligten Schüler außergewöhnlich stark intrinsisch motiviert sein dürften.

Reflexion
Damit die Arbeit in einer Schülerfirma auch bildungswirksam wird, ist sie theoretisch zu reflektieren. Insbesondere sind die anhand der konkreten Tätigkeit gewonnenen Erkenntnisse zu verallgemeinern und in einen größeren Zusammenhang einzuordnen, so dass den Schülern deren exemplarischer Charakter und ihr Transferpotenzial zur Lösung anderer Probleme deutlich wird. Neben der Aufarbeitung zentraler Begriffe, Operationen und struktureller Zusammenhänge sollte diskutiert werden, inwiefern die ursprünglich gesetzten Ziele erreicht wurden und aufgrund welcher Umstände es möglicherweise zu Abweichun-

gen kam. Ein weiterer Gegenstand der Reflexion könnte in der Herausarbeitung der Sonderbedingungen der Schülerfirma und in dem Vergleich mit einem realen Unternehmen bestehen. So wäre beispielsweise zu untersuchen, ob die Schülerfirma auch unter normalen Bedingungen (ohne kostenlose Nutzung der Schulräume, mit normal entlohnten Mitarbeitern, ohne Sponsoren) erfolgreich am Markt agieren könnte.

9.5 Lernziele

Zunächst werden Schüler mit einem Großteil der Bereiche der Betriebswirtschaftslehre und einem Teil der Volkswirtschaftslehre konfrontiert und können sich aktiv entsprechende Kenntnisse aneignen. Außer dem Erwerb von Fachkompetenz können Schüler durch die Arbeit mit Schülerfirmen ...

- lernen, unternehmerisch zu denken und erste Erfahrungen für eine spätere selbstständige Tätigkeit erwerben.
- sich hinsichtlich ihrer Berufswahl orientieren, da sie sowohl ihre eigenen Interessen und Fähigkeiten durch die Arbeitstätigkeit explorieren können als auch ein Spektrum der Arbeitswelt aus eigener Erfahrung kennen lernen.
- Strategien entwickeln, umsetzen, kontrollieren und optimieren.
- lernen, Probleme zu analysieren, zu beurteilen und diese angemessen zu lösen.
- unternehmerische Entscheidungen treffen und umsetzen.
- ihre Eigeninitiative und Selbstständigkeit entwickeln.
- ihre Sozial- und Kommunikationskompetenz verbessern, z.B. durch Zusammenarbeit, Verhandlungen und Gespräche mit Schülern, aber auch mit Außenkontakten wie Sponsoren, Kunden und Lieferanten.

9.6 Vorteile und Probleme

Vorteilhaft an der Arbeit mit Schülerfirmen ist neben der hohen *Motivation* und den anspruchsvollen *Lernzielen*, dass beteiligte Schüler ein sinnvolles Angebot zur *Gestaltung ihrer Freizeit* erhalten. So lässt sich die Schülerfirmenarbeit gut im Rahmen einer nachmittäglichen Arbeitsgemeinschaft bewältigen. Außerdem könnten bestehende *Defizite der Schule ausgeglichen* werden, beispielsweise durch die Einrichtung eines Schülercafés. Ein positiver Nebeneffekt ergibt sich durch die erwirtschafteten *Geldmittel*, die zugunsten gemeinnütziger Zwecke, der Schule, der Klasse und/oder der unmittelbar beteiligten Schüler verwendbar sind.

Besonders vorteilhaft ist die Arbeit mit Schülerfirmen jedoch im Hinblick auf die Qualität der Lehr-Lernprozesse, da sich mehrere relevante fachdidaktische Prinzipien umsetzen lassen:

Das Prinzip der *Praxisnähe* ist unmittelbar umgesetzt, da die Schüler bei dieser Methode eben primär in der Praxis agieren. Die Lernprozesse werden aufgrund konkreter Probleme initiiert, die in einen authentischen situativen Kontext eingebettet sind, so dass die Prinzipien der *Problem- und Situationsorientierung* ebenfalls leicht umsetzbar sind.

Auch *Ganzheitlichkeit* ist beim Lernen in Schülerfirmen in mehrerlei Hinsicht gegeben: Sowohl hinsichtlich der Inhalte (vernetztes, komplexes, fallbezogenes Denken), der Lernziele (kognitiv, affektiv, psychomotorisch) als auch bzgl. der Vollständigkeit einer Handlung (planen, durchführen, kontrollieren).

Ferner geht mit der Schülerfirmenarbeit zwangsläufig ein hoher Grad an *Schülerselbstständigkeit und -selbsttätigkeit* einher. Da die Schüler in ihrer Schülerfirma arbeitsteilig agieren und die Tätigkeiten abhängig von den Interessen und Fähigkeiten der Beteiligten verteilen können, sind *individualisierte* und *differenzierte* Lernprozesse möglich. Im Gegensatz zu vielen anderen handlungsorientierten Methoden besteht durch diese Aufgabenverteilung auch kaum die Gefahr der Überforderung schwächerer Schüler. Diese können Tätigkeiten nachgehen, die ihren Fähigkeiten entsprechen.

Kaum umsetzbar dürfte die Schülerfirmenarbeit sein, wenn die Schulleitung nicht davon überzeugt ist. Schließlich muss sie sie nicht nur genehmigen, sondern auch personelle (die betreuende Lehrkraft) und ggf. weitere Ressourcen wie Räume zur Verfügung stellen. Ein Hinweis auf die Lernziele und Vorteile und eine ansprechende Vorstellung der Geschäftsidee auf Basis eines durchdachten Businessplans könnten jedoch auch zunächst skeptische Schulleiter für diese Methode gewinnen.

Schwierigkeiten können sich ergeben, wenn die Schülerfirma erfolgreicher agiert, als ursprünglich vermutet. Zwar ist dies natürlich erfreulich, gleichzeitig ist jedoch darauf zu achten, dass die Geringfügigkeitsgrenzen nicht überschritten werden. Zur Not dürfen für den Rest des Geschäftsjahrs keine Aufträge mehr angenommen bzw. kein Umsatz mehr generiert werden.

Im Erfolgsfall ist auch die Gefahr größer, dass richtige Unternehmen in der Schülerfirma eine ernst zu nehmende Konkurrenz sehen. Diesem Problemfeld lässt sich möglicherweise durch Information über die (pädagogischen) Ziele der Schülerfirma genauso begegnen, wie mit einem Kooperationsangebot. Evtl. findet sich eine Möglichkeit der Zusammenarbeit, die zum beiderseitigen Nutzen ist. So könnte ein Schülercafé von einem benachbarten Bäcker als Konkurrenz empfunden werden. Gleichwohl lässt er sich evtl. für die Schülerfirma gewinnen, z.B. durch eine Vereinbarung, bei ihm die Brötchen zu kaufen.

Umgekehrt ist natürlich auch wirtschaftlicher Misserfolg problematisch, weil bei dauerhaften Verlusten das Unternehmen nicht weitergeführt werden kann. Insofern ist auf einen schlüssigen Businessplan und dessen gewissenhafte Umsetzung zu achten.

Ein Hauptproblem der Anfangsphase könnte sein, größere Mengen an Kapital zu erhalten. Falls die angesprochenen Maßnahmen nicht hinreichend erfolgreich sein sollten, wäre zu überlegen, wie sich das Projekt zumindest vorläufig mit weniger Startkapital beginnen lässt, z.B. durch eine einfachere oder unvollständige Ausstattung. Diese könnte dann mit den aus dem laufenden Geschäftsbetrieb generierten Mitteln schrittweise verbessert werden.

Falls die Arbeit in der Schülerfirma nicht im Klassenverband und außerhalb der Unterrichtszeit stattfindet, muss auch darauf geachtet werden, dass die beteiligten Schüler zeitlich nicht überfordert werden. Ferner ist die Systematisierung des Lernprozesses bzw. die Gestaltung der Instruktions- und Reflexionsphasen schwieriger, wenn dafür keine „normale" Unterrichtszeit zur Verfügung steht.

Ein weiteres Problem könnte sich im Zeitverlauf ergeben, falls die Motivation der Beteiligten nachlässt, wenn Schwierigkeiten auftreten oder der Reiz des Neuen abhandenkommt. Der potenziell auftretenden Langeweile lässt sich mit Job-Rotation begegnen. Ferner könnten die Beteiligten von Zeit zu Zeit einen Teil des erwirtschafteten Gelds für gemeinschaftsstärkende Maßnahmen, wie den Besuch eines Freizeitparks, ausgeben. Dennoch ist mit einer gewissen Fluktuation zu rechnen, weswegen einer entsprechenden Personalplanung große Bedeutung zukommt.

9.7 Aufgaben der Lehrkraft

Zunächst kann der Impuls, eine Schülerfirma zu gründen, von einer Lehrkraft ausgehen. Dann wären Schüler zu informieren und für die Gruppe auszuwählen. Sobald sich eine Arbeitsgruppe gefunden hat, besteht die Aufgabe der beratenden Lehrkraft im Wesentlichen in der Gestaltung der Instruktions- und Reflexionsphasen. Bei der Planung, Gründung und im Geschäftsbetrieb sind primär die Schüler gefordert. Gleichwohl sollte die Lehrkraft die Vorgänge beobachten, insbesondere um Schüler vor gravierenden Fehlern (z.B. Anschaffung überteuerter Geräte oder Eingehen hoher Risiken) zu bewahren.

Ferner kann der Lehrer Impulse geben, wie beispielsweise den Hinweis auf Möglichkeiten der Kapitalbeschaffung oder auf eine anstehende Gesellschafterversammlung.

9.8 Beispiele

Viele Schülerfirmen stellen ihre Arbeit auf der Schulwebsite vor. Interessant ist beispielsweise die Schülerfirma TIPATOKA, die ihre Dienstleistungen im Bereich Computerservice und Websiteerstellung erfolgreich angesiedelt hat. Details hierzu finden sich unter http://www.ludgerusschule.de/content/tipatoka/index.html

9.9 Vertiefung

Onlineressourcen
http://www.bwpat.de/ausgabe10/
Die zehnte Ausgabe von „Berufs- und Wirtschaftspädagogik online" setzt sich intensiv auf theoretischer und praktischer Ebene mit der Methode auseinander.

http://www.schulen.newcome.de/schulen/download/schuelerfirma.pdf
Hier finden Schüler einige sehr konkrete Hinweise zur Gründung und zum Betrieb einer Schülerfirma.

www.schuelerfirmen-mv.de

Diese Seite stellt Informationen und Angebote des Landes Mecklenburg-Vorpommern anschaulich dar. Wenngleich die attraktiven Unterstützungsangebote (z.B Beratung, Seminare für Lehrer und Schüler) nur für die Schüler und Lehrer des Landes verwendbar sind, ist diese Seite dennoch interessant. Beispielsweise stellen sich zahlreiche Schülerfirmen (auch mit Videos) vor. Ferner unterstützen mehrere Informationsbroschüren den Gründungsprozess.

Literatur
Krause, Kurt: Die Schülerfirma. Fit machen für's Berufsleben. Stamsried 2008.
Dieses Buch veranschaulicht Gründung und Betrieb einer Schülerfirma anhand des konkreten Beispiels Schülercafé. Hierzu werden zahlreiche Informations- und Arbeitsblätter mitgeliefert, die auch auf der beiliegenden CD enthalten und an individuelle Bedürfnisse anpassbar sind.

9.10 Aufgaben

1. Stellen Sie wesentliche Unterschiede zwischen Schülerfirmen und richtigen Unternehmen heraus.
2. Welche Nachteile haben Junioren- und Übungsfirmen im Vergleich zu Lernbüros und Schülerfirmen?
3. Erörtern Sie die rechtlichen Fragestellungen, die bei der Arbeit mit Schülerfirmen zu beachten sind.
4. Welche Zusammenhänge bestehen zwischen der Arbeit mit Schülerfirmen und der Projektmethode?
5. Wie sollten sich Schüler auf die Ansprache mit möglichen Kapitalgebern vorbereiten?
6. Beschreiben Sie, wie Sie vorgehen würden, wenn Sie an einer Schule eine Schülerfirma ins Leben rufen möchten. Mit welchen Problemen ist dabei zu rechnen und wie wäre mit ihnen umzugehen?
7. Entwickeln Sie einen Businessplan für eine Schülerfirma.
8. Welche Aufgabe hat der Lehrer im Hinblick auf obigen Businessplan? Wie (z.B. mit welchen Inhalten zu welchem Zeitpunkt) wären Instruktions- und Reflexionsphasen zu gestalten?
9. Beurteilen Sie die Eignung der Arbeit in Schülerfirmen für den Wirtschaftsunterricht.

10. Expertenbefragung

10.1 Gegenstand und Varianten der Methode

Das zentrale Merkmal von Expertenbefragungen besteht darin, dass Schüler Informationen nicht von der Lehrkraft oder durch Medien erhalten, sondern durch Interaktion mit Fachleuten bzw. Experten aus dem jeweiligen Praxisfeld. Insofern ist die Methode den Realbegegnungen zuzuordnen.

Das Spektrum der Varianten von Expertenbefragungen ist erheblich, was einen flexiblen Einsatz der Methode ermöglicht. So lassen sich Expertenbefragungen unterscheiden nach dem Ort der Durchführung, den verwendeten Befragungsmedien und der Interaktionsform.

Hinsichtlich des Unterscheidungskriteriums des Ortes sind drei Varianten bedeutsam: Zunächst muss im Gegensatz zu anderen Realbegegnungsmethoden der Lernort Schule nicht zwingend verlassen werden, da der Experte in die Schule kommen kann (1). Gleichwohl ist auch denkbar, dass die Schüler den Experten in seinem Wirkungskreis aufsuchen (2) oder dass beide Gruppen an ihrem Ort bleiben (3):

Zu 1: Die Vorteile der Durchführung der Befragung in der Schule bestehen in dem geringeren organisatorischen und zeitlichen Aufwand für die Schüler. Da keine An- und Rückfahrt geplant und durchgeführt werden muss, sind weniger Vorbereitungen im Vorfeld durchzuführen und eine Befragung kann gut im Rahmen einer Doppelstunde durchgeführt werden.

Zu 2: Der Vorteil des Besuchs der Experten vor Ort kann in einem authentischeren Umfeld bestehen, so dass die Schüler einen umfassenderen Eindruck erhalten und der Experte ggf. seine Ausführungen unmittelbar veranschaulichen kann. Diese Variante lässt sich gut mit einer Erkundung kombinieren, wobei deren Vorteile zum Tragen kommen. Ferner sind Experten möglicherweise leichter zu motivieren, sich für eine Befragung zur Verfügung zu stellen, wenn sie ihren Arbeitsplatz nicht verlassen müssen.

Zu 3: Durch die Verwendung von Kommunikationsmedien besteht auch die Möglichkeit, dass die Schüler am Lernort Schule bleiben während der Experte seinen Wirkungsort nicht verlassen muss. Dies ist insofern attraktiv, als für keinen der Beteiligten Reiseaufwand entsteht und somit auch Experten befragt werden können, die weit entfernt (auch in anderen Ländern) leben, was den Pool potenzieller Experten und geeigneter Themen erheblich erweitert. Einschränkend ist jedoch anzumerken, dass diese Art der Kommunikation unpersönlicher ist und weniger authentisch wirken mag.

Soll die Kommunikation nicht unmittelbar im direkten persönlichen Kontakt erfolgen, bieten sich zahlreiche *Medien* zur Kommunikation an. So lässt sich eine Befragung zunächst per Telefon durchführen. Sind die technischen Voraussetzungen gegeben, was mittlerweile kaum noch ein Problem darstellen dürfte, lässt sich auch per Videokonferenz bzw. Videochat kommunizieren, was persönlicher wirkt und den visuellen Sinnesmodus nutzt. Denkbar ist auch, per Chat mit dem Experten zu kommunizieren, was mit geringeren technischen Anforderungen einhergeht. Alternativ zu diesen synchronen Kommunikationsmedien, bei denen die Beteiligten ohne Zeitverzögerung miteinander kommunizieren, können auch asynchrone Medien eingesetzt werden, beispielsweise E-Mails oder Briefe. Asynchrone Kommunikationsmedien haben den Vorteil, dass nicht nur räumliche, sondern auch zeitliche Flexibilität gegeben ist, da die Interaktionspartner nicht gleichzeitig kommunizieren müssen. Dies erleichtert den organisatorischen Planungsaufwand und ist insbesondere bei Gesprächspartnern aus anderen Zeitzonen sehr hilfreich. Andererseits geht durch die Zeitverzögerung viel Dynamik verloren und die Möglichkeiten, unmittelbare Rückfragen zu stellen oder zu diskutieren sind erheblich eingeschränkt.

Hinsichtlich der Interaktionsform findet eine Expertenbefragung, wie der Name der Methode bereits impliziert, in der Regel als Interview statt. Dieses kann strukturiert, teilstrukturiert oder unstrukturiert durchgeführt werden. Details hierzu sind bei den Ausführungen zum forschenden Lernen aufgeführt. Denkbar ist jedoch auch, dass Information im Rahmen einer Diskussion, eines moderierten Gesprächs oder durch einen Vortrag ausgetauscht werden. Gerade die Vortragsform kann jedoch schnell ermüden (vgl. 1.9.1) und sollte zumindest im Anschluss die Möglichkeit vorsehen, Schüler Fragen stellen zu lassen.

10.2 Verlauf

Auch die Expertenbefragung verläuft in den Phasen Vorbereitung, Durchführung und Auswertung bzw. Reflexion.

Im Rahmen ihrer längerfristigen Unterrichtsplanung sollte die Lehrkraft frühzeitig ent-

scheiden, zu welchem Themenbereich sie eine Expertenbefragung durchführen möchte, so dass sie den Termin und den inhaltlichen Gegenstandsbereich festlegen kann. Auf dieser Basis lässt sich Kontakt zu dem gewünschten Experten aufnehmen und mit ihm den Termin, die Inhalte und Ziele abstimmen. Nach dieser Konkretisierung sind ggf. weitere organisatorische Maßnahmen zu treffen, beispielsweise die Belegung eines Computerraums, falls die Befragung per Chat oder Videokonferenz durchgeführt werden soll oder das Eruieren von Transportmöglichkeiten, wenn die Befragung beim Experten stattfindet.

Im Rahmen der unterrichtlichen Vorbereitung sind unbedingt fachliche Grundlagen zu erarbeiten; eine Expertenbefragung zum Einstieg in ein Thema dürfte kaum sinnvoll sein, da die Expertise von Fachleuten zu diesem frühen Zeitpunkt nur in geringem Maße genutzt werden kann. Bei der Einarbeitung in das Thema sind Problembereiche und Fragenkomplexe zu identifizieren, über die mit dem Experten gesprochen werden soll. Dies wäre dann noch zu konkretisieren, indem Fragen bzw. Interviewleitfäden entwickelt werden. Darüber hinaus ist zu gewährleisten, dass die Schüler über entsprechende kommunikative (insbesondere Fragetechniken) und methodische Fähigkeiten (z.B. zum Protokollieren) verfügen. Bei Bedarf ist auch denkbar, die Situation im Vorfeld per Rollenspiel zu simulieren.

Sobald die zu erörternden Fragebereiche festgelegt sind, sollte die Lehrkraft erneut Kontakt mit dem Experten aufnehmen, um ihn darüber zu informieren. Dadurch kann er sich gezielter auf den Austausch mit den Schülern vorbereiten. In diesem Zusammenhang sollten ihm auch weitere relevante Informationen über die Lerngruppe (z.B. Vorkenntnisse,

Alter, Anzahl) mitgeteilt werden. Ferner ist der Experte darum zu bitten, eine möglichst schülergerechte Sprache zu verwenden.

Die *Durchführung* einer Expertenbefragung bei der sich alle Teilnehmer persönlich sehen, beginnt normalerweise zunächst mit einer Begrüßung und einem kurzen thematischen Grobüberblick oder Impulsvortrag. Anschließend werden die Fragen der Schüler erörtert bzw. eine Diskussion geführt. Dieser Teil lässt sich auch in andere methodische Varianten integrieren, beispielsweise in eine Pro- und Kontra-Debatte oder ein Rollenspiel. Im Hinblick auf die folgende Auswertung ist auf eine angemessene Form der Dokumentation zu achten, was mit Protokollen, Audio- oder Videoaufnahmen erfolgen kann. Im Falle der beiden letztgenannten Dokumentationsmethoden ist der Experte im Vorfeld um seine Einwilligung zu bitten.

Abschließend *werten* die Schüler die Befragung anhand ihrer Notizen und des Dokumentationsmaterials *aus*. Die Ergebnisse sind im Unterricht zusammenzufassen aber auch in Zusammenhang zu den bisherigen Unterrichtserkenntnissen zu stellen. Schließlich ist anzunehmen, dass die neuen Erkenntnisse den bisherigen Wissensstand entweder relativieren oder ergänzen und vertiefen. Im Rahmen der Auswertung sind jedoch auch Verständnisprobleme zu erörtern. Weiterhin sollte ein besonderes Gewicht auf die Rhetorik und Argumentationsweise des Experten gelegt werden. Auch sind vor allem bei Interessenvertretern deren spezifische Sichtweisen um andere Perspektiven zu ergänzen bzw. subjektive und interessengeleitete Aussagen von objektiven Angaben zu unterscheiden. Des Weiteren sollte der gesamte Lernprozess reflektiert werden, u.a. im Hinblick auf die Fragen, welchen Nutzen die Schüler im Expertengespräch sahen, wie der Experte auf sie gewirkt hat, wie sie sich im Diskussionsprozess fühlten oder wie der gesamte Ablauf optimiert werden könnte. Nicht zuletzt ist daran zu denken, den Experten über die Ergebnisse bzw. den Erkenntnisgewinn der Schüler zu informieren und ihm zu danken.

10.3 Ziele und Inhalte

Die Schüler können durch Expertenbefragungen …

*   ihre Fachkompetenz erhöhen.
*   durch die Analyse der Rhetorik und Argumentationsstrategien insbesondere von Interessenvertretern neben ihrer Kommunikationskompetenz auch ihre Urteilsfähigkeit verbessern, da sie für entsprechende „Kniffe" sensibilisiert werden und Scheinargumentationen eher aufzudecken vermögen.
*   mit der Befragung eine zentrale Methode wissenschaftlicher Erkenntnisgewinnung kennenlernen.
*   ihre Fähigkeit zur Dokumentation von Gesprächssituationen (protokollieren, videographieren) verbessern.
*   lernen, fachbezogen auch mit fremden Personen in Kontakt zu treten und mit ihnen zu kommunizieren.

Generell empfiehlt sich der Einsatz der Expertenmethode, wenn ein vertieftes Durchdringen eines Sachverhalts angestrebt wird und entsprechende Informationen anderweitig nicht oder nur schwer zu erhalten sind.

Das Spektrum geeigneter Inhalte des Wirtschaftsunterrichts ist hierbei sehr groß, ebenso wie die hierfür geeigneten Experten, was folgende Auswahl verdeutlicht:

Experte	Gegenstandsbereich
Unternehmensgründer, Unternehmer, IHK-Vertreter, Unternehmensberater	Unternehmensgründung, Rechtsformen, Finanzierung, Unternehmensstrategie
Arbeitnehmer	Berufsbild und zugehörige Tätigkeiten, aber auch entsprechende betriebliche Funktionen
Berufsberater	Berufsorientierung
Richter, Anwälte, Notare	Rechtsfragen (auch prozessbezogene Aspekte jenseits der rein juristischen Gesetzeslage, z.B. wie werden Beweise eingebracht, wie verläuft ein Verfahren, welche Kosten entstehen, mit welchen Schwierigkeiten ist zu rechnen...)
Verbraucherberater	Fragen des Verbraucherschutzes, Verbraucherrecht
Anlageberater von Banken, Versicherungsvertreter	Geldanlage-, Finanzierungs- und Versicherungsmöglichkeiten
Steuerberater, Finanzbeamte	Steuerfragen
Vertreter von Arbeitgeberverbänden und Gewerkschaften	Tarifverhandlungen
Betriebsräte	Mitbestimmung
Kriminalbeamte	Wirtschaftskriminalität, Anlagebetrug
...	...

Tabelle 12: Potenzielle Experten für bestimmte Gegenstandsbereiche

10.4 Voraussetzungen

Zunächst bedürfen die Lernenden einer guten fachlichen Grundlage, um qualifizierte Fragen erarbeiten und stellen bzw. eine Diskussion mit dem Experten führen zu können. Darüber hinaus benötigen die Schüler Kommunikationsfähigkeiten, insbesondere was Fragetechniken und aktives Zuhören betrifft. Auch sollten sie mit den verschiedenen Interviewformen (vgl. 3.2.3.1) vertraut sein und die anzuwendenden Dokumentationsverfahren (Protokoll, Audio- oder Videographie) kennen. Nicht zuletzt sollten die Lernenden über hinreichend kritisches Urteilsvermögen verfügen, um sich nicht von einseitigen Darstellungen von Interessenvertretern manipulieren zu lassen.

10.5 Vorteile und Probleme

Zunächst ist die Expertenbefragung mit deutlich geringerem organisatorischem und zeitlichem Aufwand plan- und umsetzbar als andere Methoden der Realbegegnung. Dennoch lassen sich auch mit ihr anspruchsvolle Lernziele anstreben. Neben potenziell hoher Motivation lassen sich mit ihr folgende didaktische Prinzipien umsetzen:

Die Prinzipien der *Lebens- bzw. Praxisnähe* ergeben sich beim Lernen mit Expertenbefragungen durch den unmittelbaren Kontakt mit einem Experten aus der Praxis.

Das Prinzip der *Wissenschaftsorientierung* ist umsetzbar, da mit der Befragung eine zentrale Methode der Erkenntnisgewinnung angewendet wird. Die Schüler haben die Gelegenheit, sich Ziele zu setzen, dazu passende Fragen und Interviewleitfäden zu entwickeln, die Daten zu erheben und anschließend auszuwerten und zur Diskussion zu stellen. All dies entspricht grundsätzlich dem Prozess wissenschaftlicher Forschungsprojekte.

Auch können die Lernenden sowohl bei der Entwicklung der Fragen und der Durchführung der Expertenbefragung als auch der Auswertung der Ergebnisse *selbstständig* und *aktiv* arbeiten.

Ganzheitlichkeit und *Anschaulichkeit* kann sowohl bei entsprechender Vorbereitung des Experten (z.B. Mitbringen von Anschauungsmaterial) oder bei Durchführung der Befragung an dessen Arbeitsplatz gewährleistet werden.

Ein Nachteil der Expertenbefragung besteht darin, dass die didaktische Expertise der Fachleute nur gering ausgeprägt sein kann. In diesem Fall besteht die Gefahr, dass dessen Ausführungen für die Schüler unverständlich bleiben, z.B. aufgrund unangemessener (Fach-) Sprache, Voraussetzung eines zu hohen Vorkenntnisstands oder langatmiger Monologe.

Ferner können sich Probleme bei Befragungen von Interessenvertretern ergeben, da diese häufig nicht lediglich objektive Informationen sondern ihren subjektiven Standpunkt vermitteln wollen und ggf. entsprechend einseitig oder auch manipulativ agieren. Dem lässt sich jedoch (zumindest teilweise) durch fundierte Vor- und sorgfältige Nachbereitung oder durch Befragung eines Experten einer gegenläufigen Interessengruppe begegnen.

11. Erkundungen

11.1 Gegenstand

Die Erkundung, die den Methoden der Realbegegnung zugeordnet wird, führt die Lernenden aus der Schule heraus und konfrontiert sie mit Gegenstandsbereichen der Wirklichkeit, beispielsweise mit Betrieben, Unternehmen, Arbeitsplätzen, Märkten, Gerichten und politischen Institutionen.

Durch das Aufsuchen außerschulischer Lernorte wird die „Künstlichkeit" des Lernortes Schule, bei dem die theoretischen Inhalte oft keinen hinreichenden Bezug zu authentischen Situationen aufweisen, bewusst verlassen. Hieraus ergibt sich die Chance, die Trennung von Lernsituation (innerhalb der Schule) und Lebenssituation (außerhalb der Schule) zu überwinden.

Gleichwohl ist bei Erkundungen darauf zu achten, dass sich die Lernenden dem Erkundungsobjekt mit klaren und fokussierten Fragestellungen nähern, um einen hinreichenden Lerngewinn zu erzielen. Ansonsten besteht angesichts der Vielschichtigkeit und Komplexität der Wirklichkeit, die im Gegensatz zum Lernen im „Schonraum Schule" nicht didaktisch reduziert ist, die Gefahr, dass die Schüler überwältigt werden. Ein zentrales Merkmal der Methode besteht also in der Integration der Erkundung in den Unterricht, in dem sie adäquat vor- und nachzubereiten ist.

11.2 Entwicklung der Methode

Als Vorläufer der Erkundungsmethode können Vertreter gesehen werden, die dem praktischen Lernen und der Auseinandersetzung mit echten Problemen und authentischen Situationen großen Stellenwert beimaßen, beispielsweise Rousseau (1712-1778), Pestalozzi (1746–1827) oder Campe (1746–1818).

Etwas konkreter geht die Methode der Erkundung zurück auf die der Besichtigung, speziell die der Betriebsbesichtigung. Bereits zu Beginn des 20. Jahrhunderts gewährten Handwerks- und Industriebetriebe Interessierten die Möglichkeit, die Betriebe zu besichtigen, was auch von Schulklassen genutzt wurde (z.B. Tage der offenen Tür). Das Ziel solcher Besichtigungen lag darin, einen Einblick in den gesamten Betrieb zu vermitteln. Betriebsbesichtigungen wurden in der Regel komplett vom Betrieb organisiert, so dass sie weder durch unterrichtliche Maßnahmen flankiert wurden noch ihnen ein pädagogisches Konzept zugrunde lag. Entsprechend sind solche Betriebsbesichtigungen im Hinblick auf pädagogische Ziele nur bedingt wertvoll, da sie wegen der Vielfalt der Informationen, die nicht strukturiert oder aufbereitet werden, nur oberflächliche Eindrücke vermitteln. Ferner sind die Teilnehmer in eine passiv-rezeptive Rolle gedrängt.

Vor dem Hintergrund der Schwachstellen der Betriebsbesichtigungen wurde seit den 50er Jahren das Konzept der Betriebserkundung entwickelt, das diesen Problemen begegnet.

11.3 Verlauf

Eine Erkundung findet in drei Phasen statt: Vorbereitung, Durchführung und Reflexion bzw. Auswertung. Der Klarheit zuliebe wird untenstehend die Betriebserkundung geschildert, wobei die Ausführungen weitgehend auf andere Erkundungsbereiche übertragbar sind.

Zunächst ist im Rahmen der *Vorbereitung* der Unterricht selbst betroffen. Die Vorbereitung im Unterricht ist deshalb bedeutsam, weil die Praxis nicht didaktisch vorstrukturiert und komplex ist, so dass der Blick auf eine als wesentlich erachtete zentrale Problemstellung zu richten ist.

Je nach Art der Erkundung steht eine Erkundung meist nicht zu Beginn, sondern in der Mitte oder relativ weit am Ende der Behandlung eines Themas. Insofern sind zunächst die relevanten inhaltlichen Aspekte im Unterricht zu erarbeiten, auf die sich die Erkundung dann beziehen kann. Ferner sollten sich die Schüler im Vorfeld mit den Spezifika des besuchten Gegenstandsfelds auseinandersetzen. So wären im Falle einer Betriebsbesichtigung beispielsweise Informationen über dessen Produktportfolio oder Selbstverständnis einzuholen.

Auf dieser Basis sind dann sowohl die Ziele der Erkundung zu definieren als auch Erkundungsschwerpunkte festzulegen und auf die Gruppen zu verteilen. Als Sozialform der Erkundung bieten sich Gruppen- oder Partnerarbeit an, wobei je nach Intention themengleiche oder themendifferenzierte Aufträge vergeben werden können (vgl. 1.8). Um einen gezielten Erkundungsprozess zu unterstützen, wären im Vorfeld geeignete Datenerhebungsinstrumente wie Beobachtungsleitfäden oder Fragebögen zu entwickeln. In diesem Zusammenhang ist auch wichtig, benötigte methodische Kompetenzen zu vermitteln. Bei der Entwicklung von Fragebögen durch die Schüler können Aspekte des forschenden Lernens (vgl. Kapitel 3) zum Tragen kommen.

Bedeutsam ist auch, Schüler über notwendige Verhaltensregeln vor Ort zu informieren und auf deren Einhaltung hinzuwirken. Hierzu gehören nicht nur allgemeine Verhaltensweisen (typische Sekundärtugenden), sondern beispielsweise auch betriebsspezifische Sicherheitsvorschriften.

Neben unterrichtlichen Vorbereitungsmaßnahmen müssen im Vorfeld organisatorische Fragen geklärt werden. So sind die Eltern zu informieren und ggf. Genehmigungen der Schulleitung einzuholen. Da eine Erkundung meist den ganzen (Schul-)Tag in Anspruch nimmt, sollten die anderen Lehrkräfte der Klasse frühzeitig informiert werden. Je nach Erkundungsziel sind evtl. Rechts- und Versicherungsfragen genauso zu klären wie Fragen der Finanzierung (z.B. für Transport und Verpflegung).

Im Rahmen der Vorbereitung ist ebenfalls bedeutsam, rechtzeitig Kontakt mit potenziell geeigneten Betrieben aufzunehmen, so dass die Lehrkraft sie vorerkunden kann, um deren Eignung festzustellen. Dabei sind mit dem Betrieb zahlreiche Fragen zu klären. So müssen die Erkundungsbereiche festgelegt, Interviewpartner ausgewählt oder Zeitpläne definiert werden. Ebenfalls ist zu erörtern, ob Schüler zu Dokumentationszwecken fotografieren dürfen und an welchem Ort sie sich zwischendurch treffen können.

Die *Durchführung* der Erkundung beginnt meist mit einer Begrüßung durch einen Vertreter des Betriebs, wobei häufig ein kurzer Überblick zum Unternehmen und Hinweise zur

räumlichen Orientierung gegeben werden. Anschließend führen die Gruppen ihre vorberei-
teten Erkundungsaufträge durch. Abschließend haben die Schüler, dann wieder im Klassenverband organisiert, noch die Möglichkeit, weitere Fragen an Betriebsangehörige zu
stellen und mit ihnen zu diskutieren.

Die *Auswertung* der Erkundung erfolgt wieder in der Schule. Hierbei werden die Er-
kundungsergebnisse von den Gruppen zunächst aufbereitet, dann im Klassenplenum präsentiert und diskutiert. Die am Einzelfall gewonnenen Kenntnisse sind zu strukturieren, zu
verallgemeinern und in einen größeren thematischen Rahmen zu stellen, so dass auf dieser
Basis am Unterrichtsthema weitergearbeitet werden kann. Ferner sollte der Erkundungs-
bzw. Lernprozess selbst reflektiert und der Erkundungspartner ggf. über die Ergebnisse
informiert werden. In jedem Fall ist ihm für seine Unterstützung zu danken, was auch von
den Schülern selbst übernommen werden kann.

11.4 Varianten

Das Spektrum an Erkundungsvarianten ist recht umfassend. Einen klassifizierenden Überblick gibt untenstehende Abbildung.

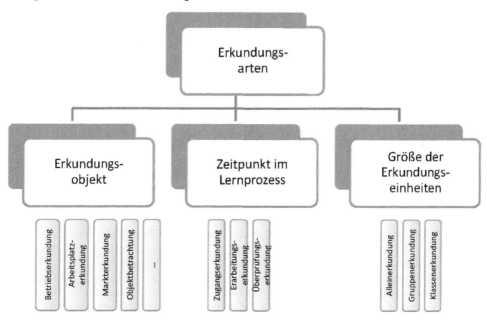

Abbildung 78: Erkundungsarten

Die Erkundungsarten lassen sich zunächst nach dem zu erkundenden *Gegenstandsbereich*
unterscheiden. Am häufigsten dürfte die Erkundung eines Betriebs vorkommen, bei der sich
unterschiedlichste für den Wirtschaftsunterricht bedeutsame Inhalte erarbeiten und vertiefen lassen.

In gewisser Hinsicht stellt die Arbeitsplatzerkundung eine Konkretisierung der Betriebserkundung dar, da die meisten Arbeitsplätze in Unternehmen bzw. Betrieben angesiedelt sind; Ausnahmen hiervon wären Arbeitsplätze im häuslichen Bereich oder an politischen Institutionen. Insofern gilt der im vorigen Abschnitt beschriebene Ablauf fast ohne Änderungen auch für diese Erkundungsvariante. Mögliche Aspekte für den zu erstellenden Beobachtungsbogen könnten beispielsweise sein: Beschreibung der Tätigkeiten und der Arbeitsaufgabe; benötigte Fähigkeiten für die Ausführung der Arbeit; Bedingungen am Arbeitsplatz (Temperatur, Geruch, Platz, Lärm, Gefahren); soziales Umfeld; technische Arbeitsmittel (Computer, Maschinen, Werkzeuge).

Der Bereich der Markterkundung ist ebenfalls sehr umfassend und heterogen. So kann der Markt für ein einzelnes Produkt (z.B. unter der Fragestellung nach der Ermittlung des besten Angebots) genauso erkundet werden, wie Prozesse der Preisbildung (z.B. bei Auktionen, Flohmärkten oder Geschäften) oder die Gestaltung von Geschäften unter Marketinggesichtspunkten (Anordnung der Waren bei Supermärkten, Musik zur Förderung der Kauflaune) oder im Hinblick auf den Vergleich zu den Postulaten des vollkommenen Markts.

Bezogen auf die kriteriengeleitete und systematische Erkundung eines Gegenstandsfelds lässt sich auch die Objektbetrachtung den Erkundungsmethoden zuordnen, wenngleich hierfür je nach Objekt nicht zwingend ein Verlassen der Schule notwendig ist. Hier gestaltet sich der Ablauf deutlich einfacher, als bei den anderen Erkundungsmethoden. Bei der Objektbetrachtung werden Objekte – dies können technische Geräte aber auch am Markt angebotene Produkte sein – unter verschiedenen Gesichtspunkten untersucht, z.B im Hinblick auf konstruktive, funktionale, ästhetische oder ökologische Aspekte. Objektbetrachtungen können zur Veranschaulichung der technischen Aspekte als auch weiterer für den Wirtschaftsunterricht bedeutsamer Aspekte (z.B. für Produktvergleiche) eingesetzt werden.

Neben den angeführten Beispielen können im Wirtschaftsunterricht zahlreiche weitere Gegenstandsfelder mit Gewinn erkundet werden, etwa Gerichte, Kammern, Rathäuser oder Interessensverbände.

Im Hinblick auf den *Zeitpunkt* einer Erkundung im Lernprozess ist zunächst denkbar, dass diese am Beginn eines neuen Lernbereichs steht. Solche Zugangs- oder Orientierungserkundungen können eine hohe Motivation für das Thema wecken und eine grundsätzliche Orientierung vermitteln. Auf Basis des so sehr anschaulich erworbenen Vorverständnisses lassen sich die Sachverhalte im Unterricht vertiefen und systematisieren. Bei dieser Art der Erkundung ist die unterrichtliche Vorbereitung weniger umfangreich und die Erkundungsaufträge sind in der Regel nicht sehr differenziert.

Bei Erarbeitungs- oder Analyseerkundungen haben Schüler bereits Vorkenntnisse erworben, die im Rahmen der Erkundung vertieft und ausdifferenziert werden. Entsprechend kann sowohl die Vorbereitung als auch die Durchführung der Erkundung deutlich intensiver und differenzierter als bei der Zugangserkundung erfolgen. Bei der Gestaltung des Unterrichts im Vorfeld ist jedoch darauf zu achten, dass die Lerngegenstände nicht zu umfassend vermittelt werden, da die potenziellen Lerneffekte durch die Erkundung ansonsten nur noch gering sind.

Überprüfungs- oder Testerkundungen stehen am Ende des Lernprozesses. Hier werden die in der Schule theoretisch erarbeiten Inhalte mit der Situation in der Praxis verglichen und konfrontiert. Dadurch können sich die Schüler ein differenzierteres Bild der Sachverhalte erarbeiten, da die Wirklichkeit komplexer und nicht didaktisch reduziert ist.

Die Entscheidung über die *Größe der Erkundungseinheiten* entspricht der Entscheidung über die Sozialform, in der die Erkundung durchgeführt wird. So kann die Erkundung gemeinsam im Klassenverband erfolgen, was für den Betrieb den Vorteil einer geringeren Belastung hat, da jeder Ort höchstens einmal besucht wird. Gruppenerkundungen hingegen ermöglichen den Lernenden, sich aktiver in den Erkundungsprozess einzubringen. Des Weiteren besteht dann die Möglichkeit, themendifferenzierte Erkundungsaufträge zu vergeben und somit mehr Informationen für die spätere Besprechung zu gewinnen. Alleinerkundungen bieten sich eher für abgegrenzte und kleinere Erkundungsaufträge an, die auch als Hausaufgabe außerhalb der Unterrichtszeit durchführbar sind, wie beispielsweise die Erkundung eines Supermarkts.

11.5 Ziele und Inhalte

Schüler können durch Erkundungen lernen, …

- selbstständig zu arbeiten;
- wissenschaftliche Methoden der Erkenntnisgewinnung (z.B. Beobachtung, Befragung) vorzubereiten und anzuwenden;
- sich durch systematische Beobachtungen und Befragungen Informationen zu beschaffen oder bisherige Kenntnisse kritisch zu überprüfen;
- ihre Fähigkeit zur Dokumentation von Sachverhalten (protokollieren, skizzieren, fotografieren, videographieren) verbessern;
- die erhobenen Daten auszuwerten;
- kooperativ in Gruppen zu arbeiten;
- fachbezogen auch mit fremden Personen in Kontakt zu treten und mit ihnen zu kommunizieren;
- und nicht zuletzt: die Inhalte bzw. Gegenstandsbereiche des erkundeten Bereichs besser zu verstehen und nachhaltiger zu lernen.

Grundsätzlich ist die Erkundungsmethode für ein sehr breites Inhaltsspektrum geeignet. Mit Betriebs- und Arbeitsplatzerkundungen lässt sich sowohl ein Großteil betriebswirtschaftlicher Themen bearbeiten als auch ein wertvoller Beitrag zur Berufsorientierung leisten.

11.6 Voraussetzungen

Im Hinblick auf die benötigten Voraussetzungen ergibt sich, wie bei einigen anderen Methoden auch, eine Interdependenz zu den Lernzielen. So bedarf es grundlegender kommunikativer und methodischer Kompetenzen (Kommunikationsfähigkeit; Beobachtungs- und Fragetechniken; Fähigkeit zum Protokollieren, Skizzieren, Fotografieren und Videographieren). Diese lassen sich zunächst gezielt im Unterricht verbessern, beispielsweise durch entsprechende Darbietungs- und Übungsphasen, aber auch mit der Methode des Rollenspiels. Da sich die nötigen Kompetenzen auch mit der Durchführung von Erkundungen verbessern lassen, insbesondere wenn eine fundierte Reflexion erfolgt, können aufwändige-re Erkundungen durch kleinere Erkundungsaufträge vorbereitet werden.

Die Fähigkeiten der Schüler sind ebenfalls relevant im Hinblick auf die Frage, wie die Beobachtungsleitfäden und Fragebögen entwickelt und ausgewertet werden. Sind die Schü-ler dazu in der Lage, sollten sie diese Aufgaben möglichst eigenständig übernehmen, da hiermit anspruchsvolle Lerneffekte initiiert werden können. Gleichwohl ist derlei keine zwingende Voraussetzung für den Einsatz der Erkundungsmethode, da Fragebögen und Leitfäden ebenfalls von der Lehrkraft zur Verfügung gestellt werden können.

Da die Schüler bei Erkundungen eigenständig außerhalb der Schule agieren, sind noch einige scheinbare Selbstverständlichkeiten sicherzustellen. So bedarf es beispielsweise einer gewissen Zuverlässigkeit, höflicher Umgangsformen und der Bereitschaft, Anweisun-gen von Lehrkräften und Mitarbeitern der Betriebe zu folgen bzw. Regeln (z.B. Sicher-heitsvorschriften) einzuhalten.

11.7 Vorteile und Probleme

Vorteilhaft an Erkundungen ist neben der *hohen Motivation* und den *anspruchsvollen Lern-zielen*, dass sich außerdem mehrere relevante *fachdidaktische Prinzipien* umsetzen lassen: Die Prinzipien *des situierten Lernens* und der *Lebens- bzw. Praxisnähe* ergeben sich beim Lernen mit Erkundungen quasi von selbst, da theoretische Kenntnisse unmittelbar mit prak-tischen Situationen konfrontiert bzw. aus diesen gewonnen werden.

Das Prinzip der *Wissenschaftsorientierung* ist umsetzbar, da entsprechende Methoden der Erkenntnisgewinnung (z.B. Befragung und Beobachtung) angewendet werden. Die Schüler haben die Gelegenheit, sich Ziele zu setzen, dazu passende Datenerhebungsin-strumente zu entwickeln, die Daten zu erheben und anschließend auszuwerten und zur Diskussion zu stellen. All dies entspricht grundsätzlich dem Prozess wissenschaftlicher Forschungsprojekte.

Ferner nimmt die Dominanz des Lehrenden zugunsten verstärkter Schüler*selbstitän-digkeit* und *-selbsttätigkeit* ab. Insbesondere während der Durchführung der Erkundung arbeiten die Schüler weitgehend ohne die Unterstützung des Lehrers. Durch unterschiedli-che Erkundungsaufträge kann der Lernprozess den Prinzipien der *Individualisierung* und *Differenzierung* gerecht werden.

Ganzheitlichkeit und *Anschaulichkeit* ergeben sich aus den vielfältigen Eindrücken durch die unmittelbare Begegnung mit dem Untersuchungsobjekt. So können beispielswei-se Fabrikarbeitsplätze durch Erkundungen viel umfassender und präziser kennengelernt werden, als dies durch bloße mediale Vermittlung möglich ist (z.B. im Hinblick auf die Geräusche, Gerüche und manuellen Tätigkeiten). Ganzheitlichkeit ist auch im Hinblick auf die Lernziele bzw. zu machenden Erfahrungen gewährleistet, da nicht lediglich der kogniti-ve Bereich, sondern auch affektive und psychomotorische Aspekte angesprochen werden. Ferner ist noch anzumerken, dass die Erkundungsmethode sehr gut mit dem Unterrichts-konzept des entdeckenden Lernens korrespondiert.

Nachteilig an der Erkundungsmethode ist zunächst der notwendige hohe Organisationsauf-wand, den die Lehrkraft im Vorfeld leisten muss. Darüber hinaus nimmt eine Erkundung recht viel Zeit – meist einen Schulvormittag – in Anspruch, wobei noch die Vor- und Nachbereitungszeit hinzukommt. Außerdem ist zu berücksichtigen, dass die Methode nicht für alle Lernbereiche geeignet ist. Insbesondere abstrakte Sachverhalte und komplexe Zusammenhänge erschließen sich nicht unmittelbar durch die Erkundung eines Gegenstandsbereichs.

Ein zentraler Erfolgsfaktor von Erkundungen besteht in der Auswahl eines geeigneten Erkundungsobjekts. So muss bei Betriebserkundungen darauf geachtet werden, dass der erkundete Betrieb überhaupt über die zu erkundenden Aspekte verfügt und auch bereit ist, diese den Schülern zugänglich zu machen. Ferner ist zu gewährleisten, dass dessen Mitarbeiter hinreichend kooperativ sind und über genügend Zeit für die Schüler verfügen. Analoge Herausforderungen stellen sich bei anderen Erkundungsobjekten. So sollte bei Gerichtsbesuchen darauf geachtet werden, dass an dem Erkundungstag ein Fall behandelt wird, der zu dem bearbeiteten Thema passt. Bei frühzeitiger Kontaktaufnahme zeigen sich Richter oft kooperativ und kommen den Bedürfnissen der Lernenden bei den behandelnden Fällen entgegen. Generell ist also eine sorgfältige Auswahl des Erkundungsobjekts, kombiniert mit frühzeitiger Kontaktaufnahme, zu empfehlen.

Als weiteres Problem von Erkundungen gilt die Verschulung der Realität. Insbesondere bei Erkundungsobjekten, die Schülern nicht aus ihrem Alltag bekannt sind, ist eine gewisse Komplexitätsreduktion des Beobachtungsprozesses notwendig, um die Schüler nicht zu überfordern und um oberflächliche Beobachtungen zu vermeiden. Derlei erfolgt, indem Schüler im Rahmen der Vorbereitung bereits über das Thema theoretisch informiert werden und außerdem spezifische Beobachtungsaufgaben erhalten, anhand derer sie das Objekt erkunden. Dies kann jedoch dazu führen, dass die Wirklichkeit zu stark durch eine theoretische „Modellbrille" wahrgenommen wird und wesentliche Aspekte ausgeblendet werden. Vor dem Hintergrund empfiehlt sich, trotz der Notwendigkeit der Fokussierung der Beobachtung für eine gewisse Offenheit der Beobachtung zu sorgen, beispielsweise indem bei dem Beobachtungsleitfaden auch ein Aspekt wie „Weiterhin ist mir aufgefallen ..." angeführt ist.

11.8 Aufgaben der Lehrkraft

Anmerkung: Die Aufgaben der Lehrkraft sind teilweise bereits beim Verlauf dargestellt und werden hier lediglich kurz zusammengefasst.

Die wichtigsten Aufgaben der Lehrkraft bei Erkundungen sind organisatorischer Art und finden im Vorfeld statt. Zunächst ist ein geeigneter Betrieb zu finden und möglichst im Vorfeld zu besuchen, so dass dort wesentliche Aspekte geklärt werden können. Weiterhin sind sowohl Schulleitung, Eltern und Kollegen über die Erkundung zu informieren als auch die Modalitäten der An- und Abfahrt zu klären. Im Rahmen der Unterrichtsvorbereitung sind den Schüler die benötigten inhaltlichen Kenntnisse und methodischen Kompetenzen zu vermitteln, aber auch Fragebögen oder Beobachtungsleitfäden zu entwickeln.

Zu Beginn der Erkundung sucht die Lehrkraft den verantwortlichen Ansprechpartner auf und stellt den Kontakt zur Klasse her. Während der Erkundungsaufträge sollte sie für Schüler an einem Ort oder per Mobiltelefon erreichbar sein, um bei evtl. auftretenden Prob-

lemen helfen zu können. Am Ende der Erkundung bedankt sich die Lehrkraft bei den Mitarbeitern, falls dies nicht von den Schülern übernommen wird.

Die Auswertungsphase wird in der Regel vom Lehrer moderiert, wobei auf eine hinreichende Systematisierung und Verallgemeinerung zu achten ist. Ggf. sollte noch dafür ge-
sorgt werden, dass den Ansprechpartnern des Erkundungsobjekts die wesentlichen Ergebnisse, mit einem erneuten Dank, zukommen.

12. Betriebspraktikum

12.1 Gegenstand

Ähnlich wie Betriebserkundungen führen Betriebspraktika die Lernenden aus der Schule heraus und konfrontieren sie mit der wirtschaftlichen Praxis. Auch hier wird durch das Aufsuchen außerschulischer Lernorte die „Künstlichkeit" des Lernortes Schule, bei dem die theoretischen Inhalte oft keinen hinreichenden Bezug zu authentischen Situationen aufweisen, bewusst verlassen. Entsprechend ergibt sich die Chance, die Trennung von Lernsituation (innerhalb der Schule) und Lebenssituation (außerhalb der Schule) zu überwinden.

Im Gegensatz zur Betriebserkundung halten sich die Lernenden bei einem Praktikum jedoch über einen längeren Zeitraum im Betrieb auf und übernehmen dort auch Aufgaben bzw. führen Arbeitstätigkeiten durch.

Gleichwohl darf die Methode des Betriebspraktikums nicht auf die bloße Tätigkeit im Betrieb reduziert werden. Vielmehr sind Vorbereitung, Begleitung und Nachbereitung zentrale Bestandteile des Verlaufs von Praktika, wenn das Potenzial der Methode genutzt werden soll.

12.2 Entwicklung der Methode

Die Kernidee, Lernen und Arbeiten zu verbinden, findet sich bereits 1695 mit der Gründung von Franckes (1663–1727) Schulstadt, die neben einer Schule und einem Waisenhaus zahlreiche Wirtschaftsgebäude (Manufakturen, Apotheke, Druckerei) innehatte, bei denen die Schüler arbeiteten. Auch bei der Industrieschulbewegung, die insbesondere mit Pestalozzi (1747–1827) verbunden wird, und bei Kerschensteiners (1854–1932) Arbeitsschulbewegung stellt die Kombination von Lernen und Arbeiten ein zentrales Element dar.

Betriebspraktika im Sinne der obigen Beschreibung wurden in Deutschland verstärkt seit den 1950er Jahren durchgeführt und mit dem Gutachten des Deutschen Ausschusses 1964 als verbindliches Element des Arbeitslehreunterrichts verankert. Auf dieser Basis hat es sich in den Hauptschulen etabliert, später zunehmend auch an Realschulen und mit Einschränkungen an Gymnasien. An berufsbildenden Schulen hatte das Betriebspraktikum lange eine lediglich geringe Bedeutung, da die Verbindung von Schule und Betrieb ohnehin konstituierendes Merkmal einer Ausbildung im Rahmen des dualen Systems darstellt. Mit der starken Zunahme vollzeitschulischer Bildungsangebote (z.B. Berufsgrundbildungsjahr, Berufsfachschule), die primär auf den Mangel an ausbildungsbereiten Betrieben zurückzuführen ist, kommt dem Betriebspraktikum auch an berufsbildenden Schulen größere Bedeutung zu.

12.3 Verlauf

Im Folgenden ist der Verlauf eines Blockpraktikums ausführlicher dargestellt. Ergänzende und abweichende Phasenverläufe bei anderen Varianten finden sich im Folgeabschnitt.

Verlauf und Anforderungen in den jeweiligen Phasen des Betriebspraktikums ähneln denen der Erkundung. So ist auch das Praktikum intensiv vorzubereiten, anschließend durchzuführen und zum Ende auszuwerten bzw. zu besprechen.

 Zunächst muss die Lehrkraft einige organisatorische Aufgaben erledigen. So sind Eltern über das Praktikum inklusive seines Verlaufs und seiner Zielsetzungen zu informieren, was beispielsweise durch einen Elternbrief oder im Rahmen eines Elternabends erfolgen kann. Weiterhin müssen Genehmigungen eingeholt werden, insbesondere von den Eltern, von der Schulleitung und ggf. von der Schulaufsichtsbehörde.

Von erheblicher Bedeutung für den Erfolg des Praktikums sind die Betriebe. So müssen rein quantitativ zunächst genügend Betriebe gefunden werden, um allen Schülern einen Praktikumsplatz zukommen lassen zu können.

Da Praktika eine erhebliche Belastung für Betriebe darstellen und keine gesetzliche Verpflichtung besteht, Schülern Praktikumsplätze zur Verfügung zu stellen, ist dies oft keine leichte Aufgabe, insbesondere in strukturschwachen Regionen. Vor diesem Hintergrund empfiehlt sich die Kooperation mit den Kammern, der Bundesagentur für Arbeit, dem an vielen Orten vorhandenen Arbeitskreis Schule-Wirtschaft und den Eltern, die ggf. Kontakte zu den Unternehmen herstellen können, in denen sie selbst beschäftigt sind. Da der Kontaktpflege zu Unternehmen erhebliche Bedeutung sowohl für die Gestaltung von Praktika und anderen Methoden der Realbegegnung als auch für die Unterstützung der Schüler bei der Suche nach Ausbildungsplätzen zukommt, sollte sie nicht nur informell von den einzelnen Lehrkräften erfolgen, sondern an der Schule institutionalisiert sein. So ist beispielsweise denkbar, dass Schulen eine für Unternehmenskontaktpflege verantwortliche Lehrkraft benennen, an die sich die Kollegen wenden können.

Steht ein hinreichend großer Pool an kooperierenden Unternehmen zur Verfügung, können qualitative Aspekte bei der Auswahl berücksichtigt werden. So sind die Betriebe derart auszuwählen, dass die Praktikanten die Ziele des Praktikums erreichen können. Möchte ein Schüler beispielsweise einen bestimmten Beruf, für den er sich interessiert, genauer kennen lernen, muss dieser natürlich im Betrieb vorhanden sein. Ferner ist bei der Auswahl der Betriebe darauf zu achten, dass die Praktikanten nicht als billige Arbeitskräfte missbraucht werden und nur einfachste Hilfsarbeiten ausführen dürfen. Um dies zu gewährleisten, sollten bisherige Erfahrungen mit einem Betrieb dokumentiert und bei der erneuten Auswahl berücksichtigt werden. Entsprechend sollten keine Betriebe gewählt werden, mit denen wiederholt negative Erfahrungen gemacht wurden.

Weiterhin ist wichtig, die Ziele des Praktikums dem Unternehmen klar zu kommunizieren und mit ihm abzustimmen. So lassen sich nicht nur Missverständnisse vermeiden, sondern auch passende Einsatzpläne für die Praktikanten erstellen. Auf dieser Basis sind möglichst Einsatzübersichten zu verfassen, die der Schulleitung, den Unternehmen, den Schülern und deren Eltern auszuhändigen sind. Auch empfiehlt sich für Lehrkräfte, die Betreuer vor Ort im Vorfeld des Praktikums persönlich zu kontaktieren. Des Weiteren ist zu klären, an wessen Unterricht die Schüler, die keinen Praktikumsplatz erhalten haben, teilnehmen können.

Parallel zu diesen außerunterrichtlichen Vorbereitungsmaßnahmen sind im Unterricht die Ziele mit den Schülern zu erarbeiten. Darüber hinaus müssen die individuellen Interessen der Schüler eruiert werden. Auf dieser Basis ist dann die Verteilung der Schüler auf die Praktikumsplätze vorzunehmen. Hinreichende Kompetenzen der Schüler vorausgesetzt, ist alternativ auch denkbar, die Schüler ihren Praktikumsbetrieb selbst finden zu lassen. Außerdem sind Arbeitsaufträge zu verteilen bzw. gemeinsam mit den Schülern zu erarbeiten und Hinweise zur Führung einer Praktikumsmappe zu geben. Auch sind die Schüler für die Notwendigkeit angemessenen Sozialverhaltens und der Einhaltung betriebsspezifischer Regelungen zu sensibilisieren. Zusätzlich sind je nach Art und Zielsetzung des Praktikums entsprechende inhaltliche Kenntnisse im Unterricht zu erarbeiten. Besteht das Ziel des Praktikums beispielsweise darin, den Berufsorientierungsprozess zu unterstützen, sollten die Schüler im Rahmen des Berufsorientierungsunterrichts bereits eine (evtl. nur vorläufige) Grobauswahl der für sie in Frage kommenden Berufe getroffen haben.

Während der *Durchführung* des Praktikums sollen die Schüler die Aufgaben, die weitgehend im Vorfeld vereinbart wurden, bearbeiten und die gewonnen Erfahrungen bzw. Informationen dokumentieren. Die Lehrkraft besucht und betreut die Schüler während des Praktikums, wobei sie auf den angemessenen Einsatz des Schülers im Betrieb achtet und sich über dessen Verhalten bei dem verantwortlichen Mitarbeiter des Unternehmens erkundigt. Im Falle von Problemen sollte die Lehrkraft naheliegender Weise auf das Finden einer Lösung hinwirken, darf aber auch nicht vor dem Abbruch des Praktikums zurückschrecken. Dies wäre sinnvoll, wenn die Schüler wider den Vereinbarungen lediglich primitive Hilfsarbeiten verrichten dürfen, aber auch bei schlechtem Verhalten des Schülers (z.B. Unzuverlässigkeit, Unhöflichkeit). Gerade letzteres ist geboten, um den Betrieb der Schule für künftige Praktika zu erhalten, aber auch, um dem Schüler die Konsequenzen seines unangemessenen Verhaltens in der Wirklichkeit aufzuzeigen. Die Lehrkraft sollte während der Durchführungsphase für Schüler und Betriebe nach Möglichkeit telefonisch erreichbar sein.

Bei Blockpraktika erfolgt die Auswertung und *Reflexion* des Praktikums nach Abschluss der Durchführungsphase. Als Grundlage bieten sich neben den informellen und teilweise unbewussten Erfahrungen der Schüler auch formalere und klar dokumentierte Daten an, wie beispielsweise die bearbeiteten Arbeitsaufträge, die Praktikumsmappe oder Befragungen der Schüler und Betriebe. Für letzteres sind im Hinblick auf die Auswertungseffizienz insbesondere Onlineumfragen geeignet, wozu in Abschnitt 3.2.3.1 weitere Informationen und auf der der Website des Buchs ein Onlinefragebogengenerator verfügbar sind. Auf dieser Basis kann zunächst ein allgemeiner Austausch über das Praktikum selbst erfolgen, z.B. im Hinblick darauf, ob die Erwartungen erfüllt wurden, welche Probleme zu bewältigen waren oder welche überraschenden Ereignisse auftraten.

Darüber hinaus ist bei der Reflexion darauf zu achten, dass die fachlichen Aspekte des Praktikums aufgegriffen und für das Unterrichtsthema nutzbar gemacht werden. Sollte das Praktikum primär zur Berufsorientierung dienen, wäre dessen Einfluss auf den Berufswunsch zu besprechen. Hierbei sollten die Erfahrungen der Schüler bei Bedarf relativiert werden. Zwar mag eine Tätigkeit als Praktikant den Schülern zunächst als eine sehr realistische Informationsquelle über spätere berufliche Aktivitäten erscheinen. Gleichwohl ist einschränkend u.a. zu berücksichtigen, dass Schüler einerseits nur Ausschnitte der Tätigkeit eines Stelleninhabers kennenlernen und andererseits das Spektrum einer Berufsausbildung breiter angelegt ist als ein konkreter Stellenzuschnitt, so dass andere Stellen des gleichen

Berufs einen sehr unterschiedlichen Zuschnitt haben können. Ferner besteht die Gefahr einer positiv verzerrten Wahrnehmung der Tätigkeiten während des Praktikums, da sie meist nur wenige Wochen dauern und insofern einerseits häufig als angenehme Abwechslung zum Unterricht wahrgenommen werden und andererseits physische und psychische Belastungen oder Monotonie einer Arbeitstätigkeit in kurzer Zeit nicht erfahrbar sind.

Bei Praktika, die primär ein verbessertes Verständnis wirtschaftlicher Inhalte zum Ziel haben, ist bei der Aufarbeitung der Erfahrungen zu berücksichtigen, dass viele Sachverhalte und Zusammenhänge der Arbeit in einem Unternehmen zunächst nur schwer erkennbar sind. Dies liegt beispielsweise am hohen Grad der Arbeitsteilung, die insbesondere bei Unternehmen mit funktionaler Organisationsform (im Gegensatz zu prozessorientierten Organisationsformen) zu einem geringen Verständnis der größeren Zusammenhänge führt. Verstärkt wird das Problem durch den Einsatz von Enterprise-Ressource-Planning-Software (ERP-Software), bei der viele Interdependenzen quasi hinter der Bildschirmmaske verschwinden. So waren Verbindungen zu anderen Mitarbeitern des Unternehmens oder zu Kunden und Lieferanten beim persönlichen Austausch oder der Kommunikation über Post und Telefon leichter nachzuvollziehen. Entsprechend müssen diese Aspekte und isolierte Einzelerfahrungen im Unterricht aufgegriffen, veranschaulicht, miteinander verbunden, verallgemeinert und systematisiert werden, um lernwirksam zu sein.

Nicht zuletzt ist daran zu denken, den kooperierenden Unternehmen zu danken, was sowohl im Hinblick auf die Förderung sozialer Kompetenzen der Schüler empfehlenswert ist, als auch die künftige Zusammenarbeit mit den Betrieben erleichtert. Darüber hinaus ist denkbar, die Erfahrungen und Ergebnisse weiter zu kommunizieren, beispielsweise in der Schülerzeitung, der lokalen Zeitung, durch Ausstellungen oder auf Elternabenden.

12.4 Varianten

Die verschiedenen Ausprägungen der Praktika lassen sich zunächst nach deren Zielsetzung und nach ihrer zeitlichen Organisation klassifizieren:

Abbildung 79: Varianten des Praktikums

Sowohl das Orientierungs- als auch das Erprobungs- und Kontrastpraktikum dienen der Unterstützung der Berufswahl. Entsprechend liegt der Fokus dieser Praktika auf einzelnen Berufsbildern und den zugehörigen Tätigkeiten. Wird ein Praktikum relativ früh im Rahmen des Berufsorientierungsprozesses durchgeführt, bietet sich hierfür das Orientierungspraktikum an. Dabei arbeitet der Schüler in mehreren Berufsfeldern, so dass er einen ersten, allerdings lediglich groben und oberflächlichen Eindruck über möglichst viele Berufe erhält. Auf Basis dieser Erfahrungen kann der Schüler bereits erste durch Erfahrungen fundierte Schwerpunkte für die spätere Berufswahl setzen. Hat der Schüler schon einen Beruf in die engere Auswahl genommen, empfiehlt sich ein Praktikum, bei dem sich der Schüler vertieft mit einem Berufsfeld auseinandersetzt. Dies kann im Bereich des Wunschberufs erfolgen, so dass der Schüler seine Wahl anhand intensiverer Erfahrungen überprüfen kann (Erprobungspraktikum). Umgekehrt ist jedoch auch denkbar, im Rahmen eines sogenannten Kontrastpraktikums berufliche Tätigkeiten zu erkunden, die sich recht stark von dem eigentlichen Berufswunsch unterscheiden. Dadurch erweitert der Schüler seinen Erfahrungshorizont und kann vor diesem Hintergrund bisher nicht berücksichtigte Aspekte zusätzlich in seinen Entscheidungsprozess einbeziehen.

Das Betriebspraktikum dient weniger der Berufsorientierung als dem Erwerb von Erkenntnissen und Erfahrungen aus der Unternehmenswirklichkeit. Hierbei können zwar auch einzelne berufliche Tätigkeiten zum Gegenstand des Praktikums gemacht werden, aber das Erkenntnisinteresse liegt eher bei betriebswirtschaftlichen Fragestellungen, z.B. des Marketings, des Einkaufs, der Produktion, des Rechnungswesens oder organisatorischer Aspekte wie Analyse von Ablauf- und Aufbauorganisation. Auch rechtliche Fragestellungen oder Tätigkeiten und Aufgaben der Arbeitnehmervertretung können im Rahmen von Betriebspraktika eruiert und später im Unterricht vertieft werden.

Diese Praktikumsvarianten lassen sich in zeitlicher Hinsicht sehr unterschiedlich gestalten. Beim Stundenpraktikum werden die Praktika meist an mehreren Nachmittagen und mehrmals pro Woche absolviert. Hierdurch fällt kein Unterricht aus und die Schüler haben einen sanften Einstieg in das Arbeitsleben, da ein Abschnitt meist nur zwei bis drei Stunden in Anspruch nimmt. Beim Tagespraktikum besuchen die Schüler einen Betrieb einen ganzen Arbeitstag, meist über einen längeren Zeitraum einmal pro Woche. Durch die längere Arbeitszeit erhalten die Schüler einen realistischeren Einblick in die Anforderungen des Berufsalltags und können aufgrund des größeren am Stück verfügbaren Zeitraums etwas anspruchsvollere Aufgaben als beim Stundenpraktikum übernehmen. Vorteilhaft an beiden Varianten ist die Möglichkeit (und Notwendigkeit), die gemachten Erfahrungen kontinuierlich und zeitnah in der Schule besprechen und aufarbeiten zu können. Diese Möglichkeit besteht beim Blockpraktikum, bei dem die Schüler über einen längeren Zeitraum (meist zwei bis vier Wochen) am Stück im Betrieb tätig sind, nicht. Der Vorteil des Blockpraktikums besteht in der Möglichkeit, aufgrund des umfassenden Zeitrahmens vertiefte und relativ authentische Erfahrungen aus dem Praxisfeld Betrieb zu sammeln.

Neben diesen Varianten werden derzeit erste Erfahrungen mit Jahrespraktika gesammelt. Sie werden vereinzelt im letzten Jahr des Hauptschulbesuchs durchgeführt und streben neben den anderen Zielen der Praktika an, insbesondere schwächeren Schülern den Übergang in ein Ausbildungsverhältnis zu erleichtern und die Quote von Ausbildungsabbrüchen zu reduzieren. Diese Ziele sind aufgrund der spezifischen Konstruktion der Jahrespraktika erreichbar. So folgt einer schulischen Vorbereitungsphase ein zwei- bis dreiwöchiges Blockpraktikum, bei dem die Schüler den Betrieb und dessen Anforderungen kennen lernen. Anschließend verbringen die Schüler den Rest des Schuljahrs einen Tag pro Woche im Betrieb. Die bisherigen Erfahrungen zu dieser Praktikumsart zeigen, dass tatsächlich höhere Übernahmequoten und geringere Abbruchquoten erzielt werden. Dies dürfte daran liegen, dass Unternehmen die Schüler besser und umfassender kennenlernen. Entsprechend haben auch Schüler eine Chance auf einen Ausbildungsplatz, die sonst vermutlich aufgrund schlechter Zeugnisnoten nicht zu einem Vorstellungsgespräch eingeladen werden. Ferner ist das Risiko einer Fehlentscheidung und der damit verbundenen negativen Folgen sowohl für den Betrieb als auch für den Schüler deutlich geringer, da sich die beiden potenziellen Vertragspartner durch die bisherige Zusammenarbeit gut kennen. Als positive Nebenwirkung berichten Lehrkräfte darüber hinaus über eine höhere Motivation der Schüler im Unterricht (Beilhartz, Reiberg & Wohlgemuth 2002).

12.5 Ziele und Inhalte

Schüler können durch Betriebspraktika ...

- den Prozess ihrer Berufsorientierung verbessern, indem sie Erfahrungen und Informationen erwerben und besser in der Berufs- und Arbeitswelt orientiert sind.
- durch den intensiven Kontakt zu einem Unternehmen ihre Chancen verbessern, einen attraktiven Ausbildungsplatz zu erhalten.
- Erfahrungen sammeln bei der Bewältigung von Arbeitsaufgaben.
- unternehmerische Tätigkeiten, Funktionen, Abläufe und Zusammenhänge kennen lernen.
- wirtschaftliche Sachverhalte auch aus der Perspektive eines Unternehmers wahrnehmen und ihren eigenen unternehmerischen Geist entdecken und fördern.
- eine erhöhte intrinsische Motivation zur Auseinandersetzung mit wirtschaftlichen Sachverhalten entwickeln.
- die Relevanz von Sekundärtugenden wie Pünktlichkeit, Zuverlässigkeit, Höflichkeit und Durchhaltevermögen erfahren.
- ihre Eigeninitiative, Selbstständigkeit, Kreativität und Kontaktfähigkeit erhöhen.
- ihr Selbstbewusstsein und Selbstvertrauen durch die erfolgreiche Bearbeitung relevanter Aufgaben stärken.

Betriebspraktika eignen sich im Rahmen des Berufsorientierungsunterrichts, um Berufe besser kennenzulernen. Darüber hinaus lassen sich zahlreiche Erfahrungen erwerben, die für den Wirtschaftsunterricht bedeutsam sind und dort vertieft und systematisiert werden können. Hierzu zählen insbesondere betriebswirtschaftliche und rechtliche Themen.

12.6 Voraussetzungen

Zunächst sind die benötigten Voraussetzungen durch das Ziel des Praktikums bedingt: dient es der Erkundung von Berufen (beim Erprobungs- und beim Kontrastpraktikum), sollten die Schüler über eine entsprechende grundlegende Orientierung zu den Berufen verfügen. Bei Praktika, die primär ein verbessertes Verständnis wirtschaftlicher Inhalte zum Ziel haben, sollten sich die Schüler bereits im Unterricht hinreichend mit dem Thema beschäftigt haben, so dass die theoretischen Kenntnisse angewendet bzw. mit der Situation in der Praxis kontrastiert werden können. Ansonsten besteht die Gefahr, dass die Beobachtungen und Erfahrungen oberflächlich bleiben und nicht adäquat in die kognitiven Strukturen eingeordnet werden können. In engem Zusammenhang hierzu steht die Voraussetzung, dass Schüler über klare Arbeitsaufträge verfügen und im Hinblick auf die spätere Reflexion über die Dokumentationsanforderungen durch die Praktikumsmappe informiert sind.

Weiterhin müssen Schüler bereit sein, sich im Unternehmen höflich zu verhalten und Anweisungen zu folgen. Ferner bedarf es der Zuverlässigkeit und Pünktlichkeit, aber auch eines gewissen Grads an Kontaktfähigkeit, Konfliktfähigkeit, Verantwortungsbereitschaft und Selbstständigkeit.

Die Anforderungen sind vor allem bei Blockpraktika teilweise schwer zu erfüllen, da evtl. auftretende Probleme erst nach Ablauf des gesamten Praktikums im Unterricht aufgearbeitet werden können. Mögliche Anfangsschwierigkeiten und ein sogenannter Praxis-schock lassen sich im Vorfeld reduzieren, indem die Unternehmenswirklichkeit zunächst mit Betriebserkundungen aufgesucht wird. Ferner lassen sich mögliche Probleme wie bereits angesprochen ggf. im Verlauf klären, wenn die Lehrkraft ihre Schüler im Betrieb besucht und telefonisch erreichbar ist.

12.7 Vorteile und Probleme

Ein wesentlicher Vorteil von Praktika liegt gerade für leistungsschwächere Schüler in der erhöhten Chance, einen Ausbildungsplatz zu erhalten. Ferner können auch lernschwächere Schüler Erfolgserlebnisse erfahren. Weiterhin machen die Schüler häufig völlig neue und intensive Erfahrungen und erhalten einen authentischen Einblick in das Arbeitsleben. Auch lässt sich durch Praktika die Gefahr eines späteren Praxisschocks beim Verlassen des Schonraums Schule und dem Eintritt ins Berufsleben reduzieren. Des Weiteren ist die Motivation der Schüler während Praktika oft sehr hoch.

Ansonsten ist anzumerken, dass sich mit Betriebspraktika *anspruchsvolle Lernziele* erreichen und mehrere relevante *fachdidaktische Prinzipien* umsetzen lassen:

Die Prinzipien *des situierten Lernens* und der *Lebens- bzw. Praxisnähe* ergeben sich beim Lernen im Rahmen von Praktika quasi von selbst, da theoretische Kenntnisse unmittelbar mit praktischen Situationen konfrontiert bzw. aus diesen gewonnen werden.

Ob weitere Prinzipien umgesetzt werden können, hängt sehr stark von den zu verrichtenden Tätigkeiten und Aufgaben ab, weswegen diese möglichst im Vorfeld gemeinsam mit dem Betrieb und ggf. den Schülern abzustimmen sind. Passende Aufgabenstellungen und Arbeitsbedingungen vorausgesetzt, sind folgende Prinzipien gut umsetzbar: *Selbsttätigkeit, Selbstständigkeit, Individualisierung, Ganzheitlichkeit und Anschaulichkeit.*

Ein Nachteil der Arbeit mit Praktika, soll sie denn ihr Potenzial ausschöpfen, liegt in den hohen Anforderungen an die Lehrkraft, die im Vorfeld viele organisatorische Tätigkeiten zu übernehmen hat. Hierbei ist gerade die Auswahl der Betriebe und die Abstimmung mit ihnen im Hinblick auf die Ziele und die Tätigkeiten der Schüler einerseits äußerst bedeutsam, andererseits zeitaufwändig. Gleiches gilt für die Betreuung der Schüler während der Praktika vor Ort. Da Praktika vielfach verpflichtend sind, besteht die Gefahr, dass angesichts des Aufwands einige Lehrkräfte diese Aufgaben zulasten der Qualität des Praktikums vernachlässigen. Ein weiterer Nachteil besteht darin, dass anspruchsvolle Tätigkeiten hinreichender Qualifikation der Schüler bedürfen, die häufig im Rahmen der kurzen Dauer eines Praktikums jedoch nicht vermittelbar ist. Ferner ist angesichts des relativ kurzen Einblicks damit zu rechnen, dass die Schüler zentrale Probleme des Arbeitslebens nicht wahrnehmen, da diese oft nicht an der Oberfläche liegen (z.B. Mobbing, Erfolgsdruck, Angst vor Arbeitsplatzverlust, Schwierigkeiten mit dem Führungsstil der Vorgesetzten, weitere psychische und physische Herausforderungen) und somit kaum in der kurzen Zeit des Praktikums erfassbar sind. In der Folge wird das Arbeitsleben ggf. verzerrt und zu positiv erlebt, was beispielsweise dazu führen kann, dass frühzeitig eine Ausbildung begonnen wird statt weiterführende Schulen oder Hochschulen zu besuchen.

Ein zentraler Erfolgsfaktor bzw. ein potenzielles Problem besteht darin, geeignete Betriebe zu finden, deren Tätigkeitsspektrum zu den Lernzielen passt und die die Schüler nicht als billige Arbeitskraft missbrauchen, sondern ihnen passende Tätigkeiten auftragen. Hierfür ist notwendig, die Betriebe sorgfältig auszuwählen und sich im Vorfeld mit ihnen abzustimmen. Um den zugehörigen Aufwand zu reduzieren, sollte das Kontaktmanagement an der Schule institutionalisiert werden.

Seitens der Schüler können sich Probleme ergeben, wenn sie nicht über die notwendigen Vorkenntnisse verfügen oder sich unangemessen verhalten. Ferner besteht die Gefahr, dass ihre Motivation nach einer ersten Begeisterungsphase nachlässt, weil der Neuigkeitseffekt abnimmt und ggf. die Ansprüche des Betriebs nach einer ersten Einarbeitungsphase zunehmen. Diese potenziellen Probleme können durch Thematisierung im Rahmen der Vorbereitungsphase abgeschwächt werden.

13. Leittextmethode

13.1 Gegenstand

Bei der Leittextmethode bearbeiten Schüler in Kleingruppen selbstständig eine Aufgabe oder ein Problem, wobei der Lernprozess klar strukturiert ist. Dabei werden sie durch das Medium eines Leittexts unterstützt, der in der Regel aus mehreren Elementen besteht. Er enthält einen Informationsteil, durch den die Schüler zunächst einen groben Überblick über das Material und das weitere Vorgehen bekommen. Darüber hinaus beinhaltet der Leittext neben umfangreichen Informationen oder Quellenhinweisen auch (Leit-)Fragen, anhand derer die Texte erschlossen werden.

13.2 Entwicklung der Methode

Die Leittextmethode wurde in der beruflichen Ausbildungspraxis seit Beginn der 1970er Jahre entwickelt. Sie kam zunächst bei der Daimler-Benz AG, dann in der Ford-Werke AG und der Stahlwerke Peine-Salzgitter AG zum Einsatz, später in zahlreichen anderen Unternehmen und zunehmend auch in berufsbildenden Schulen.

Zwei wesentliche Probleme führten zur Entwicklung der Methode. Zunächst zeichneten sich die Lerngruppen in den Ausbildungsbetrieben durch starke Heterogenität hinsichtlich der Lerngeschwindigkeit aus. So arbeiten in manchen Ausbildungsberufen angesichts fehlender äußerer Differenzierung Hauptschulabsolventen und Abiturienten im gleichen Ausbildungsberuf. In der Folge sind leistungsstärkere Lern- und Arbeitsgruppen deutlich schneller fertig, wodurch Leerlaufzeiten für sie entstehen. Umgekehrt fehlt den Ausbildern häufig die Zeit, sich um die schwächeren Lernenden zu kümmern.

Der zweite Problembereich bestand im Wandel der Qualifikationsanforderungen, der zunehmendes Gewicht auf die Entwicklung von Selbstlernkompetenzen, Schlüsselqualifikationen und Handlungskompetenzen zur Folge hatte. Dem konnte die in der Ausbildung dominierende 4-Stufen-Methode (1. Vorbereiten der Auszubildenden durch den Ausbilder; 2. Vorführung und Erklärung des Ausbilders; 3. Nachmachen unter Anleitung; 4. Selbstständig üben und arbeiten lassen) nicht gerecht werden.

Vor diesem Hintergrund lag die Entwicklung geeigneter Selbstlernmaterialien nahe, so dass die Ausbilder sich hinreichend auf die Unterstützung der schwächeren Lerngruppen konzentrieren konnten. Außerdem ermöglichten die anspruchsvollen Materialien und Aufgaben, die sich an Hackers Theorie der vollständigen Handlung (Informieren, Planen, Entscheiden, Ausführen, Kontrollieren, Reflektieren) orientieren, die Entwicklung der benötigten Kompetenzen.

13.3 Verlauf

Abgeleitet von Hackers Theorie der vollständigen Handlung verläuft die Methode in sechs Phasen, denen jedoch noch eine Vorbereitungsphase vorgelagert wird. In diesem Zusammenhang ist der Leittext zunächst von der Lehrkraft zu erstellen oder auszuwählen und an die Lerngruppe zu adaptieren. Ferner sollten die Lernenden, wenn sie noch nicht mit Leittexten gearbeitet haben, über die Ziele der Methode und die grundsätzliche Vorgehensweise informiert werden.

Abbildung 80: Verlauf der Leittextmethode

1. Im Rahmen der *Information*sphase erfassen die Schüler zunächst die gestellte Arbeitsaufgabe bzw. die Aufgabenstellung. Anschließend erarbeiten sie sich selbstständig die zur Aufgabenbewältigung benötigten Informationen.

Die Grundlage der Informationsphase sind Leitfragen und Leittexte. Die Leitfragen strukturieren den Prozess der Informationsrecherche und -verarbeitung, indem sie die Lernenden klar von einem Arbeits- bzw. Denkschritt zum nächsten führen. Sie sollen den Mitgliedern der Lerngruppen Hinweise zur Bearbeitung vermitteln, Denkanstöße geben und Diskussionen initiieren.

Die Leittexte enthalten meistens die zur Beantwortung der Leitfragen benötigten Informationen. Dies können Texte, Gesetze, Diagramme oder Bilder sein. Denkbar ist jedoch auch, dass in den Leittexten Verweise auf andere Datenquellen enthalten sind. Neben anderen Textmaterialien können hierbei Hinweise auf Befragungen und Erkundungen erfolgen. Vor diesem Hintergrund lassen sich andere Methoden (forschendes Lernen, Methoden der Realbegegnung) mit der Leittextmethode verbinden.

2. Auf Basis der Leittexte und Leitfragen, besteht die *Planung*saufgabe der Lernenden primär darin, sich einen Überblick über die Handlungsschritte zu erarbeiten und auf dieser Basis ggf. Teilaufgaben an einzelne Gruppenmitglieder zu vergeben, Meilensteine (=kritische Teilziele) zu definieren und zeitliche Vorgaben für die Umsetzung festzulegen. Ferner sollten unterschiedliche Möglichkeiten der Bearbeitung bedacht werden. Am Ende des Planungsprozesses müssten die einzelnen Mitglieder dann detaillierte Arbeitspläne erstellt haben, an denen sie ihre späteren Handlungen ausrichten können.

3. Sollten mehrere unterschiedliche Arbeitspläne in der Gruppe erstellt worden sein, erfolgt in dieser Phase die Festlegung auf den vermeintlich geeignetsten. Die *Entscheidung* kommt zunächst durch gruppeninterne Diskussionen zustande. Gleichwohl ist in dieser Phase generell die Lehrkraft in ihrer Rolle als Lernberater mit einzubeziehen, selbst wenn lediglich ein Arbeitsplan erstellt wurde. Dies ist insofern wichtig, als ein guter Arbeitsplan eine notwendige Grundlage für die folgenden Schritte darstellt und ansonsten viel Lernzeit verloren gehen könnte. Gleichwohl sollte die Lehrkraft keinesfalls einen Musterarbeitsplan vorgeben, da dies der Intention der Methode nicht entspricht und außerdem demotivierend wirkt.

Stattdessen sollte sie durch Impulse und gezielte Fragen den Denkprozess in der Gruppe anregen und ggf. auf Schwachstellen hinweisen.

4. Im Rahmen der *Ausführung*sphase bearbeiten alle Gruppenmitglieder ihre Aufgaben anhand des erstellten Arbeitsplans. Am Ende dieser Phase muss ein konkretes Arbeitsergebnis bzw. eine Problemlösung stehen.

5. Nach der Ausführung *kontrollieren* die Lernenden selbstständig die Qualität ihrer Arbeitsergebnisse, indem sie sie mit Musterlösungsvorschlägen eines Kontrollbogens vergleichen. Das Ziel dieser Selbstkontrolle besteht in der Diagnose von Kenntnisdefiziten. Auf dem Kontrollbogen sind nicht nur eine oder mehrere Lösungen aufgeführt, sondern oft auch Impulse, die zum vertieften Nachdenken anregen.

6. Die *Auswertung* erfolgt im Rahmen eines Gesprächs mit der Lehrkraft. Wenn bei der Kontrolle Fehler festgestellt wurden, hilft die Lehrkraft bei der Analyse möglicher Fehlerursachen. Dies dient nicht der Notengebung oder dem Nachweis von Fehlern. Vielmehr soll der Lernende durch gezielte Anregungen seinen Fehler nach Möglichkeit selbst finden und so in Zukunft vermeiden. En passant wird somit auch eine Fehlerkultur aufgebaut, die Lernende dazu bringt, Fehler als Chance für Lerneffekte und Verbesserungen zu interpretieren.

13.4 Varianten

Je nach Zielsetzung, verfügbarer Zeit und Voraussetzungen der Lerngruppe lassen sich Leittexte unterschiedlich gestalten und somit gut den Rahmenbedingungen anpassen.

So können Leittexte hinsichtlich der Komplexität des Themas und ihres Umfangs erheblich variieren. Es finden sich Leittexte, die bereits in einer Doppelstunde bearbeitet werden können, wenngleich sie in der Regel deutlich umfangreicher sind und ohne weiteres zehn Stunden überschreiten können.

Die Leitfragen, die den Lernprozess strukturieren und den Schülern eine Orientierung geben, können unterschiedlich offen und differenziert gestaltet werden. Eine enge Führung durch kleinschrittige Leitfragen empfiehlt sich für schwächere Schüler oder beim erstmaligen Einsatz der Methode. Mit zunehmender Kompetenz sollten die Fragen offener werden, um den Schülern größere Freiräume und Gestaltungsmöglichkeiten zu eröffnen.

Je nach Komplexität des Problems und Fähigkeiten der Lerngruppe können weitere Unterstützungs- und Strukturierungsangebote zur Verfügung gestellt werden, z.B. ein allgemeines Muster eines Zeitplans oder Leitsätze, die wesentliche Aussagen der Informationsmaterialien in komprimierter Form zusammenfassen.

Im Hinblick auf das Informationsmaterial ist denkbar, es vollständig in den Leittext zu integrieren, was eine leichtere und schnellere Bearbeitung der Aufgabe ermöglicht. Andererseits können die benötigten Informationen auch nur teilweise oder sogar überhaupt nicht im Leittext enthalten sein. Dadurch müssen die Schüler die fehlenden Informationen eigenständig finden, selektieren und verarbeiten. In der Regel werden hierbei jedoch mehr oder weniger konkrete Hinweise gegeben, wo die benötigten Informationen zu finden sind.

Prinzipiell können auch Webquests als eine Variante der Leittextmethode aufgrund größerer Ähnlichkeiten interpretiert werden. Da sich jedoch bzgl. Genese, medialen Schwerpunkten und Phasen erhebliche Unterschiede ergeben, werden sie im vorliegenden Buch als eigenständige Methode behandelt.

13.5 Ziele und Inhalte

Schüler können durch die Arbeit mit Leittexten lernen, …

- größere Aufgaben weitgehend selbstständig zu bearbeiten;
- eigenständig zu lernen;
- Probleme zu erkennen, zu analysieren, Lösungswege zu planen und umzusetzen;
- ihre Arbeitsergebnisse selbstständig zu kontrollieren und zu bewerten;
- Fehler als Chance für Lerneffekte und Verbesserungen zu interpretieren;
- sich Informationen zu beschaffen und sie zu bewerten;
- kooperativ in Gruppen zu arbeiten;
- zu kommunizieren und zu kooperieren
- und nicht zuletzt: die Inhalte bzw. Gegenstandsbereiche des Leittexts besser zu verstehen und nachhaltiger zu lernen.

Generell sind Leittexte für ein breites Inhaltsspektrum des Wirtschaftsunterrichts geeignet. Sie sollten jedoch keinen allzu hohen Schwierigkeits- und Komplexitätsgrad aufweisen, so dass sich die Schüler die Inhalte auch tatsächlich selbstständig erarbeiten können. Ferner empfiehlt sich die Methode eher für klar strukturierbare, in eine logische Sequenz einteilbare Inhalte, da sonst die Leitfragen ihre Unterstützungswirkung nur bedingt entfalten können. Schließlich sind Leittexte eher für Inhalte mit tendenziell eindeutigen Ergebnissen geeignet, weil dann der eigenständige Vergleich mit der Musterlösung des Kontrollbogens erleichtert wird.

13.6 Vorteile und Probleme

Zunächst lassen sich bei der Arbeit mit Leittexten *anspruchsvolle Lernziele* anstreben. Dabei ist der Lernprozess im Vergleich zu vielen anderen handlungsorientierten Methoden relativ *zeiteffizient*. Darüber hinaus können mit der Leittextmethode bedeutsame fachdidaktische Prinzipien realisiert werden:

So ergibt sich aufgrund der starken Gruppenarbeitskomponente und der zurückhaltenden Rolle des Lehrers ein besonders hoher Grad an Schüler*selbstständigkeit* und -*selbsttätigkeit*.

Weiterhin lässt sich durch geeignete Gruppeneinteilung das Prinzip der *Differenzierung* gut umsetzen, so dass die Lehrkraft ihre Zeit verstärkt zur Unterstützung von schwächeren Lerngruppen investieren kann.

Ebenfalls geht *Ganzheitlichkeit* im Sinne der Vollständigkeit einer Handlung zwingend mit der Methode einher, da sich ihr Phasenverlaufsschema an Hackers Theorie der vollständigen Handlung orientiert.

Auch sind die Prinzipien der *Problemorientierung, Situationsorientierung* und *Lebens- bzw. Praxisnähe* bei entsprechender Formulierung der Aufgaben und Leitfragen gut umsetzbar.

Das Hauptproblem bei der Arbeit mit Leittexten ist der hohe Zeitaufwand ihrer Erstellung. Dem lässt sich teilweise durch Kooperation mit anderen Lehrkräften begegnen, so dass schnell eine Sammlung von Leittexten vorliegen könnte. Diese sollten in Form bearbeitbarer Dateien (z.B. als Word-Dokument) unter den Kollegen geteilt werden, wodurch sie an die jeweilige Klassensituation anpassbar sind.

In engem Zusammenhang mit dem Zeitaufwand besteht die Herausforderung, qualitativ hochwertige Leittexte zu erstellen. So ist dabei darauf zu achten, sie klar zu strukturieren und zu formulieren, sie den Vorkenntnissen der Lernenden anzupassen und eine angemessene Ausprägung zwischen enger Lenkung durch Leitfragen und Spielräumen bzw. Freiheiten bei der Lösung zu wählen.

Im Einzelfall können sich auch die hohen Materialkosten durch zahlreiche Kopien der Leittexte für die Schüler als Einsatzbarriere erweisen. Dem lässt sich teilweise durch relativ knappe Gestaltung der Leittexte begegnen, indem die Informationen nicht direkt in ihnen enthalten sind, sondern im Leittext lediglich Hinweise zur Recherche (z.B. Schulbuch, Bücher der Schülerbibliothek, Internet) gegeben werden.

Wenn die Schüler mit der Methode noch nicht vertraut sind, sollten sie zunächst mit kleineren und einfacheren Leittexten daran herangeführt werden. Ebenfalls empfiehlt sich dann eine stärkere Unterstützung der Gruppen und eine Reflexion zum Ende der Lerneinheit.

Auch wenn die Methode die Selbstständigkeit der Schüler und eine Zurückhaltung des Lehrers betont, ist darauf zu achten, dass die Schüler die mit der Methode einhergehenden Freiheiten nicht missbrauchen und sich tatsächlich mit den Aufgaben auseinandersetzen, statt sich hinter anderen Gruppenmitgliedern zu verstecken. Des Weiteren sollte die Lehrkraft schwächere Lerngruppen angemessen unterstützen.

13.7 Voraussetzungen

Zunächst wird ein Leittext benötigt, der die gewünschten Inhalte abdeckt und den Voraussetzungen der Lerngruppe entspricht. Diesen auszuwählen oder zu erstellen ist die wesentliche Aufgabe, die der Lehrkraft bei der Arbeit mit der Methode zukommt. Während der Arbeit mit der Methode kann und sollte sich die Lehrkraft weitgehend zurückhalten und sich primär als Lernberater denn als Wissensvermittler verstehen. Ihre Aufgaben sind dabei im Einzelnen:

- Beim ersten Einsatz der Methode sollte der Lehrer den Verlauf der Methode und ihre Zielsetzungen vorstellen und insbesondere auf den hohen Grad der Schülerselbstständigkeit hinweisen.
- Verteilung der Materialien und Mitteilung des Zeitrahmens zur Bearbeitung.

- Am Ende der zweiten Phase bespricht die Lehrkraft die Arbeitspläne mit den Schülern.
- Bei der Auswertungsphase bringt sich die Lehrkraft aktiv mit ein.
- Ansonsten steht der Lehrer eher dann zur Verfügung, wenn die Schüler Fragen haben oder Schwierigkeiten artikulieren. Dabei sollte ihnen jedoch nach Möglichkeit keine sehr konkrete Antwort auf eine Frage des Leittexts sondern eher ein Impuls oder eine Denkanregung gegeben werden. Bei Lerngruppen, die mit der Methode weniger vertraut sind, empfiehlt sich auch, auf die Einhaltung der zeitlichen Rahmenbedingungen zu achten.

Seitens der Lernenden bedarf es der Fähigkeit und Bereitschaft, selbstständig und eigenverantwortlich zu arbeiten. Sind diese Fähigkeiten nur gering ausgeprägt, sollten zunächst nur kleinere und zeitlich überschaubare Leittexte verwendet werden.

13.8 Beispiel: Eigenfertigung oder Fremdbezug?

1. Information zur Methode und zum weiteren Vorgehen
Sie haben sechs Unterrichtsstunden zur Verfügung, um gemeinsam mit Ihren Gruppenmitgliedern weitgehend selbstständig folgende Phasen zu durchlaufen:

| Informieren |
| Planen |
| Entscheiden |
| Ausführen |
| Kontrollieren |
| Bewerten |

A – Informieren Sie sich über den weiteren Verlauf. Verdeutlichen Sie sich zunächst Ihre Aufgabenstellung. Verschaffen Sie sich dann einen ersten Überblick über die Leitfragen (3.) und Leittexte (4.), die Ihnen bei der Bewältigung der Aufgabe helfen.
B – Planen Sie anschließend Ihr weiteres Vorgehen zur Aufgabenbewältigung. Jedes Gruppenmitglied kann zunächst einen eigenen Arbeitsplan entwerfen.
C – Entscheiden Sie sich für einen Ihrer Arbeitspläne und stellen ihn Ihrer Lehrkraft vor. Sie wird Ihnen evtl. Hinweise auf mögliche Verbesserungsmöglichkeiten geben.
D – Führen Sie die notwendigen Schritte anhand Ihres Arbeitsplans aus.
E – Kontrollieren Sie Ihre Ergebnisse mithilfe des Kontrollbogens (5.) der Ihnen entweder bereits jetzt ausgehändigt wurde oder den Sie nach der vierten Phase von Ihrer Lehrkraft erhalten.
F – Werten Sie Ihre Ergebnisse und den Arbeitsprozess gemeinsam mit Ihrer Lehrkraft aus.

2. Aufgabenstellung
Die Contech GmbH stellt Fahrräder her und hat im letzten Jahr bei einem Umsatz von 10 Mio. € einen Gewinn in Höhe von 800.000 € erwirtschaftet. Aufgrund dieser soliden Zahlen und einer hohen Eigenkapitalquote hat das Unternehmen keine Schwierigkeiten, Bankkredite für Investitionen zu erhalten.
    Nach einem längeren und kostenintensiven Forschungsprozess hat Contech einen speziellen Elektroantrieb zur Unterstützung des Fahrradfahrens entwickelt, der einen Teil seiner Energie aus der Rückgewinnung der Bremskraft bezieht. Dieser im Fahrradbereich

einzigartige Zusatzantrieb soll nun für eine neue hochpreisige Fahrradlinie eingesetzt werden. Dabei geht die Contech GmbH von einem durchschnittlichen jährlichen Absatz von 1.300 Fahrrädern zu einem Stückpreis von 2.800€ aus. Diese Prognose ist allerdings unsicher.

Um den Antrieb selbst herzustellen, würde das Unternehmen zunächst eine spezielle Produktionsmaschine benötigen. Diese könnte es für einen jährlichen Betrag von 50.000€ leasen. Der Leasingvertrag hätte eine Laufzeit von 10 Jahren und kann – auch im Falle des Misserfolgs des neuen Produkts – nicht gekündigt werden. Für die Herstellung eines Antriebs würden außerdem jeweils 100€ an weiteren Kosten für Materialien, Arbeitskraft, Strom u.s.w. anfallen.

Alternativ zur Eigenherstellung könnte die Contech GmbH den Antrieb auch von einem Unternehmen, das sich auf die Herstellung von Bremsen und Gangschaltungen für Fahrradhersteller spezialisiert hat, fertigen lassen. Es zeigt sich sehr interessiert an dem Auftrag und würde die Antriebe in gewünschter Stückzahl zu einem Preis von 120€ liefern.

Ihre Aufgabe besteht darin, der Unternehmensleitung eine Empfehlung zu geben, ob sie den Antrieb selbst fertigen oder von dem Lieferanten beziehen soll. Fertigen Sie hierfür einen ansprechenden *schriftlichen Bericht* an, der mindestens folgende Elemente enthält:

- eine Analyse der Entscheidungssituation unter reinen Kostengesichtspunkten.
- eine begründete Ergänzung der Überlegungen um weitere relevante Faktoren.
- ein Fazit, in dem Sie eine Empfehlung aussprechen und begründen.

3. Leitfragen
1. Was wird unter dem Begriff „Wertschöpfung" verstanden?
2. Mit welchen Maßnahmen lässt sich die Wertschöpfung eines Unternehmens erhöhen? Begründen Sie, ob dies erstrebenswert ist.
3. Was wird unter der Strategie der Konzentration auf Kernkompetenzen verstanden?
4. Welche Vor- und Nachteile gehen mit Outsourcing einher?
5. Unter welchen Bedingungen sollte kein Outsourcing stattfinden?
6. Erläutern Sie den Nutzen einer Make-or-buy-Analyse. Wo liegen die Grenzen einer Make-or-buy-Analyse?
7. Inwiefern hilft das Instrument der Entscheidungsbewertungstabelle, ausgewogenere Entscheidungen zu treffen?

4. Leittext
Unternehmen benötigen zur Herstellung ihrer Produkte Waren, die in sie eingehen. Die Waren werden beschafft und dann im Produktionsprozess zum Endprodukt transformiert, wodurch der Wert der eingekauften Waren steigt. Die Differenz aus Produktwert und Eingangswarenwert wird als Wertschöpfung bezeichnet. Die Wertschöpfung ist der Betrag, den das Unternehmen durch seine Tätigkeiten schafft. Eine hohe Wertschöpfung lässt sich erzielen, indem im Extremfall nur Rohstoffe beschafft werden und im Unternehmen selbst der ganze Rest hergestellt wird. Am Beispiel eines Automobilunternehmens hieße das, dass es beispielsweise nur Eisen (für Karosserie und Motor), Gummi (für Reifen) etc. einkauft. Aus diesen Rohstoffen könnte es dann die für ein Auto benötigten Produkte selbst herstellen und zu einem Auto montieren. Der Wertschöpfungsanteil des Automobilunternehmens läge in diesem Fall bei fast 100%, da Rohstoffe nur einen Bruchteil des Werts eines Autos

ausmachen. In einer solchen Fabrik müsste das Eisen in seine verschiedensten Formen gepresst, jede Schraube selbst hergestellt, sämtliche Reifen entwickelt und produziert werden und vieles mehr.

Ein Vorteil dieser Strategie liegt in hoher Unabhängigkeit von anderen Unternehmen, sämtliche relevanten Prozesse können selbst gesteuert und kontrolliert werden. Ein nur scheinbarer Vorteil liegt in der Überlegung begründet, dass der Gewinn, den potenzielle Zulieferer erwirtschaften vom Unternehmen selbst generiert werden kann: „Warum sollen wir Aufträge an andere Unternehmen vergeben, wodurch sie Gewinn machen? Wenn wir die Dinge übernehmen, können wir den Gewinn selbst behalten!" Solche Gedanken lassen jedoch komplett die Vorteile der Arbeitsteilung außer Acht. Ein spezialisierter Anbieter erzielt wesentlich höhere Stückzahlen als ein Unternehmen, das nur für den Eigenbedarf produziert. Dadurch sind Größenvorteile (economies of scale) erzielbar: effizientere Produktionstechnologien rechnen sich, die Mitarbeiter sind qualifizierter, die Organisation ist optimal auf die Bedürfnisse ausgerichtet, die Forschung auf dem aktuellen Stand. Weiterhin wäre der Aufwand, um alles selbst herstellen zu können, von kaum einem Unternehmen zu bewältigen: es bräuchte sehr viel Kapital, um die nötigen Anlagen zu erwerben und Unmengen qualifizierter Mitarbeiter, die die Vielzahl der Komponenten eines Autos herstellen müssten. Ein solchermaßen verzetteltes Unternehmen dürfte große Schwierigkeiten haben, bei der Entwicklung sämtlicher Komponenten auf dem neuesten Stand der Technik zu sein. Ein Unternehmen, das sehr breit aufgestellt ist, muss eine hohe Komplexität bewältigen, was flexibles Agieren erschwert. Wünschen Kunden veränderte Produkte, benötigt ein Unternehmen, das alles selbst macht, viel Zeit, um sich den neuen Anforderungen zu stellen, da eine Unmenge an (Vor-) Produkten, Technologien und Strukturen vom Unternehmen angepasst werden müssen.

Ein Unternehmen, das (fast) alles selbst macht, wird seine Produkte verteuert und technisch veraltet anbieten und unflexibel sein. Die bessere Lösung besteht darin, sämtliche Ressourcen (Kapital, Mitarbeiter) auf die Kernkompetenzen zu konzentrieren, also auf die Produkte bzw. Prozesse, die ein Unternehmen besonders gut beherrscht und die für seinen Erfolg entscheidend sind. Im Bereich seiner Kernkompetenz kann das Unternehmen somit Spitzenleistungen anbieten. Die restlichen Dinge werden nicht mehr vom Unternehmen selbst erbracht, sondern von außen. Durch dieses Outsourcing können Produkte und Dienstleistungen von Unternehmen bezogen werden, die darin ihre Kernkompetenzen aufgebaut haben und somit besser und preiswerter sind, als dies bei Eigenproduktion möglich wäre.

Im Bereich der Logistik existieren etliche Aufgaben, bei denen Unternehmen überprüfen sollten, ob sie zu den Kernkompetenzen gehören (bzw. dazu ausgebaut werden sollten) oder an einen Logistikdienstleister outgesourct werden sollten, beispielsweise: Transportaufgaben, Lagerhaltung, Disposition und Beschaffung, Kommissionierung/ Konfektionierung, Verpackung, Montageaufgaben, Qualitätskontrolle, Inventurabwicklung Auftragsbearbeitung/Rechnungsstellung, Retouren-Service, Regal-Service, "Full Service"-Pakete und auch innerbetriebliche Logistik.

Neben der bereits geschilderten Möglichkeit der Konzentration auf Kernkompetenzen und den Größenvorteilen bietet Outsourcing eine Reihe weiterer Vorteile.

Fixe Kosten lassen sich in variable Kosten umwandeln. Erstere fallen unabhängig vom Auslastungsgrad an. So verursacht ein Lager Kosten, unabhängig davon, ob es leer oder gefüllt ist. Variable Kosten hingegen hängen direkt von der Nutzung ab: hat ein Unternehmen seine Lagerfunktion an ein anderes Unternehmen outgesourct, fallen bei niedrigerer Inanspruchnahme des Lagers weniger Kosten an, als bei hoher Lagerauslastung. Der Aspekt der Variabilisierung fixer Kosten ist insbesondere von Bedeutung, wenn das Unternehmen saisonalen Schwankungen unterliegt, wie beispielsweise ein Lebensmittelhändler im Weihnachtsgeschäft. Erbringt das Unternehmen die Leistungen selbst, muss es seine Kapazitäten an den Spitzen orientieren. Im Rest des Jahres werden dann weder Lagerkapazitäten noch Maschinen oder Mitarbeiter ausgelastet. Dieses Problem lässt sich vermeiden, indem zumindest für die Bedarfsspitzen fremde Ressourcen (beispielsweise Mitarbeiter eines Zeitarbeitsunternehmens) verwendet werden.

Durch Outsourcing werden gebundene Ressourcen (im wesentlichen Kapital und Mitarbeiter) frei und können zur weiteren Verbesserung der Kernbereiche eingesetzt werden. Die für Outsourcing-Aktivitäten anfallenden Kosten sind aufgrund vertraglicher Regelungen genau kalkulierbar, was bei der Eigenherstellung aufgrund diverser Unsicherheitsfaktoren nicht der Fall ist. Letztlich kann die Qualität der outgesourcten Produkte und Dienstleistungen besser sein, da der Partner darauf spezialisiert ist. Sie können beispielsweise den Material- und Informationsfluss oft effizienter steuern und Abstimmungs- und Koordinierungsaufgaben übernehmen. Logistikdienstleister verfügen gemeinhin über ein größeres Know-how zur Steuerung logistischer Prozesse als produzierende Unternehmen, die sich auf ihre Produktionskernprozesse konzentrieren.

Allerdings kann Outsourcing auch negative Konsequenzen haben. Auf einen Lieferanten hat das Unternehmen weniger Einfluss, als auf unternehmensinterne Abteilungen. Besonders wichtig ist, keine Kernkompetenzen outzusourcen, da dadurch wichtiges Know-how für das Unternehmen verloren geht und der Outsourcingpartner später evtl. als Konkurrent des Unternehmens auftritt. Konzentriert sich ein Maschinenbauunternehmen beispielsweise auf die Entwicklung neuer Maschinen und vergibt es deren Produktion an andere Unternehmen, besteht die Gefahr, dass die Produzenten die Maschinen auf eigene Rechnung herstellen und als Konkurrent am Markt auftreten. Noch problematischer könnte die Situation sein, wenn es sich darüber hinaus weigert, für das Forschungsunternehmen Produktionsaufträge anzunehmen, wenn dieses mittlerweile sein Produktions-Know-how verloren hat. Des Weiteren erschwert ein Kompetenzverlust die Kontrolle des Partners dahingehend, ob dessen Leistungen den notwendigen Anforderungen und Entwicklungen, dem neuesten Stand und dem gezahlten Preis entsprechen. Letztlich ist auch die Frage zu beantworten, was mit den Mitarbeitern geschehen soll, die durch die fremdvergebenen Tätigkeiten an ihrem bisherigen Arbeitsplatz nicht mehr benötigt werden.

Aufgrund des Spannungsverhältnisses von Chancen und Risiken des Outsourcings ist jeweils im Einzelfall abzuwägen, ob ein Bereich oder eine Tätigkeit ausgelagert werden sollte. Um diese komplexen Entscheidungen zu systematisieren, können Hilfsmittel wie die Make-or-buy-Analyse und die Entscheidungsbewertungstabelle verwendet werden.

Mit der Make-or-buy-Analyse wird die kritische Menge berechnet, ab der ein Fremdbezug lohnt. Leicht abgewandelt lässt sich auch die Frage beantworten, ab welchem Preis der Fremdbezug bei konstanter Menge günstiger wird.

Folgendes Beispiel zur Veranschaulichung: Ein Unternehmen benötigt für ein neues Produkt vermutlich 500 Einbauteile. Um sie selbst herzustellen müssten 500.000€ in neue Maschinen investiert werden, deren Abschreibungen und Kapitalkosten jährlich 120.000€ betragen.[24] Für Mitarbeiter sind weitere 80.000€ zu veranschlagen. Darüber hinaus fallen

---

24 Normalerweise werden für Investitionsrechnungen der Abschreibungszeitraum und der Zinssatz der Kapitalkosten benötigt, was den vorliegenden Fall jedoch verkomplizieren würde. Zur Konzentration auf das Wesentliche werden hier die Fixkosten direkt angegeben.

für jedes produzierte Stück Materialkosten in Höhe von 700€ an. Ein Komponentenhersteller bietet dem Unternehmen an, das Produkt zum Stückpreis von 1.200€ zu liefern.
Aufgrund dieser Daten lässt sich leicht berechnen, ob das Angebot günstiger ist.

$$\text{Kosten Eigenfertigung} = \text{Kosten Fremdbezug}$$
$$\text{Fixe Kosten} + \text{Menge} * \text{variable Kosten} = \text{Menge} * \text{Einkaufspreis}$$
$$\text{Menge} = \text{Fixe Kosten} / (\text{Einkaufspreis} - \text{variable Kosten})$$

Bezogen auf das Beispiel ergibt sich als kritische Menge: 200.000€ / (1.200€−700€) = 400.
Bis zu einer Menge von 400 Stück lohnt sich der Fremdbezug, danach ist die Eigenfertigung günstiger. Da von einem Bedarf von 500 Stück ausgegangen wird, würde sich die Eigenfertigung anbieten.

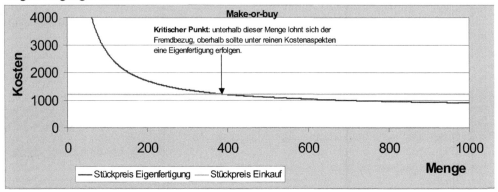

Abbildung 81: Make-or-buy-Analyse

Dieses Beispiel macht allerdings die Grenzen einer rein auf Kosten basierenden Überlegung deutlich. So könnte das Unternehmen beispielsweise Schwierigkeiten haben, das benötigte Kapital aufzubringen. Weiterhin ist nicht sicher, dass tatsächlich 500 Produkte benötigt werden; entwickelt sich die Marktlage schlechter als prognostiziert, oder floppt das Produkt komplett, könnten die Fixkosten nicht abgebaut werden. Da beim Outsourcing normalerweise keine Fixkosten anfallen, besteht diese Gefahr nicht, wodurch sich die Konsequenzen eines Misserfolgs mindern lassen. Beispielsweise kaufen die meisten Automobilkonzerne von ihren Zulieferern ganze Module, die diese auf eigene Kosten entwickeln. Verkauft sich ein Modell schlecht, hat nicht der Automobilhersteller die hohen Entwicklungskosten für die Module zu tragen, sondern der Lieferant. So lassen sich – allerdings auf Kosten der Wertschöpfungspartner – auch unternehmerische Risiken outsourcen.
Die Vielzahl von Faktoren, die bei einer Outsourcing-Entscheidung berücksichtigt werden sollten, lassen sich mit Hilfe einer Entscheidungsbewertungstabelle strukturieren. Dazu werden die relevanten Kriterien aufgelistet (1) und mit einer Gewichtung (2) versehen. Diese Gewichtung muss für den Einzelfall begründet werden (3), darf also nicht willkürlich sein. Dann erhalten die zur Verfügung stehenden Alternativen (in diesem Fall die Eigenfertigung und der Fremdbezug) einen begründeten (4) Punktwert (5). Diese Punkte werden mit der Gewichtung multipliziert (6), und anschließend addiert (7). Die Alternative mit dem höchsten Punktwert ist die günstigste.

Entscheidungs-kriterium	Gewich-tung (1-10)	verbale Begründung	Eigenfertigung			Fremdbezug (Outsourcing)		
			verbale Begründung	Bewertung (1-10)	Gesamt (GxB)	verbale Begründung	Bewertung (1-10)	Gesamt (GxB)
Preis	8	das Unternehmen agiert in einem preissensiblen Marktumfeld	bei 500 Stück beträgt der Stückpreis 1092€	8	64	1.200,00 €	5	40
Konsequenzen eines Misserfolgs	9	die Prognose von 500 Stück ist unsicher, die Nachfrage könnte auch deutlich niedriger sein	hohes Risiko, da die Maschine nur mit hohen Abschlägen verkauft werden kann.	2	18	Das Risiko trägt der Lieferant	10	90
Kapital-belastung	7	Wichtiges Kriterium, da das Unternehmen derzeit einen Kapitalengpass hat	Es müssten 500.000€ aufgebracht werden.	2	14	Kein Kapital nötig	10	70
Gestaltungs-möglichkeiten	3	Nicht so wichtig, da das Produkt klar spezifizierbar ist und nicht geändert werden muss	hohe Einflussmöglichkeiten	9	27	geringerer Einfluss	3	9
					123			209

Abbildung 82: Entscheidungsbewertungstabelle zur Make-or-buy-Analyse

Obwohl die rein kostenorientierte Make-or-buy-Analyse zu einer Eigenfertigung geführt hätte, sollte in diesem konkreten Fall unter Berücksichtigung der dargestellten Faktoren die Fertigung outgesourct werden.

5. Kontrollbogen
5.1 Antwortskizzen zu den Leitfragen

1. Was wird unter dem Begriff „Wertschöpfung" verstanden?
Die Wertschöpfung ist die Differenz zwischen Produktwert und Wareneingangswert.

2. Mit welchen Maßnahmen lässt sich die Wertschöpfung eines Unternehmens erhöhen? Begründen Sie, ob dies erstrebenswert ist.
Die Wertschöpfung lässt sich erhöhen, indem das Unternehmen möglichst wenige Vorprodukte zukauft und diese selbst fertigt. Diese Strategie ist im Allgemeinen kritisch zu sehen. Zwar erhöht sich dadurch die Unabhängigkeit von Zulieferern, aber die Produktivitätsvorteile durch Arbeitsteilung und Spezialisierung können so nicht genutzt werden. Außerdem ist diese Strategie sehr ressourcenintensiv (z.B. bzgl. Kapital, Mitarbeitern, Managementkapazität) und die Gefahr der Verzettelung ist hoch.

3. Was wird unter der Strategie der Konzentration auf Kernkompetenzen verstanden?
Konzentration auf Kernkompetenzen bedeutet, dass sich ein Unternehmen auf die Tätigkeiten, Produkte und Prozesse konzentriert, die es besonders gut beherrscht und die für seinen Erfolg von zentraler Bedeutung sind. Andere Produkte und Tätigkeiten werden nicht selbst hergestellt, sondern von anderen Unternehmen, die dies besser beherrschen, eingekauft.

4. Welche Vor- und Nachteile gehen mit Outsourcing einher? Unter welchen Bedingungen sollte kein Outsourcing stattfinden?

Vorteile:
- *insgesamt höhere Prozess- und Produktqualität*
- *effektiverer Ressourceneinsatz*

- *größere Flexibilität; Umwandlung fixer Kosten in variable Kosten; sicherere Kostenkalkulation; Ausgleich saisonaler Schwankungen leichter möglich*

Nachteile:
- *geringerer Einfluss auf die Lieferanten im Vergleich zur Eigenfertigung*
- *schlechtere Kontrollmöglichkeiten*
- *Gefahr sich von den Zulieferbetrieben abhängig zu machen bzw. sich Konkurrenten zu schaffen, wenn Kernkompetenzen nach außen verlagert werden*

Generell sollten keine Kernkompetenzen ausgelagert werden (vgl. Nachteile)

5. Erläutern Sie den Nutzen einer Make-or-buy-Analyse.
Eine Make-or-buy-Analyse verdeutlicht den Kostenunterschied zwischen den beiden Varianten der Eigenfertigung und des Fremdbezugs und ist insofern sehr hilfreich für die entsprechende Entscheidung.

6. Wo liegen die Grenzen einer Make-or-buy-Analyse?
Die Ergebnisse einer Make-or-buy-Analyse beruhen auf bestimmten Annahmen, insbesondere über die Absatzmenge, die jedoch meist nur geschätzt werden kann. Insofern bleibt eine gewisse Unsicherheit bestehen.
Gravierender ist jedoch, dass die Make-or-buy-Analyse nur Kostengesichtspunkte berücksichtigt und andere wesentliche Entscheidungsparameter außer acht lässt.

7. Inwiefern hilft das Instrument der einer Entscheidungsbewertungstabelle, ausgewogenere Entscheidungen zu treffen?
Informationen der Make-or-buy-Analyse sind sicherlich wichtig. Gleichwohl gibt es zahlreiche weitere Kriterien, die im Einzelfall für die Entscheidung berücksichtigt werden sollten. Eine Entscheidungsbewertungstabelle ist ein einfach zu handhabendes uns sehr transparentes Instrument, um weitere Aspekte berücksichtigen zu können.

5.2 Denkanregungen zur Aufgabenstellung
- Haben Sie eine Make-or-Buy-Analyse durchgeführt? Sie sollten herausgefunden haben, dass beim Einkauf geringere Kosten entstehen als bei Eigenfertigung.
- Welche Kriterien sind neben den Kosten noch für die Contech GmbH bedeutsam?
- Haben Sie bei der Gewichtung dieser Kriterien die unternehmensspezifische Situation berücksichtigt und dies begründet?
- Haben Sie eine Entscheidungsbewertungstabelle erstellt?
- Geht Ihr Bericht klar auf die Aufgaben der Unternehmensleitung ein? Ist er formal und inhaltlich ansprechend gestaltet?

6. Anmerkungen für die Lehrkraft
Dieses Beispiel geht von eher leistungsfähigen Schülern mit gewissem Abstraktionsvermögen und grundlegenden Kenntnissen in einer Tabellenkalkulation aus. Sind diese nicht gegeben, empfehlen sich manche folgender Anpassungen:
- Die Zeit ist ggf. zu erhöhen.

- Evtl. könnte der Leittext insbesondere bei der Darstellung der Make-or-buy- Analyse etwas ausgeführt und mit einem weiteren Berechnungsbeispiel versehen werden.
- Falls die Schüler noch nicht mit einer Tabellenkalkulation gearbeitet haben sollen, kann ihnen die entsprechende Datei auf der Website als Grundlage dienen. Zur Not kann die Tabelle auch in einer Textverarbeitung erstellt werden, wenngleich dadurch wesentliche Vorteile (automatische Berechnungen durch Formeln) nicht nutzbar sind.

Das Anspruchsniveau des Leittexts lässt sich gut erhöhen, indem der Fall dahingehend abgewandelt wird, dass Schüler keine Informationen über Preise und Konditionen des einkaufbaren Produkts erhalten. Dann müssten sie diese in einer eigenständigen (Internet-) recherche eruieren.

13.9 Vertiefung

Weitere Beispiele von Leittexten:
http://www.uni-koeln.de/hf/konstrukt/didaktik/leittext/Klimawandel%20EWB.doc
Ein Leittext zum Klimawandel

http://www.uni-koeln.de/hf/konstrukt/didaktik/leittext/frameset_leittext.html (und dann auf „Beispiel" klicken)
Ein Leittext zur Leittextmethode

13.10 Aufgaben

1. Unter welchen Umständen bzw. für welche Zielsetzungen ist die Leittextmethode besonders geeignet?
2. Beschreiben Sie die Rollen der Lerner und der Lehrenden bei der Arbeit mit Leittexten.
3. Finden Sie Themen im für Sie relevanten Lehrplan, für die die Leittextmethode geeignet ist.
4. Welche Schwierigkeiten bei der Umsetzung der Leittextmethode sind in der Praxis zu erwarten?

14. WebQuest

14.1 Gegenstand

Die Arbeit mit WebQuests zeichnet sich durch die weitgehend selbstständige Bearbeitung einer Aufgabe oder eines Problems durch die Lernenden aus. Dabei ist der Lernprozess klar durch ein Phasenschema strukturiert. Die zur Bewältigung der Aufgaben benötigten Informationen werden nicht unmittelbar mitgeliefert, sondern deren Fundort angegeben. Das wesentliche Medium der Methode ist der Computer bzw. das Internet, worin der Hauptunterschied zur Leittextmethode besteht.

14.2 Entwicklung der Methode

Zwar weisen WebQuests viele Ähnlichkeiten zur Leittextmethode auf. So ist von den Lernenden auch hier eine größere Aufgabenstellung mit Hilfe einer klaren Struktur und angegebener Materialien eigenständig zu bearbeiten.

Dennoch wurde sie davon unabhängig 1995 von Bernie Dodge entwickelt. Ihr spezifischer Ansatz besteht in der gezielten Nutzung des Internets für Lernprozesse. Die Informationsrecherche durch das Internet weist zunächst zahlreiche Vorteile auf. So ist das Internet ein bei Kindern und Jugendlichen positiv bewertetes Medium, womit eine erhöhte Motivation einhergeht. Ferner sind seine Materialien im Gegensatz zu vielen didaktisch aufbereiteten bzw. reduzierten Informationsquellen authentisch. Dies kann ebenfalls motivierend wirken und außerdem ein wichtiges Element zur Fähigkeit und Bereitschaft lebenslangen Lernens darstellen, da außerhalb des schulischen Lernens Informationen und Wissen ebenfalls mit authentischen Materialien erschlossen werden. Ferner sind die Informationen im Internet in der Regel deutlich aktueller als bei typischen schulischen Medien. Computer und Internetanschluss vorausgesetzt, sind sie meist auch kostenlos, leicht verfügbar und schnell auffindbar. Durch die Hyperlinkstruktur des Internet werden vernetztes Lernen und individuelle Lernwege ermöglicht. Außerdem können Sachverhalte multimedial dargestellt werden, was neben der Motivation und Anschaulichkeit auch zur besseren Verankerung im Gedächtnis führen kann.

Allerdings geht die Informationsrecherche im Internet auch mit gravierenden Nachteilen für schulisches Lernen einher. Zunächst sind die Informationen eben nicht didaktisch aufbereitet, was dazu führen kann, dass sie für die Lernenden aufgrund unzureichender Vorkenntnisse unverständlich bleiben. In diesem Zusammenhang stellt sich auch die Frage nach der Glaubwürdigkeit der gefundenen Informationen, die von Schülern oft nur schwer beantwortet werden kann. Andere zentrale Probleme bestehen in der Gefahr der Informationsüberflutung (information overload) und dem Problem fehlender Orientierung, insbesondere angesichts der Hypertextstruktur (lost in hyperspace).

Dodges Ansatz versucht, die Vorteile der Internetrecherche zu nutzen und gleichzeitig ihre Probleme weitgehend zu vermeiden. Dies erreicht er, indem er die Lernenden keine eigene Suche durchführen lässt, sondern zu ausgewählten Quellen verlinkt. Dadurch liegt der Fokus nicht mehr der Recherche, sondern der Auswertung und dem Verständnis von Informationen.

Im deutschen Sprachraum fanden WebQuests zunehmende Verbreitung durch die Arbeiten des Schweizer Medienpädagogen Heinz Moser. Bei ihm nimmt das Internet einen geringeren Stellenwert als bei Dodge ein, so dass er das Internet als eine Informationsquelle neben zahlreichen anderen nutzt.

14.3 Verlauf

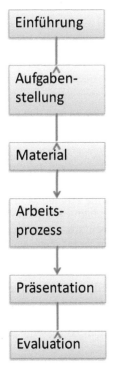

Einführung

Aufgaben-stellung

Material

Arbeits-prozess

Präsentation

Evaluation

Abbildung 83: Verlauf der Webquestmethode

Die Arbeit mit WebQuests verläuft in sechs Phasen, denen jedoch noch eine Vorbereitungsphase vorgelagert wird. In diesem Zusammenhang ist das WebQuest zunächst von der Lehrkraft zu erstellen oder auszuwählen und an die Lerngruppe zu adaptieren. Ferner sollten die Lernenden, wenn sie noch nicht mit WebQuests gearbeitet haben, über die Ziele der Methode und die grundsätzliche Vorgehensweise informiert werden.

Im Rahmen der *Einleitung* werden die Lernenden an das Thema herangeführt. Der Einstieg sollte für die Schüler interessant und motivierend sein. Auf die Vorgabe einer strukturierten Übersicht über das Thema, beispielsweise mittels eines advance organizers, wird zugunsten der Darstellung einer möglichst authentischen bzw. authentisch wirkenden Fallsituation verzichtet. Dies kann z.B. mittels einer Pressemitteilung oder einer Geschichte umgesetzt werden. Bei der Darstellung können neben Texten auch Bilder, Audio- und Videodateien Verwendung finden.

Während die Einleitung den größeren Zusammenhang aufzeigen und motivieren soll, dient die anschließend zu bearbeitende *Aufgabenstellung* verstärkt der Strukturierung des Lernprozesses. Die Aufgabenstellung ist deutlich konkreter als die Einleitung und kann zahlreiche Unteraufgaben enthalten. Sie sollen den Mitgliedern der Lerngruppen Hinweise zur Bearbeitung vermitteln, Denkanstöße geben und Diskussionen initiieren. Bei der Formulierung der Aufgabenstellung sind reine Wissensfragen, die sich schnell durch Copy & Paste beantworten lassen, möglichst zu vermeiden.

Um die Aufgaben bearbeiten zu können, werden den Lernenden *Materialien* zur Verfügung gestellt. Dies sind häufig Hyperlinks zu Websites, die von der Lehrkraft speziell im Hinblick auf die Zielgruppe und Thematik ausgewählt wurden. Dadurch entfallen die oben geschilderten Probleme der üblichen Internetrecherche. Gleichwohl haben die Lernenden die Möglichkeit, auch eigene Recherchen durchzuführen. Ferner ist zu berücksichtigen, dass auch Informationsquellen jenseits des Internets genutzt und angegeben werden können, beispielsweise Fach- und Schulbücher, Zeitungen oder Experten.

Die Lernenden erhalten auch Hinweise zum *Arbeitsprozess*, die ihnen helfen sollen, die Aufgaben qualitativ hochwertig und zeitökonomisch zu bearbeiten. Dies kann u.a. Hinweise auf arbeitsteiliges Vorgehen innerhalb der Gruppe, parallele Dokumentation der wichtigsten Inhalte während der Materialbearbeitung   oder das Festhalten von Quellen beinhalten.

Die Ergebnisse der Lerngruppen werden in *Präsentationen* festgehalten. Dies kann genauso in Form einer Website wie als Plakat, Bericht oder (Folien-) Vortrag erfolgen.

Abschließend sind der Arbeitsprozess und sein inhaltliches Ergebnis einer *Evaluation* zu unterziehen und zu bewerten. Hierbei können die Lernenden aktiv integriert werden, was dem selbstständigen und eigenverantwortlichen Charakter der WebQuestmethode besonders entspricht. Außerdem lernen die Schüler dadurch, ihre Arbeit selbstkritisch zu reflektieren. Sowohl um die Selbstbeurteilung der Schüler zu ermöglichen als auch um die Transparenz des Bewertungsverfahrens zu erhöhen, sollte den Schülern der Bewertungsbogen bzw. die Bewertungskriterien zugänglich gemacht werden.

14.4 Ziele und Inhalte

Schüler können durch die Arbeit mit WebQuests lernen, …

- wie sie das Internet als Teil der Informationsbeschaffung und ihres eigenen Lernprozesses nutzen können;
- größere Aufgaben weitgehend selbstständig zu bearbeiten;
- eigenständig zu lernen;
- Probleme zu erkennen, zu analysieren, Lösungswege zu planen und umzusetzen;
- ihre Arbeitsergebnisse selbstständig zu kontrollieren und zu bewerten;
- kooperativ in Gruppen zu arbeiten;
- zu kommunizieren und zu kooperieren
- und nicht zuletzt: die Inhalte bzw. Gegenstandsbereiche des WebQuests besser zu verstehen und nachhaltiger zu lernen.

Inhaltlich sind WebQuests für ein äußerst breites Spektrum geeignet, das auch nicht fachspezifisch ist. Insofern lässt sich die Methode auch zum fächerübergreifenden Lernen verwenden.

14.5 Voraussetzungen

Die wesentliche *technische Voraussetzung* zur Arbeit mit WebQuests sind Computer mit Internetzugang, wobei jede Gruppe wenigstens über ein Arbeitsgerät verfügen muss. Für längerfristige WebQuests bzw. zum häufigeren Einsatz sollten die PCs möglichst im Klassenraum statt in einem separaten Computerraum vorhanden sein.

Zunächst wird ein WebQuest benötigt, das die gewünschten Inhalte abdeckt und den Voraussetzungen der Lerngruppe entspricht. Dieses auszuwählen oder zu erstellen ist die wesentliche Aufgabe, die der *Lehrkraft* bei der Arbeit mit der Methode zukommt. Während der Arbeit mit der Methode kann und sollte sich die Lehrkraft weitgehend zurückhalten und sich primär als Lernberater denn als Wissensvermittler verstehen. Sie steht den Lernenden dann zur Verfügung, wenn sie Fragen haben oder Schwierigkeiten artikulieren. Dabei sollte ihnen jedoch nach Möglichkeit keine sehr konkrete Antwort auf eine Frage des WebQuests sondern eher ein Impuls oder eine Denkanregung gegeben werden.

Seitens der *Lernenden* bedarf es der Fähigkeit und Bereitschaft, selbstständig und eigenverantwortlich zu arbeiten. Außerdem sollten sie über wenigstens elementare Erfahrungen im Umgang mit Computern und dem Internet verfügen.

14.6 Vorteile und Probleme

Zunächst lassen sich bei der Arbeit mit WebQuests *anspruchsvolle Lernziele* anstreben. Dabei ist der Lernprozess im Vergleich zu vielen anderen handlungsorientierten Methoden *zeiteffizient*. Durch die Angabe ausgewählter Links lässt sich den häufig mit der eigenständigen *Internetrecherche einhergehenden Problemen* der Informationsüberflutung, Desorientierung, Frustration und des zeitineffizienten Suchens erfolgreich *begegnen*. Ein weiterer Vorteil besteht in den *geringen Kosten*, da keine Kopien benötigt werden und die meisten im Internet verfügbaren Informationen kostenlos zugänglich sind.

Darüber hinaus können mit WebQuests bedeutsame fachdidaktische Prinzipien realisiert werden:

So ergibt sich automatisch ein besonders hoher Grad an Schüler*selbstständigkeit* und *-selbsttätigkeit*.

Die Prinzipien der *Problemorientierung, Situationsorientierung* und *Lebens- bzw. Praxisnähe* sind integraler Bestandteil der Methode, da WebQuests den Lernprozess mit einer möglichst problemorientierten und/oder lebensnahen Ausgangssituation initiieren.

Authentizität und *Aktualität* ergeben sich aufgrund des zentralen Mediums Internet.

Durch die Möglichkeit, sowohl Einführung als auch verlinkte Materialien mit multimedialen Inhalten zu verbinden, kann das Prinzip der *Anschaulichkeit* besonders gut umgesetzt werden. Ferner lässt sich durch geeignete Gruppeneinteilung das Prinzip der *Differenzierung* gut umsetzen, wodurch die Lehrkraft ihre Zeit verstärkt zur Unterstützung von schwächeren Lerngruppen investieren kann.

Individualisiertes Lernen ergibt sich durch die Hyperlinkstruktur, wodurch die Schüler, abhängig von ihren Interessen und Vorkenntnissen, eigene Lernpfade beschreiten können. *Ganzheitlichkeit* ist insofern gegeben, als Schüler die zu behandelnde Aufgabenstellung nach Möglichkeit intensiv, vollständig und aus unterschiedlichen Perspektiven bearbeiten sollen.

Problematisch bei der Arbeit mit WebQuests ist zunächst ihre Entwicklung, die einen gewissen Zeitaufwand erfordert. Da die Materialien jedoch nicht selbst erstellt sondern verlinkt werden, ist dieser Aspekt nicht allzu gravierend. Außerdem stehen zahlreiche WebQuests im Internet zur Verfügung, so dass ggf. bereits erstellte WebQuests verwendet werden können. Ursprünglich bedurfte es einer größeren technischen Expertise, um ansprechende WebQuests zu erstellen und online zu publizieren. Mittlerweile sind jedoch komfortable WebQuestgeneratoren verfügbar, die sehr leicht und intuitiv bedienbar sind. Ein kostenloser WebQuestgenerator ist auf der Website des Buchs zur Verfügung gestellt.

Probleme im Lernprozess können sich ergeben, wenn die Schüler mit der Methode noch nicht vertraut sind. In diesem Fall sollten sie zunächst mit kleineren und einfacheren WebQuests daran herangeführt werden. Ferner empfiehlt sich dann eine stärkere Unterstützung der Gruppen und eine Reflexion zum Ende der Lerneinheit.

Auch wenn die Methode die Selbstständigkeit der Schüler und eine Zurückhaltung des Lehrers betont, ist darauf zu achten, dass die Schüler die mit der Methode einhergehenden Freiheiten nicht missbrauchen und sich tatsächlich mit den Aufgaben auseinandersetzen, statt sich hinter anderen Gruppenmitgliedern zu verstecken. Des Weiteren sollte die Lehrkraft schwächere Lerngruppen angemessen unterstützen.

14.7 Aufgaben der Lehrkraft

Da Schüler bei der WebQuestmethode sehr eigenständig arbeiten, sind die Aufgaben der Lehrkraft überschaubar. Sie muss das WebQuest zunächst erstellen oder auswählen und den Schülern zugänglich machen. Darüber hinaus agiert sie primär als Lernberater und unterstützt bei Problemen. Außerdem ist die Bewertung der Arbeit und ihrer Ergebnisse eine Aufgabe der Lehrkraft, wobei auch dies gemeinsam mit den Schülern erfolgen kann.

14.8 Vertiefung

http://webquest.org
Dies dürfte die umfassendste Seite zu WebQuests darstellen. Hier finden sich neben Einführungen und wissenschaftlichen Arbeiten zahlreiche WebQuests. Allerdings ist die Seite englischsprachig.

http://www.webquests.de/
Diese Seite gibt eine prägnante Einführung in die Methode. Darüber hinaus wird ein WebQuest zum Thema WebQuest angeboten, anhand dessen sowohl eine vertiefte theoretische Einarbeitung möglich wird als auch erste Erfahrungen zur Methode aus der Perspektive der Lernenden gewonnen werden können. Ferner findet sich eine umfassende Linkliste zur vertiefenden theoretischen Orientierung und zahlreichen Beispielen.

http://www.lehrer-online.de/webquests.php?sid=9504989056137504532442754275420
Ein umfassendes Informationsangebot von Lehrer-Online mit Hintergrundinformationen zu WebQuests, Beispielen und Links zu WebQuestgeneratoren.

14.9 Aufgaben

1. Inwiefern lassen sich mit WebQuests die Vorteile des Internets nutzen und die Nachteile von Internetrecherchen reduzieren?
2. Beschreiben Sie den Verlauf eines WebQuests.
3. Bewerten Sie ein WebQuest, das Sie in der Datenbank unter http://www.wirtschaft-lernen.de/webquest/ finden.
4. Erstellen Sie ein WebQuest zu einem Thema Ihres Fachs, indem Sie den WebQuest-generator auf http://www.wirtschaft-lernen.de/webquest/ nutzen.

15. Zukunftswerkstatt

15.1 Gegenstand

Die Arbeit mit Zukunftswerkstätten ist eine Methode, bei der mit Hilfe von Kreativitäts-techniken wünschenswerte Zukunftsvorstellungen und Lösungen zu gesellschaftlichen Problemen entwickelt werden sollen.

Das Konzept der Zukunftswerkstatt wurde im Wesentlichen vom Zukunftsforscher Robert Jungk in den 1960er Jahren entwickelt. Sie diente weniger der Verbesserung schulischer Lehr-Lernprozesse sondern sollte ein Instrument sein, um breite Bevölkerungsschichten stärker in ökonomische, politische und soziologische Entscheidungsprozesse einzubinden. Entsprechend zeichnen sich Zukunftswerkstätten durch folgende Merkmale aus:

- Zukunftswerkstätten sind basisdemokratisch, d.h. sie verstehen sich als Demokratisierungsin-strument, als Plattform, von der aus eine maßgebliche Bürgerbeteiligung an der Ausgestaltung des Kommenden möglich wird.
- Zukunftswerkstätten sind integrativ, d.h. sie versuchen eine Aufhebung des Gegensatzes von Ex-perten und Laien, Herrschenden und Beherrschten, Wissenden und Unwissenden, Planern und Verplanten sowie Aktiven und Passiven.
- Zukunftswerkstätten sind ganzheitlich, d.h. sie versuchen eine Integration von Selbst- und Ge-sellschaftsveränderung, Rationalität und Intuition, Intellektualität und Spiritualität sowie Kogni-tion und Emotion.
- Zukunftswerkstätten sind kreativ, d.h. es handelt sich um eine Methode des Planens, Entwerfens und Entwickelns, die die schöpferische Phantasie und den sozialen Erfindungsgeist der Beteilig-ten herausfordert.
- Zukunftswerkstätten sind kommunikativ, d.h. sie sind eine Chance für die sonst sprachlosen, die vielen Unterfragten in der Gesellschaft, ihre Bedürfnisse und Sehnsüchte, ihre Vorstellungen und Ideen, aber auch ihre Ängste und Befürchtungen frei zu äußern.
- Zukunftswerkstätten sind provokativ, d.h. sie sind eine Herausforderung an die staatlichen und wirtschaftlichen Institutionen, aus der Bevölkerung kommende Lösungsvorschläge und soziale Erfindungen ernst zu nehmen und aufzugreifen (Weinbrenner 1989, S. 39 zitiert nach Kaiser & Kaminski 1999 S. 234).

15.2 Verlauf

Abbildung 84: Verlauf der Zukunftswerkstatt

Im Rahmen der *Vorbereitung*, die in der Regel von der Lehrkraft durchgeführt wird, sind primär organisatorische Fragen zu klären. Zentral ist hierbei, wann und wie lange an der Zukunftswerkstatt gearbeitet werden kann. Jungk empfiehlt eine Dauer von zwei bis drei Tagen, was in der Schule ggf. im Rahmen einer Projektwoche umsetzbar ist. Ansonsten lässt sich die Dauer bis auf ein Minimum von drei Schulstunden reduzieren, so dass für jede Hauptphase (Kritik, Phantasie, Verwirklichung) wenigstens eine Schulstunde zur Verfügung steht. Um den Kreativitätsfluss nicht zu unterbrechen, sollten sie nach Möglichkeit durchgängig zur Verfügung stehen, was meist eine Veränderung der Stundenplanung erfordert.

Alternativ ist auch denkbar, eine Zukunftswerkstatt fächerübergreifend durchzuführen, wodurch ggf. sowohl insgesamt mehr Zeit verfügbar ist und diese auch leichter zusammenhängend genutzt werden kann. Außerdem ist das benötigte Material (z.B. Pinnwände, große Papierbogen, Klebeband) bereitzustellen. In der schulischen Anwendungssituation wird die Lehrkraft auch die Themenstellung im Hinblick auf die Lernziele und zu bearbeitenden Inhalte festlegen, wenngleich eine möglichst starke Integration der Lernenden in die Themenfestlegung wünschenswert ist. Darüber hinaus sollte den Schülern ein Überblick über die Methode inklusive ihrer Zielsetzung und ihres Verlaufs gegeben werden.

Die *Kritikphase* beginnt zunächst mit einer Sammlung kritischer Wahrnehmungen und Äußerungen zur Themenstellung. Die entsprechenden Äußerungen sind kurz zu visualisieren. Die Kritiksammlung lässt sich z.B. mit einem Brainstorming oder einer Kartenabfrage umsetzen. Anschließend ist die spontan und unstrukturiert geäußerte Kritik zu verarbeiten. Dabei können einzelne Aspekte ausgeführt und diskutiert werden. Ferner sind die vielfältigen Kritikpunkte zu strukturieren bzw. zu ordnen und zu größeren thematischen Einheiten zusammenzufassen. Auf dieser Basis lässt sich dann besser entscheiden, welche Kritikthemenkreise im weiteren Verlauf vertieft zu bearbeiten sind. Dieser Auswahlprozess kann durch eine Punktabfrage unterstützt werden, bei der die Teilnehmer eine bestimmte Anzahl von Punkten erhalten und diese an die Themenbereiche kleben, die ihnen besonders wichtig erscheinen. Dann wären die Themen mit den meisten Punkten in den Folgephasen genauer zu bearbeiten.

Die *Phantasie- bzw. Utopiephase* beginnt mit einer Umformulierung der ausgewählten Problembereiche in positive Aussagen. „Umweltverschmutzung" wird beispielsweise umformuliert in „saubere Umwelt". Zu diesen Themenbereichen sind dann mit Hilfe von Kreativitätstechniken (z.B. Brainstormings, Phantasiemeditationen) mögliche Lösungen zu suchen. Die Lösungsansätze können sich von Einschränkungen der Realität freimachen. Die Teilnehmer sollen also zunächst davon ausgehen, über (unendlich) viel politische Gestaltungsmacht und finanzielle Mittel zu verfügen. Anschließend sind die gesammelten Ideen zu verarbeiten. Dazu werden die gefundenen Ideen zunächst miteinander in Zusammenhang gesetzt. Dann sind ausgewählte Ideen vertieft in Kleingruppen zu bearbeiten und zu präsentieren. Die einzelnen Präsentationsergebnisse werden im Plenum diskutiert, ergänzt und zu Lösungskonzepten bzw. Ideenpaketen zusammengefasst. Diese werden wiederum hinsichtlich ihrer Attraktivität und Innovationskraft geordnet, wobei wieder das Instrument der Punktabfrage zum Einsatz kommen kann.

Bei der *Verwirklichungsphase* stehen Fragen nach der praktischen Umsetzbarkeit der Lösungsvorschläge im Zentrum. So sind die bevorzugten Lösungsansätze kritisch im Hinblick auf ihre Realisierungschancen zu untersuchen und zu bewerten, wobei – im Gegensatz zur vorigen Phase – politische und finanzielle Restriktionen zu berücksichtigen sind. Für die unter diesen Gesichtspunkten bevorzugte Lösung werden nun in Kleingruppen konkrete Umsetzungspläne und Durchsetzungsstrategien entwickelt.

Die optionale *Nachbereitungsphase* kann dann darin bestehen, den Umsetzungsplan tatsächlich umzusetzen, was im schulischen Umfeld jedoch aus Zeitgründen problematisch sein dürfte und am ehesten im Rahmen einer Arbeitsgemeinschaft realisierbar erscheint.

15.3 Ziele

Schüler können durch die Arbeit mit Zukunftswerkstätten …

* ihr Problembewusstsein entfalten;
* Problemlösestrategien kennen lernen;
* ihre gesellschaftliche und politische Partizipationsbereitschaft und -fähigkeit steigern;
* ihre Kreativität entwickeln;
* ihre Kommunikations- und Kooperationsfähigkeit verbessern.

Grundsätzlich eignet sich die Methode für Probleme u.a. aus den Bereichen Ökonomie, Ökologie, Gesellschaft und Politik. Außerdem sollten die Schüler von dem Themenbereich betroffen sein und nach Möglichkeit eigene Erfahrungen und Postionen dazu haben. Dies empfiehlt sich nicht nur wegen der höheren Motivationswirkung, sondern auch aus dem Umstand, dass im Rahmen von Zukunftswerkstätten oft keine neuen Informationen erarbeitet werden. Entsprechend sind Vorerfahrungen, mit denen gearbeitet werden kann, von besonderer Bedeutung.

15.4 Vorteile und Probleme

Ein Vorteil der Arbeit mit Zukunftswerkstätten aus Lehrersicht dürfte darin bestehen, dass der *Vorbereitungsaufwand* im Vergleich zu den meisten anderen handlungsorientierten Methoden recht überschaubar ist. Ferner spricht für die Methode, dass neben den *spezifischen Lernzielen* mit Zukunftswerkstätten auch einige fachdidaktische Prinzipien realisiert werden können:

Bei Themenstellungen, die der Methode angemessen sind, ergibt sich zwangsläufig *Problemorientierung* und *Lebens- bzw. Praxisnähe*.

Da bei Zukunftswerkstätten der Lehrer eher im Hintergrund steht bzw. als Moderator fungiert, werden die *Schüler stärker aktiviert* und können *selbstständig* arbeiten.

Ganzheitlichkeit kann sich ergeben, wenn die Probleme und Lösungsansätze aus unterschiedlichen Perspektiven beleuchtet werden. Auch im Hinblick auf die Lernbereiche ist Ganzheitlichkeit gegeben, da neben kognitiven Aspekten auch Gefühle ein wesentliches Element der Methode sind.

Ein Nachteil der Methode besteht in ihrem hohen Zeitbedarf und der Forderung nach ununterbrochener Durchführung einer Zukunftswerkstatt, womit ein größerer organisatorischer Aufwand einhergehen kann.

Weiterhin ist problematisch, dass die Methode kaum zur systematischen Aneignung neuen Wissens geeignet ist, da primär mit den bestehenden Wissensbeständen der Teilnehmer und ihrer Kreativität gearbeitet wird. Gleichwohl kann die Zukunftswerkstatt gezielt am Ende eines längeren thematischen Bereichs zur qualitativ hochwertigen Vertiefung und zum Transfer angewendet werden. So könnte nach der Erarbeitung von Wirtschaftsordnungen eine Zukunftswerkstatt zum Thema „Die Zukunft der Marktwirtschaft" gestaltet werden. Außerdem ist denkbar, die Methode derart zu modifizieren, dass bei allen oder ausgewählten Kernphasen der Methode nicht nur Kreativitätstechniken, sondern auch Informationsphasen (z.B. durch Lehrvorträge, Textlektüre oder eigenständige Recherchen) Verwendung finden.

15.5 Vertiefung

Burow (2000). Ich bin gut – wir sind besser. Erfolgsmodelle kreativer Gruppen. Stuttgart: Klett-Cotta. „Robert JUNGK und die Entwicklung der Zukunftswerkstatt" – Onlinelink: http://www.uni-kassel.de/fb1/burow/theorien/Zukunftswerkstatt-lang.pdf
Dieser Artikel vermittelt einen umfassenden Eindruck über das Wesen der Zukunftswerkstatt.

www.zwnetz.de
Diese Website vermittelt Informationen zu Theorie und Praxis der Arbeit mit Zukunftswerkstätten. Des Weiteren finden sich zahlreiche Links und Kontaktmöglichkeiten zu Zukunftswerkstatt-Moderatoren.

15.6 Aufgaben

1. Geben Sie drei lehrplanbezogene Themenbereiche an, für deren Bearbeitung die Zukunftswerkstatt geeignet ist.
2. Beurteilen Sie die Eignung der Methode für den Wirtschaftsunterricht.

16. Pro- und Kontra-Debatte

16.1 Gegenstand

Die Pro- und Kontra-Debatte ist ein stark strukturiertes Streitgespräch, das sich für kontroverse Themen eignet. Im Gegensatz zu Diskussionen gehen die Akteure nicht sofort auf die Äußerungen des anderen ein, sondern artikulieren zusammenhängende Plädoyers. Ein bekanntes Beispiel hierfür liefern Bundestagsdebatten. Das Thema der Debatte sollte sich auf zwei konträre Positionen reduzieren lassen, also nicht zu offen sein, so dass eine Zuspitzung möglich ist. Folglich ergibt sich eine Nähe der Methode zum dialektischen Unterrichtsverfahren.

Bei der Pro- und Kontra-Debatte gilt es verschiedene Rollen zu übernehmen:

- Der Moderator wird in der Regel von der Lehrkraft gespielt und ist für die Einführung in das Thema und die Einhaltung der Regeln verantwortlich.
- Je Position gibt es einen Vertreter bzw. Anwalt, der das Publikum von seiner Position durch Argumente und geschickte Rhetorik zu überzeugen sucht.
- Einige Experten, die sich zu einem einzelnen Sachverhalt vertieft eingearbeitet haben und dem Moderator, den Anwälten und dem Publikum für Ausführungen zur Beantwortung von Fragen oder zur Klärung strittiger Sachverhalte zur Verfügung stehen.
- Das Publikum, das von den jeweiligen Anwälten überzeugt werden soll und das durch sein Abstimmverhalten einen Hinweis über die Qualität der Plädoyers liefert. Außerdem verfolgen die Zuschauer den Verlauf der Debatte anhand von Beobachtungsaufträgen.

16.2 Verlauf

Die *Vorbereitung* erfolgt in Kleingruppen. Zwei Gruppen werden benötigt, um in der Debatte jeweils eine der Positionen zu vertreten. Diese Gruppen sollen einen Sprecher bestimmen, Argumente erarbeiten und die Plädoyers vorbereiten. Denkbar ist auch, unterschiedliche Gruppenmitglieder für das Anfangs- und das Schlussplädoyer zu benennen, um mehr Schüler vor der Klasse sprechen lassen zu können.

Weitere Gruppen werden benötigt, um einzelne Themengebiete vertieft zu erörtern. Von diesen „Expertengruppen" wird jeweils ein Vertreter in das Plenum entsendet und steht während der Debatte als Experte zur Verfügung.

Schüler, die nicht selbst aktiv an der Debatte als Anwalt oder Experte teilnehmen, setzen sich noch mit Beobachtungsaufträgen auseinander.

Vor Beginn der Durchführung sollten sich die Schüler passend im Raum positionieren, beispielsweise wie folgt:

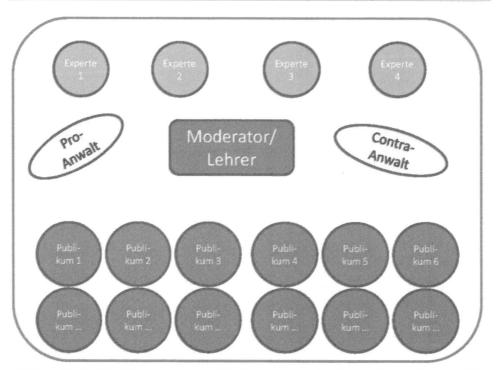

Abbildung 85: Mögliche Sitzordnung während der Pro- und Kontradebatte; orientiert an: Massing, 2004, S. 149

Die *Durchführungsphase* wird vom Moderator eröffnet, der sowohl das Thema als auch die Rahmenbedingungen (z.B. Regeln und verfügbare Zeit) vorstellt. Außerdem führt der Moderator eine erste Abstimmung zur Fragestellung mit dem Publikum durch.

Anschließend folgen die beiden Eröffnungsplädoyers der Anwälte. Danach sind mehrere Verläufe denkbar, die auch miteinander kombiniert werden können:

- Die Anwälte befragen nacheinander die einzelnen Experten, wobei sie ihre Position durch die Aussagen der Experten zu untermauen suchen.
- Das Publikum stellt Fragen an die Anwälte oder an die Experten.
- Die Anwälte ziehen sich in ihre Gruppen zurück, um sich über die vorgetragenen Argumente der Gegenpartei auszutauschen und das Schlussplädoyer entsprechend anzupassen.

Nun halten die Anwälte ihre Schlussplädoyers, woraufhin der Moderator eine erneute Abstimmung zur Fragestellung vornimmt. Veränderte Stimmenergebnisse deuten darauf hin, dass einige Zuschauer ihre Position aufgrund der Debatte überdacht haben.

Die *Nachbereitung* kann mit der Analyse des veränderten Abstimmungsverhaltens begonnen werden. So wäre zu ergründen weswegen einzelne Schüler ihre Meinung geändert haben. Neben sachlichen Argumenten, die in der Reflexion zu würdigen sind, kommt hierfür auch das rhetorische Geschick der Anwälte in Frage. Dies kann zum Anlass genommen werden, die Schüler für rhetorische Fertigkeiten zu sensibilisieren und sie dadurch auch resistenter gegen Manipulationsversuche zu machen bzw. ihre Urteilskompetenz zu fördern.

16.3 Ziele

Neben der vertieften inhaltlichen Auseinandersetzung können Schüler mit der Pro- und Kontradebatte hauptsächlich ihre Kommunikationskompetenz verbessern. Konkret können sie lernen …

- überzeugend zu argumentieren.
- auf die Argumente eines anderen einzugehen.
- genau zuzuhören und ggf. sachliche Argumente von rhetorischem Geschick zu unterscheiden.

16.4 Aufgaben

1. Geben Sie drei lehrplanbezogene Themenbereiche an, für deren Bearbeitung die Pro- und Kontradebatte geeignet ist.
2. Welche Vorteile, Nachteile und Probleme gehen mit der Methode einher?
3. Beurteilen Sie die Eignung der Methode für den Wirtschaftsunterricht.

17. Mikromethoden

Im Gegensatz zu den Makromethoden decken Mikromethoden lediglich einen Teil des Lernprozesses ab. Sie können als Teilelemente der vorgestellten Makromethoden oder anderer vorgestellter Phasenschemata verwendet werden. Neben Mikromethoden, die in diesem Kapitel vorgestellt werden, gehören auch viele der im vierten Kapitel beschriebenen Spiele zu diesem Methodenbereich.

17.1 Lernkonzert

1. Kurzbeschreibung der Methode
Das Lernkonzert ist eine Mikromethode, die sich zur Wiederholung verwenden lässt. Im Gegensatz zu den meisten anderen geschilderten Methoden wirken die Lernenden dabei äußerlich sehr passiv, weswegen eine Nähe zu Ausubels Konzept des rezeptiven Lernens besteht. Die Besonderheit dieses Ansatzes besteht darin, dass sich die Lernenden mithilfe geeigneter Musik in einen Zustand der Entspannung begeben, in dem sie dennoch konzentriert die angesprochenen Inhalte mit verfolgen.

Um sich zu entspannen, wird insbesondere Barockmusik (z.B. Vivaldis Vier Jahreszeiten oder Largo-Sätze von Bach) empfohlen.

2. Ablauf
Ein Lernkonzert verläuft in der Regel in drei Phasen: der Hinführung, der Inhaltsdarstellung und der Rückholung. Während dessen läuft im Hintergrund die ausgewählte Musik.

Im Rahmen der *Hinführung* sollen die Schüler unterstützt werden, sich zu entspannen. Dies kann beispielsweise mithilfe des nachstehenden Texts erfolgen, der ruhig und langsam vorzutragen ist:

> Machen Sie es sich an Ihrem Platz bequem und nehmen Sie eine entspannte Haltung ein ... beginnen Sie, Ihre Aufmerksamkeit nach innen zu richten ... die Fußsohlen beider Füße verbinden Sie sicher mit dem Boden ... und die Muskeln Ihrer Beine entspannen sich ... die Muskeln Ihres Rumpfes, der Arme und Hände, des Nackens und des Gesichts entspannen sich ... und das ist ein angenehmes Gefühl ... lassen Sie Ihren Atem ... ruhig ... und regelmäßig ... und entspannt ... in ganz natürlichem Rhythmus ein- und ausströmen, (Ackermann, Rolf u.a.: Kreativ lehren und lernen. Offenbach 1996, S. 17f.).

Um die Entspannung zu vertiefen, sollte der Sprecher hier kurz pausieren, während die Musik weiterspielt.

Als Übergang zur *Inhaltsdarstellung* bietet sich ein Satz an wie z.B. „Sie sind körperlich entspannt und geistig ganz wach. Lassen Sie uns nun die Inhalte unseres Themas wiederholen." Nun liest der Sprecher die zu wiederholenden Inhalte vor. Dabei sollte die Stimme ruhig und entspannt sein. Bei komplexeren Sachverhalten sollten immer wieder Pausen gemacht werden, so dass die Lernenden die Inhalte innerlich wiederholen bzw. miteinander verknüpfen können.

Zum Ende werden die Schüler aufgefordert, sich aus der Entspannung zu lösen. Hierfür könnten folgende Sätze verwendet werden:

„Ganz langsam ... in Ihrem Tempo ... richten Sie jetzt wieder Ihre Aufmerksamkeit nach außen ... kommen Sie zurück in diesen Raum ... (lauter werdend) ... nehmen Sie ein paar tiefe Atemzüge ... lassen Sie Bewegung in die Zehen ... und in die Finger kommen ... in die Beine und Arme ... lassen Sie die Bewegungen größer werden ... recken und strecken Sie sich ... öffnen Sie die Augen, wenn sie geschlossen waren ... nehmen Sie wahr, wie es Ihnen jetzt geht im Vergleich zu vorher ... und seien Sie wieder ganz die in unserem Unterricht", (Ackermann, S. 16).

3. Potenzielle Probleme
Wenngleich die Methode erfahrungsgemäß zahlreiche Schüler anspricht und durchaus zur Wiederholung von Inhalten geeignet ist, sollte die Erwartungshaltung hinsichtlich ihrer Effektivität nicht allzu hoch sein. Diese Gefahr könnte bestehen, da sie im Umfeld von Georgi Losanow im Zusammenhang mit Superlearning und Suggestopädie propagiert wurde, wobei von extremen Lernerfolgen (z.B. Lernen von hunderten von Vokabeln in wenigen Stunden) die Rede war. Diese Angaben konnten in wissenschaftlichen Studien jedoch nicht repliziert werden.

Beim Einsatz in der Schule könnte sich als problematisch erweisen, dass einige Schüler die Methode nicht ernst nehmen oder aus anderen Gründen Schwierigkeiten haben, sich darauf einzulassen. Dem kann zunächst durch hinreichendes Erklären der Methode begegnet werden. Ferner sollte sie auch mehrmals eingesetzt werden, so dass Schüler, die zunächst Akzeptanzprobleme hatten, Gelegenheit erhalten, diese später zu überwinden. Außerdem ist davon abzusehen, die Schüler zur Teilnahme zu zwingen; diese soll vielmehr auf freiwilliger Basis erfolgen. Gleichwohl sind nicht teilnehmende Schüler nachdrücklich anzuhalten, sich während der Lernkonzerts leise zu verhalten.

Ein weiteres Problem könnte die gewählte Entspannungsmusik sein, da manche Schüler eine Abneigung gegen klassische Musik hegen könnten. Dem lässt sich durch eine andere Musikauswahl begegnen, die durchaus von den Schülern mitgebracht werden kann. Gleichwohl muss es sich hierbei um entspannende Musik handeln, die relativ ruhig ist und keinen Gesang enthält.

17.2 Brainstorming

1. Kurzbeschreibung der Methode
Bei einem Brainstorming handelt es sich um eine Kreativitätstechnik, die der Erzeugung von (neuen) Ideen dient. Dabei werden das Wissen und die Kreativität mehrerer Personen genutzt, deren Kommunikationsverhalten klar geregelt und gestrafft, unnötige Diskussionen vermieden und eine hohe Lösungsvielfalt aufgezeigt.

Brainstormings haben folgende *Regeln*:

- Es soll möglichst spontan und dynamisch gearbeitet werden. Das Ziel ist das Sammeln vieler Ideen in kurzer Zeit (meist dauern Brainstormings zwischen fünf und 30 Minuten).
- Auch zunächst unrealistische Vorschläge sind erwünscht. „Phantasieren" ist ein wesentlicher Teil der Methode.
- Andere Ideen dürfen aufgegriffen und kombiniert werden.
- Kommentare, Kritik und Korrekturen an anderen Beiträgen sind verboten.

Die Methode ist sehr flexibel und kann für ein äußerst breites Inhaltsspektrum verwendet werden. Allerdings bietet es sich eher für einfachere Fragestellungen an. Je nach Methode und zugrunde liegendem Phasenverlaufsschema kann es an unterschiedlichen Stellen eingesetzt werden. Ein Brainstorming bietet sich insbesondere für den Anfang der Problemlösungsphase an, da dort verschiedene Lösungsalternativen generiert werden können.

2. Verlauf

Zunächst sind die Schüler über die Regeln (falls noch nicht bekannt) und die Fragestellung zu informieren.

Anschließend werden die Ideen gesammelt. Da die Bezugnahme auf andere Ideen befruchtend wirken kann, eignet sich eine Art der Dokumentation und Visualisierung, die allen zugänglich ist. Die Beiträge lassen sich beispielsweise an der Tafel oder auf Karten, die an Pinnwänden befestigt werden, festhalten.

Zum Ende sind die Beiträge zu strukturieren und nun auch zu bewerten. So können thematisch ähnliche Vorschläge in räumlicher Nähe zueinander angeordnet oder in der gleichen Farbe umkreist werden. Die Bewertung der Beiträge lässt sich nicht nur im Rahmen einer Diskussion, sondern auch durch eine Punktabfrage durchführen, bei der die Schüler z.B. insgesamt drei Klebepunkte erhalten, die sie an den ihrer Ansicht nach geeignetsten Beiträgen anbringen.

17.3 Mind-Map

Mind-Mapping ist eine hauptsächlich von Tony Buzan entwickelte und verbreitete Methode, die durch gleichzeitige Ansprache der verbal-orientierten und der eher bildhaft arbeitenden Hirnhälften verbesserte kognitive Leistungen ermöglichen soll.

Herkömmliche Themengliederungen wie beispielsweise Inhaltsverzeichnisse in Büchern ordnen Kapitel und Unterkapitel untereinander und sequenziell an. Im Gegensatz hierzu werden die Inhalte bei Mind-Maps räumlich in einer Art Baumstruktur angeordnet. In der Mitte steht die Thematik, von der aus auf breiten „Ästen" die Hauptthemen bzw. Kapitel ausgehen. Diese Äste verzweigen sich wiederum in Unteräste, die den Unterkapiteln entsprechen. Dabei können Zusammenhänge von Begriffen unterschiedlicher Äste mit Pfeilverbindungen veranschaulicht werden.

Mind-Maps können in verschiedenen Farben, mit Bildern und auch mit Humor erstellt werden, was nicht nur mehr Spaß macht, sondern auch kreativitätsfördernd wirken kann.

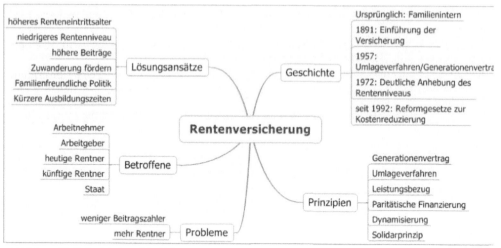

Abbildung 86: Beispiel einer Mind-Map

Mind-Maps eignen sich u.a.

- für das Sammeln von Ideen, da ähnlich wie bei Brainstormings vorangegangene Ideen weitere Ideen auslösen können.
- zur Strukturierung von vorangegangen Brainstormings.
- zur Strukturierung von Fachtexten.
- zur Zusammenfassung eines Themenbereichs.

Die Arbeit mit Mind-Maps hat einige *Vorteile*. Sie sind …

- gut einprägbar.
- übersichtlich, da wichtige Begriffe in der Mitte stehen und Details am Rand positioniert sind.
- sehr kompakt durch Reduktion auf das Nötigste.
- besser ergänzbar als lineare Gliederungen.

Vertiefung
Buzan, Tony; Buzan, Barry: Das Mind-Map-Buch. Die beste Methode zur Steigerung Ihres geistigen Potenzials. München 2005.

18. Schülerfeedback mit OPUS

18.1 Einführung

Die Reflexion und Evaluation des eigenen Unterrichts ist ein wesentliches Element der Professionalität von Lehrkräften. Schülerfeedback ist ein wissenschaftlich anerkanntes und zunehmend verbreitetes Instrument zur Unterrichtsevaluation und zur Verbesserung der Unterrichtsqualität und des Methodeneinsatzes. Insofern sollten Lehrkräfte, die sich intensiv mit dem Methodeneinsatz ihres Faches auseinandersetzen, die Möglichkeiten zur weiteren Optimierung ihres Unterrichts nutzen.

Ausgehend vom Potenzial der „Datenquelle Schüler" wird eine Schülerfeedbackmethode vorgestellt, deren Herausstellungsmerkmale in ihrer effizienten Durchführung und Fokussierung auf Verbesserungsmöglichkeiten bestehen.

18.2 Schüler als Datenlieferanten zur Evaluation von Unterricht

Im Gegensatz zu Evaluationen durch externe Beobachter entstehen bei Evaluationen durch Schüler kaum Kosten, da die Feedbacks auch ohne externe Testleiter konzipierbar sind und somit nur Aufwand für Kopien der Fragebögen und deren Auswertung anfällt. Werden die Fragen online erhoben und automatisiert ausgewertet, wie im Rahmen des nachstehend beschriebenen Feedbackverfahrens, können Schülerfeedbacks fast komplett kostenfrei durchgeführt werden. Weiterhin ist der Zeitraum des Beurteilungsgegenstands höher, was das Problem mangelnder Repräsentativität reduziert. Ferner treten keine Beobachtungseffekte bei Schülern und Lehrern auf und hohe Reliabilität ergibt sich aufgrund der klassenweisen Aggregierung der Urteile.[25] Für die Fähigkeit von Schülern, Unterricht qualifiziert zu beobachten, spricht u.a. ihre jahrelange Erfahrung mit Lehrern und Unterricht. Darüber hinaus empfiehlt sich die Erhebung von Schülerwahrnehmungen, da diese wesentlichen Einfluss auf das Unterrichtsgeschehen nehmen.[26] Auch pädagogische Argumente sprechen für die Durchführung von Schülerfeedbacks; so fühlen sich Schüler eher ernst genommen und durch die Einbeziehung stärker für das Unterrichtsgeschehen verantwortlich.[27] Ferner entspricht dies tendenziell dem Gedanken der demokratischen, kooperativen Schule. Gleichwohl ist bei der Bewertung von Schülerfeedbacks einschränkend zu berücksichtigen, dass die Lehrerbeurteilungen nicht ausschließlich von Lehrer- und Unterrichtsmerkmalen abhängen, sondern auch von Schülereigenschaften und Strukturmerkmalen der Klassensituation. Die dem Lehrer entgegengebrachte Sympathie hat nennenswerten[28] und die Beno-

---

25 De Jong, R; Westerhof, K.: The Quality of Student Ratings of Teacher Behaviour. Learning Environments Research, Nr. 4, 2001, S. 51–85.

26 Steltmann, K.: Forschungen zum Lehrer: Lehrerbeurteilung und Lehrereffektivität. In: Ingenkamp, K; Jäger, R; Petillon, H.; Wolff, B. (Hrsg.): Empirische Pädagogik 1979–1990, Band 2, Weinheim, 1992, 565–573.

27 Bessoth, R.; Weibel, W.: Unterrichtsqualität an Schweizer Schulen. Zug, 2000.

28 Stolz, G.: Der schlechte Lehrer aus der Sicht von Schülern. In: Schwarz, B.; Prange, K. (Hrsg.): Schlechter Lehrer/innen. Weinheim, 1997, S. 124–178.

tung bzw. der Leistungsstand eines Schülers starken Einfluss[29] auf abgegebene Beurteilungen. Trotz dieser Einschränkungen erweisen sich Schülerurteile insgesamt als wertvolle Datenlieferanten zur – insbesondere formativen – Evaluation und als geeignete Impulse zur Verbesserung der Unterrichtsqualität.[30]

18.3 Die Schülerfeedbackmethode OPUS

Vor dem Hintergrund der geschilderten Vorteile des Schülerfeedbacks erklärt sich die große Anzahl verfügbarer Ratgeber und Evaluationsbögen genauso wie das steigende Interesse von Wissenschaftlern an Schülerfeedbackprojekten.[31] Gemeinsam sind diesen Verfahren im Wesentlichen zwei Aspekte. So wird durchgängig eine große Zahl (meist deutlich über 30) von Beurteilungsitems zur Erfassung des Unterrichts bzw. des Lehrerverhaltens verwendet. Ferner werden die Daten generell mit Papierfragebögen erhoben. Onlinefragebögen finden bisher lediglich im Rahmen des Projekts „Schüler als Experten für Unterricht" Anwendung. Mit diesen beiden methodischen Gemeinsamkeiten gehen jedoch nennenswerte Nachteile einher. Die große Zahl an Bewertungsitems erlaubt zwar, zu unterschiedlichen Aspekten detaillierte Zahlenwerte zu erfassen, womit die Lehrkraft sehen kann, *wie* sie und ihr Unterrichtshandeln von den Schülern wahrgenommen wird, was sicherlich eine wichtige Information ist. Gleichwohl erhält sie kaum Rückmeldung, *warum* sie bestimmte Urteile erhält, da differenzierte Freitexteingaben bei einer großen Kriterienanzahl aufgrund des zeitlichen und gedanklichen Aufwands kaum von Schülern zu erwarten sind. Vermutlich auch aufgrund dieser Problematik sind bei den Fragebögen der Projekte kaum Möglichkeiten der Freitexteingabe vorgesehen. Dem könnte beim Besprechen der einzelnen Kriterien mit der Klasse begegnet werden, doch auch hier zeigt sich ein Nachteil einer großen Kriterienanzahl: Ergebnisse können zwar mitgeteilt, aber in ihrer umfassenden Gesamtheit aus zeitlichen und motivationalen Gründen kaum detailliert besprochen werden. Freitexteingaben und verbale Schülererläuterungen sind jedoch nach Ansicht des Autors bedeutsam, um Lehrkräften hinreichend konkrete Ansatzpunkte für Verbesserungen aufzuzeigen. Das Fehlen von erläuternden Freitexten ist allerdings nicht nur durch die Itemzahl und Fragebogenkonstruktion bedingt, sondern wird auch durch die Erhebung in Papierform

29 Babad, E.: How High is 'High Inference'? Within Classroom Differences in Students' Perceptions of Classroom Interaction. Journal of Classroom Interaction, Nr. 31, 1996, 1–9.

30 Ditton, H.; Merz, D.: Qualität von Schule und Unterricht. Kurzbericht über erste Ergebnisse einer Untersuchung an bayerischen Schulen. Online: http://www.quassu.net/Bericht1.pdf, 2000;
Eikenbusch, G.: Erfahrungen mit Schülerrückmeldungen in der Oberstufe. Pädagogik, Nr. 53, 2001, 18–22;
Helmke, A.: Gut unterrichten: Diagnose, Evaluation und Verbesserung der Unterrichtsqualität. Seelze, 2002

31 Zum Beispiel: Bessoth, R.; Weibel, W.: Unterrichtsqualität an Schweizer Schulen. Zug, 2000;
Elsner, G.; Börner, F.: Unterrichtsbeurteilung durch Schüler. Ein Pilotprojekt des Sächsischen Staatsministeriums. Online: http://www.sachsen-macht-schule.de/smkpub/34/ubeurt/wiss-auswertung.html;
Ditton, H.; Arnoldt, B.: Wirksamkeit von Schülerfeedback zum Fachunterricht. In: Doll, J.; Prenzel, M. (Hrsg.): Bildungsqualität von Schule. Lehrerprofessionalisierung, Unterrichtsentwicklung und Schülerförderung als Strategien der Qualitätsverbesserung. Münster, 2004. 152–172;
Bastian, J.; Combe, A.; Langer, R.: Durch Schülerrückmeldung den Unterricht verbessern. Pädagogik, Nr. 53, 2001, 6–9;
Steyer, R.: Schüler als Experten für Unterricht. Online: http://www.sachsen-macht-schule.de/unterrichtsbeurteilung/.

verstärkt. Schließlich ist Anonymität, die Schülern im Zusammenhang von Feedbacks wichtig ist,[32] nur teilweise gewährleistet, da Lehrer gemeinhin die Handschrift ihrer Schüler kennen. Ein weiterer gravierender Nachteil von Papierfragebögen besteht im erhöhten Auswertungsaufwand, der einen breiten Einsatz in der Praxis erschwert.

Um den oben erläuterten Problemen des Schülerfeedbacks zu begegnen, hat der Autor eine alternative Feedbackmethode entwickelt, die durch folgende drei Herausstellungsmerkmale gekennzeichnet ist:

1. Um informative Rückmeldungen durch aussagekräftigen Freitext von den Schülern zu erhalten, erfolgt eine bewusste Beschränkung der Kriterienzahl auf maximal sieben. Diese Kriterien sind nicht fest vorgegeben, sondern können von den Schülern ausgewählt bzw. selbst entwickelt werden.[33] Dadurch wird gewährleistet, dass die der Klasse wichtigen Beurteilungsaspekte trotz deren geringer Anzahl im Erhebungsinstrument hinreichend repräsentiert sind.

2. Die Umfrage wird online durchgeführt. Somit können Lehrkräfte die Auswertung der Schülerantworten unabhängig von Testleitern und ohne Zeitverzögerung und eigenen Auswertungsaufwand eigenständig quasi per Knopfdruck generieren. Da Schüler im Gegensatz zu Papierfragebögen nicht an ihrer Handschrift zu erkennen sind, ist vollständige Anonymität gewährleistet, was ehrlichere und angstfreie Rückmeldungen begünstigt.

3. Die Ergebnisse eines Feedbacks sollten den Schülern mitgeteilt und mit ihnen besprochen werden. Dies ist zwar kein notwendiger, aber dennoch empfehlenswerter Bestandteil des Verfahrens. So zeigte sich im Rahmen der bisherigen Erfahrungen, dass auf Basis der Auswertung konstruktive Gespräche entstehen, die sowohl das Verständnis der erhaltenen Feedbacks unterstützen als auch weitere Verbesserungsimpulse zu liefern vermögen. Darüber hinaus fühlen sich die Schüler durch die Rückmeldung der Ergebnisse und deren Besprechung wertgeschätzt und evtl. stärker für das Unterrichtsgeschehen mitverantwortlich.

18.4 Durchführung eines Schülerfeedbacks mit OPUS

Nachdem sich eine Lehrkraft unter http://www.wirtschaft-lernen.de/opus/ registriert hat, kann sie kostenfrei beliebig viele Schülerfeedbacks durchführen. Die technische Voraussetzung zur Durchführung des Verfahrens ist lediglich ein PC mit Internetanschluss, was mittlerweile in den meisten Schülerhaushalten (Medienpädagogischer Forschungsverbund Südwest 2007) und allen Schulen (Bundesministerium für Bildung und Forschung 2006) gegeben ist. Ein Feedbackprozess, der in der Regel ca. zwei Unterrichtsstunden in Anspruch nimmt, verläuft in mehreren Phasen.

---

32 Helmke, A.: Unterrichtsqualität – erfassen, bewerten, verbessern. 3. Auflage, Seelze, 2004.
33 Da sich im Rahmen der durchgeführten Pilotstudie vereinzelt Probleme bei der Kriterienfindung ergaben, wurde eine Kriterienliste zur Unterstützung des Prozesses erstellt.

Zeitpunkt	Lehreraktivität	Schüleraktivität
Beginn	Umfrage anlegen, TANs drucken	
1. Unterrichtsphase	Information der Schüler	
2. Unterrichtsphase		Kriterien entwickeln/ auswählen
	Kriterien eingeben Umfrage freischalten	
Nach der Freigabe		Schüler geben Bewertung ab
Nach der Bewertung	Lehrer erstellt Auswertung	
3. Unterrichtsphase	Besprechen der Ergebnisse	

Tabelle 13: Verlauf eines OPUS-Schülerfeedbacks

Noch bevor Schüler mit der Methode konfrontiert werden, sollte sich die Lehrkraft sowohl eine KursID und ein Kurspasswort überlegen als auch eine Liste mit Transaktionsnummern ausdrucken. Diese Informationen benötigen die Schüler später, um sich im System anzumelden. Die Transaktionsnummern gewährleisten, dass jeder Schüler nur eine Bewertung abgeben kann.

Die Schüler sollten zu Beginn über Zielsetzung und Verlauf des Verfahrens informiert werden. Zur Unterstützung können Lehrkräfte vorbereitete Folien verwenden. Ferner sollte die Lehrkraft den Schülern noch folgende Informationen mitteilen:

- Zeitraum, von wann bis wann Schüler die Beurteilung abgeben sollen.
- KursID (Jede Lehrkraft kann eine KursID nur einmal verwenden. Ein mögliches System zur Vergabe der IDs könnte in der Bezeichnung der Klasse, evtl. kombiniert mit dem Jahr und der Nummerierung des in dieser Klasse durchgeführten Feedback sein. So würde 8a2007- 1 auf das erste Feedback hinweisen, das in der Klasse 8a im Jahr 2007 durchgeführt wurde. Eine Systematik ermöglicht Lehrkräften, die mehrere Feedbacks durchführen, einen guten Überblick zu behalten.)
- Passwort zur KursID (Dieses Passwort ist nicht zu verwechseln mit dem Passwort, das die Lehrkraft benötigt, um sich im System anzumelden. Der Einfachheit halber können Passwort und KursID mit identischen Werten versehen werden, z.B. 8a2007-1.)
- Individuelle Transaktionsnummern (Am einfachsten erhalten die Schüler ihre TAN, indem die ausgedruckte TAN-Liste durch die Klasse gereicht wird, sich jeder Schüler eine davon notiert und sie dann auf der TAN-Liste durchstreicht. Da die TAN später noch einmal benötigt wird, muss sie aufbewahrt werden. Zur Sicherheit können Schüler ihre Namen neben ihre TAN schreiben und die Liste von einem Vertrauensschüler verwalten lassen. Unabhängig davon kann der Lehrer selbst mit TAN und Namenszuordnung keine individuelle Zuordnung zu den Bewertungen vornehmen. Anonymität ist also in jedem Fall gewährleistet.)

Nach der Information der Schüler über Ziele und Verlauf des durchzuführenden Feedbacks entwickelt die Klasse die Beurteilungskriterien, was möglichst ohne Beeinflussung durch die Lehrkraft erfolgen sollte. Alternativ zur vollständig eigenen Kriterienentwicklung kann auch die Auswahl von Kriterien aus einer vorgegebenen Liste erfolgen, die ebenfalls im Anhang zu finden ist und auf der Projektwebsite zur Verfügung gestellt ist. Die Anzahl der Kriterien ist bewusst auf sieben beschränkt. Dies erlaubt eine hinreichende Fokussierung, um der Lehrkraft mithilfe von aussagekräftigem Freitext und der späteren Ergebnisbesprechung konkrete Hinweise zur Verhaltensänderung aufzuzeigen. Somit lassen sich Bewertungsraster entwickeln, die der speziellen Situation vor Ort optimal angepasst sind.

Sind die Kriterien entwickelt, kann der Lehrer die Umfrage unter *http://www.wirtschaft-lernen.de/opus* anlegen, woraufhin die Schüler ihre Bewertungen abgeben. Als Zugangsdaten benötigen sie zuvor den Namen der Umfrage, das Umfragepasswort und eine individuelle Transaktionsnummer. Zu den einzelnen Kriterien ist eine Schulnote und Freitext abzugeben. Da der Freitext der Lehrkraft deutlich mehr Informationen bietet als die Note, sollte sie explizit darauf hinweisen, dass Schüler von dieser Möglichkeit Gebrauch machen.

Ist die vorgegebene Beurteilungsfrist abgelaufen, erstellt die Lehrkraft per Knopfdruck eine Auswertung, die zu jedem Kriterium die Notenverteilung, den Notenmittelwert und die Freitexte ausgibt.

Abschließend sollten die Ergebnisse nach Möglichkeit mit der Klasse besprochen werden. Als Einstieg bietet sich die Präsentation der Auswertung auf einer Folie an. Dann können einzelne Aspekte vertieft werden, zum Beispiel unverständliche Kommentare oder extreme Bewertungen bei einzelnen Kriterien. Wichtig ist, sich selbst und den Schülern die Zielsetzung des Verfahrens und insbesondere des Feedbackgesprächs bewusst zu machen: Das künftige Unterrichtsgeschehen soll (noch weiter) verbessert werden. Dies erfordert eine offene, konstruktive und respektvolle Kommunikation. Zur entsprechenden Information der Schüler bietet sich der Einsatz der Schülerinformationsfolien an.

Zwar kostet es Überwindung, sich von der eigenen Klasse auch im persönlichen Gespräch kritisieren zu lassen. Gleichwohl ergeben sich in dessen Verlauf häufig wertvolle Hinweise zur Verbesserung des eigenen Handelns. Um die Gesprächsatmosphäre nicht zu belasten, sollte die Lehrkraft möglichst auf unmittelbare Rechtfertigungen verzichten. In erster Linie sprechen die Schüler; die Lehrkraft stellt eher Verständnisfragen oder bittet um Konkretisierungen. Erst nachdem die Schüler ihre Positionen artikuliert haben, kann und sollte der Lehrer darauf eingehen und vielleicht auch einige als ungerechtfertigt empfundene Äußerungen kommentieren und Missverständnisse richtig stellen. Insofern stellt das Feedbackgespräch hohe Anforderungen an die Kritikfähigkeit des Lehrers. Aber auch seitens der Schüler mag es Mut erfordern, Kritik offen zu äußern. Ferner ist es eine intellektuell anspruchsvolle Aufgabe, Kritik in brauchbarer Art (also konkret und konstruktiv) zu artikulieren. Feedbackgespräche vermögen somit u.a. soziale und kommunikative Kompetenzen der Schüler zu fördern.

18.5 Erfahrungen

Bisherige Erfahrungen deuten auf die besondere Akzeptanz der OPUS-Methode bei Schülern und Lehrkräften hin. Die erhaltenen Beurteilungen werden als unterschiedlich zufriedenstellend, jedoch meist als angemessen und fast durchgängig als hilfreich eingeschätzt, was auch daran liegen dürfte, dass Schüler recht umfassend die Möglichkeit nutzen, erläuternden Freitext zu verfassen. Lehrkräfte, die schlechtere Ergebnisse erhielten als sie ursprünglich erwarteten, sehen der Besprechung der Resultate teilweise mit einem „unguten Gefühl" entgegen. Dies bestätigt sich jedoch im Gesprächsverlauf nur selten. Vielmehr wird er von den meisten Lehrkräften und Schülern sehr positiv eingeschätzt, hinsichtlich sowohl der Atmosphäre als auch neu gewonnener Erkenntnisse. Ferner relativieren sich teilweise schlechtere Noten im Gespräch, so dass auch schlechter beurteilte Lehrer sich in ihrer Lehrerrolle eher gestärkt sehen. Die Feedbackmethode selbst wurde sowohl von Lehrern als auch von Schülern sehr positiv beurteilt, was insbesondere für die Onlineeingabe der Beurteilungen gilt. Viele Lehrer sind interessiert, erneute Feedbacks durchzuführen. Auch Schüler halten die Methode für sinnvoll und wünschen sich, dass sie von anderen Lehrern angewendet wird. Ein kompletter Feedbackdurchgang nimmt meistens zwei, manchmal drei Unterrichtsstunden in Anspruch, was von Lehrkräften, die ein Feedbackverfahren durchgeführt haben, gemeinhin als angemessen empfunden wird.

18.6 Lernziele, Probleme und Vorteile der Methode

Schüler können im Rahmen von OPUS-Schülerfeedbacks sowohl ihre Humankompetenz, Sozialkompetenz, Kommunikationskompetenz als auch ihre Fähigkeit zum kritischen Denken und selbstständigen Urteilen verbessern.

Das *Hauptproblem* bei der Durchführung von Schülerfeedbacks inklusive anschließender Besprechung der Ergebnisse besteht in der Regel in Ängsten der Lehrkräfte vor schlechten Ergebnissen, qualitativ minderwertigen Rückmeldungen, Selbstoffenbarung, Autoritätsverlust und einer Verschlechterung der Atmosphäre. Gleichwohl sind diese Befürchtungen, wie oben beschrieben, meist unbegründet. Dennoch geht die Methode von einem professionellen Bild von Lehrkräften aus, die kritikfähig sind und ihr Lehrerhandeln verbessern möchten. Sind diese Voraussetzungen nicht gegeben, werden Schülerfeedbacks nicht durchgeführt oder nur geringen Nutzen stiften.

Darüber hinaus nimmt ein Schülerfeedback zwei bis drei Unterrichtsstunden in Anspruch, ohne dass dabei fachliche Inhalte erarbeitet werden könnten. Gleichwohl erscheint diese Zeitinvestition angesichts der potenziellen Vorteile als durchaus angemessen und lohnenswert.

Die Schüler weitgehend eigenständig eine Evaluation des Unterrichts durchführen zu lassen, fördert nicht nur die Qualität des methodischen Handelns der Lehrkraft, sondern trägt auch dazu bei, wichtige *didaktische Prinzipien* umzusetzen.

Hinsichtlich der fachdidaktischen Prinzipien ist die Durchführung eines OPUS-Schülerfeedbacks insofern *problemorientiert*, als Schüler häufig Evaluationskriterien auswählen, bei denen sie Probleme sehen. Diese werden dann systematisch erfasst, ausgewertet und abschließend im Rahmen des Gesprächs zu lösen versucht.

Die *Motivation* wird durch Schülerfeedbacks ebenfalls erhöht. Dies gilt erfahrungsgemäß unmittelbar für das Feedback selbst, das Schüler als interessant und wichtig empfinden. Aber auch im Hinblick auf das längerfristige Unterrichtsgeschehen, da Schüler sich zunehmend ernst genommen und mitverantwortlich für das Unterrichtsgeschehen fühlen.

Ganzheitlich sind Schülerfeedbacks insofern, als dabei nicht nur kognitive sondern auch affektive Bereiche adressiert sind.

Schülerfeedbacks erfüllen auch die Kriterien der *Lebensnähe*, Betroffenheit und Relevanz, da der Unterricht ein Bereich ist, der einen großen Teil ihrer Zeit und ihres Erfahrungshorizonts ausmacht.

Speziell bei Schülerfeedbacks nach der OPUS-Methode sind die Schüler *aktiv* und arbeiten insbesondere bei der Kriterienentwicklung bzw. -auswahl *selbstständig*.

18.7 Auswahlliste mit möglichen Kriterien zum Schülerfeedback

Wähle aus der Liste 7 Punkte aus, die dir für den Unterricht besonders wichtig erscheinen. Wenn dir etwas Wichtiges fehlt, kannst du es gerne ergänzen.

I Beziehung und Regeln
1. *Eigenes Wohlbefinden* – Fühle ich mich im Unterricht wohl?
2. *Gute Laune/Humor* – Lacht mein Lehrer auch mal mit?
3. *Beziehung zu Schülern* – Nimmt sich mein Lehrer auch mal Zeit für persönliches?
4. *Beziehung zu Schülern* – Fühle ich mich durch den Lehrer ernst genommen? Greift der Lehrer meine/unsere Ideen und Vorschläge auf?
5. *Klassenklima* – Fördert mein Lehrer ein gutes Verhältnis der Schüler untereinander?
6. *Fairness* – Ist mein Lehrer im Umgang mit den Schülern gerecht? Oder benachteiligt/bevorzugt er manche Schüler?
7. *Konsequenz* – Achtet mein Lehrer auf die Einhaltung der vereinbarten Regeln?
8. *Strafen* – Sind die verhängten Strafen angemessen?

II Unterrichtsgestaltung
9. *Lernwirkung* – Lerne ich bei meinem Lehrer viel und gut?
10. *Abwechslung und Interesse* – Ist der Unterricht anregend oder langweilig?
11. *Verständlichkeit* – Verstehe ich die Sprache, Fragen und Aufgaben meines Lehrers?
12. *Wissensvermittlung* – Kann mein Lehrer gut erklären?
13. *Schwierigkeitsgrad* – Ist der Unterricht zu schwer oder zu leicht?
14. *Zeitnutzung* – Wird die Zeit gut für Lernprozesse genutzt oder eher verschwendet, z.B. durch Unpünktlichkeit oder sinnlose Aktivitäten?
15. *Tempo* – Habe ich genug Zeit zum Üben und Verstehen? Verläuft der Unterricht zu schnell oder zu langsam?

16. *Differenzierung* - Geht mein Lehrer angemessen mit Leistungsunterschieden der Schüler um? Oder werden leistungsstarke Schüler unterfordert und/oder leistungsschwache Schüler überfordert?

17. *Strukturiertheit/Organisation* des Unterrichts – Verläuft der Unterricht geordnet oder chaotisch?

18. *Unterrichtsziele* – Weiß ich, was ich lernen soll? Habe ich genug Einfluss auf die Unterrichtsziele?

19. *Arbeitsmaterial* (z.B. Arbeitsblätter, verwendete Bücher) – Ist die Menge und Qualität des verwendeten Arbeitsmaterials angemessen?

20. *Tafelanschriebe* – Sind die Tafelbilder strukturiert, lesbar? Helfen sie beim Lernen?

III Bewertung und Aufwand

21. *Vorbereitung der Klassenarbeiten* – Bereitet mich mein Lehrer gut auf Klassenarbeiten vor? Weiß ich, was ich können/lernen muss?

22. *Klassenarbeiten* – Sind die Klassenarbeiten verständlich? Sind sie zu schwer oder zu leicht?

23. *Leistungsbewertung* – Verstehe ich, wie mein Lehrer zu (mündlichen und schriftlichen) Noten kommt? Ist die Benotung fair oder eher willkürlich?

24. *Rückmeldungen* – Erhalte ich hilfreiche Rückmeldungen zu meinem Lernstand und Vorschläge, wie ich mich verbessern kann?

25. *Arbeitsaufwand* – Muss ich zu viel oder zu wenig für das Fach arbeiten/lernen?

IV Andere Kriterien

Rückschau und Ausblick

Das Ziel des Buchs bestand darin, (künftigen) Lehrkräften des Gegenstandsbereichs Wirtschaft eine Grundlage zur Orientierung über die relevanten Methoden des Fachs verfügbar zu machen.

Dabei sollten auch einige der im Grundlagenkapitel erörterten didaktischen Prinzipien umgesetzt werden: Aufgrund der durchgängigen Verknüpfung theoretischer Ausführungen mit unterrichtsnahen Beispielen sind beispielsweise die Prinzipien der Wissenschaftsorientierung, der Situationsorientierung und des Lebensweltbezugs berücksichtigt. Weiterhin bieten der modulare Aufbau und die Vertiefungsanregungen dem Leser intensive Möglichkeiten seinen individuellen Interessen und Bedürfnissen zu folgen. Der Grad der Anschaulichkeit wird u.a. durch Unterrichtsbeispiele, Grafiken und Videos erhöht. Die Anregungen zum Nachdenken zum Ende der meisten Kapitel dienen sowohl der Aktivierung als auch der Lernerfolgssicherung.

Die vorgestellten Methoden zeigen das reichhaltige Spektrum auf, aus dem sich Lehrkräfte bedienen können, um Wirtschaftsunterricht abwechslungsreich, handlungsorientiert und kognitiv aktivierend zu gestalten. Allerdings ist die Kenntnis des Methodenrepertoires für sich genommen keine ausreichende Basis zur erfolgreichen Gestaltung des Fachunterrichts. Vielmehr bedarf es auch der kompetenten Gestaltung und des angemessenen Einsatzes geeigneter Medien.[34] Darüber hinaus ist sowohl der Methoden- als auch der Medieneinsatz in ein umfassenderes Verständnis des Wirtschaftsunterrichts zu integrieren. So sollte eine Wirtschaftslehrkraft über die Legitimation und Bedeutung des Unterrichtsfachs genauso orientiert sein wie über dessen Ziele. Auch fachdidaktische Konzepte und Prinzipien, Phasenschemata und Unterrichtsverfahren ihres Fachs sollten Lehrkräfte kennen. Diese Bereiche wurden im Grundlagenkapitel bereits angesprochen. Darauf aufbauend stellt sich jedoch noch die Frage, wie damit Unterricht geplant und begründet werden kann. Für entsprechende Ausführungen fehlt in diesem Methodikbuch der Raum, genauso wie für andere wichtige Themenbereiche (z.B. die Gestaltung von Lernaufgaben oder die Geschichte ökonomischer Bildung).[35] Diese fachdidaktischen Kenntnisse benötigen ein fachwissenschaftliches Pendant, um wirksam zu werden. Wirtschaft wird, auch weil es nur in wenigen Bundesländern ein eigenes Unterrichtsfach ist, vergleichsweise häufig von Lehrkräften unterrichtet, denen die fachwissenschaftliche Basis fehlt. Die damit einhergehenden Defizite sollten dann zumindest im Nachhinein so weit als möglich reduziert werden.

Diese fachbezogenen Anforderungen sind noch um Erkenntnisse aus der Erziehungswissenschaft zu ergänzen. Demnach zeichnet sich qualitativ hochwertiger Unterricht neben Berücksichtigung der besprochenen didaktischen Prinzipien und Konzepte insbesondere durch eine effektive Klassenführung, eine lernförderliche Atmosphäre und ein hohes Maß an kognitiver Aktivierung aus.

---

34 Ein entsprechendes Buch des Verfassers erscheint voraussichtlich im Frühjahr 2014.
35 Im Jahr 2015 soll das Buch „Wirtschaftsdidaktik" verfügbar sein, in dem diese Fragen erörtert sind.

Diesen umfassenden Anforderungen kann auch die engagierteste Lehrkraft kaum von Anfang an gerecht werden. Vielmehr sollten sie als Anregungen zu einem längerfristigen und kontinuierlichem Prozess der Professionalisierung dienen. Entsprechend empfiehlt der Verfasser, immer wieder eine der vorgestellten Methoden – zumindest versuchsweise - in den Unterricht zu integrieren. Dies gilt auch für Methoden, denen der Leser zunächst kritisch gegenüber eingestellt sein mag. Eine wichtige Hilfe bei der Analyse des eigenen Unterrichtshandelns und beim Finden von Verbesserungsmöglichkeiten stellt das im letzten Kapitel vorgestellte Schülerfeedback dar.

Optimierungspotenzial weist selbstverständlich auch das vorliegende Buch auf, weswegen sich der Verfasser sowohl über Materialien für die Website als auch über konstruktive Kritik an die Mailadresse holger@arndt-sowi.de sehr freuen würde.

Anhang A: Unterrichtsentwurf zum Thema „Die Ökosteuer (k)ein Irrweg?"

A1. Lehrplanbezug und Stundenlernziel

Der Lehrplan für die Berufsschule sieht für das Unterrichtsfach Sozialkunde und Wirtschaftslehre keine verbindlichen Vorgaben bzgl. Zeit und Reihenfolge der zu behandelnden Lernbereiche vor. Der Lernbereich 12 – *Ökologie* – ist laut Arbeitsplan des Fachlehrers in der Fachstufe 1 mit acht Stunden zu behandeln.

Entsprechend der Zielsetzung des vernetzten Denkens ist mit der Ökosteuer ein Thema gewählt, das eine Vielzahl der Ziele bzw. Inhalte des Lernbereichs betrifft. Die Ökosteuer ist nicht nur eine *ökologische Frage im Alltag*, mit einem starken Bezug im Erfahrungsraum der Schüler (bei Hinweisen aufgeführt); an ihr lassen sich auch *konkurrierende Interessen im Umweltbereich* erarbeiten und *Möglichkeiten der Umweltpolitik* genauso aufzeigen, wie *Möglichkeiten des eigenen ökologischen Beitrages*. In den übergeordneten Erläuterungen des Lernbereichs 12 werden die konkurrierenden Interessen im Spannungsverhältnis zwischen hohem Konsumniveau und Umweltschutz aufgeführt und ein Verständnis der Schüler gewünscht, das politisch gewollte Regelungen zur Erhaltung der natürlichen Lebensgrundlagen als legitimen Rahmen der Umweltpolitik anerkennt.[36]

In der fachdidaktischen Konzeption fordert der Lehrplan die Entwicklung der Schüler zur Mündigkeit in Politik und Wirtschaft.[37] Dem wird die geplante Stunde gerecht, da sie Problembewusstsein der Schüler fördert und sie in ihrer Urteilsfähigkeit stärkt. Als notwendige Voraussetzung einer qualifizierten Urteilsfähigkeit erarbeiten sich die Schüler anhand objektiver Informationen ein Verständnis über Funktionszusammenhänge (umwelt-) politischer, wirtschaftlicher und gesellschaftlicher Prozesse.

Der Anspruch an Handlungsorientierung wird umgesetzt, indem mit der Themenwahl ein didaktischer Bezugspunkt gewählt ist, der für das persönliche und politische Leben der Schüler relevant ist. Durch die so gewährleistete Schülerbetroffenheit werden Ansatzpunkte für eigenes Handeln offenbar.

Lerninhalte sollen anhand von Schlüsselproblemen und Kategorien vermittelt werden, um dem Schüler das Verständnis auch schwieriger Zusammenhänge zu ermöglichen, indem sie strukturiert und in ihrer Komplexität reduziert werden.

All dies berücksichtigend, wird eine Stunde konzipiert, die auf folgendem Stundenlernziel basiert:

„Die Schüler analysieren die Ökosteuer und ihre Konsequenzen aus der Perspektive unterschiedlicher Betroffenengruppen."

---

36 Vgl. Ministerium für Bildung, Wissenschaft und Weiterbildung Rheinland-Pfalz (Hrsg.): Lehrplan für die Berufsschule. Unterrichtsfach: Sozialkunde und Wirtschaftslehre, 04.06.1999, S. 21.

37 Vgl. ebd., S. 3.

A2. Lernvoraussetzungen

A2.1 Klasse

Die Klasse ist bzgl. ihrer Altersstruktur bildungsgangtypisch, so dass diesbezüglich keine besonderen didaktischen Maßnahmen notwendig sind. Die Leistungsstärke der Klasse ist – relativ zu anderen Berufsschulklassen – insgesamt als gut zu bezeichnen; die Schüler arbeiten gut im Unterricht mit. Die Klasse ist recht kommunikations- und diskussionsfreudig, so dass ein schülerzentrierter Unterrichtsverlauf den Bedürfnissen der Schüler entgegenkommt und ihre bereits vorhandenen Kompetenzen weiter verbessert. Insgesamt herrscht eine angenehme Arbeitsatmosphäre. Erwähnenswert ist das noch relativ schwach ausgeprägte Umweltbewusstsein der Schüler. In einer Umfrage des Fachlehrers stimmte niemand voll der Aussage zu ‚Die Umwelt ist mir persönlich wichtig'. Zehn Schüler stimmten dieser Aussage teilweise zu, acht standen ihr indifferent gegenüber. Die Bereitschaft der Schüler, ihren Konsum zugunsten der Umwelt einzuschränken, ist kaum ausgeprägt. Fast alle Schüler haben einen Führerschein, jedoch kommen nur drei regelmäßig alleine im Auto zu Schule oder Betrieb. Als Ursache für diesen relativ niedrigen Wert geben sie jedoch nicht Umweltschutzüberlegungen an, sondern hohe Kraftstoffkosten und Parkplatzprobleme.

A2.2 Vorwissen und Folgestruktur

In den Vorstunden haben die Schüler das Problem des Treibhauseffekts analysiert. Sie verstehen seine umweltschädlichen Konsequenzen, kennen seine Ursachen und wissen um die Notwendigkeit sowohl staatlichen als auch individuellen Gegensteuerns. Als Möglichkeit des Gegensteuerns ist die Ökosteuer zu sehen, deren wesentliche Fakten – Besteuerungsgegenstände, Volumen, zeitliche Staffelung – bekannt sind. Nach der hier vorgestellten Stunde, in der Vor- und Nachteile sowie Konsequenzen aus der Perspektive verschiedener Betroffenengruppen behandelt werden, sind spezifische Problempunkte und Lösungsansätze der Ökosteuer anzusprechen, wie beispielsweise Ausnahmeregelungen der Ökosteuer für die Landwirtschaft und den sekundären Sektor, Schwierigkeiten eines nationalen Alleingangs und der Besteuerung auch umweltfreundlicher Energieträger.

A3 Lerninhalte

A3.1 Analyse der Lerninhalte

Seit dem 1.4.1999 werden zusätzliche Steuern auf Energieverbrauch erhoben und vorläufig in fünf weiteren Schritten bis 2003 erhöht. Besteuert wird Benzin, Diesel, Heizöl, Erdgas und Strom, wobei die Steuerlast für Heizöl und Erdgas nur einmal erhöht wurde. Für Benzin beispielsweise beträgt die Ökosteuer seit 2003 insgesamt 15,3 Cent pro Liter, während die weitere Steuerbelastung 50,1 Cent pro Liter beträgt. Im Jahr 2003 wurden durch die Ökosteuer ca. 17 Mrd. Euro eingenommen.[38]

Die Ökosteuer verfolgt eine doppelte Zielsetzung: Primär soll Energie verteuert werden, mit der gewünschten Konsequenz des sparsameren Umgangs mit Energieträgern. Dies ist sowohl aufgrund knapper Ressourcen als auch wegen umweltschädlicher Emissionen (Treibhauseffekt, Ozonloch, Waldsterben, Schäden an Gebäuden etc.) geboten. Des Weiteren soll der Faktor Arbeit verbilligt werden, indem ein Großteil der Ökosteuereinnahmen in die Rentenkasse fließt und damit die Lohnnebenkosten entlastet.

Als von der Ökosteuer direkt Betroffene sind besonders die Arbeitgeber, Arbeitnehmer und Verbraucher zu nennen. Außerdem wäre noch die Gruppe der Umweltschützer zu erwähnen, die jedoch in Folge des gestiegenen Umweltbewusstseins ohne Verlust analytischer Präzision in der Gruppe der Verbraucher subsumiert werden kann.

Die Arbeitgeber nehmen mehrheitlich eine ökosteuerkritische Position ein, da sie insbesondere in energieintensiven Bereichen mit signifikanten Mehrkosten rechnen. Dergleichen ist in einer globalisierten Weltwirtschaftsordnung problematisch, da deutsche Unternehmen sowohl in Deutschland als auch auf dem Weltmarkt mit Unternehmen konkurrieren, die der ökologischen Besteuerung nicht unterliegen. Die im internationalen Vergleich ohnehin schon hohen Energiekosten steigen durch die Ökosteuer noch weiter. Dadurch wird der Standort Deutschland relativ zu anderen Ländern unattraktiv, so dass mit vermehrten Insolvenzfällen, Standortverlagerungen ins Ausland und weniger ausländischen Investitionen in Deutschland zu rechnen ist, mit den bekannten Folgen für Arbeitsmarkt und öffentliche Haushalte. Aus globaler Perspektive erweist sich die Abwanderung auch für die Umwelt als problematisch, da in den wenigsten Ländern so hohe Umweltstandards wie in Deutschland gelten und somit mit höheren Emissionen zu rechnen ist. Diesen Bedenken trägt die konkrete Ausgestaltung der Ökosteuer Rechnung, indem sie für den primären und sekundären Sektor einen ermäßigten Ökosteuersatz von 20% berechnet und eine Deckelung der Belastung gewährt (zu Problemen dieser Ausnahmeregelung siehe weiter unten). Da ein Großteil der Ökosteuer der Senkung der Lohnnebenkosten dient, relativiert sich die Kritik der Arbeitgeberverbände weiter. Insbesondere für Unternehmen mit geringem Energieverbrauch dürfte sich aufgrund der Entlastungen ein positiver Saldo ergeben. Nicht zu unterschätzen sind die Chancen auf Technologieführerschaft, die sich durch die Verteuerung von Energie ergeben. Durch höhere Energiekosten lohnen sich Innovationen zum Einsparen von Energie. Der sich daraus ergebende Effizienzschub kann zu Wettbewerbsvorteilen führen.

Arbeitnehmer profitieren ebenfalls durch die Entlastung der Rentenkasse in Form eines höheren Nettoeinkommens. Zwar im Rahmen eines anderen Gesetzes, sachlogisch jedoch mit der Ökosteuer eng verknüpft, wurde parallel zur Ökosteuergesetzgebung die Kilometerpauschale, die nur Autofahrer geltend machen konnten, in eine vom verwendeten Verkehrsmittel unabhängige Entfernungspauschale umgewandelt. So können die höheren Benzinkosten reduziert bzw. umgangen werden, beispielsweise durch Anfahrt zum Arbeitsplatz mittels Fahrgemeinschaften oder öffentlicher Verkehrsmittel.

Für Verbraucher ergeben sich ebenfalls höhere Energiekosten, was sie insbesondere bei Benzin, Strom und Heizung spürbar trifft. Keinen Ausgleich in Form eines höheren Nettoeinkommens erhalten Verbraucher, die nicht gleichzeitig Arbeitnehmer sind, beispielsweise Studenten, Arbeitslose und Rentner. Als zentraler Vorteil ergibt sich für Verbraucher –

---

38 Vgl.   http://www.bundesfinanzministerium.de/Anlage7829/Uebersicht-zur-Mineraloel-und-Strombesteuerung.pdf.

auch Arbeitnehmer und Arbeitgeber sind Verbraucher – eine bessere Umwelt und länger verfügbare Ressourcen.

Als Konsequenz der Ökosteuer ergibt sich für alle drei Betroffenengruppen die verstärkte Bereitschaft Energie zu sparen, was u.a. erreicht wird mittels effizienterer Technologien, vermindertem Autofahren, besser gedämmten Häusern, generell: mit bewussterem Umgang des Faktors Energie.

Über die angesprochenen Probleme hinaus ergeben sich einige Kritikpunkte an der konkreten Ausgestaltung der Ökosteuer. Von Umweltschützern werden die oben geschilderten Ausnahmeregelungen für die Landwirtschaft und den sekundären Sektor als kontraproduktiv kritisiert, da gerade Industrieunternehmen viel Energie verbrauchen und durch steuerliche Regelungen zum Energiesparen bewogen werden sollen. Arbeitgeberverbände hingegen fordern weitergehende Ausnahmen. Letztlich wünscht sich die Wirtschaft, dass die Ökosteuer ausschließlich von Verbrauchern getragen wird, solange noch keine internationale Regelung besteht. Hiermit ist der vielleicht zentralste Kritikpunkt der Ökosteuer angesprochen: Ein nationaler Alleingang kann nur bedingt zur Lösung eines internationalen Problems beitragen. Um die Umweltbelastung nachhaltig zu reduzieren und wirtschaftliche Wettbewerbsverzerrungen zu vermeiden ist ein wenn nicht globales so doch wenigstens auf europäischer Ebene harmonisiertes Vorgehen anzustreben, wenngleich dies politisch schwer durchsetzbar ist.[39] Kritisiert wird ebenfalls, dass keine Differenzierung des Energieverbrauchs nach Schadstoffemissionen erfolgt und somit kein Anreiz besteht, auf umweltfreundliche Energien auszuweichen. Als Ursache für die fehlende Differenzierung gibt die Regierung zu Recht Erhebungsprobleme und Regelungen des europäischen Wettbewerbsrechts an und verweist auf finanzielle Förderungen umweltfreundlicher Energieträger aus Mitteln der Ökosteuer. Weiterhin ist zu bemerken, dass die Einnahmen der Ökosteuer nicht primär dem Umweltschutz zugute kommen, sondern in die Rentenkasse fließen und indirekt auch einen Beitrag zur Sanierung des Bundeshaushalts liefern,[40] die Ökosteuer also nicht aufkommensneutral ist. Letztlich ist zu erwähnen, dass die Belastung der Ökosteuer – aus sozialen Gründen – den Heizungsaufwand privater Wohnungen im Verhältnis zu Benzin und Strom geringer belastet, obwohl gerade dort erhebliches Einsparpotenzial liegt.

A3.2 Auswahl der Lerninhalte

Die dargestellten Lerninhalte lassen sich nicht vollständig in ausreichender Tiefe in einer 45minütigen Lerneinheit erarbeiten, so dass eine exemplarische Auswahl und didaktische Reduktion unabdingbar erscheint. Einige Fakten zur Ökosteuer sind bereits in der Vorstunde behandelt. Probleme, die bzgl. der vorliegenden Ausgestaltung der Ökosteuer diskutiert werden, sind in der Folgestunde zu besprechen. Dies gilt insbesondere für die Ausnahmeregelungen; schließlich bewirken die Ausnahmen nur Abschwächungen der Probleme, in ihrem Kern bestehen sie jedoch weiter.

Die Frage der Positionen der politischen Parteien, die selbst innerhalb der Parteien kontrovers diskutiert werden und sich in Wahlkampfzeiten rasch wandeln, können für die

---

39 Die Probleme des Umweltschutzes werden an Verlauf und den Ergebnissen des Umweltgipfels von Kyoto deutlich.

40 Vgl. Frankfurter Institut Stiftung Marktwirtschaft und Politik: Argumente zu Marktwirtschaft und Politik – Ökologische Steuerreform: Zu viele Illusionen. Juni 1999, S. 5.

Stunde vernachlässigt werden, da eine Konzentration auf diese Zusammenhänge zulasten der Zielsetzungen ginge.

Der Thematik der Ökosteuer sind im Wesentlichen die Fragen immanent, wer davon wie betroffen ist und welche Konsequenzen das für die Betroffenen mit sich bringt. Dergleichen lässt sich mit Hilfe der Kategorien der Betroffenen, des Pro und Contra und des Ursache-Wirkungszusammenhangs untersuchen und elegant in einem kognitiven Strukturbild darstellen, das morphologisch einer Matrix entspricht. Bzgl. der individuellen Handlungsmöglichkeiten zur Einsparung von Energie werden die meisten Impulse im Bereich der Mobilität liegen, da die meisten Schüler bereits einen Führerschein haben, jedoch noch nicht in einer eigenen Wohnung leben und folglich weniger an Einsparpotenzialen bzgl. des Heizverhaltens interessiert sein dürften.

A4. Lernziele

A4.1 Feinlernziele

Die Schüler sollen …
FLZ 1: erklären, dass die Zielsetzung der Ökosteuer eine doppelte ist: die Umwelt zu schützen und gleichzeitig den Faktor Arbeit zu verbilligen.
FLZ 2: die Ökosteuer aus der Perspektive verschiedener Interessengruppen auf Vor- und Nachteile analysieren.
FLZ 3: mögliche Konsequenzen der Ökosteuer auf das Handeln der Interessengruppen aufzeigen.
FLZ 4: Wege erarbeiten, ihre eigene Ökosteuerbelastung zu reduzieren und damit gleichzeitig einen Beitrag zum Umweltschutz zu leisten.

A4.2 Fachspezifisch allgemeine Lernziele

Die Schüler sollen …
FAL 1: ihre Bereitschaft erhöhen, bewusster zu konsumieren und dadurch Energie zu sparen, um einen eigenen Beitrag zu einer intakten Umwelt zu leisten.
FAL 2: ihr Interesse für aktuelle wirtschaftspolitische Fragestellungen mehren.
FAL 3: ihre Fähigkeit zur aktiven Partizipation verbessern, indem sie ihre Kommunikationskompetenz im Rahmen der Gruppenarbeit, Präsentation und Diskussion perfektionieren.
FAL 4: ihre Bereitschaft steigern, andere als die eigenen Positionen zu verstehen.

A5. Lernorganisation: Gliederung des Unterrichts und Methodenwahl

Problemdarstellung und Motivation (ca. 5 Minuten)
Um möglichst viel Neugierde und damit ein lernpsychologisch ideales kognitives Umfeld bei den Schülern zu schaffen, wird ein problemorientierter Einstieg gewählt, der schnell zum Thema führt. Dies geschieht mittels einer Karikatur. Nachdem die Schüler diesen Impuls interpretiert haben, moderiert der Lehrer eine Diskussion, deren Beiträge hinterfragt werden, wodurch die kontroverse Qualität des Themas zum Ausdruck kommt.

Das Thema der Stunde und die verschiedenen angedeuteten Lösungsansätze werden visualisiert. Die Tafel wird in dieser Stunde durch den Beamer ersetzt, da die Tafel für das angestrebte kognitive Strukturbild nur unzureichend Platz lässt. Außerdem brauchen die Schüler so nicht mitzuschreiben, da ihnen in der Folgestunde eine Kopie der erarbeiteten Inhalte ausgeteilt wird, so dass mehr Zeit für die Vertiefung der Inhalte verbleibt. Gegenüber einer Folie ist der Einsatz des Beamers insofern vorzuziehen, als dass er die schrittweise und damit flexible Dokumentation der Unterrichtsergebnisse ermöglicht.

Problemstrukturierung und Erarbeitung in Gruppen (ca. 15 Minuten)
Die Gruppenarbeitsphase wird vorbereitet, indem die unterschiedlichen von der Ökosteuer betroffenen Gruppen herausgearbeitet und die strukturierenden Aspekte der Vor- und Nachteile und der Konsequenzen erarbeitet werden. Die Aufgabe der Schüler besteht nun darin, sich aufgrund fundierter Informationen ein tieferes Verständnis dieser Aspekte zu erarbeiten.

Da sich je nach Betroffenengruppe unterschiedliche Inhalte ergeben, bietet sich auch aus Gründen der Zeitökonomie eine themendifferenzierte Gruppenarbeit zur getrennten Erarbeitung an. Durch eine Gruppenarbeit gelingt außerdem ein schülerzentrierter Unterricht, der die Kommunikations- und Kooperationsfähigkeit der Schüler fördert, was wiederum eine wichtige Voraussetzung für die Partizipationsfähigkeit und Partizipationsbereitschaft darstellt. Um fruchtbare gruppeninterne Gespräche zu fördern, wird bei der Aufgabenstellung darauf geachtet, dass jede Gruppe eine Denkaufgabe erhält. Für die Gruppenarbeit stehen 12 Minuten zur Verfügung. Insgesamt sind zwei unterschiedliche Aufgabenstellungen zu bearbeiten: eine Gruppe beschäftigt sich mit den Arbeitgebern, die andere mit den Arbeitnehmern und Verbrauchern. Letztere können von einer Gruppe gemeinsam bearbeitet werden, da Arbeitnehmer und Verbraucher in Teilen analog behandelbar sind und die Zusammenhänge einen geringeren Komplexitätsgrad aufweisen als bei den Arbeitgebern. Um eine sinnvolle Gruppengröße zu erreichen, werden insgesamt fünf Gruppen gebildet, von denen drei die Arbeitgeberperspektive einnehmen, da diese komplizierter ist.

Präsentation, Diskussion und Vertiefung (ca. 20 Minuten)
Die Reihenfolge der Präsentation wird so gewählt, dass zuerst die Arbeitgebergruppe und anschließend die Gruppe der Verbraucher und Arbeitnehmer präsentiert. Dies ist sinnvoll, da sich so der Besprechung der Arbeitgeber direkt die Präsentation der Arbeitnehmer anschließt, was einen geschickten Übergang ermöglicht.

Da ein Arbeitsblatt von jeweils zwei bzw. drei Gruppen bearbeitet wird, stellt sich die Frage nach der Anzahl der Präsentationen. Um die zur Verfügung stehende Zeit möglichst optimal zu nutzen und unnötige Wiederholungen zu vermeiden, wird jedes Thema nur einmal komplett präsentiert. Im Anschluss an eine Präsentation erhält die andere (Kontroll-) Gruppe jedoch Gelegenheit, ergänzende Aspekte vorzutragen. Nach jeder Präsentation wird mit der ganzen Klasse eine vertiefende Diskussion geführt. Parallel dazu werden die Ergebnisse vom Lehrer am Beamer dokumentiert. So entsteht schrittweise ein Tafelbild, dem neben der Funktion der Ergebnissicherung die Bedeutung zukommt, den Schülern beim Entwickeln kognitiver Strukturen zu helfen.

Abschluss (ca. 5 Minuten)
Zum Ende der Stunde werden eine Lernerfolgskontrolle und ein Fazit angestrebt, indem Schüler die Inhalte der Stunde wiedergeben und auf Probleme der derzeitigen Ausgestaltung der Ökosteuer hinweisen. Dadurch wird bereits das Interesse für die Folgestunde geweckt.

Abbildung 87: Einstiegsfolie

Die Ökosteuer – (k)ein Irrweg? Gruppe *Arbeitgeber* *Zeit: 12 min.*

- Analysieren Sie *Vor- und Nachteile* der Ökosteuer aus Sicht der Arbeitgeber!
- Mit welchen *Reaktionen* und gesamtgesellschaftlichen *Konsequenzen* ist zu rechnen?
  → Legen Sie einen Gruppensprecher für die Präsentation fest!

Die Ökosteuer ist ein Irrweg!

Deutschland hatte bereits vor Einführung der Öko-steuer viel höhere Energiepreise als beispielsweise Frankreich oder Großbritannien. Durch die hohen Energiekosten wird der Standort Deutschland noch unattraktiver. Deshalb werden weniger ausländische Investitionen nach Deutschland fließen. Viele Unter-nehmen, beispielsweise aus der Speditionsbranche, werden aufgrund des erhöhten Kostendrucks inter-national nicht mehr konkurrenzfähig sein und sind von der Insolvenz bedroht. Andere Unternehmen werden ihren Standort einfach ins Ausland verlagern. Dies bedeutet nicht nur einen massiven Anstieg der Arbeitslosigkeit – die die Regierung Schröder eigent-lich senken wollte! – sondern ist auch noch schlecht für die Umwelt. Denn Deutschland hat strengere Umweltschutzregeln als die meisten anderen Länder; im Ausland werden also mehr Schadstoffe anfallen. Die Ökosteuer kann zwar dazu beitragen, dass in Deutschland weniger Schadstoffe entstehen, global betrachtet wird die Umwelt jedoch stärker belastet!

Vgl. Positionspapier Ökosteuern sind ein Irrweg. Bundesverband derDeutschen Industrie e.V., Köln 1999

Die Ökosteuer ist eine Chance für die deutsche Wirtschaft. Höhere Energiekosten führen zu effizienteren Technologien: um Kosten zu sparen, werden neue, besonders energiesparende Maschi-nen und Motoren entwickelt. So hat beispielswei-se Volkswagen das weltweit erste 3-Liter-Auto entwickelt. Und forscht bereits am 1-Liter-Auto. Diese neuen Produkte können dann auf dem Weltmarkt erfolgreich verkauft werden, wodurch Tausende neuer Arbeitsplätze entstehen können. Dieser Wirkungszusammenhang lässt sich durch Erfahrungswerte der Vergangenheit untermauern: Deutschland hatte schon frühzeitig hohe Anfor-derungen an Müllverbrennungsanlagen gestellt. Mittlerweile sind deutsche Unternehmen in diesem Bereich Weltmarktführer.

Vgl. http://www.bund.de/oekosteuer.288192.htm

Der Großteil der Ökosteuereinnahmen fließt in die Rentenkasse. Ohne die Ökosteuer wäre der Beitragssatz der gesetzlichen Rentenversicherung im Jahr 2003 um 1,5 Prozentpunkte höher. Dadurch sinken Lohnneben-kosten und das hilft, bestehende Arbeitsplätze zu sichern und neue Stellen zu schaffen.

http://www.bundesregierung.de
Stichwort Ökosteuer

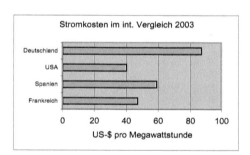

Berechnet aus:
http://www.bundesfinanzministerium.de/Anlage 7829/Uebersicht-zur-Mineraloel-und-Strombesteuerung.pdf und: Bundesministerium für Wirtschaft und Technologie: Energiedaten, S. 34

Die Ökosteuer – (k)ein Irrweg? Gruppe *Arbeitnehmer und Verbraucher*

Zeit: 12 min.

- Analysieren Sie *Vor- und Nachteile* der Ökosteuer aus Sicht der Arbeitnehmer und Verbraucher!
- Mit welchen *Reaktionen* und gesamtgesellschaftlichen *Konsequenzen* ist zu rechnen!
  → Legen Sie einen Gruppensprecher für die Präsentation fest!

Der Großteil der Ökosteuereinnahmen fließt in die Rentenkasse. Ohne die Ökosteuer wäre der Beitragssatz der gesetzlichen Rentenversicherung im Jahr 2003 um 1,5 Prozentpunkte höher. Dadurch sinken Lohnnebenkosten und das hilft, bestehende Arbeitsplätze zu sichern. Durch die Ökosteuer haben Arbeitnehmer neben einem sichereren Arbeitsplatz auch noch ein höheres Nettoeinkommen.

Vgl. http://www.bundesregierung.de
Stichwort Ökosteuer

Während Arbeitnehmer durch die Ökosteuer durch geringere Rentenbeiträge auch entlastet werden, ergeben sich für Verbraucher, die nicht arbeiten (z. B. Studenten, Arbeitslose, Rentner) nur höhere Belastungen. Sie müssen mehr für Benzin, Strom und Heizung bezahlen.

Vgl. http://www.pds.de/0134183

Mit der Umwandlung der Kilometerpauschale in eine einheitliche Entfernungspauschale wird der Anreiz für einen Umstieg auf öffentliche Verkehrsmittel verstärkt.
Früher konnten nur Autofahrer ihre Kosten steuerlich absetzen, jetzt kann jeder die Pauschale geltend machen, egal ob er alleine mit dem Auto, in Fahrgemeinschaften, per Fahrrad oder mit öffentlichen Verkehrsmitteln zur Arbeit kommt.

Vgl. http://www.bundesregierung.de
Stichwort Ökosteuer

Wer sich über höhere Energiekosten beklagt, sollte sich das Ziel der Ökosteuer bewusst machen: Wenn Energie teurer wird, wird Energie gespart und damit die Umwelt (Treibhauseffekt!) geschont. Eine gesunde Umwelt sollte uns auch etwas Wert sein!
Außerdem gibt es genug Möglichkeiten, Energie zu sparen!

Fiktiver Leserbrief einer Zeitung

Erst die Ökosteuer hat mich dazu gebracht, über Möglichkeiten nachzudenken, Energie zu sparen. Ich fahre seltener mit dem Auto, fahre nicht mehr so schnell und schalte den Motor bei etwas längeren Stopps ab. Auch im Haushalt gibt es bestimmt viele Wege Strom und Heizenergie zu sparen, wenn man ein bisschen überlegt.

Fiktiver Leserbrief einer Zeitung

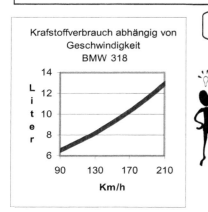

Jetzt lohnt sich eine Fahrgemeinscha

Die Ökosteuer gehört abgeschafft! Meine Kosten für Heizung, Strom und Benzin haben sich über 60 Euro pro Monat erhöht! Soll man denn immer zu Hause sitzen, am besten im Dunkeln, frierend eingewickelt in eine Wolldecke?

Ich geb' Gas, ich will Spaß!

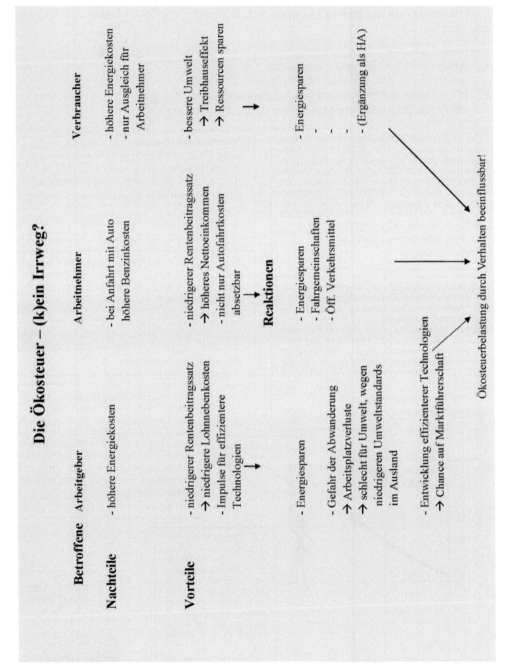

Abbildung 88: Tafelbild

Anhang B: Unterrichtsentwurf zum Thema „Die optimale Bestellmenge"

B1. Lehrplanbezug und Stundenlernziel

Der Lehrplan für das berufliche Gymnasium Wirtschaft gibt im Leistungsfach *Betriebswirtschaftslehre/Rechnungswesen* im Kurs 11/I für den Lernbereich 2 *Planung, Durchführung und Kontrolle des Einkaufs* − eine zeitliche Vorgabe von ca. 50 Stunden. Die Stunde ist der Fachkompetenz 2.2, *Fähigkeit, eine Einkaufsplanung vorzunehmen*, zuzuordnen. Bei den zugehörigen Hinweisen zum Unterricht ist die *optimale Bestellmenge* explizit erwähnt.

In den didaktischen Leitlinien des Bildungsgangs wird Ganzheitlichkeit des Unterrichts gefordert, womit auch fächerübergreifendes Lernen gemeint ist. Darüber hinaus ist Studierfähigkeit anzustreben. Weiterhin wird im Lehrplan der Einsatz des Computers als Hilfe empfohlen. All dem wird die Stunde gerecht, da mathematische Elemente genauso in der Stunde vorkommen, wie der Einsatz des Tabellenkalkulationsprogramms Excel.

Als Stundenlernziel wird festgelegt:
Die Schüler analysieren den Zielkonflikt zwischen Bestell- und Lagerkosten und optimieren die Bestellmenge mit Hilfe der hergeleiteten Andler'schen Formel.

B2. Lernvoraussetzungen

Die Klasse, die sich aus 28 Schülern zusammensetzt, ist bzgl. ihrer Alters- und Geschlechtsstruktur bildungsgangtypisch, so dass diesbezüglich keine besonderen didaktischen Maßnahmen notwendig sind. Die Leistungsstärke ist relativ homogen. Die Mitarbeit der Schüler und deren Verhalten untereinander sind gut.

In den Vorstunden wurden diverse Aspekte der Beschaffungsplanung angesprochen. Im Rahmen der Mengenplanung sind konkrete Positionen der Lagerhaltungskosten erläutert worden. Weiterhin wurden Anschaffungskosten von Bestellkosten unterschieden. Darüber hinaus wurden die Kosten für beide Varianten anhand konkreter Fälle berechnet, wobei sie voneinander isoliert behandelt wurden. Ein kausaler Zusammenhang zwischen Bestell- und Lagerhaltungskosten wurde bisher weder angesprochen noch angedeutet, dies ist ein Inhalt der aktuellen Stunde. In dieser Stunde werden auch Kenntnisse aufgegriffen, die in anderen Fächern vermittelt wurden. So bekommen die Schüler Gelegenheit, ihre erst kürzlich erworbene Fähigkeit Funktionen abzuleiten, in betriebswirtschaftliche Fragestellungen einzubringen.[41] In der Folgestunde wird basierend auf der Hausaufgabe die Problematik der

---

41 Entsprechend der Planung des Mathematiklehrers werden die Schüler zeitnah vor der geplanten Stunde diese Technik erlernen. Das hat den besonderen Reiz, den Schülern die Berührungspunkte von Mathematik und Betriebswirtschaftslehre offenbar werden zu lassen. Durch die Verbindung aktuellen Wissens in zwei Fächern dürfte die Motivation der Schüler steigen.

Bestellhäufigkeit bzw. des Bestellzeitpunkts behandelt und geklärt, wie das Modell der optimalen Bestellmenge trotz Gewährung von Mengenrabatten eingesetzt werden kann.

B3. Lerninhalte

B3.1 Strukturanalyse

Die Planung und Durchführung von Bestellvorgängen ist ein elementarer Bestandteil der Materialwirtschaft, die üblicherweise in vier Teilbereiche untergliedert wird. Der Disposition kommt die Aufgabe der zeitlichen und mengenmäßigen Planung aller Materialbewegungen in Lägern zu, während der Einkauf/Verkauf den tatsächlichen Zu- oder Abfluss von Produkten steuert. Das Lagerwesen strebt eine Kostenminimierung während der Lagerung von Produkten an und die Logistik besteht aus der Ablauforganisation und der Kostenoptimierung des physischen Transportes. Gemeinsamer Zweck all dieser Bereiche ist die Sicherungsfunktion der Produktion (Einkauf) und der Lieferung (Verkauf).

Wenngleich die Planung und Durchführung überwiegend den Einkauf/Verkauf betrifft, dürfen die Verbindungspunkte zu den benachbarten Teilbereichen nicht ignoriert werden. Schließlich kann nur bei gemeinsamer Optimierung das Ziel der Sicherung des Geschäftsablaufs unter gleichzeitiger Berücksichtigung der Nebenbedingung der Kostenminimierung erreicht werden. Daraus resultieren oftmals Zielkonflikte, ein typisches Problem der Materialwirtschaft. So gilt es beispielsweise folgende Größen zu berücksichtigen und miteinander in Einklang zu bringen: Fehlteilrate, Lieferbereitschaftsgrad, Bestell- und Lagerkosten, Durchlaufzeit und Kapazitätsauslastung.

Die Planung von Bestellvorgängen umfasst mehrere Dimensionen. Als Ausgangspunkt des Bestellprozesses kann der Materialbedarf gesehen werden. In Industriebetrieben wird der Bedarf oftmals anhand von Stücklisten ermittelt. Von den Ergebnissen der Bedarfsplanung leiten sich Überlegungen der Mengen- und der Zeitplanung ab. Zentrale Frage der Zeitplanung ist der Lieferzeitpunkt, wobei beispielsweise die Lagerfähigkeit eines Produktes ein wichtiger Faktor ist. Das Konzept der Just-In-Time-Lieferung wäre ebenfalls der Zeitplanung zuzuordnen. Zeit- und Mengenplanung sind sachlogisch miteinander verknüpft. So ist auch hier die Lagerfähigkeit des Produkts zu berücksichtigen, wenngleich weitere Faktoren hinzukommen: Lagerkapazität, Fragen der sachgemäßen Lagerung und Lagerhaltungskosten, die sich beispielsweise zusammensetzen aus den Kapitalkosten der gelagerten Produkte, Miete und sonstige Betriebskosten des Lagerraums, Personalkosten und Versicherungsprämien. An dieser Stelle wird der Zielkonflikt zwischen Bestellkosten, die überwiegend bestellmengenunabhängig sind, und Lagerhaltungskosten deutlich. Je seltener und dafür mehr bestellt wird, desto geringer sind die Bestellkosten pro Periode, während die Lagerhaltungskosten – primär wegen der Kapitalbindung – steigen. Wird hingegen wenig und oft bestellt, sinken zwar die Lagerhaltungskosten, aber die Bestellkosten steigen an. Dieses Problem sucht die Andler'sche bzw. klassische Bestellmengenformel zu optimieren. Die Restriktionen dieses einfach zu handhabenden Ansatzes gehen jedoch von bestimmten Prämissen aus (z.B. konstante Verbrauchsrate, keine Lager- und Kapitalkapazitätsgrenzen) und ignorieren die Problematik der Mengenrabattgewährung und der Mehrproduktbestellung. Rabatte können berücksichtigt werden, indem die optimale Bestellmenge für jede Rabattstufe berechnet und anschließend miteinander verglichen werden. Die Frage nach Lagerkapazitätsengpässen im Zusammenhang mit der Bestellung/Lagerung mehrerer Materialarten lässt sich mit Hilfe des Lagrange-Multiplikators beantworten. Dieser Multiplikator erweitert die klassische Bestellmengenformel um eine Variable, die den pro Stück erforderlichen Platz einer Materialeinheit beschreibt.

Weiterhin ist im Rahmen der Bestellplanung eine Lieferantenermittlung durchzuführen, bei der neben der Prüfung der Lieferfähigkeit u.a. ein Angebotsvergleich durch Bezugskostenkalkulation erfolgt.

Die Durchführung von Bestellungen beinhaltet rechtliche Fragestellungen wie das Zustandekommen eines Kaufvertrags, die Funktionen und formalen Kriterien von Angeboten, Aufträgen und Auftragsbestätigungen. Weiterhin stellen sich zunehmend Fragen nach den technischen Hilfsmitteln zur Durchführung einer Bestellung. Neben persönlichen Kontakten und Kommunikation über Briefe, Telefon und Fax kommt der modernen Informationstechnologie eine immer größere Bedeutung zu. So werden Lieferanten oftmals an die ERP-Programme der Kunden angeschlossen, um einen schnellen und reibungslosen Ablauf zu gewährleisten. Die aktuellste Entwicklung sind sog. B2B-Marktplätze im Internet auf denen Angebot und Nachfrage weltweit, kostengünstig und transparent aufeinandertreffen. Die Durchführung eines Bestellvorgangs findet ihr Ende durch physische und informationstechnische Warenannahme, Wareneingangskontrolle und Überprüfung und Begleichung der Rechnung, wobei sich hierbei Anknüpfungspunkte zur Finanzierung ergeben.

B3.2 Auswahl, Reduktion und Anordnung der Inhalte

Als Inhalt der Stunde wird der Zielkonflikt zwischen Bestell- und Lagerhaltungskosten ausgewählt, der mittels der Andler'schen Bestellmengenformel zu einer optimalen Lösung gebracht wird. Zielkonflikte sind ideal geeignet, den Schülern einen Eindruck von der Komplexität der betriebswirtschaftlichen Wirklichkeit zu vermitteln, wodurch deren Einsicht in die Notwendigkeit des vernetzten Denkens steigt. Da Bestellkosten und Lagerhaltungskosten prinzipiell zwei unterschiedlichen Bereichen zugeordnet sind, wird deutlich, dass die Zielvorgaben des gesamten Unternehmens im Mittelpunkt aller Entscheidungen zu stehen haben, auch wenn dies zu scheinbar suboptimalen Entscheidungen innerhalb einzelner Unternehmensbereiche führen kann.[42] Weiterhin lässt sich durch den mathematischen Anspruch dieses Themas das Abstraktionsvermögen der Schüler fördern und deren Einsicht in die Bedeutung der Mathematik zur Lösung betriebswirtschaftlicher Probleme erhöhen. Da sich die hergeleitete Formel leicht in Tabellenkalkulationsprogramme übertragen lässt, wird den Schülern darüber hinaus deutlich, dass sachgemäßer Computereinsatz komplizierte Entscheidungsprozesse zu unterstützen vermag. Ein zentraler Ansatz betriebswirtschaftlichen Denkens besteht in der Einsicht, rationale Entscheidungen aufgrund fundierter Informationen zu treffen. Dies findet sich in dem Thema insofern wieder, als die optimale Bestellmenge nur mit Hilfe bestimmter Informationen wie beispielsweise Einstandspreis oder Lagerhaltungskostensatz ermittelt werden kann. So wird ein Informationsdefizit frühzeitig als zu lösendes Teilproblem erkannt.

Didaktisch reduziert wird das Thema der optimalen Bestellmenge auf das Leistungsvermögen der Schüler und die zeitliche Vorgabe von 45 Minuten, indem nur die klassische

---

42 Dieses Phänomen wird gerade in manchen großen Unternehmen problematisch, in denen einzelne Abteilungen ihre Zielvorgaben durchzusetzen suchen, auch wenn dies anderen Bereichen großen Schaden zufügt.

Bestellmengenformel hergeleitet und angewendet wird. Mengenrabatte werden somit genauso wenig betrachtet – dies soll in der Folgestunde geschehen – wie das Planungsverfahren bei mehreren Materialarten mit Hilfe des Lagrange-Mulitplikators, dessen Herleitung die Schüler überfordern würde und ohnehin kaum zusätzliche Einsichten für betriebswirtschaftliche Fragestellungen vermitteln dürfte. Letztlich wird auch in der Praxis vieler kleinerer Unternehmen der klassischen Losgrößenformel trotz gewisser Mängel der Vorzug aufgrund ihrer relativ einfachen Handhabbarkeit gegeben.

Die Reihenfolge der zu erarbeitenden Inhalte leitet sich aus ihrer inneren Struktur ab. Zuerst ist die Bedeutung der Bestellmenge für den Unternehmenserfolg zu klären, wobei der Zielkonflikt zwischen Bestell- und Lagerkosten eine zentrale Rolle einnimmt. Um eine optimale Entscheidung treffen zu können, bedarf es sowohl konkreter Informationen/Zahlen anhand derer das Problem zu lösen ist als auch des Wissens um die kausalen Zusammenhänge dieser Größen. Diese Zusammenhänge werden mathematisch formuliert und so umgeformt, dass die Formel der optimalen Bestellmenge zur Verfügung steht und anschließend zur Lösung der konkreten Problemstellung herangezogen werden kann. Um den Schülern zu verdeutlichen, dass es sich bei der klassischen Bestellmengenformel nur um ein einfaches Modell der komplexen Wirklichkeit handelt, sind die Prämissen des Modells zu erläutern. So erkennen sie die Möglichkeiten, aber auch die Grenzen des praktischen Einsatzes der Bestellmengenformel.

B4. Lernziele

B4.1 Feinlernziele

Die Schüler sollen …
FLZ 1: … den Zielkonflikt zwischen Bestell- und Lagerhaltungskosten erklären.
FLZ 2: … die klassische Formel der optimalen Bestellmenge herleiten und anwenden.
FLZ 3: … Grenzen des Modells erläutern.

B4.2 Fachspezifisch allgemeine Lernziele

Die Schüler sollen …
FAZ 1: … ihre abstrakte Denkfähigkeit trainieren.
FAZ 2: ……… den Einsatz mathematischer Verfahren und der Datenverarbeitung als wertvolle Hilfe zur sachgerechten Lösung betriebswirtschaftlicher Probleme erkennen und üben.

B5. Lehr- und Lernorganisation

B5.1 Begründung methodischer Entscheidungen und eingesetzter Medien

In dieser Unterrichtsstunde dominiert die Sozialform des Frontalunterrichts, womit zwangsläufig eine stärkere Aktivität des Lehrers einhergeht. Dem hätte durch Verwendung einer Gruppenarbeitsphase erfolgreich begegnet werden können. Allerdings ist die Thematik aufgrund ihrer klaren Struktur gut für Frontalunterricht geeignet. Einer übermäßigen Lehrerzentrierung wird durch den Einbau einer Einzelarbeitsphase begegnet. Die Kontrolle des Lernerfolgs ergibt sich während des gesamten Unterrichtsverlaufs durch Antworten der Schüler auf Lehrerfragen und aus den Ergebnissen der Einzelarbeit.

Zentrale Medien des Unterrichts sind die Tafel, an der die Inhalte festgehalten und die Bestellmengenformel hergeleitet werden und der Beamer, kombiniert mit einem Notebook. Das Notebook ersetzt gewissermaßen den Computereinsatz für alle Schüler, die stattdessen ein Arbeitsblatt mit einem Excel-Ausdruck erhalten. Außerdem wird es zum Anzeigen eines Einstiegsvideos verwendet. Unabhängig von der Verfügbarkeit eines Computerraums erscheint die dortige Arbeit angesichts des zeitlich nur geringen Einsatzes des PCs nicht gerechtfertigt, da durch die Monitore das Kommunikationsverhalten (insbesondere der Blickkontakt) beeinträchtigt wird.

B5.2 Darstellung des Unterrichtsverlaufs

Problemdarstellung (ca. 7 Minuten)
Eine zweiminütige Filmsequenz zeigt die Konsequenzen einer Bestellung sehr großer Mengen Schreibmaschinenpapier. Daraus wird im Gespräch der Konflikt zwischen Bestell- und Lagerhaltungskosten abgeleitet und der Bezug zum übergeordneten Unternehmensziel – der Gewinnmaximierung – hergestellt. Das Thema der Stunde wird an der Tafel fixiert.

Problemstruktur (ca. 8 Minuten)
Nun wird hinterfragt, aus welchen Positionen sich die Bestell- und Lagerhaltungskosten zusammensetzen und wie sie berechnet werden. Dieses Wissen ist den Schülern aus der Vorstunde bekannt. Auf die Frage, wie viel denn nun bestellt werden solle, können die Schüler noch keine Antwort geben, da ihnen entsprechende Informationen fehlen. Jenem nun empfundenen Informationsdefizit wird mit einem auf dem Eingangsbeispiel basierendem Fall begegnet, dessen Informationen ausgewertet und hinterfragt werden. Diese konkreten Zahlen alleine reichen jedoch noch nicht aus, um die Frage nach der kostengünstigsten Bestellmenge zu beantworten. Dazu müssen die beiden Formeln aufeinander in Bezug gebracht werden. Die Schüler erhalten einen entsprechenden Impuls durch ein Excel-Diagramm.

Problemlösung (ca. 7 Minuten)
Das Problem wird theoretisch gelöst, indem beide Kosten zusammenaddiert werden und das Minimum der Gesamtkostenfunktion gesucht wird. Das Ergebnis entsprechender – an der Tafel dokumentierter – mathematischer Umformungen ist die Bestellmengenformel.

Anwendung der Problemlösung (ca. 16 Minuten)
Zuerst wird die Formel verwendet, um das Eingangsproblem gemeinsam zu lösen. Bei der Anwendung der Formel wird darauf geachtet, dass die Schüler kürzen und durch Schätzungen auch kopfrechnen.

Anschließend bearbeiten die Schüler in Einzelarbeit vier Aufgaben, die die Anwendung und das Verständnis der hergeleiteten Formel zum Gegenstand haben. Die Ergebnisse werden gemeinsam besprochen, wobei das Tabellenkalkulationsprogramm Excel zum Einsatz kommt. Dadurch können verschiedene Ergebnisse getestet werden, die Möglichkeiten und Vorteile des Computereinsatzes werden offensichtlich.

Anwendbarkeit der Problemlösung (ca. 7 Minuten)
Abgerundet wird die Stunde, indem die Prämissen des Modells hinterfragt werden, unter denen es in der Praxis anwendbar ist. Dazu gibt der Lehrer Impulse, die sich auf das Beispiel der Stunde beziehen.

Fall zur optimalen Bestellmenge

Die Wickert Maschinenbau GmbH benötigt für Büroarbeiten und ihre umfangreiche Korrespondenz 600 Kartons Papier à 500 Blatt pro Jahr. Der 52-jährige Herr Lohse kümmert sich um jeden Bestellvorgang von Papier. Seine diesbezüglichen Tätigkeiten kosten das Unternehmen 49,00 € pro Bestellvorgang. Der Lieferant gewährt bei Bestellungen von weniger als 100.000 Kartons keine Rabatte. Dafür ist der Einstandspreis von 3,00 € pro Karton sehr niedrig. Als Lagerhaltungskostensatz hat die Controlling-Abteilung 20% vom Lagerwert ermittelt.

Wie viele Kartons sollten bei jeder Order bestellt werden, um die Kosten der Bestellung und der Lagerhaltung insgesamt möglichst gering zu halten?

Arbeitsblatt optimale Bestellmenge

Die Wickert Maschinenbau GmbH hatte 1999 einen Verbrauch an legierten Spezialschrauben des Typs Bosch AX 173 von 10.000 Stück. Für das Jahr 2000 wird mit einem um 10% erhöhten gleichmäßig über das Jahr verteilten Bedarf gerechnet. Eine Schraube kostete 7,00 DM. Pro Bestellvorgang fallen im Unternehmen Kosten von 49 DM an. Der Lagerhaltungskostensatz setzt sich zusammen aus 11% Kapitalkosten (Verzinsung des im Lager gebundenen Kapitals) und 9% sonstigen Kosten (Versicherung, Abschreibung, Lagerraum, Personal).

1. Tragen Sie die Daten in die untenstehende Excel-Tabelle ein (Felder B2 bis B5).

2. Berechnen Sie die optimale Bestellmenge für das Jahr 2000.

3. Ermitteln Sie die Excel-Formel zur Ermittlung der optimalen Bestellmenge.

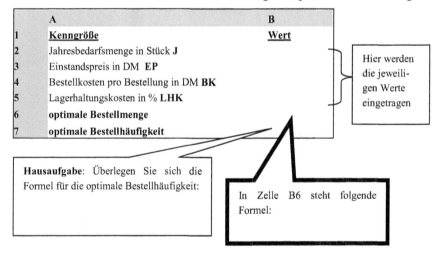

4. Was passiert mit der optimalen Bestellmenge, wenn folgende Größen steigen?

Bestellmenge
- Jahresverbrauch   _____
- Bestellkosten   _____
- Lagerhaltungskostensatz _____
- Einstandspreis   _____

Arbeitsblatt optimale Bestellmenge

Die Wickert Maschinenbau GmbH hatte 1999 einen Verbrauch an legierten Spezialschrauben des Typs Bosch AX 173 von 10.000 Stück. Für das Jahr 2000 wird mit einem um 10% erhöhten gleichmäßig über das Jahr verteilten Bedarf gerechnet. Eine Schraube kostet 7,00 DM. Pro Bestellvorgang fallen im Unternehmen Kosten von 49 DM an. Der Lagerhaltungskostensatz setzt sich zusammen aus 11% Kapitalkosten (Verzinsung des im Lager gebundenen Kapitals) und 9% sonstigen Kosten (Versicherung, Abschreibung, Lagerraum, Personal).

1. Tragen Sie die Daten in die untenstehende Excel-Tabelle ein (Felder B2 bis B5).

2. Berechnen Sie die optimale Bestellmenge.

$= \sqrt{(200 * 49 * 11000) / (7 * 20)}$
$= \sqrt{10 * 7 * 11000} \approx 877,49 \rightarrow 877$ oder 878 Stück
(dies wäre durchzurechnen, wird als Hausaufgabe gegeben)

3. Ermitteln Sie die Excel-Formel zur Ermittlung der optimalen Bestellmenge.

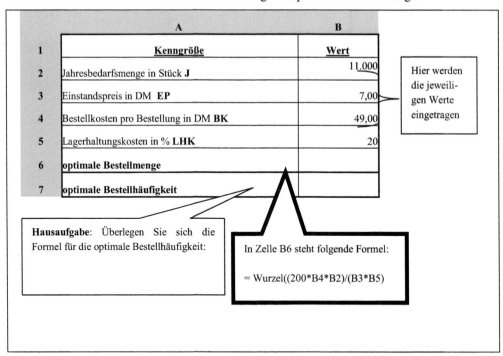

4) Was passiert mit der optimalen Bestellmenge, wenn folgende Größen steigen?

	Die Bestellmenge
- Jahresverbrauch	steigt
- Bestellkosten	steigt
- Lagerhaltungskostensatz	fällt
- Einstandspreis	fällt

Literaturverzeichnis

Aebli, H. (2006): Zwölf Grundformen des Lehrens. 13. Auflage. Stuttgart.

Anderson, L.; Krathwohl, D. (2001): A taxonomy for learning, teaching, and assessing: a revision of Bloom's taxonomy of educational objectives. New York.

Arndt, H. (2006): Enhancing System Thinking in Education Using System Dynamics. In: Simulation: Transactions of The Society for Modeling and Simulation International, Nr. 11.

Arndt, H. (2006): Qualitative und quantitative Modellbildung zur Entwicklung von Urteils- und Handlungskompetenz in komplexen Systemen am Beispiel der sozialen Sicherungssysteme im politisch-ökonomischen Unterricht. In: Seeber, Günther (Hrsg.): Die Zukunft der sozialen Sicherung als Herausforderung für die ökonomische Bildung. Bergisch Gladbach, S. 107–123.

Arndt, H. (2002): Förderung der Handlungskompetenz durch Modellbildung und Simulation in der kaufmännischen Ausbildung – konkretisiert an der Neuordnung des Ausbildungsberufs Industriekaufmann/Industriekauffrau. Erziehungswissenschaft und Beruf 4/2002.

Arndt, H. (2004): Supply Chain Management. Optimieru.ng logistischer Prozesse. Wiesbaden.

Ausubel, D. (1974): Psychologie des Unterrichts. Weinheim.

Babad, E. (1996): How High is 'High Inference'? Within Classroom Differences in Students' Perceptions of Classroom Interaction. Journal of Classroom Interaction, Nr. 31.

Bastian, J.; Combe, A.; Langer, R. (2001): Durch Schülerrückmeldung den Unterricht verbessern. Pädagogik, Nr. 53.

Beilhartz, A.; Reiberg, L.; Wohlgemuth, R. (2002): Das Jahrespraktikum. Eine Brücke in die Ausbildung. In: Schudy, J. (Hrsg.): Berufsorientierung in der Schule. Grundlagen und Praxisbeispiele. Bad Heilbrunn, S. 297–306.

Bessoth, R.; Weibel, W. (2000): Unterrichtsqualität an Schweizer Schulen. Zug.

Bligh, D. (1972): What's the use of lectures? Harmondsworth, England.

Bloom, B.S. u.a. (1972; Originalausgabe 1956): Taxonomie von Lernzielen im kognitiven Bereich. Weinheim/Basel.

Blötz, U. (Hrsg.) (2008): Planspiele in der beruflichen Bildung. Auswahl, Konzepte, Lernarrangements, Erfahrungen: Aktueller Planspielkatalog 2008. Bonn.

Bohl, T. (2006): Prüfen und Bewerten im Offenen Unterricht. Weinheim.

Brezinka, W. (1974): Grundbegriffe der Erziehungswissenschaft, München/Basel.

Bruner, J. (1981): Der Akt des Entdeckens. In: Neber, Heinz (Hrsg.): Entdeckendes Lernen. Weinheim, S. 15–29.

Burow, O.-A. (2000) Ich bin gut – wir sind besser. Erfolgsmodelle kreativer Gruppen. Stuttgart.

Coleman, J. S. (1990): Foundations of Social Theory. Cambridge.

Dauenhauer, E. (2001): Kategoriale Wirtschaftsdidaktik. Münchweiler.

Dave, R. H. (1970): Psychomotor Levels. In: Developing and Writing Behavioral Objectives, Tucson Deutscher Bildungsrat (1970): Strukturplan für das Bildungswesen. Stuttgart, S. 33–34.

De Jong, R; Westerhof, K. (2001): The Quality of Student Ratings of Teacher Behaviour. Learning Environments Research, Nr. 4.

Deutsche Gesellschaft für ökonomische Bildung (2009): Kompetenzen der ökonomischen Bildung für allgemein bildende Schulen und Bildungsstandards für den Abschluss der gymnasialen Oberstufe. Online: http://www.degoeb.de/stellung/09_DEGOEB_Abitur. pdf.

Deutsche Gesellschaft für ökonomische Bildung (2006): Kompetenzen der ökonomischen Bildung für allgemein bildende Schulen und Bildungsstandards für den Grundschulab- schluss. Online: http://www.degoeb.de/stellung/06_DEGOEB_Grundschule.pdf.

Deutsche Gesellschaft für ökonomische Bildung (2004): Kompetenzen der ökonomischen Bildung für allgemein bildende Schulen und Bildungsstandards für den mittleren Schulabschluss. Online: http://www.degoeb.de/stellung/04_DEGOEB_Sekundarstufe- I.pdf.

Deutscher Bildungsrat (1970): Strukturplan für das Bildungswesen. Stuttgart

Ditton, H.; Arnoldt, B. (2004): Wirksamkeit von Schülerfeedback zum Fachunterricht. In: Doll, J.; Prenzel, M. (Hrsg.): Bildungsqualität von Schule. Lehrerprofessionalisierung, Unterrichtsentwicklung und Schülerförderung als Strategien der Qualitätsverbesserung. Münster.

Ditton, H.; Merz, D. (2000): Qualität von Schule und Unterricht. Kurzbericht über erste Ergebnisse einer Untersuchung an bayerischen Schulen. Online: http://www.quassu. net/Bericht1.pdf. (letzter Zugriff am: 03.03.2013)

Eikenbusch, G. (2001): Erfahrungen mit Schülerrückmeldungen in der Oberstufe. Pädago- gik, Nr. 53.

Ellet, W. (2008): Das Fallstudien-Handbuch der Harvard Business School Press. Bern

Elsner, G.; Börner, F.: Unterrichtsbeurteilung durch Schüler. Ein Pilotprojekt des Sächsi- schen Staatsministeriums. Online: http://www.sachsen-macht-schule.de/smkpub/34/ ubeurt/wiss-auswertung.html.

Euler, D.; Hahn, A. (2004): Wirtschaftsdidaktik. 2. Auflage. Bern.

Forrester, J. (1961): Industrial Dynamics. Cambridge.

Frey, K. (2007): Basis-Bibliothek. Die Projektmethode: Der Weg zum bildenden Tun. Weinheim.

Gage, N.; Berliner, D. (1996): Pädagogische Psychologie. 5. Auflage. Weinheim.

Gerhardt, V. (1995): Kant. In: Lutz, B. (Hrsg.): Metzler Philosophen Lexikon. 2. Auflage, Stuttgart, S. 438−445.

Golle, H. (1991): So optimieren Sie Ihre Materialwirtschaft: Leitfaden für Praktiker. Köln.

Gudjons, H. (2007): Frontalunterricht – neu entdeckt. Integration in offene Unterrichtsfor- men. Bad Heilbrunn.

Hanau, A. (1927): Grundlagen einer Schweinepreisvorhersage für Deutschland. Berlin.

Hedtke, R. (2006): Integrative politische Bildung. In: Weißeno, G. (Hrsg.): Politik und Wirtschaft unterrichten, Wiesbaden, S. 216−230.

Hedtke, R. (2011): Konzepte ökonomischer Bildung. Schwalbach/Ts.

Hedtke, R.; Famulla, G.-E.; Fischer, A.; Weber, B.; Zurstrassen, B. (2010): Für eine bessere ökonomische Bildung! Kurzexpertise zum Gutachten „Ökonomische Bildung an all- gemeinbildenden Schulen. Bildungsstandards und Standards für die Lehrerbildung im Auftrag des Gemeinschaftsausschusses der Deutschen Gewerblichen Wirtschaft". On- line: http://www.iboeb.org/uploads/media/Bessere_oekonomische_Bildung_02.pdf.

Helmke, A. (2002): Gut unterrichten: Diagnose, Evaluation und Verbesserung der Unterrichtsqualität. Seelze.

Helmke, A. (2004): Unterrichtsqualität – erfassen, bewerten, verbessern. 3. Auflage, Seelze.

Hillen, S. (2004): Systemdynamische Modellbildung und Simulation im kaufmännischen Unterricht. Ein Zugang zur Abbildung und Entwicklung von Wissensstrukturen. Frankfurt am Main.

Hillen, S.; Paul, G.; Puschhof, F. (2002): Systemdynamische Lernumgebungen. Modellbildung und Simulation im kaufmännischen Unterricht. Frankfurt am Main.

Horster, G. (1995): Aristoteles. In: Lutz, B. (Hrsg.): Metzler Philosophen Lexikon. 2. Auflage, Stuttgart, S. 47–53.

Jank, W.; Meyer, H. (1994): Didaktische Modelle. 3. Auflage. Berlin.

Jonassen, D. (1991): What are cognitive Tools? In: Kommers, P.; Jonassen, D.; Mayes, T. (Hrsg.): Cognitive Tools for Learning. Berlin.

Jung, E. (2006): Möglichkeiten der Überprüfung von Kompetenzmodellen in der Ökonomischen Bildung. In: Weitz, B. (Hrsg.): Kompetenzentwicklung, -förderung und -prüfung in der ökonomischen Bildung. Bergisch Gladbach, S. 33–60.

Kaiser, F.-J.; Kaminski, H. (1999): Methodik des Ökonomie-Unterrichts. Bad Heilbrunn.

Kaminski, H. (2003): Zum Verhältnis von Fachwissenschaft und Fachdidaktik in der ökonomischen Bildung – Aspekte von Interdisziplinarität aus der Sicht der Ökonomik. In: Kaiser, F.-J.; Kaminski, H. (Hrsg.): Wirtschaftsdidaktik, Bad Heilbrunn, S. 41–76.

Karpe, J. (2008b): Institutionenökonomische Bildung. In: Hedtke, R.; Weber, B. (Hrsg.): Wörterbuch Ökonomische Bildung. Schwalbach/Ts., S. 174–176.

Karpe, J. (2008a): Dilemmasituation. In: Hedtke, R.; Weber, B. (Hrsg.): Wörterbuch Ökonomische Bildung, Schwalbach/Ts., S. 174–176.

Kiili, K. (2004). Digital Game-Based Learning: Towards an Experimental Gaming Model. Internet and Higher Education 8.

Klafki, W. (1975): Studien zur Bildungstheorie und Didaktik. 10. Aufl. Weinheim.

Klafki, W. (1985): Neue Studien zur Bildungstheorie und Didaktik. Weinheim.

Klein, B. (2007): TRIZ/TIPS - Methodik des erfinderischen Problemlösens. München.

Klieme, E.; Avenarius, H.; Blum, W.; Döbrich, P.; Gruber, H.; Prenzel, M.; Reiss, K.; Riquarts, K; Rost, J.; Tenort, H.-E.; Vollmer, H. J. (2003): Zur Entwicklung nationaler Bildungsstandards. Eine Expertise. Bonn.

KMK (1999): Handreichung für die Erarbeitung von Rahmenlehrplänen der Kultusministerkonferenz für den berufsbezogenen Unterricht in der Berufsschule und ihre Abstimmung mit Ausbildungsordnungen des Bundes für anerkannte Ausbildungsberufe. Online: http://www.kmk.org/fileadmin/pdf/Bildung/BeruflicheBildung/handreich.pdf

Krathwohl, D.R.; Bloom, B.S.; Masia, B.B. (1964): Taxonomy of educational objectives: Handbook II: Affective domain, New York.

Krause, K. (2008): Die Schülerfirma. Fit machen für's Berufsleben. Stamsried.

Kruber, H.-P. (2000): Kategoriale Wirtschaftsdidaktik– der Zugang zur ökonomischen Bildung. In: Gegenwartskunde, 49 Jg./3, S. 285–295.

Kümmel, G. u.a. (2000): Betriebswirtschaftslehre der Unternehmung. 16. Aufl., Haan-Gruiten.

Lewalter, D. (1997): Kognitive Informationsverarbeitung beim Lernen mit computerpräsentierten statischen und dynamischen Illustrationen. Unterrichtswissenschaft, Jg. 25, Heft 3.

Mankiw, G. (2004): Grundzüge der Volkswirtschaftslehre. 3. Aufl. Stuttgart.

McKeachie, W. (1975): Research in teaching: The gap between theory and practice. In: Lee, C. (Hrsg.): Improving college teaching. Washington, DC, S. 211–239.

Meyer, H. (1987): Unterrichtsmethoden I: Theorieband. Berlin.

Meyer, H. (1987): Unterrichtsmethoden II: Praxisband. Berlin.

Ministerium für Bildung, Wissenschaft und Weiterbildung Rheinland-Pfalz (Hrsg.) (1999): Lehrplan für die Berufsschule. Unterrichtsfach: Sozialkunde und Wirtschaftslehre.

Ministerium für Bildung, Wissenschaft und Weiterbildung Rheinland-Pfalz (Hrsg.) (1999): Lehrplan für das berufliche Gymnasium.

Möller, Ch. (1973): Technik der Lehrplanung. Weinheim/Basel.

Monka, M.; Voß, W. (2008): Statistik am PC. Lösungen mit Excel. 5. Auflage. München

Piaget, J. (1948): Psychologie der Intelligenz. Zürich.

Piorkowsky M.-B. (2011): Alltags- und Lebensökonomie. Erweiterte mikroökonomische Grundlagen für finanzwirtschaftliche und sozioökonomisch-ökologische Basiskompetenzen, Bonn.

Prensky, M. (2007): Digital Game-Based Learning. New York.

Reetz, L. (2003): Prinzipien der Ermittlung, Auswahl und Begründung relevanter Lernziele und Inhalte. In: Kaiser, F.-J.; Kaminski, H. (Hrsg.): Wirtschaftsdidaktik, Bad Heilbrunn, S. 99–124.

Retzmann, T. (2011): Kompetenzen und Standards der ökonomischen Bildung. In: Aus Politik und Zeitgeschichte 12/2011, S. 15–21.

Retzmann, T.; Seeber, G.; Remmele, B; Jongebloed, H. (2010): Ökonomische Bildung an allgemeinbildenden Schulen. Bildungsstandards. Standards für die Lehrerbildung. Online: http://www.zdh.de/fileadmin/user_upload/presse/Pressemeldungen/2010/Gutachten.pdf.

Richter, R; Furubotn, E. (2003): Neue Institutionenökonomik. Eine Einführung und kritische Würdigung. Tübingen.

Roth, H. (1963): Pädagogische Psychologie des Lehrens und Lernens. Hannover.

Rumpf, H. (1976): Unterricht und Identität. München.

Schaller, G. (2006): Das große Rollenspiel-Buch: Grundtechniken, Anwendungsformen, Praxisbeispiele. Weinheim,.

Schlösser, H.-J.; Schuhen, M. (2006): Bildungsstandards in der ökonomischen Bildung. In: Weitz, B. (Hrsg.): Kompetenzentwicklung, -förderung und -prüfung in der ökonomischen Bildung, Bergisch Gladbach, S. 3–32.

Schmieg, C.; Barnert, T.; Hamberger, A.; Hölzl, C.; Nietmann; D. (1996): Rollenspiel „Industrieansiedlung in Schöndorf?" Winklers Flügelstift 1/1996.

Schnell, R.; Hill, P.; Esser, E. (1999): Methoden der empirischen Sozialforschungen. 6. Auflage. München.

Schnotz, W. (1997): Zeichensysteme und Wissenserwerb mit neuen Informationstechnologien. In: Gruber, H.; Renkl, A. (Hrsg.): Wege zum Können. Determinanten des Kompetenzerwerbs. Bern.

Schwartze, H.; Fricke, A. (1987): Grundriß des mathematischen Unterrichts. 7. Aufl. Bochum.

Speth, H. (2007): Theorie und Praxis des Wirtschaftslehreunterrichts. 9. Aufl. Rinteln.

Steinmann, B. (1997): Das Konzept ,Qualifizierung für Lebenssituationen' im Rahmen der ökonomischen Bildung heute. In: Kruber, K.-P (Hrsg.): Konzeptionelle Ansätze ökonomischer Bildung, Bergisch Gladbach, S. 1–22.

Steltmann, K. (1992): Forschungen zum Lehrer: Lehrerbeurteilung und Lehrereffektivität. In: Ingenkamp, K; Jäger, R; Petillon, H.; Wolff, B. (Hrsg.): Empirische Pädagogik 1979–1990. Band 2. Weinheim.

Sterman, J. (2000): Business Dynamics. Systems Thinking and Modeling for a Complex World. Boston.

Steyer, R.: Schüler als Experten für Unterricht. Online: http://www.sachsen-macht-schule.de/unterrichtsbeurteilung.

Stier, W. (1999): Empirische Forschungsmethoden. 2. Auflage. Berlin.

Stolz, G. (1997): Der schlechte Lehrer aus der Sicht von Schülern. In: Schwarz, B.; Prange, K. (Hrsg.): Schlechte Lehrer/innen. Weinheim.

Sweeney, L.; Sterman, J. (2000): Bathtub Dynamics: Initial Results of a Systems Thinking Inventory. In: System Dynamics Review, 16(4), S. 249–294.

Sweller, J. (1988): Cognitive load during problem solving: Effects on learning, Cognitive Science, 12.

Thommen, J.-P.; Rosenheck, M.; Atteslander, Y. (2008): Fallstudien zur Betriebswirtschaft. Zürich.

Verner, C.; Dickinson, G. (1967): The lecture: An analysis and review of research. In: Adult Education. 17 (2), S. 85–100.

Weinert, F.E.(2001): Vergleichende Leistungsmessung in Schulen – eine umstrittene Selbstverständlichkeit. In: Weinert, F.E. (Hrsg.): Leistungsmessung in Schulen, Weinheim, S. 17–31.

Webseiten

http://methodenpool.uni-koeln.de/projekt/frameset_projekt.html
http://webquest.org
http://www.arndt-sowi.de/sd
http://www.berufliche-schule-stralsund.de/terrine/terrine/wir/vertrag.htm
http://www.bibb.de/de/29264.htm
http://www.bund.de/oekosteuer.288192.htm
http://www.bundesfinanzministerium.de/Anlage 7829/Uebersicht-zur-Mineraloel-und-Strombesteuerung.pdf
http://www.bundesfinanzministerium.de/Anlage7829/Uebersicht-zur-Mineraloel-und-Strombesteuerung.pdf
http://www.bundesregierung.de
http://www.bwpat.de/ausgabe10/
http://www.chip.de/downloads/TooHot-Kreuzwortraetsel-Generator-0.5.0_13008119.html
http://www.clexchange.org
http://www.eigene-kreuzwortraetsel.de/
http://www.frederic-vester.de/deu/ecopolicy/
http://www.isb.bayern.de/isb/index.asp?MNav=3&QNav=12&TNav=1&INav=0&Pub=671
http://www.isb.bayern.de/isb/index.asp?MNav=3&QNav=5&TNav=1&INav=0&Pub=998
http://www.iseesystems.com
http://www.lehrer-online.de/dyn/19.htm

http://www.lehrer-online.de/webquests.php?sid=9504989056137504532442754220

http://www.lehrer-oline.de/wirtschaftsplanspiele.php?sid=10664328558044752623322252 226990

http://www.ludgerusschule.de/content/tipatoka/index.html

http://www.pds.de/0134183.htm

http://www.powersim.com

http://www.schuelerfirmen-mv.de

http://www.schulen.newcome.de/schulen/download/schuelerfirma.pdf

http://www.sowi-online.de/methoden/fallstu.htm

http://www.spielewiki.org/wiki/Kategorie:Kennenlernspiel

http://www.uni-klu.ac.at/users/gossimit/sw/PSLite.exe

http://www.uni-koeln.de/hf/konstrukt/didaktik/leittext/frameset_leittext.html

http://www.uni-koeln.de/hf/konstrukt/didaktik/leittext/Klimawandel%20EWB.doc

http://www.vensim.com/

http://www.webquests.de/

http://www.wirtschaft-lernen.de

http://www.zwnetz.de

Stichwortverzeichnis